# 群星灿烂的年代

［俄］伊·伊·巴纳耶夫 著
刘敦健 译

# 目 录

## 第一部　1830—1839

**第一章** /3

（开场白）彼得堡大学附属贵族寄宿学校——教授和教员——在毕业典礼上讲演——赫沃斯托夫伯爵——文学家里姆斯基-科尔萨科夫给我的信——他举办的文学晚会——米·伊·格林卡和德尔维格男爵——文学丑角——考试——角锥体和小圆帽——我们靠一位热恋的工程师的帮助从寄宿学校毕业——几句结束语

**第二章** /37

寄宿学校毕业后的初期生活——我的文学习作和阅读——古典主义和浪漫主义——《巴黎圣母院》——我想发表译作的不成功的尝试——我讲述赠送女仆的事以后首次受到的精神震动——我的交往——幻想服兵役和当宫廷侍从——我被安排任职——我退职——我发表的第一部中篇小说——在斯米尔津店里遇见普希金——关于普希金的几句话——对库科尔尼克的《托夸托·塔索》的议论及我同这部作品作者的结识

**第三章** /61

我同库科尔尼克的进一步熟识——他的崇拜者——《至尊者的手》首次演出——布留洛夫、格林卡和库科尔尼克的"三人同盟"——他们的友谊——权威们身边的特殊人物——库科尔尼克家的聚会——布尔加林——库科尔尼克举行的晚宴——米·伊·格林卡——斯捷潘诺夫的漫画册——我继续供职——希林斯基-希赫马托夫公爵——公爵举办的舞会——斯瓦里克·斯瓦拉茨基之死——克拉耶夫斯基先生在《教育部杂志》编辑部——我同克拉耶夫斯基的结识——翻译《奥赛罗》——结识卡拉蒂庚、勃良斯基及沙霍夫斯科伊公爵

## 第四章 /91

克拉耶夫斯基先生举办的晨间文学聚会——罗津男爵、雅库博维奇、弗拉季斯拉夫列夫及其《朝霞》、格列比奥恩卡、别尔涅特、斯捷潘诺夫、斯特鲁伊斯基等——别内迪克托夫登上文坛——朗读《赫薇里》——索科洛夫斯基——沃耶伊科夫——我举办的文学晚会——沃耶伊科夫开办新印刷所时举行的著名的宴会——俄罗斯民间舞蹈

## 第五章 /119

印刷所开业纪念文集——爱·伊·古别尔——大斋节期间沃耶伊科夫家的晚会——朗读《疯人院》——沃耶伊科夫寄给我的一期《俄国荣军报》——克雷洛夫文学活动五十周年庆典——谢·尼·格林卡——弗·费·奥陀耶夫斯基公爵举办的上流社会星期六文学聚会——《俄罗斯民间传说》的出版人萨哈罗夫——亚金甫神父——奥陀耶夫斯基对青年文学家的态度——谢·亚·索博列夫斯基——普希金逝世及其文稿的清理——克拉耶夫斯基的名字同维亚泽姆斯基、茹科夫斯基和普列特尼奥夫的名字并列在《现代人》封套上

**第六章** /143

费·彼·托尔斯泰伯爵家的晚会——库科尔尼克一伙人——格列比奥恩卡举办的晚会——谢甫琴科——先科夫斯基手下的编辑和米·亚·雅泽科夫——第二武备中学的谢拉皮翁文学晚会——亚·亚·科马罗夫、帕·瓦·安年科夫和克吕格·冯·克卢格瑙上尉——我同尼·阿·迈科夫的结识——十四岁的阿波罗·迈科夫——伊·亚·冈察洛夫和杜德什金先生——库科尔尼克在军官圈子里——阿·瓦·柯尔卓夫来到彼得堡——我同他的接近——谈论别林斯基——别林斯基的《文学的幻想》给我留下的印象

**第七章** /165

《望远镜》被查禁——《读书文库》、先科夫斯基和他创造的天才——纳杰日金从乌斯季－瑟索尔斯克抱病归来——我同他的接近——同纳杰日金谈话的印象——纳杰日金回答这样一个问题：为什么目前没有好诗？——纳杰日金对不同的出版家的态度——关于尼·伊·格列奇的几句话——果戈理在普罗科波维奇家里——巴舒茨基和他家里的晚会——筹备出版《祖国纪事》——我同克拉耶夫斯基先生就这个问题的谈话——《祖国纪事》出版公告

**第八章** /185

《祖国纪事》的开端——索洛古勃伯爵和《两只套鞋的故事》——莱蒙托夫及其同克拉耶夫斯基先生的关系——莱蒙托夫的诗《有一些话语……》——普列特尼奥夫的《现代人》刊登莱蒙托夫的《司库员的妻子》一诗后莱蒙托夫的反应——莱蒙托夫同巴朗特决斗以后——别林斯基在禁闭室会见莱蒙托夫——杜德什金先生说错了——略谈莱蒙托夫的性格——梅热维奇来到彼得堡及克拉

耶夫斯基先生对他的接待——梅热维奇的随笔——三十年代末期的文学状况——我动身去莫斯科——结束语

## 第二部　1839—1847

**第一章** /209

莫斯科——结识别林斯基小组成员——谢·季·阿克萨科夫一家人——别林斯基和康斯坦丁·阿克萨科夫——阿克萨科夫家的午宴和晚宴——伊·叶·韦利科波尔斯基——他在普列斯尼亚池塘举办的舞会和舞会上的彩灯——米·尼·扎戈斯金——他家里的午宴——我和他同去麻雀山——莫恰洛夫扮演哈姆雷特和奥赛罗——波戈金的建议——梅尔古诺夫家的晚会——巴甫洛夫和霍米亚科夫议论米尔克耶夫——在阿克萨科夫家朗诵《故乡的怀念》——我发表在《俄国荣军报文学副刊》上的一篇小文章——我同康·谢·阿克萨科夫在莫斯科河德拉戈米洛夫桥附近的一席谈话

**第二章** /239

凯切尔——略谈他所属的那个小组——米·谢·谢普金和他的家庭——到希姆基他们家的别墅去——果戈理在阿克萨科夫家中——朗读《死魂灵》第一章——作者亲临剧场观看《钦差大臣》的演出——尼·菲·巴甫洛夫和卡·卡·巴甫洛娃——凯切尔和巴甫洛夫夫妇

**第三章** /265

别林斯基及其小组一八三九年时的一些观点——别林斯基同大学生卡韦林相遇——我给克拉耶夫斯基先生的几封谈及别林斯基的信——克拉耶夫斯基先生给我的一封信的片段——我离开莫斯科

去乡下——返回莫斯科——克拉耶夫斯基先生的另一封信——博特金家里的晚会——别林斯基评论《波罗金诺周年纪念》一书的文章——别林斯基对闵采尔的愤懑——我同别林斯基一起离开莫斯科

## 第四章 /283

克柳什尼科夫、凯切尔和巴枯宁,以及他们莫斯科小组的一般情况

## 第五章 /285

格拉诺夫斯基和莫斯科小组

## 第六章 /333

别林斯基在彼得堡——巴枯宁的到来——他的来访——别林斯基迁往彼得堡市区——卡特科夫到来并住在我家里——我们的工作和娱乐——翻译库珀的《拓荒者》——卡特科夫同巴枯宁在别林斯基寓所的一场争吵——有关决斗的谈判——书商波利亚科夫——巴枯宁和卡特科夫出国——康·阿克萨科夫出国时路过彼得堡——凯切尔在彼得堡过的一年半苦日子

## 第七章 /349

我们的彼得堡小组——我家里的星期六聚会——别林斯基对勒鲁和乔治·桑的酷爱——《独立月刊》——别林斯基的新倾向给克拉耶夫斯基先生造成的难堪处境——别林斯基结婚——克列切托夫——中风——涅克拉索夫——同涅克拉索夫和格里戈罗维奇结识——屠格涅夫的到来——关于剥削者和被剥削者的几句话

## 第八章 /369

别林斯基在自己的小组以外——军事历史学家——巴舒茨基举行

的午宴及他的朗读——亚·谢·科马罗夫的午餐和晚会——拉热奇尼科夫及他谋求莫斯科各剧院经理职位失败——沃耶伊科夫和波列沃伊之死——当时文学家们对《祖国纪事》的态度——关于古别尔的几句话

**第九章** /387

我同索洛古勃伯爵的结识——他的文学成就——奥加廖夫和康·布尔加科夫——在我的别墅里读《蠢货》——米·尤·维耶尔戈尔斯基——康斯坦丁·布尔加科夫——索洛古勃伯爵的星期三聚会——亚·巴·巴舒茨基和布尔加科夫——费·米·陀思妥耶夫斯基的到来——他的《穷人》受到欢迎——别林斯基的兴趣——陀思妥耶夫斯基在索洛古勃伯爵家的晚会上——在奥陀耶夫斯基公爵家朗读屠格涅夫的《食客》及在索洛古勃伯爵家朗读奥斯特洛夫斯基的《自家人好算账》——这两个剧本给上流社会留下的印象——亚·尼·斯特鲁戈夫希科夫家的联欢会——布留洛夫和库科尔尼克在这些晚会上——库科尔尼克的没落

**回忆别林斯基** /397

**杜勃罗留波夫葬礼随想** /449

## 附　录

**文学偶像、浅尝辄止的文学家及其他** /465
**彼得堡的文学企业家** /479

**译后记** /495

伊·伊·巴纳耶夫

克雷洛夫

格里鲍耶陀夫

普希金

莱蒙托夫自画像

果戈理

格林卡

奥陀耶夫斯基

维亚泽姆斯基

德尔维格

左起：先科夫斯基、格列奇、布尔加林
（漫画，作者：尼·斯捷潘诺夫）

库科尔尼克

（漫画，作者：尼·斯捷潘诺夫）

别林斯基

病榻上的别林斯基。左起:涅克拉索夫、别林斯基、巴纳耶夫。房门外是沙皇政府派来监视的宪兵。

赫尔岑

涅克拉索夫

前排左起：涅克拉索夫、格里戈罗维奇、巴纳耶夫
后排左起：屠格涅夫、索洛古勃、列夫·托尔斯泰

杜勃罗留波夫

车尔尼雪夫斯基

屠格涅夫

陀思妥耶夫斯基

冈察洛夫

格拉诺夫斯基

# 第一部
1830—1839

# 第一章

（开场白）

彼得堡大学附属贵族寄宿学校——教授和教员——在毕业典礼上讲演——赫沃斯托夫伯爵——文学家里姆斯基－科尔萨科夫给我的信——他举办的文学晚会——米·伊·格林卡和德尔维格男爵——文学丑角——考试——角锥体和小圆帽——我们靠一位热恋的工程师的帮助从寄宿学校毕业——几句结束语

在动手写我的文学回忆录时，我也应当讲一讲我自己，讲述的内容必须以叙述的连贯性为限。我将直陈心曲。披露自己比揭露别人更难；我的直爽坦率在一定程度上会给一些办报刊的人提供口实，使他们对我采取某种冷嘲热讽的举动，然而即使想到这一点，我也会努力坚持自己的做法，毫不动摇。他们那种举动对我早已不起任何作用了。我已逐渐摆脱我在其中长大和受教育的那个环境的大部分粗野的观点和偏见，因此我能够毫无愧色地讲述我自己的过去。

我是在**彼得堡大学附属贵族寄宿学校**（现为第一古典中学）读书的。在此之前我被送进**高等专科学校**（现为第二古典中学），我在那里只待了两个星期……我央求把我从那里转走，因为我不愿意同非贵族出身的知识分子的孩子和手工匠人的孩子在一块儿学习。当时我十二岁，尽管满身孩子气，但我已是满脑子等级观念和自己的贵族尊严的意识。我想从高等专科学校转走，这种恳求不仅被认为完全合理，而且我有些近亲跟他们的熟人谈到这件事时甚至十分自豪地说："别看他是个孩子，可是感情多高尚呀！"——于是我在亲人和熟人的心目中赢得了声誉。

我被送进了贵族寄宿学校。

这些**贵族**寄宿学校是专为特权阶级的孩子们开设的，当时这些孩子的父母觉得，让自己娇生惯养的孩子白费心力，同那些非贵族出身的人和举止粗鲁的中学毕业生一起学习繁重的大学课程是一种无益的重负。贵族寄宿学校的课程几乎比真正的古典中学课程水平都要低，然而这些寄宿学校却享受和大学同等的特权。大学的一些教授和教师对此并不掩饰他们的愤懑，而且言辞十分尖锐，尤其是在考试的时候。他们耸着肩，摇着头，十分公正地指出：把大学享受的特权赐给**我们这种不学无术之辈**，这是一种不能容忍的不公正的做法。关于这一点，对我们讲得特别多的是拉丁语教师，他同时还在高等专科学校讲授这种语言。他以一种特别激烈的态度非难我们。他的态度不礼貌往往到了极点。如果我们有谁上课回答不出问题，按照背后同学的偷偷提示复述一通，老师往往皱起浓眉，大声说道：

"早知你要听人家提示，就该让你扛上一头蠢驴——笨蛋！"

一见他态度这样粗野，受了凌辱的学生们便从座位上站起身来，齐声说道：

"请您对我们有礼貌一些。这里不是高等专科学校，我们是贵族。"

"哎呀，你们这些笨头笨脑的贵族！"老师反唇相讥，"你们有什么用？在高等专科学校里，随便哪个鞋匠的儿子，我只要揪住他的耳朵，哪怕最差的学生也能一字不差地说出动词 amo 的变位……"

数学教授在主持我们的考试以后，往往要恶狠狠地重复一句：

"不，你们一点用也没有……了不起当个骠骑兵或是枪骑兵。"

不过，有些教授和教师，哪怕心肠再硬，对人再严厉、再粗暴，只要我们中间有人在考试前请他们**业余补课**，他们的态度不仅会显得宽厚，甚至十分温和。这一类人中就有那位不讲礼貌的拉丁语教师。

当学生在考试前上他那儿去，请他上业余补习课时，拉丁语教师总是得意扬扬，笑嘻嘻地说：

"我得事先告诉您，我的课收费很贵……每节课二十五卢布。您补六节课就够了。这得破费您一百五十卢布——钱请先付。"

学生付钱给他。教师来上第一节课，告诉学生说，口试时由他本人来问他，余下的五节课不再来上了，推说没有时间或是生了病。

这样的老师我们没法尊敬；再说他们讲授的课程毫无价值，教学方法又墨守成规，鄙俗而又陈旧，不仅不能引起我们学习的兴趣，反而使我们对这种僵死的知识产生厌恶——我们强迫自己去学习，只不过是为了获取某种官阶……我们的智力毫无发展，头脑反而填满了陈规陋习，越来越迟钝。照着书本逐字逐句死记硬背是我们学习的基本原则，因此，那些脑子最笨、记忆力却很好的学生总是**名列前茅**。

教师的鄙俗、愚笨和种种怪诞举止使我们把他们看作丑角，把他们那些可笑的弱点当成笑料。

历史学教授特·奥·罗戈夫[1]上起历史课来萎靡不振，老是照搬凯达诺夫的教科书。此人个子矮小，身材肥胖，极爱吃乳酪饼，有一天他给我们讲起了伪德米特里[2]。有几个学生头一天吃晚饭时留了些小奶渣饼，这一天早晨便放到壁炉里去烤热。奶渣的香味开始吸引教授灵敏的嗅觉，逗得他心头发痒，他一句话还没说完就走下讲台，径直走到炉边，揭开炉盖，把手伸进炉中，大

---

1 特·奥·罗戈夫（1789—1831），俄国历史学家，彼得堡大学及贵族寄宿学校教授。
2 伪德米特里（？—1606），自立为王的俄国沙皇。一六〇四年，波兰利用俄国留里克王朝后嗣、伊凡四世（雷帝）之子德米特里死亡疑案，支持一冒充德米特里者入侵俄国，次年占领莫斯科，伪德米特里自称为沙皇；一六〇六年被杀。

声说道：

"你们这儿好像有乳酪饼吧？"

"特罗菲姆·奥西波维奇，"有个学生说道，"那是伪乳酪饼，因为是些小奶渣饼。"

这句话并无恶意，但教授却觉得这是对他讲授的学科的一种侮辱，是破坏纪律。他恋恋不舍地看了小奶渣饼一眼，把它放回炉子里，然后转身对说那句话的学生严厉地说：

"你的态度很不礼貌、很不妥当，我马上带你去见学监！"他把那个学生吓唬了一顿，随后平静下来，又登上讲台，一边走一边用脚擦掉地板上的几处唾沫，因为他见不得这种东西。但是这样一来，自然更促使学生们在他每次进教室之前唾得满地都是。

特·奥·罗戈夫要我们订购他编的历史教程。他说，这部教程他已经完全写好，只等付印了；但他又天真地补了两句，说他就怕波列沃伊[1]这个霸道的家伙，说波列沃伊对任何神圣的东西都不放在眼里，也许会责骂他。

数学教员康·安·舍列伊霍夫斯基比历史学教授更有意思。舍列伊霍夫斯基是个诗人，他老是心不在焉，脸色苍白，头发蓬乱，在演算过程中往往停下来，愤愤地扔掉粉笔，用唱歌一样的尖细嗓音喊道：

"先生们，这种干巴巴的东西真叫人腻烦！……拉丁语老师布置什么让你们翻译啦？——让我来给你们译吧。萨卢斯蒂乌[2]著作

---

1 尼·阿·波列沃伊（1796—1846），俄国作家，杂志出版家，历史学家，曾撰文激烈批评尼·米·卡拉姆津的历史观。一八二五至一八三四年间主编并出版《莫斯科电讯》杂志。杂志被沙皇政府查禁后，观点急剧右转，变得"恭顺而又谄媚"（赫尔岑语）。
2 萨卢斯蒂乌（前86—约前35），古罗马历史学家，其著作留传至今的有《论喀提林阴谋》《朱古达战争》等。

中的好些地方我都能背下来……"

学生们自然都高高兴兴地满足他的愿望，于是他当即开始翻译，把他的数学忘在脑后。

学生们的相貌他一个也不认得，只记得一个走路拄拐杖的学生的名字。要是拄拐杖的学生回答不出问题时，别人就拄着拐杖站出来代他回答。老师从来都没有发觉这个把戏。

法学教师安年斯基是个个子瘦小的先生，一对黑油油的小眼睛，一撮竖着的头发向前翘着，讲起话来把"С、З"读得有点像"Ш、Ж"，听上去很可笑。他最受学生们的欺侮，他的话从来都没有人听。他上课时，学生们有的讲话，有的叫喊，有的钻到桌子底下打牌或做猜钱面的游戏，有时干脆一齐顶着长条凳，在他身边围成一块方阵，把他逼到墙边。这时他气极了，一边哭，一边跑出教室，匆匆忙忙把脚伸进套鞋里，却不料里面灌满了克瓦斯[1]。当他被调往里舍里耶夫贵族高级中学，最后一次来给我们讲课时，跟我们告别的场面十分可笑，但同时也给我们留下了令人难受的印象。

"先生们！"他说，"我完（原）谅诸位经常加在我身上的那奢（些）凌辱。让我们友好地昏（分）手吧……谁知道呢，先生们？唆（说）不定……（这时他眼睛里涌出了泪水）慎（幸）福之星会在黑海上空为我升起[2]……"

这一次谁也没有笑他。当他走出教室，有一个学生想用指头弹他的后脑勺时，别的学生当即拦住了……他跟所有的学生紧紧握手，他那张忧伤的脸显得极为感动：他感谢我们在最后一次把他当人看了。

---

1 克瓦斯，一种清凉饮料。
2 里舍里耶夫贵族高级中学在黑海之滨的敖德萨市。

所有的教师中，只有一个人因其大胆而**自由**的思想方式赢得了学生们某种程度的爱戴和赏识，就是俄国文学教师瓦·伊·克列切托夫。他曾出版波多林斯基[1]的叙事诗《恶魔和仙女》，并写了一篇短序，说"这是我国文学花园里的一朵小花，经过它旁边，就不能不欣赏一番"。克列切托夫毕业于中等师范学校，他三十出头，个子很高，身材结实，长着一只鹰钩鼻子，一个像路易·菲力普[2]一样的梨形脑袋，一头淡黄色头发，两鬓鬓角各有一绺卷发。他的头发已开始稀少，看来他为此感到不安，因为他有一种意愿，总想显示一下上流社会的风度和精美的服饰。他不断把手指伸进头发里，然后抽出来在眼前抖一抖，拿起一丝脱落的头发，仔细端详一番，然后不无遗恨地把它扯断。他擤鼻涕的姿势也很特别：从口袋里掏出一方干净手帕，把它抖开，把鼻涕擤到手帕最边上，再把它仔细卷起来，然后张口龇牙，使劲地摇摇头……他并不特别善于辞令，但说起话来总要修饰一番、夸张一番，还要用种种手势和动作补充表达未尽之意。他的大胆和自由的思想方式表现在公开直接地称普希金为伟大的诗人，甚至给我们带来普希金的新诗，并为我们朗诵，分析它的美。这在当时确实是一种大胆的举动，因为普希金当时被看作是一个不道德的自由主义作家，学校里连他的名字都不能提。而且克列切托夫对一切所谓诗学和修辞学之类都抱嘲弄的态度，说他给我们讲授这些庸俗的玩意只是出于无奈。他经常讲他同文学界的联系，使我们很感兴趣；他提到巴拉滕斯基[3]和德尔维格[4]时，通常都称他们为"**我的德尔维格**"，"**我**

---

[1] 安·伊·波多林斯基（1806—1886），俄国诗人。
[2] 路易·菲力普（1773—1850），法国国王。
[3] 叶·阿·巴拉滕斯基（1800—1844），俄国诗人，普希金的朋友。
[4] 安·安·德尔维格（1798—1831），俄国诗人，普希金的密友。

的巴拉滕斯基"，再不就是"我的**叶甫盖尼**"[1]。对一些古代作家，克列切托夫也喜欢显示他对他们十分熟悉，他最为赞赏的是贺拉斯[2]，对他的称呼也是"**我的贺拉斯**"。

他喜欢一遇机会就取笑其他教员几句，做出一副鄙夷的鬼脸称他们为愚蠢的老古董；他常常向我们暗示，说他脑子里不断涌**出成千上万种思绪**，但他的时间太少了，没法儿把这些思绪化为诗的形象。在我们所有的老师中，他是唯一对波列沃伊及其《莫斯科电讯》表示敬重的人。克列切托夫把我们当朋友看待，不像其他教师那样，使人感到有一种老师和上司的权力。他对那些开始酷爱俄国文学的学生表现出特别的好感。一年的讲课期间，他对修辞学几乎只字不提，只是到学年结束、考试之前他才给了我们一个小小的笔记本，里面同时包含修辞学和诗学的内容，让我们背熟……上课时则分析我们的作文，说些俏皮话取笑我们一番，给我们朗诵杰尔查文[3]、巴丘什科夫[4]、茹科夫斯基[5]、科兹洛夫[6]等人的诗，有时背着当局偷偷给我们读普希金、巴拉滕斯基、雅泽科夫[7]和德尔维格的诗。他向我们评述了这些诗人，用的形容词多得吓人。他口若悬河，说杰尔查文诗的特点是乐调高雅非凡，说**杰尔查文犹如雄鹰一样直冲云霄，高傲地展翅翱翔于天穹之下**（说到这里他挥舞起双臂），说他**那大胆而鲜明的幻想、那流光溢**

---

[1] 巴拉滕斯基的名字。
[2] 贺拉斯（前65—前8），古罗马诗人。主要作品有《歌集》四卷、《讽刺诗集》二卷等。代表作《诗艺》，对欧洲古典主义文学理论影响很大。
[3] 加·罗·杰尔查文（1743—1816），俄国诗人。
[4] 康·尼·巴丘什科夫（1787—1855），俄国诗人，其诗多歌颂爱情和享乐。
[5] 瓦·安·茹科夫斯基（1783—1852），俄国诗人，其作品大都充满感伤情调和宗教气息。
[6] 伊·伊·科兹洛夫（1779—1840），俄国诗人兼翻译家。
[7] 尼·米·雅泽科夫（1803—1846），俄国诗人，普希金的朋友。

彩、豪华璀璨的形象和画面与古代斯堪的纳维亚的吟游诗人媲美；他说，巴丘什科夫的诗**浸透着古典主义精神，承袭了古希腊罗马作家那种娴娜多姿的风格**；他说，茹科夫斯基和科兹洛夫**把我们引入一片神秘的新天地，是他们让我们认识了浪漫主义**（"浪漫主义"一词的发音克列切托夫通常带着浓重的鼻音），等等。

在发表这类评论时，克列切托夫爱用的字眼是：**完美，丰满，鲜艳，悦耳，和谐**——他在分析当代诗人，尤其是普希金和雅泽科夫的作品时一再重复这些词语。讲到"鲜艳"和"丰满"时他禁不住两臂挥舞，仿佛要用手的动作彻底证实这种完美和丰满。

有一次克列切托夫带着神秘而又得意扬扬的神情来到我们教室。他坐在自己的椅子上，用手抹了抹头，扯断一根脱落的头发，意味深长地环视了我们所有人一眼，然后用手帕的一端捂着擤了擤鼻涕，说道：

"**在九月的最后几天……在九月的最后几天！**"他用更富于表情的声调重复了一遍，停了片刻，又继续说道，"先生们！有什么话看起来能比这句话更平凡、更俗气、更普通、更平淡呢？这种话我们天天在说，每时每刻在说，最没有意义的谈话里都这样说……在九月的最后几天……多平淡啊！可是，先生们，这却是一首长诗的第一行，一首迷人的、戏谑的、活泼的、巧妙的、充满机智的、从头至尾迸射着诗的火花的长诗……你们以为我在开玩笑——绝对不是……这句话是普希金的新叙事长诗《努林伯爵》的第一行。"[1]

随后克列切托夫给我们念了《努林伯爵》中的几个片段，不过他老是瞅着玻璃门，那扇门通向走廊，学监或他的助手常常朝

---

[1] 普希金的《努林伯爵》于一八二八年问世。"在九月的最后几天"不是该诗第一行，而是第二十一行。

里面窥视一番。

念完以后，他又感叹起来：

"一首长诗竟用这样空泛平淡的字句开头：**在九月的最后几天**——先生们，我要说，这是最伟大而果敢的诗才……只有普希金才敢于这样做。这才叫作天才！……不过，先生们，"克列切托夫又补了两句，"你们可别把这儿讲的和念的内容告诉校方。家丑不可外扬啊……"

"哪儿能呢！决不会的！"学生们齐声喊道。

由此可以明白，为什么他们喜欢克列切托夫，把他看得比其他教员高了，尽管他和他们相比既无出类拔萃的知识，也没有与众不同的才智，甚至语言也不惊人。

克列切托夫十分看重我，因为我的俄语写得比别人准确，我交的作文他也很喜欢。

我从十五岁起便对读书和文学产生了强烈的爱好。我怀着愉快的战栗之情，如饥似渴地翻阅当时所有的文艺作品集，尤其是《北方之花》[1]、沃尔特·司各特[2]的长篇小说、《叶甫盖尼·奥涅金》单行本的一些章节，以及《莫斯科电讯》中的某些文章。我的同学中有少数人也开始对阅读产生爱好了，于是我的周围便形成了一个听众小组。我们背着校方，假装复习功课，每天晚上聚集在教室里读沃尔特·司各特的小说或《莫斯科电讯》。《莫斯科电讯》里最吸引我们的是乌沙科夫先生[3]论戏剧的文章，不管恰当不恰当，这些文章对一切世事无所不谈；还有波列沃伊本人的论战

---

[1] 《北方之花》是德尔维格出版的文艺作品集刊（1825—1831），德尔维格死后，一八三二年由普希金出版。
[2] 沃尔特·司各特（1771—1832），英国诗人、小说家，主要作品有历史小说《艾凡赫》（1919）等。
[3] 瓦·阿·乌沙科夫（1789—1838），俄国作家。

和评论文章。不管怎么说，这种阅读多少有助于我们水平的提高，但是，我们愈是养成读书的习惯，对于学业、对于所讲授的各种课程就愈是感到厌恶。

当时我会背诵许多短诗，也尝试用诗体写作，最后，大约在毕业前一年半，我开始模仿《莫斯科电讯》的形式办了一个刊物。这个刊物里有小说、诗歌、评论，总之是大杂烩，应有尽有。我把刊物的第一期拿给克列切托夫看，他匆匆浏览了一遍，感到非常满意。

寄宿学校的人开始把我看作未来的文学家。那些文化水平不高、又没有任何想象力的学生便跑来找我，请我按指定的题目帮他们写作文。我欣然同意这种请求，因为这种事情对我来说毫不困难。我越写越熟练。

我们有位教员，我记不得是谁了，一次他突然异想天开，反对逐字逐句死记硬背，要求学生们**用自己的话**复述讲课内容。大家一听都傻了眼，不知他脑子里怎么会钻出这种古怪念头，然而许多学生，甚至一些名列前茅的人都因此而提心吊胆。一次其中一位走到我跟前。

"我有件重要的事求你。"他说。

"什么事？"

"你知道，某某想出了个歪点子，要我们用自己的话复述课文。我是这么想的……只要用自己的话开个头，接下去照着书凑合一番也就行了。他不会察觉的。不过，怎样用自己的话开头，得请你给我写下来，我再把它背熟，后面照着书念。你是我们的作家，干这个不当一回事儿，你干得了的。"

这个学生当时已经十六岁了。

我满足了他的愿望。他把我写的那些话背了下来。后来每当碰到这种事,他都跑来找我。

不妨提一下,他毕业时属于头几名之列,后来他进了军界,显示出自己的才干,颇得上司垂青,得以身居要职。

我们升入毕业班以后,对克列切托夫的长处体会得更深了。这一年教我们文学的是有名的教授、《军事雄辩术》一书的作者雅·瓦·托尔马乔夫。雅科夫·瓦西里耶维奇对一切活生生的、现存的事物都怀有一种根深蒂固的仇恨。他讲文学课死死抱住杰尔查文不放,甚至连巴丘什科夫和茹科夫斯基都不愿提。他尊敬卡拉姆津[1]是因为他写的那部历史,而主要的则是因为卡拉姆津曾把这部著作的头几章读给皇上及其亲属听,并被钦定为历史学家。

"我的朋友们,"他傲慢地对我们说,"我已经有三十年什么书都不读了,因为我确信,现在那些人写的全是废话。"

当我们跟他谈起普希金或念起普希金的诗时,他总是摆摆手,捂住耳朵打断我们的话:

"得了!得了!这全是一派胡言,听起来都刺耳:毫不高雅,有伤风化……谁让你们读这种书的呀?"

一听到有人提起波列沃伊,他就忍不住冒火……

"这个恶棍!"他一边说,一边浑身颤抖,"文理不通的畜生,没写上两行字就会语无伦次,错字连篇……一个开小店、当酒保的家伙[2]竟敢无法无天,居然欺到上了年纪、身居要职、学识渊博的人头上来了!"

"您怎么知道波列沃伊文理不通?"我们反驳他说,"您自己不是说您三十年来什么书都没读吗?""噢,那是不久以前,"他以一

---

1 尼·米·卡拉姆津(1766—1826),俄国作家,历史学家,编写了《俄国通史》十二卷。
2 波列沃伊出身商人家庭,当时他的论敌均以此来攻击他。

种无法形容的温厚神情答道,"我在一位熟人那里偶然见到一本小册子,那里面碰巧也有他写的一篇胡说八道的东西。我读了几行,简直不寒而栗……我刚才怎么说的?一个开小店的家伙!我的朋友们,随便哪个开小店的写起来都比他正确。"

雅科夫·瓦西里耶维奇有一次布置我们写作文,我把波列沃伊的一部中篇小说(好像是《驼鹿》)的开头部分抄下来,当成自己的作文交给了他。

雅科夫·瓦西里耶维奇看了很久,读得很仔细,每读到一个长复合句他都要停下来琢磨一番。这篇作文文笔优美,用词精当,语法上也正确无误,使他惊叹不已……

"了不起,我的朋友,了不起!"他说,"写得好,非常之好……"他满意地晃着脑袋,"我要告诉你们,我的朋友们,即使是对一个有经验的作家来说,这种文笔也会给他增光……不过,这是不是有人给你修改过的?"他沉思着,停了片刻,又问了一句。

"不,谁也没有改过,雅科夫·瓦西里耶维奇,"我赶紧答道,"这篇作文我是一口气写出来的,一点儿也没有改动。"

"你有天才啊,我的朋友,天才!"

自此以后,托尔马乔夫对我特别赏识,并向学监和助理学监做了推荐。

举行毕业典礼大会的那一天,我走到托尔马乔夫跟前。

"我对不起您,雅科夫·瓦西里耶维奇,"我说,"我欺骗了您,我把别人的文章当成自己的文章交给了您。您对它是那样赞赏……可是您赞赏的却是波列沃伊的文笔……那是我从波列沃伊的作品中逐字逐句抄下来交给您的。不过,要知道,他并不像您说的那样文理不通。"

托尔马乔夫皱起眉头,先是冷冷地看了我一眼,然后又微微一笑，说道：

"你怎么啦，我的朋友，胡说些什么呀！"

"您要是不信，可以问问我的同学。"

"我既不愿意相信，也不会去问人。"托尔马乔夫斩钉截铁地答了一句，然后转过脸去。

不过，在此之前我已经有幸博得雅科夫·瓦西里耶维奇的垂青了。

当他初次来到我们教室，看完新的毕业班学生名单以后，他以一种明显的满意神情把目光停在我的姓名上。

"怎么，巴纳耶夫先生，"他问道，"您和写《田园诗》的那位巴纳耶夫[1]是亲属吗？"

"是的，是亲属。"我答道。

"是近亲吗？"

"我是他的侄子。"

"噢——！"托尔马乔夫拖长了声调，意味深长地说，"您叔父的《田园诗》是田园诗中的典范之作，这种体裁的作品在我国是绝无仅有的。尽管三十年来我什么书也不读，但对您的叔父，我破例极为满意地读了他的《田园诗》。"

我成了雅科夫·瓦西里耶维奇的宠儿，尽管我一点也不配；只有一条原因，就是我是我叔父的侄儿，可是我对他那些田园诗的看法却同这位可敬的教授大相径庭。

为了迎接毕业典礼，托尔马乔夫布置我写一篇讲演稿，内容大约是**论俄国文学的意义**一类。这个任务把我弄得一筹莫展。叫

---

[1] 弗·伊·巴纳耶夫（1792—1859），俄国诗人，本书作者的叔父，曾在宫廷事务等部门任要职。

我写一篇论日出日落的文章或是一篇帕尔戈洛沃[1]或纳尔瓦[2]游记,我都能写得很成功,可是要论述文学的意义,该怎么个写法呢?我记得罗蒙诺索夫和杰尔查文的几首诗,是当时要我背诵的;出于爱好,我不知不觉记熟了《奥涅金》的几乎整个第一章和茹科夫斯基、巴丘什科夫、雅泽科夫的几首诗,读过所有新近出版的文艺作品集和《莫斯科电讯》上的评论文章——但我不系统的知识也仅限于此。我能写得出什么呢?这个问题让我苦恼了很久。最后我开始重读《莫斯科电讯》杂志,从各种评论文章里东拼西凑,写了一篇不像样子的东西。我勉强给它加上一段辞藻华丽、内容荒诞的结语,却又感到这一切根本不合适。

托尔马乔夫把我拼凑的这篇倒霉的文章拿回家去审阅,然后又微笑着退给了我。

"不行,我的朋友,"他说,"这全是废话。不过你别担心,我亲自给你写一篇合乎要求的讲演稿。"

这篇讲演稿的内容我已经全忘了,不过,那里面似乎毫无意思。结尾照例是向皇上致意,向教育事业至高无上的庇护人表达虔敬的谢忱,感谢他对我们的庇护和关怀。

我把这篇稿子拿给克列切托夫看。他把它翻了一遍,然后鄙夷地一扔。

"陈词滥调,庸俗不堪,没有一点活生生的、清新的、鲜明的思想,没有一点那种……那种……"

于是克列切托夫挥动两只手,想说明这番意思,但却什么也没有说明。他又说了一遍"**那种**",把手一挥,补充说道:

"唉!话说回来,一个昏聩的老头子,又能指望他写出什么来

---

[1] 彼得堡附近的一个城镇。
[2] 爱沙尼亚的历史名城。

呢?……这篇讲演稿本来可以写得很出色,让它充满清新的思想,然后就像一件小玩物一样,精雕细刻……"

我们开始在大礼堂里排练。我念得生动准确、抑扬顿挫,显得毫不窘迫。学监、助理学监和一些家庭教师听了我的朗读以后都极为高兴,我感到很幸福。有一次排练时,督学康·马·博罗兹金[1]也来了——这是个非常温和、善良的人。他对我的朗读也十分赞赏。

"要是您在念结束语时,"他对我说,"能够面向皇上的画像,微微举起右手,尽量流下激动的眼泪,那就不错了。"

我答应做到——眼泪果真夺眶而出了……因为我想到台下有一件漂亮的常礼服在等我去穿,而且再过十分钟我就完全自由了……

这是一种神经质一般喜悦的泪水;不用任何言辞,此时此刻我也会流下泪来。可以看出,我讲演时那种敏捷的神态和结束时流下的泪水不仅给出席典礼的贵宾们,即每次必到的赫沃斯托夫伯爵[2]等人,而且给国民教育大臣利文公爵留下了强烈的印象。当我被叫到他的面前,从他手上领取十二品文官证书时,他对我说:

"我本来预料会发给您十品文官证书的。您为什么没有获得十品呢?"

"公爵,我缺乏数学方面的才能,因此……"我结结巴巴地开口说。

"很遗憾,"大臣打断了我的话,"这一点过去我不知道。"

我鞠了一躬,接过证书,正想奔到台下去换衣服,有几个学生对我喊道:

---

[1] 康·马·博罗兹金(1781—1848),彼得堡教育区一八二六至一八三三年间的督学。
[2] 德·伊·赫沃斯托夫(1757—1835),枢密官,俄国一个平庸的诗人。

"巴纳耶夫，赫沃斯托夫伯爵叫你。"

我无可奈何，只得转身回来。

赫沃斯托夫伯爵是个弯腰曲背的老人，穿一身旧礼服，上面的刺绣已经发黑，肩上饰有标志着安娜勋章、已变成棕黄色的绶带。当我走到他面前时，他对我说了这样一番话：

"您的讲演很出色，您表现了演说家的高超技巧。您热爱祖国文学，精神可嘉……那么弗拉基米尔·伊万内奇·巴纳耶夫是您的亲属吗？"

"他是我的叔父。"

"值得称赞。"赫沃斯托夫若有所思，仿佛自言自语地说。

"对谁来说值得称赞呢？"我不由得笑了，心里想道，"是对我来说，因为我有这么个叔父呢，还是对叔父来说，因为他有这么个侄儿呢？"

"弗拉基米尔·伊万内奇是我的好友，"赫沃斯托夫继续说，"我将派人给他送去我翻译的布瓦洛[1]的《讽刺诗》，由我亲笔签名，请他转赠给您。这是一个老诗人给您的礼物，您的讲演使他感到由衷的愉快。"

我鞠了一躬，跑去换衣服。第二天赫沃斯托夫便派人把《讽刺诗》送给了我的叔父，可我忘了去拿，因此这本诗集就留在我叔父的藏书室里了。

但我还要回过去，对我在寄宿学校最后的日子再讲几句。

克列切托夫几乎同所有毕业于寄宿学校、有意在文学或某些艺术领域一显身手的人保持了联系和交往。这些过去是他的学生、尔后又成为他的朋友的人中，可以顺便一提的有**里姆斯基-科萨**

---

[1] 布瓦洛（1636—1711），法国诗人，古典主义文学理论家，著有《讽刺诗》《尺牍诗》和以诗体写成的理论著作《诗艺》。

科夫[1]，他在二十年代末发表了几首小诗，因一首讽刺一位蹩脚诗人的短诗而出了名。这首讽刺短诗的开头我不记得了，但它的结尾是这样的——那位蹩脚诗人的诗：

> 像光滑的地板一样滑溜平坦，
> 在它里面碰不到任何思想……

这两行诗产生了强烈的效果。它的机智尖刻令人惊叹；大概正因为如此，这两行诗被当时所有的批评家一再引用，不管用得合不合适。

里姆斯基－科萨科夫的住处离寄宿学校不远，在围墙大街，当时（一八二九年）他的住宅里住着生病的米·伊·格林卡[2]，是他在寄宿学校的同学，当时已因将普希金和其他诗人的几首诗成功地谱成乐曲而出了名。克列切托夫向他们介绍了我的情况，在他们面前极力夸奖我对文学的热爱和我的文学才能。

一天午后，我们在花园里散步，看门人递给我一份不长的手稿和一封信。

我把信拆开，不无惊讶地读到：

> 我未能有缘亲自结识您，但却多次听瓦·伊·克列切托夫谈到您对文学的爱好和您的才华。请恕我冒昧地打扰您，敢问您能否笑纳随函附来之拙著叙事小诗一篇，并惠赐十五

---

[1] 亚·雅·里姆斯基－科萨科夫（约1807—?），俄国诗人，作曲家格林卡在贵族寄宿学校的同学。

[2] 米·伊·格林卡（1804—1857），俄罗斯作曲家，俄罗斯古典音乐的创始人。主要作品有歌剧《伊万·苏萨宁》、管弦乐曲《卡玛林斯卡雅》等。

卢布（当时系按纸币计算），俾能拯我于刻下手头拮据之困境；果如此，则当不胜感激之至。谨候回音，余不他及。

您忠实的仆人
**里姆斯基－科萨科夫**

　　这封信强烈地激发了我的自尊心。想到一些有名的文学家都知道我这个人，并向我提出这种请求，我不禁异常兴奋，当即翻开科萨科夫的叙事诗读了起来。我很喜欢这首诗。假如我当时手上有十五卢布，我自然会立即收下这首诗，倘能予以出版，我就会认为自己是世上最幸福的人了。但除去十五卢布以外，出版这部叙事诗尚需很大一笔钱——至少得一百卢布纸币，可是我手上却连十戈比都没有。借钱吧，又没有地方可借。我把我的苦恼告诉了一位挚爱我的同学。他起先答应为我向他的兄弟借十五卢布，后来却十分沮丧地对我说，他没有这个勇气。我只得托人把诗稿带还给作者，请他原谅，说我极想欣然从命，但却实在无力满足他的要求。

　　里姆斯基－科萨科夫看来并未因我谢绝而见怪，因为此事过了两个月以后，他通过克列切托夫邀请我去他那儿参加**文学晚会**……

　　这对我来说是个盛大的节日。

　　"您在那儿能见到所有知名的文学家，"克列切托夫对我说，"顺便还可以见一见我的好友德尔维格。"

　　一想到这次晚会我就心情激动。因为晚会定于谢肉节[1]的星期天举行，而我在九点钟应该归校，所以克列切托夫为我请了两个

---

1　大斋节前的一星期。

小时的假。

我怀着虔敬的战栗和胆怯之情跨进了科萨科夫的家门,但是主人(他长得又高又胖)对人却很随和,他那不拘礼节的温厚态度鼓舞了我的情绪。他当即介绍我认识了米·伊·格林卡。后者完全以老同学的态度对待我,他向我详细询问了他旧日那些老师的情况(他也曾受业于贵族寄宿学校),并且惟妙惟肖地模仿他们的神态。这天晚上格林卡很活跃、很愉快,尽管他身体不佳;他像个麻雀一样,叽叽喳喳说个不停,而他模仿得特别成功的是我们的逻辑学教师兼校办公室文牍员伊·阿·科尔马科夫。后来因其讽刺短诗(尽管这些诗从未发表)及同普希金的友谊而出了名的谢·亚·索博列夫斯基[1]早在寄宿学校读书时就曾给这位科尔马科夫写过一首四行诗:

>我们的科尔马科夫先生
>教出来的傻瓜与日俱增;
>一件坎肩他左扯右拉,
>两只眼睛不住地眨巴。

格林卡将科尔马科夫滑稽可笑的个性表演得惟妙惟肖,甚至到后来,当后者去世十年以后,他仍然以令人惊叹的演技再现了这位老教师的形象,想象出科尔马科夫处在这种或那种情况和境地时会怎么说、怎么做。即使科尔马科夫再生,他在这类情况和境地中的举止言语也真的不会两样。

里姆斯基-科萨科夫的住宅共有三个小房间,里面随便摆着一

---

[1] 谢·亚·索博列夫斯基(1803—1870),俄国藏书家兼图书学家,普希金的朋友。

些家具。客人渐渐来了，房间挤得满满的，变得烟雾腾腾……我坐在一个角落里，胆怯地看着每一个新来的陌生人，猜想他肯定是一位文学家。最先来的人中就有格林卡心目中的典型人物——伊万·阿基莫维奇·科尔马科夫。他同格林卡互相拥抱、亲吻。

科尔马科夫说起话来断断续续。

"我很高兴，"他对科萨科夫和格林卡说，"由衷地高兴见到你们……几个好友，一席畅谈，再加一瓶美酒——这就是生活的乐趣……你是诗人，他是音乐家——**各如所愿**[1]！"

每说一个字他都要眨一眨眼睛，扯一扯坎肩。

同科尔马科夫一起来的是一位个子高大、面色阴沉、满脸学究神态的先生，他也在寄宿学校当过教员，姓奥金斯基。大约五年以后我在赫沃斯托夫伯爵家的文学晚会上又见过他，在晚会上他宣读了他的论文《论火》。

克列切托夫呢，我一到科萨科夫家里就见到了。他在几个房间里走来走去，就像在自己家里一样，心情非常愉快，而且好像事先就领略到即将品尝的晚餐的甘美一样，因为他很爱吃东西，自诩为**美食家**，还自认为是精细的酒类鉴赏家。

"晚会之狮"[2]是德尔维格男爵，不过他一点也不像狮子。他中等身材，举止迟缓，有一张非常温和而讨人喜欢的脸；透过他那副金框眼镜，眼里仿佛总是射出一种沉思而又宽厚的光芒。他到得比别人晚，但一露面，大家都忙乱起来，首先是主人。只有同德尔维格关系密切的格林卡的态度依旧那么平静。我的心激烈地跳动着，目不转睛地望着德尔维格。能和这样一位著名的文学家，而且还是普希金的朋友同坐一室，我觉得说不出的高兴……

---

1 原文是拉丁语。
2 原文"狮子"兼有"社交场上的明星"之意。

德尔维格在沙发上坐下,其他的人则恭恭敬敬地围坐在他身旁;主人招待他就像下属讨好上司一样。克列切托夫一再跟他搭话,极力表现出一种亲昵态度,但德尔维格在答话时只是似笑非笑地看他一眼,表示对他并不特别看重……

当德尔维格就座、大家也在他身旁坐下以后,我竖起耳朵准备恭听。"好啦,"我想,"这会儿该开始谈文学了。"没想到我的希望落空了。德尔维格很少开口,对文学则只字不提;只是当有人问起《雪花》[1]时,他才说,它近日即将出版,并把朗格尔[2]画的刊头花饰拿出来给大家互相传阅。话讲得最多的是格林卡,他有意引出科尔马科夫和奥金斯基的话来,好让他们充分亮相。科尔马科夫边扯坎肩边眨眼睛,高谈阔论了一番,没完没了地引用西塞罗[3]和贺拉斯的名言。

格林卡为他鼓掌,于是周围一再响起了"**好啊!**"[4]的喝彩声。克列切托夫最起劲地愚弄科尔马科夫。

"您具有演说家的卓越天才。"德尔维格微笑着说。

"谢谢您的夸奖,男爵,"科尔马科夫扬声说道,"但口才是练出来的,而诗才却是天生的……**演说家是锻炼成的,诗人是天生的**。[5]"

科尔马科夫有一种随机应变的才能。有一次,一个学生当着他的面说出:

---

1 德尔维格于一八二九至一八三〇年间出版的文艺作品集刊。
2 瓦·普·朗格尔(约 1800—1870),俄国画家,德尔维格主办的《北方之花》和《文学报》的编辑人员,后任书刊审查官。
3 西塞罗(前106—前43),古罗马政治活动家、演说家和作家。
4 原文是意大利语。
5 原文是拉丁语。

> 我们的科尔马科夫先生
> 教出来的傻瓜**与日俱增**……

他眨了眨眼,扯了扯坎肩,打断了他的话:
"不对!应该说:

> 我们的科尔马科夫先生
> **碰上的尽是些**傻瓜学生……"

有意思的是,科尔马科夫给我们讲授的那本逻辑学课本以这样一段出色的议论作为开头:
"哲学可以理解为一门科学,或是一种才能……作为一门科学……"

后面的话我已经记不得了,但这个开头倒也写得不错。

整个文学晚会的过程,就是主人、格林卡、德尔维格和克列切托夫故意引逗科尔马科夫和奥金斯基做出种种怪诞举动,并拿他们开玩笑。科尔马科夫和奥金斯基逗得所有在场的人发笑,使大家感到开心;他们不自觉地充当了小丑的角色。我觉得我的朋友克列切托夫也接近于这一角色。当他用俏皮话挖苦科尔马科夫和奥金斯基时,别人也在拿他开玩笑,而且说得相当尖刻,使我既感到不快,又觉得惊讶;但克列切托夫并未觉察到这一点,看上去踌躇满志,对他自己说的笑话得意扬扬。

四个小时对我来说一眨眼的工夫就过去了……一个房间里的餐桌上已铺上台布,听得见刀叉盘碟碰撞的声音,厨房里也传来咝咝的响声,油烟味在几个房间里扩散开来,同烟草的气味混在一起。时间已经过了十一点,我该回学校了。临走的时候我的眼里几乎涌出了泪水。

第二天克列切托夫对我说，晚餐时菜肴一般，但分量很足，喝的酒味道十分精美；说科尔马科夫和奥金斯基被灌醉了，人家对他们尽情取笑了一番；总之，晚宴席上十分快乐。他说，他后来把**他的**德尔维格一直送回家中，一路上他们互相畅谈，对文学发表了许多新的、很有道理的见解，不过这些见解到底是什么，他没有提及。

克列切托夫后来告诉我，这次晚会是借钱举办的；他说，里姆斯基－科萨科夫喜欢过阔日子，不过可惜的是，他父亲虽然非常富有，却又十分吝啬，不给他寄一点儿钱，因此他总是手头拮据；尽管如此，只要有钱落到他手上，他马上就设宴招待朋友们，把钱花得一文不剩。"这小伙子挺不错，心地善良，对人很热心。"克列切托夫说到最后又补了一句。

这次文学晚会之后，我一心梦想着赶快结束学业，去当个文学家。我们计算着在寄宿学校还得待多少日月，多少时分，每过一天就勾去一天……

时间的流逝慢得令人难受，然而春天终于快到了……而且真的到来了。寄宿学校对面的菜园里，芦笋开始渐渐长高——这是考试即将来临的无可怀疑的标志。一想到考试，我的背上就冒出了冷汗。学校当局对我很有好感，预料我毕业时将会名列前茅，因为进寄宿学校的第一年我学习十分用功，上课回答问题很流利，跟课本上讲的一字不差；后来我对这一套感到厌烦，不再用功了，然而我作为一个勤奋而有才能的学生的名声却已经传开。同时我还是个品行端方的模范；众所周知，当时（我不知道现在怎么样）品行端方被看得比用功重要得多。然而不管怎么说，我的命运还是取决于考试。"要是我自取辱没，辜负了家长和校方的期望，那该怎么办呢?"我希望在毕业时取得十品文官的资格,但我意识到这是不可能的,因为我对所谓的实用科学、特别是数学毫无才能。我们学的是微积分,可我却和米特罗凡努什卡[1]一样,连简单的除法都不会!……我的自尊心受着煎熬,而菜园里的芦笋却越长越高。离考试最多只有七天了。

我们开始黎明即起,为考试做准备。我在上面已经说过,我们的全部学业都以记忆为唯一的基础,可见记忆力对我们至关紧要,然而我呢,很可惜,记忆力向来就很差;再加上那种毫无意义的死记硬背,使我的脑子变得更加迟钝。清晨四点钟,我的同学们懒洋洋地把我从床上叫起来,我拿起一堆书和笔记本就上教室去。室外阳光明亮。这一年(一八三〇年)彼得堡的春天来得很早,从五月开始天气就热起来了。教室里很闷热。我惴惴不安,时而抓起这一本、时而又抓起另一本笔记或课本,与此同时,瞌睡却缠住我不放,脸上的汗直往下淌。回忆起这段时间,我至今仍然不能不感到极端厌恶。

有几门课程很顺手,考得相当顺利,可是接下来还有数学考试,一想到它,我们大多数人就会不寒而栗。毕业班十五个学生中只有五个人多少有一点数学才能,其他的都跟我差不多。

我已经说过,教我们数学的是诗人舍列伊霍夫斯基,可是主考人却是德·谢·奇若夫[2],一提到他的名字我们就会胆战心惊,因为我们觉得他太严厉,简直是铁石心肠。考试前两天我已经丧魂落魄了。"我会落个什么结果呢?"我口里喃喃念着这些不祥的

---

1  俄国剧作家冯维辛(1745—1792)的代表作《纨绔少年》中的人物,是个不学无术的贵族纨绔子弟。
2  德·谢·奇若夫(1785—1853),俄国数学家,彼得堡大学教授,科学院院士。

话,就像舍维廖夫[1]教授诗中的该隐喃喃念着亚伯的名字一样[2]。

考试前夕,我感到身体很不舒服,甚至想着要上医院了,可是有几个同学决定通宵开夜车,劝我跟他们一起复习。

"可是就这一个晚上了,我啥也学不会呀。"我忧愁地反驳说。

"那当然,可是到底要强一些呀,我们来帮你出主意。"

我听从了他们无益的劝告。一个学生手拿粉笔,站在黑板跟前复习,在黑板上写了擦,擦了写,还煞有介事地用粉笔敲着黑板。我什么也不懂,困得眼睛也睁不开,随后就睡着了……

不幸的早晨来临了……

天空没有一丝云彩。阳光令人遗憾地格外明亮,仿佛有意要把我的耻辱昭示得更加明显。

考试定于十点钟举行。

我坐在临街的窗口,远远看去,觉得每个过路人都像奇若夫。我的心一阵一阵地紧缩,一时觉得身体异常虚弱。

已经打过十一点了,可是奇若夫还没有露面。这时有人叫我们到大礼堂去。我从窗口一跃而起,兴高采烈地喊道:

"诸位!诸位!奇若夫看样子不会来啦!"

没想到奇若夫就像从地下冒出来一样,突然出现在我的面前……

我眼里一阵发黑,几乎栽倒在地……

按名单我是第六个。我名字前面的记号表明,我的数学成绩**优秀**。

---

[1] 斯·彼·舍维廖夫(1806—1864),莫斯科大学教授,诗人,文学评论家,《莫斯科信使》(1827至1830)和《莫斯科观察家》(1835至1837)的领导人之一。自十九世纪四十年代起激烈反对别林斯基、赫尔岑等人为代表的进步的文学和社会思想。
[2] 该隐是《圣经》中人类始祖亚当的长子,因嫉妒而杀死其弟亚伯。

考试时一次叫两名学生：一个答问，另一个在黑板上做准备。

轮到我了。我走到主考台前，抽出一张考签，打开来大声读了一遍，可我什么也不懂。

我们的学监为人十分宽厚，甚至温情脉脉，他用柔和亲切的声音对我说：

"先由 X 先生回答问题，您呢，亲爱的，就在黑板上把考签上的问题阐述一番吧。"

"唉，说得倒容易——阐述一番！"我心里想着，走到黑板跟前拿起粉笔，说不清是为什么，我又把考签打开念了一遍，尽管我知道这样做毫无用处。我一筹莫展，竟在黑板上随手画起一个几何图形来。

我的同学们用手势召来了舍列伊霍夫斯基，要他帮帮我的忙。舍列伊霍夫斯基悄悄走到黑板跟前，一边胆怯地向四周顾盼，一边偷偷向我提示……

"那么，后面的您懂吗？"他低声问我。

"我什么也不懂，什么也不知道。"我说着，拿粉笔的手垂了下来。

"您怎么啦！这么说您**什么**也不懂！"舍列伊霍夫斯基吓慌了，大声叫了起来。

奇若夫和学监听到了叫声，向我转过身来。

"怎么回事？请念一念您的考签。"奇若夫严厉地对我说。

我把考签念了一遍。

"那么，请回答吧。"

我好不容易把舍列伊霍夫斯基对我提示的内容讲了一通，讲得颠三倒四，只好住了口……

"接下去呢？"

我默不作声。

奇若夫接二连三问了我一大堆问题；他把我折磨了将近一个小时，天知道他干吗要这样。我站在那里一言不发，拼命忍住泪水，伤心地垂下那只捏着粉笔的手……

奇若夫终于不再问我了，他耸了耸肩，懊丧地把脸转向舍列伊霍夫斯基。

"既然他一无所知，您是用什么方法证明他成绩优秀的呢？而这就是领取大学证书的毕业生！"奇若夫趁机又弹起了他的老调，对学监继续说，"我该给这样的先生打多少分呢？他大概存心想去当个骠骑兵，要不就是当个枪骑兵……"

学监为我非常难过，开始低声跟奇若夫商量，但奇若夫严厉而固执地摇摇头。

"这我可管不着，"奇若夫大声答道，"就**我这门课程**而言，不管怎么说我必须给他打零分。"

我又绝望又羞愧，带着两眼泪水和一身粉笔灰走出了大礼堂。一进教室，我就扑到长凳上痛哭起来。

这时巴甫洛夫[1]走到我身边，他是我的一个同学，领导对他的印象极好，因为他很会巴结逢迎。巴甫洛夫读书是想挣个十品官阶，他的爸爸曾经许诺：要是他能挣上个十品，就送他一匹大走马。"上帝没有赐给他才能"，甚至没有赐给他一颗善良的心。他的智力和才能都极为有限，但却浸透了伪善和阿谀谄媚的感情。

一见我这种绝望的样子，巴甫洛夫就摆出一副悲天悯人的神态，哭丧着脸，叹了口气，对我说：

"我替你万分惋惜，老弟！因为得了**零分**你就从寄宿学校毕不了业。可我呢，奇若夫给了个**四分**，这下子我这个十品算是十拿

---

[1] 指亚·伊·巴甫洛夫，此人后来当了大官，任宫廷高级侍从。

九稳了!"

他又走到另一个学生跟前对他说了同样的宽心话,那一位的个性比我强得多,数学也是得了**零分**。这一次他的宽慰可不十分成功。那个个性强的学生不喜欢这种同情,而是反唇相讥,让他讨了个没趣;但他居然忍受了这种不快,表现出一种值得称赞的谦恭和温顺。

听说这种美德加上谄媚和伪善,对他混迹官场颇有裨益,就像当初在学校里读书时一样。不论在学校还是官场他都如愿以偿:毕业时他荣获十品官阶证书和一匹大走马,而到了官场上则荣获四品文官的官阶和宫廷高级侍从的称号……现在他拥有的不是一匹大走马,而是整整一个养马场和一群奥廖尔种大走马。他肩披勋章绶带,身穿带钥匙形宫廷侍从官标记的金色礼服;每逢休假回到家乡的省城,盛大节日里他便同省长及首席贵族[1]手拉着手站在省城庆典台上,炫耀他这一身衣服。他神态庄严地说:"在我们宫廷里,我们是王朝的支柱,我们的权力……"如此等等。

然而,我们还是回过头去谈考试吧。我的痛苦开始逐渐减轻和平息,因为同学们从考场陆续回来时情况也同我一样:考试名单上记的是零分,心里感到很绝望。这样回来的已有四个人了。"唉,至少不是我一个人。"这种想法使我得到了安慰。

午后,我的精神振作一些了,又上大礼堂去。这时已经五点多了,还有五个人没有考完。奇若夫情绪恶劣,六个零分已经赫然写在记分表上。正当我走进礼堂时,奇若夫记下最后一个零分,把脸转向舍列伊霍夫斯基,讥讽地问道:

"归根结底,这到底是怎么回事呢?"

---

[1] 沙皇时代由一个省或一个县贵族会议选举产生的贵族代表,负责管理贵族阶层事务。

舍列伊霍夫斯基一把抓住自己的头,头发蓬乱开来。他用一种绝望的、撕裂人心的声音喊道:

"我的天哪!我有什么过错呢?我拿他们怎么办呢?……"

但这还只是开场——好戏还在后头。

奇若夫叫的倒数第二名是塔季谢夫。塔季谢夫是个有钱地主的儿子,他的爸爸是个外省贵族。此人极为自负,他引为自豪的是他的纹章上绘有大公的王冠,并为此大吹大擂。他经常到寄宿学校来看他的儿子,他的嗓门和举止往往引得大家哄堂大笑……儿子很像父亲,嗓子也一样大,老在同学面前夸耀自己富有,炫耀家族纹章上的大公王冠。同学们都把他当作丑角,尽管如此,大家都喜欢他,因为他极为天真,心地善良。有一次他为克列切托夫写了一篇作文,开头是这样的:

"太阳已经西斜。那是一个美好而宁静的黄昏。**菲洛梅拉在回荡,一只夜莺在啼唱**……"

就为这个"菲洛梅拉",大家后来没完没了地取笑他。[1]

他的父亲向他宣布:假如他能挣得十品官阶,他每年就给他五千卢布纸币;假如挣得十二品,就给二千五百卢布;要是得个十四品[2],那就只给他一千二百卢布。塔季谢夫学习的目的是挣五千卢布,尽管这对他来说极为困难。他从早到晚死啃书本,苦恼不堪,还是落在那些毫不用功的人后面……没想到毕业前半年他的父亲猝然去世,他的母亲早已不在人世,塔季谢夫成了他的家产的全权主宰人,再也不学习了……

"我现在干吗还要折磨自己呀?"他对我们说,"你们也都知

---

[1] 塔季谢夫本想卖弄斯文,写"乡村情歌"这个外来词(读音为"维拉涅拉"),结果弄巧成拙,写出来的词毫无意义,倒像个俄国女人的名字。
[2] 沙俄时代最低一级的文官。

道,不论挣个几品毕业,对我都是一码事儿。我的事由我自己作主,我爱花多少钱就花多少钱。"

老师问他功课时,他往往从座位上站起来,做出一副哭丧的鬼脸,一面哽咽一面说:

"我没法儿准备功课,因为我不久前失去了父亲和恩人。"

同学们噗嗤笑出声来,老师也微微一笑,不再问他……

总之,这会儿终于轮到塔季谢夫考试了。

所有的学生,不论是伤心还是快活,是得了零分还是成绩良好,都聚在一起观看这个场面。

塔季谢夫非常敏捷地走到主考台前,颇为优雅地并足行礼(据他说,这种优雅的姿势是他从前的家庭女教师卡朗太太教给他的),然后抽了一份考签……

"让我看看您的考签。"奇若夫对他说道。

塔季谢夫把考签递给他,不知为什么还愉快地微微一笑。奇若夫把考签看了一遍。

"很好,"他说,"请到黑板前去,画个角锥体……"

"您怎么吩咐的?是画个角锥体吗?"塔季谢夫扯起喉咙问道。

"不错!画个角锥体。"奇若夫皱着眉头说。

塔季谢夫得意扬扬地拿起粉笔,画了个小圆帽。

"这是什么呀?"奇若夫问道,"我要您画个角锥体。"

"这就是呀!"塔季谢夫边说边用食指指着小圆帽;他那个食指不是三节,而是两节。塔季谢夫的体形本来就不十分匀称,他两膝弯曲,肚皮凸起,一只眼里开始长出白斑,因此他的目光显得十分呆滞。

"那么照您看来,这就是角锥体啰?"奇若夫拖长了声调说。

"是的。"塔季谢夫回答得很肯定、很得意,然而他又感到困惑莫解，忐忑地看了同学们一眼。同学们好不容易才忍住，没有笑出声来。

奇若夫转身望着舍列伊霍夫斯基……

"塔季谢夫先生！这是怎么回事呀？"舍列伊霍夫斯基号叫着说。

塔季谢夫猜到事情不妙，那张得意扬扬的脸顿时换成一副哭丧的鬼脸。

奇若夫又问了塔季谢夫两个问题——一个是代数问题，一个是算术问题，但塔季谢夫的答案只是满脸泪痕，他哽咽着说，他没法学习，因为他失去了父亲和恩人。

"得啦，您走吧，"奇若夫挥了挥手说，"对您的同学们我打了零分，可是对您呢，先生，我连用笔蘸一蘸墨水、打个分都不愿意。您连零分都不配得到。"

塔季谢夫痛哭流涕地走了。

然而我们这些得零分的人都得感谢塔季谢夫救了我们一命。原来事情是这样的：塔季谢夫的姐姐有很大一笔资产，当时有个工程兵军官正在追求她，那人是奇若夫的好友。塔季谢夫对这位工程兵军官宣布：假如奇若夫给他打个像样的分数，他便毫不迟疑地同意这门婚事，不然的话休想办成这件事。这是未婚妻的兄弟发出的破釜沉舟的最后通牒。工程兵军官把自己的处境告诉了奇若夫，奇若夫同情朋友的处境，来到寄宿学校，要出了考试记分单，给塔季谢夫打了个二分，而我们这些得零分的人则改为一点五分。

要不是这位工程兵军官碰巧爱上了塔季谢夫的姐姐，那么，我们这些人就是在寄宿学校再待上几年，大概也没法把数学对付过去。

可是现在，我们已经结束学业了。我们手上有了了不起的皮纸文凭，上面有取得官阶的证件，有成绩证明，表明我们各门学科的成绩都是**优、良**或**及格**，而且品行端方，堪为楷模。领导很有感情地同我们握手，向我们表示祝贺，父母满心激动地把我们拥到怀里，而我们呢，自然高兴得忘乎所以，因为我们已经不再是学生了。然而不论是校方、父母还是我们都没有想一想：**我们为什么要受教育？而且，我们到底学到了些什么？**……校园外面的生活诱惑着我们，使我们眼花缭乱，于是我们心向神往，一头扎进这种生活；我们对生活中的种种现象并未加以评论，因为我们的思考能力不仅没有得到发展，头脑反而被庸俗的道德观念和陈规旧习所充塞。

我们没有学到一点科学知识，哪怕是基本的知识。

我们的脑子模糊混乱，只有一些彼此孤立的历史人名、城市和战争的名称，以及某些年代和数字在里面逛荡；然而不仅年代，连世纪都彼此混淆，纷乱不堪。我们从寄宿学校毕业时仍然是一群稚子，就跟进校时一样——不同的只是两颊上柔软的茸毛消失了，开始修刮胡子了。由于不学无术，由于智力没有得到发展，我们对一切都不假思索地信以为真，囿于陈腐的常规，不仅不理解过更好的、不同于现在的另一种生活的可能性，甚至无法想象出某种更好的生活。至于社会感、公民责任感，那就更不用说了，当时的教育未必考虑到要唤起这种感情。从小在家时，对上司恭敬和俯首听命的思想就在我们心里牢牢扎下了根，后来上了寄宿学校，这种思想又进一步发展，致使我们进入上流社会时，每见到一个有爵位的大人物，或向任何豪华富丽的环境看上一眼，都会手足无措，感到胆怯。这时我们只会产生一种念头："怎样才能尽快攀上这一步呢？"

贵族寄宿学校为祖国培养出来的就是这样一些有用的人才！

# 第二章

寄宿学校毕业后的初期生活——我的文学习作和阅读——古典主义和浪漫主义——《巴黎圣母院》——我想发表译作的不成功的尝试——我讲述赠送女仆的事以后首次受到的精神震动——我的交往——幻想服兵役和当宫廷侍从——我被安排任职——我退职——我发表的第一部中篇小说——在斯米尔津店里遇见普希金——关于普希金的几句话——对库科尔尼克的《托夸托·塔索》的议论及我同这部作品作者的结识

从寄宿学校毕业后很久,我压根儿不知道自己该怎么办,该找个什么地方栖身。我几乎没有一个熟人。我在彼得堡的大街上漫无目标地闲逛,想着该怎样消磨那漫长的冬夜,可是什么主意也想不出来,因为没有钱是很难拿定什么主意的(而我当时的钱很少)。我通常在豌豆街或升天节街上的小点心店里要上一杯劣质巧克力茶,一坐就是几个小时。同我一起的有两三个朋友,其中包括米·亚·雅泽科夫[1]。我和他亲密相处,形影不离。然而点心店提供的消遣方式很少:一个又小又脏的房间,只点一支昏暗的小蜡烛,涂着苦油的多层馅饼,不是嵌着琥珀,而是饰以翎毛或火漆的油腻的烟管——所有这一切都令人生厌。我们没有任何兴趣,谈话离不开日常事务,谈不上几句就住了嘴;我们打着呵欠,互相看着对方,仿佛在问:"天哪!难道这就是那种远远看去十分诱人的生活吗?"见到灯火辉煌、门口停着马车的楼房,我们便停住脚步,好奇而又羡慕地朝窗口望去,里面闪现出寻欢作乐的男人和女人的身影……我们的耳边隐隐传来乐曲声。"那儿多快活呀!"我们心想,"幸运儿啊!真幸运!……这才是我们梦想的那种生活,可是怎样才能达到这一步呢?"

我们不知道怎样解答这个问题,只好低着头,闷闷不乐地各

---

[1] 米·亚·雅泽科夫(1811—1885),巴纳耶夫的同学和密友,别林斯基的朋友,同《祖国纪事》《现代人》杂志编辑人员关系亲近。

自回家。

"喂，诸位！"有一天一个朋友对我和雅泽科夫说，这是个极机灵、极活泼的小伙子，后来自杀了，死得很悲惨，"你们是些废物，萎靡不振，胆小如鼠，你们不会生活……别着急，得有人给你们鼓一鼓精神……我来给你们安排一个小小的晚会，你们一定会感谢我。"

"什么时候？在哪儿？"我们活跃起来，问道。

"明天晚上，在升天节街点心店。"

"可是我们很讨厌这家点心店。"我们皱着眉头反驳道。

"哎呀，你们这些小丑！"他打断了我们的话，"一杯巧克力茶，一杆烟，相对而坐，那当然令人厌倦……干吗要白费口舌呀？明天晚上八点上那儿去，你们就会觉得这点心店是个天堂了。我给你们准备两个意想不到的尤物。"

第二天八点不到，我们便来到点心店坐下，忐忑不安地等候那位朋友。他没让我们久等就来了，跟我们问了好，神秘地微笑着对我们说：

"等一会儿，等一会儿……马上就……"

随后喊道："卡尔·伊万内奇！"店主应声出来后，他吩咐拿几支蜡烛来，又附着他的耳朵嘀咕了几句。店主意味深长地对他点了点头，说道：

"我已经派人去了。会来的，会来的！"

我看了雅泽科夫一眼，雅泽科夫也看了我一眼。我们不安地等着，身上开始颤抖。

大约过了十分钟，进来两个小个子少女，长得十分难看，穿的衣服也不很干净，有点像清洁女工或时装女工……我们那位朋友迎着她们，又是叫喊又是拥抱。他让她们挨着我们坐在沙发上，并吩咐给她们端巧克力茶。两个少女扭扭捏捏,我和雅泽科夫身上发抖,不敢跟她们搭腔。那位朋友一边取笑我们,一边把一个少女推向雅泽科夫。雅泽科夫叫了一声,急忙闪身躲开。

就在这时门打开了,警察分局局长目光严厉地走了进来……

"你们这是干什么?"他吼道,"胡闹!马上给我滚!"

两个姑娘跑了;我们又吓又臊,奔过去拿起外套,在警察分局局长威吓的目光下走出了点心店。

那位朋友为我们安排的晚会就这样不光彩地结束了。他走出点心店时跟我们一样恭谨顺从,但走出几步之后又对我们说,他一定要在这个坏蛋局长身上刺个窟窿。

自此以后我们极为厌恶这些点心店,甚至走路都要避开,不从它们门前经过。

这种无所事事、虚度时日的生活开始使我感到异常苦闷,可是我家里的人却对我说:

"等你休息一阵儿,也就该考虑找个差使了。"

由于无事可做,我开始布置我的房间,把它收拾得颇为像样而舒适。一想到雅泽科夫和克列切托夫将会喜欢这个房间,我感到十分高兴。有一天晚上我在房间里点亮了灯,在灯光下欣赏了一番,然后躺到沙发上,开始幻想怎样才能当个文学家。一想到我的名字将会印在哪部小说或哪首诗的下面,一阵愉快的战栗顿时掠过我的全身,于是我觉得必须马上写点什么……我思索起来,我的脑子里渐渐形成一首题为《致少女》的短诗,是模仿雅泽科夫的格调,他当时给我的印象十分强烈。[1] 一个小时以后,这首四节的诗便写好了。我朗读了一遍,对它那铿锵的音调感到十

---

[1] 这里指的不是本章前文提到的巴纳耶夫的同学米·亚·雅泽科夫,而是诗人尼·米·雅泽科夫。

分满意。我真想马上念给克列切托夫听……他会做出什么评价呢？我刚想到这一点，门铃就响了，克列切托夫出现在我的面前。我乐得几乎要扑上去搂住他的脖子。

克列切托夫仔细打量了一下我的房间，说道：

"哎呀，老弟，你这儿布置得可真漂亮！很有点美学趣味……这些小玩意都安排得恰到好处……"

克列切托夫坐在柔软的沙发上，继续赞赏我装饰房间的才能。

我给他念了我写的诗。

"写得好，音调铿锵，跟雅泽科夫的诗一样！"克列切托夫说着从我手里拿过我用清晰的字迹抄着这首诗的笔记本。他自己把诗朗读了一遍，说道：

"你呀，老弟，是天才！……是的，是这样！继续写吧，写吧……"

我当真继续写起诗来。我模仿当时所有的著名诗人，几乎每天都要写一首诗，因此没过多久，这本笔记本就写满了诗。然而尽管克列切托夫一再夸奖，我却想都没有想过往哪家杂志投寄这些诗，哪怕是我认为最好的一首。我一向觉得文学家和办杂志的人是些高不可攀的人物，在我看来，想和这些人交往，那是太狂妄了；至于那些在《北方之花》《文学报》[1]和《莫斯科电讯》上发表作品的人，他们在我的眼里几乎已经神化……我写诗只是由于无事可做，随便写着玩，只要能听到我那位态度宽容的老师的夸奖，我的自尊心暂时便已得到满足了。

除了我国出版的杂志和文艺作品集以外，我还爱读沃尔特·司各特的小说。我通过法译本和俄译本读完了他所有的长篇

---

[1] 《文学报》，一八三〇年一月至一八三一年六月在彼得堡出版，五天一期。普希金曾密切参与该报工作。

小说。

当时欧洲的古典主义作家和浪漫主义作家激战正酣。法国浪漫派一批元勋的名字——雨果、仲马[1]、巴比叶[2]、苏利叶[3]、苏[4]、维尼[5]、巴尔扎克——开始在我国获得轰动一时的声誉。雨果的《〈克伦威尔〉序言》**给了古典主义致命的一击**——这是克列切托夫说的话。这篇序言激起了他狂热的激情,他没完没了地极力称道《克伦威尔》[6]。我的兴趣从沃尔特·司各特转到法国浪漫派作家身上,我如饥似渴地阅读他们的作品。古典派同浪漫派的斗争对我那早就需要某种养料的智力起了一点刺激作用,我不假思索,马上就站到浪漫主义的旗帜之下。当时我们把波列沃伊、普希金及其流派看作浪漫主义的代表人物[7],我们庆贺浪漫派的胜利,但对古典主义到底是什么货色,概念却十分粗率。我模模糊糊地把一切过时的、陈旧的、腐朽的东西笼统地理解为古典主义,反过来又把一切新鲜的东西理解为浪漫主义,并开始对这些东西产生一种本能的、不可遏止的爱好。为什么会产生斗争呢?这一现象包含什么意义呢?我无法理解这一点。在为浪漫主义祝捷的同时,我也庆贺对托尔马乔夫、罗戈夫、凯达诺夫、贾布洛夫斯基[8]等

---

1 指法国作家大仲马(1802—1870)。
2 巴比叶(1805—1882),法国浪漫派诗人,主要作品为讽刺长诗集《抑扬格诗集》。
3 苏利叶(1800—1847),法国小说家、戏剧家。
4 指欧仁·苏(1804—1857),法国小说家,著有《巴黎之神秘》《流浪的犹太人》等长篇小说。
5 维尼(1797—1863),法国浪漫主义诗人、作家,主要作品有长诗《狼之死》、剧本《夏特东》等。
6 雨果的剧本《克伦威尔》发表于一八二七年,剧本的序言反对古典主义的艺术观点,成为当时浪漫主义的重要宣言,在当时的欧洲影响很大。
7 实际上普希金对浪漫主义的态度和波列沃伊完全不同,普希金已坚定地立足于现实主义的基础上,当时他对巴尔扎克、维尼、欧仁·苏及(1831年以后)对雨果都持否定态度。
8 叶·菲·贾布洛夫斯基(1763—1846),俄国地理学家兼统计学家,彼得堡大学和

辈，总之对我们所有那些小暴君和压制者的胜利，这些人老是死抱住他们那套狭隘腐朽的观念和鄙俗的奴隶道德不放。我们所有的老师（除克列切托夫以外）、所有的学监和家庭教师对新的文学运动的态度都持鄙视和冷酷的态度，认为它同道德原则背道而驰。我们把他们看作古典派，单单这一点就足以使我们成为最狂热的浪漫派了。

众所周知，法国的文学革命是和政治革命同时进行的……不论在文学上还是在政治上，新的思想都取得了胜利，然而我对政治运动的意义却一无所知……七月革命没有给我留下丝毫印象。我只是偶尔听说查理十世[1]被赶走了，取代他登上王位的是路易·菲力普。为什么要赶走一个国王，让另一个人当上国王呢？我对这一点毫无兴趣。除文学以外，再没有任何东西能触动我，我对任何事情也一无所知。

《巴黎圣母院》[2]问世以后，我几乎甘愿为浪漫主义上绞刑架。

我是从《莫斯科电讯》上得知《巴黎圣母院》[3]这本书的。此后过了不久，彼得堡所有能用法语阅读的人都开始热烈议论雨果这部新的天才作品。这本书到了彼得堡后立即被抢购一空，我好不容易弄到一本，便神经质似的，异常激动地读了起来……

我几乎不间断地一口气读完了《巴黎圣母院》[4]。我从来没有体验过这样强烈的读书的快感。克罗德·佛罗洛、爱斯梅拉尔达、加西莫多等人一直萦回在我的想象中；克罗德·佛罗洛在夜里把爱斯梅拉尔达领到绞架下面说"你得在我和这绞架之间做出选择"

---

贵族寄宿学校教授。
1　查理十世（1757—1836），法国国王，一八三〇年七月革命中被推翻，逃亡国外。
2　原文是法语。
3　原文是法语。
4　原文是法语。

这一幕我都背了下来……有两个多月的时间,我一直把这部小说挂在嘴边,把其中的一些片段反复读给克列切托夫和几个志同道合的朋友听。

激动的情绪稍稍平静以后,我着手翻译《巴黎圣母院》[1]的最后两章。我把对作品的爱倾注在翻译中,对译文做了仔细推敲,并读给克列切托夫听了。他认为我的译文十分出色,建议我寄给《莫斯科电讯》。我把译文抄了一遍,又做了若干润色就寄了出去。

此后半年多的时间里,每收到一份新出的杂志,我都忐忑不安地翻开,但是——唉!——没有我的译作。这篇东西就这样消失在《莫斯科电讯》的编辑部里。这是我想**发表作品**的第一次尝试,不过,这次失败并没有让我沮丧多久。

对读书的爱好还使我得免于完全陷入空虚无聊的周围环境的那些琐事。沃尔特·司各特的小说唤起了我想了解中世纪历史的愿望。

不过,当时在我看来,文学仿佛是和生活完全脱节的。它刺激我的幻想,使我感到一种愉快的满足,但对思想的发展却很少有所促进。我的周围还没有什么事物能使我产生任何疑问,引起我的思索或怀疑。我思想上自幼受到灌输的、在寄宿学校又得到发展的所有的偏见、粗野的概念和观点依旧留在我的脑子里,没有受到触动。

有一天,一位朋友来到我这里。我在同他谈话时不知怎么顺便提到,我的妈妈把**一名女仆送给**了她的一个亲戚。我那位朋友禀性粗鲁,几乎什么书都没有读过,然而他的思想却比我更成熟。听了我说的话,他做了一个怪相,对我说道:

---

[1] 原文是法语。

"这种事你说起来怎么不感到难为情，而且态度这样冷静，仿佛是在讲一件最普通的事情？"

"干吗要难为情呀？这有什么大不了的？难道她没有权力把自己的农奴姑娘送人吗？"我惊讶地反驳说。

"亲爱的朋友，我知道有人干这种事，庄稼汉、仆役、用人和使女都被拿来出卖、送人情，可是这种事有教养的人说出口都感到害臊。因为人不是物品，尽管他是农奴；他也有一颗跟你我一样的心灵，他也跟咱们一样，是按照上帝的模式创造出来的。"

这些朴实的话语使我感到惊奇……我头一次感到了自己那些观念的粗野——于是我的脸红到了耳根。那位朋友走后，我心情郁闷地陷入了沉思。

"这到底怎么回事呢？"我暗自寻思，"说真的，一个人怎么能像占有一件东西一样占有另一个人，而且滥施淫威，肆无忌惮，任意摆布他的命运？谁能给他这种残酷的、荒诞的权力呢？"令我感到惊讶的是，我以前从来没有想到这些问题。

这是我思想上受到的第一次精神震动。我的思想苏醒了，它开始使我感到有些不安。我仿佛为自己拥有农奴而感到羞愧，对他们的态度也温和得多、谨慎得多了。这使我的某些近亲感到十分不满……"你会把家里所有的仆人都惯坏的，我的朋友。"他们对我说，"要让他们感到你是**主人**，要**让他们怕你**。"

毕业以后，我和那些志趣比较相投的同学保持了联系，并结识了他们的家庭。但我觉得我没有任何社交才能，这种自尊心折磨着我，使我变得腼腆、怯生，尤其是在妇女中间，因此我竭力避开她们。

我的亲属中有些人热切希望我服兵役，而且一定要当骑兵，因此他们逼着我学习骑术。带穗的肩章、军刀和马刺很有吸引力，搅得我心神不安,然而想到我还得进士官学校,再次坐上学生的座椅,还要接受考试,我那种尚武的激情又冷了下来……我决心去供文职,这种决定违背了亲属们的愿望,但他们想到我将当上一名低级宫廷侍从,也就感到宽慰了。我自己很想穿上那种金色制服[1],甚至几次梦见自己穿着这身制服,还佩戴一些勋章,而且每次醒来,发现这不过是一场梦时,便感到很伤心。

最后我被安排到国库司工作,不领薪水。这是靠了这个司的司长德·马·克尼亚热维奇[2]的情面,他是我父亲在喀山大学的同学。

我奉命抄写公文,起草一些公函,这些工作令我极为厌烦。我到司里上班总是去得很晚,不等下班就走路。我那个科的科长弗拉季斯拉夫·马克西莫维奇是德·马·克尼亚热维奇的兄弟,他对我态度冷淡——说实在的,不仅是他,我给任何一个严肃的、守规矩的人都只能留下最不愉快的印象!

有一天我来到司里,上身穿着文官制服,下面却穿了一条杂色的方格裤子,当时这种裤子刚刚在彼得堡出现。我是最先穿这种裤子的人之一,想穿着它在司里炫耀一番。这条裤子引起的效果超出了我的预料,当我经过一个个房间向自己的科室走去时,编内外的官员们都扔下自己的工作,微笑着互相推搡地用手指着我。这还不算,许多股长,甚至科长都跑到我的科室来看我,其中几个人走到我的跟前说道:

"请允许我们打听一下,您这裤子是什么料子做的呀?"说着还伸手摸摸。

---

1 沙皇宫廷侍从穿的制服。
2 德·马·克尼亚热维奇(1788—1842),俄国民族学家和考古学家,同文学界有交往。后任敦德萨教育区督学。

有一位股长是个幽默家,他说:

"这裤子的布料好像跟厨娘们做裙子用的那种布料一模一样嘛。"

我的裤子在司里引起了一片议论,大家进进出出,致使弗·马·克尼亚热维奇也回头朝向我的桌子,斜着眼看了我一眼,然后走到我的身边向我指出,我的穿着不合乎礼节。

由于一八三一年彼得堡霍乱流行,我不再到司里去了。当我缺勤三个月以后又去上班时,弗·马·克尼亚热维奇把我叫到他跟前。

"您为什么这么久没到司里来?"他问我时脸色都变了。

"我病了。"我答道。

"那您也该通知一声……我本来就该告诉您,这样工作是不行的。您十二点才露面,可别人都是九点半来。"

"可是我不领薪水呀。"我打断了他的话。

"这不成理由。如果您想继续留在这儿供职,就该跟所有人一样工作。不然的话……"

"您的意思是我应该离职?"我再次打断他的话,"那有什么,我辞职得了……"

"随您的便……我不挽留您……"弗拉季斯拉夫·马克西莫维奇气冲冲地说。

我离开了司里,打算第二天就呈请辞职,但我一天又一天地老是往后推,同时也不到司里去。

就这样过了两个月。

一天早晨,司里的送信员来到我这里对我说,司长请我去见他。

德·马·克尼亚热维奇性情十分急躁,发起脾气来言语非常尖刻。这种邀请绝不是什么好兆头,因此我去司里的时候心里十分不快。

我走进司长的房间,站在他的面前。

德米特里·马克西莫维奇正在伏案工作。

过了一会儿,他从公文上抬起头来,把脸朝着我。

"我请您上我这儿来,"他说,使我惊奇的是,他对我说话的声音相当温和,"是想跟您谈谈您供职的问题。您根本没有到司里来……"

"我想辞职,阁下。"我说道。

"不必嘛,"司长说,"我知道您和我的兄弟谈过一番话。我的弟弟是个有病的人,肝火很旺。也许他对您说过一些多余的话,您是个年轻人,当时就感到受了很大委屈,别把这事儿放在心上。您要是能继续在我的下属部门供职,我将感到不胜愉快。我很珍视同您父亲旧日的友情,很想为您做点事。"

我被这番话打动了,我感谢他对我的关切,然而尽管如此,我还是回答说,我感到我完全没有能力干这种工作,已经下决心辞职。

"那么,悉听尊便吧,"德米特里·马克西莫维奇答道,"我不能强迫您。"

当天我就递交了辞呈,有一年多再也没有供职。我的亲属并没有料想到这一点,他们一直幻想我会很快获得低级宫廷侍从的头衔。

每天早上我离家外出,仿佛是去上班,实际上却是在街上溜达。我常常顺路走进一家点心店,在那里如饥似渴地阅读当时发表在《祖国之子报》[1]上的马尔林斯基[2]的中篇小说《"希望"号巡洋舰》,心里想道:"天哪,要能写出这类作品那该多好!"

我利用偶染小恙、医生禁止我外出的机会,怀着惴惴不安的心情动手写小说。我对于生活一无所知,也没有任何主见,甚至对它表面现象的了解也是浮光掠影,十分散乱;而由于没有任何主见,虽然多少有一点观察能力,对我也起不了作用。我感到一筹莫展。然而经过长时间的努力,我还是编出了一段情节,照我看那是非常动人的,但可想而知,它实际上极为荒诞,因为我盲目地竭力模仿马尔林斯基的叙事手法和文笔。

我一边写一边把小说读给克列切托夫听。克列切托夫每次都要夸奖几句,特别是对文笔,但他也指出,我在描写人物时只触及外表,很少深入窥视人的心灵;他说,我对人物的心理发展过程写得不够,等等。同时他还补充说,对自己必须严格要求,写出一部作品后,应该放它三年,三年以后重读一遍,修改一番,再放它三年,然后再读一遍、再改一遍,再放上一年,待到这时再拿出来略加润色,就可以放心地拿去发表了。他说,他自己总是按这种规矩行事,他手头已有了一大堆颇有分量的作品,可能不久就会问世。

要照克列切托夫的那套办法行事,我可没有足够的耐心。我急不可耐,巴不得马上见到自己的作品发表,于是我把我的小说寄给了《祖国之子报》编辑部。

三个月以后,小说的前半部在刊物上发表了。[3]我用颤抖的双

---

[1]《祖国之子报》系一八一二至一八五二年在彼得堡出版的刊物,创办人和一八四〇年以前的出版人是作家兼语文学家尼·伊·格列奇(1787—1867)。
[2] 马尔林斯基,十二月党人亚·亚·别斯图热夫(1797—1837)的笔名,俄国文学批评家、小说家,浪漫主义最著名的代表人物之一,其小说在十九世纪三十年代享有盛誉。
[3] 巴纳耶夫的第一篇小说《一个上流社会妇女的卧室》写于一八三四年十月,发表

手捧着这一期杂志，满心激动、几乎是热泪盈眶地翻阅着。此时此刻我觉得自己是世上最幸福的人了，此后几天，我漫步在大街上，感到格外自豪和昂扬……克列切托夫对我的处女作也非常满意，他说，当他从刊物上读了我的小说以后，感到它较之原稿好得多。

作品的发表使我受到鼓舞，我开始构思另一部小说，同时一直不断地写些短诗，写了满满三本相当厚的笔记本，但却连一首也不敢往刊物上寄。尽管克列切托夫表示赞赏，我还是觉得我缺少作诗的才能，我认为我的天赋是写散文。我对克列切托夫谈到了这一点，他同意我的意见。

我的第二篇小说较有思想意义，写得也比较朴实，发表在《望远镜》[1]上。它得到了某些文学家的赞赏，而且奇怪的是，有些看中了它的人彼此之间毫无共同之处——这就是别林斯基和沃耶伊科夫[2]。沃耶伊科夫在他的《荣军报文学副刊》[3]上对我的小说大加赞扬，那种溢美之词（这原是他一贯的文风）更近于讽刺，而且他不知为什么异想天开，认为这篇小说出自别林斯基的手笔，当时别林斯基因其《文学的幻想》一文和发表在《望远镜》上的最初一批评论文章已经赢得了普遍关注。

这篇小说发表以后，引起了一些杂志和文艺作品集出版人的关注，他们开始向我索稿，我已当真开始认为自己是个文学家了。

---

在《祖国之子报》及《北方文献》一八三五年第十三至十四期上。
1 《望远镜》系一八三一至一八三六年在莫斯科出版的一种综合性杂志，别林斯基自一八三三年起积极为该刊撰稿。巴纳耶夫一八三五年十二月写的第二篇题为《她将会幸福。回忆彼得堡生活中的一段插曲》的小说发表在该杂志一八三六年第三十二期上。
2 亚·费·沃耶伊科夫（1778—1839），俄国诗人、翻译家兼批评家，曾主编《文学新闻》（1822 至 1826）、《斯拉夫人》（1827 至 1830）、《俄国荣军报》（1822 至 1839）和《俄国荣军报文学副刊》（1831 至 1837）等报刊。
3 全名是《俄国荣军报文学副刊》，出版于彼得堡。继沃耶伊科夫后，一八三七年由安·亚·克拉耶夫斯基任主编，一八四〇年由克拉耶夫斯基改组为《文学报》。

有一天我翻阅了自己的诗稿（我总共写满六本笔记本了），从中仅仅选了五首短诗交给刊物，其余的则付之一炬……

然而我扯得太远了，还是言归正传。

我的第一篇小说发表后过了很久，有一天三点钟左右，我走进斯米尔津[1]的书店。当时该店位于涅瓦大街，在路得派新教教堂建筑物的二楼。几乎和我同一时间，有两个人走进了书店：一个身材高大，举止傲慢而放肆，脸庞丰满，蓄着短而尖的火红色胡须，衣着十分讲究；另一个中等身材，衣着毫不奢华，甚至有点不修边幅，一头淡黄色的卷发，侧面看去有点像阿拉伯人的脸形，一副厚厚的、突出的嘴唇，一双极有生气、极为聪慧的眼睛。当我瞥了后者一眼时，我的心猛地紧缩了。根据基普连斯基[2]那幅有名的画像，我认出了这是普希金。

在此之前我从未在任何地方见过普希金。我克服了第一眼见到这位伟大的文学权威时产生的那种畏怯之情，走到他停住脚步的柜台跟前，聚精会神地仔细打量起诗人来。首先使我惊讶的是，普希金的手指甲特别长，颇像鸟类的爪子。我觉得他的面部表情很讨人喜欢，他的微笑令人极为愉快，让人觉得他异常温和。他向斯米尔津要了一本书（我不记得是什么书了），一面翻阅一面向他的同伴讲着什么。那位同伴把一只手背在坎肩后面，答话时声音很大，也不看普希金，然后他微笑着把脸转向斯米尔津，有点扬扬自得地念道：

---

[1] 亚·菲·斯米尔津（1795—1857），俄国出版商和书商，曾出版普希金、果戈理等人的作品。
[2] 奥·阿·基普连斯基（1782—1836），俄国画家，浪漫派的代表人物。其著名的《普希金肖像》作于一八二七年。

>　　不论多少次把斯米尔津找……

他念到这里就住了口。

斯米尔津点头哈腰，得意地笑了起来。普希金似笑非笑地看了同伴一眼，摇了摇头。我望着那位长着火红色短尖胡须的先生，心里想道："真幸运啊！瞧他对待这位伟人的神态。这人是谁呀？"

普希金走出书店以后，我向斯米尔津提出了这个问题。

"这是谢·亚·索博列夫斯基，"斯米尔津答道，"是个极好的人，亚历山大·谢尔盖耶维奇[1]的朋友……不论对什么人他都要写一些极为出色的短诗挪揄一番。"

后来我才知道，索博列夫斯基在斯米尔津店里念的那句诗，是普希金一首有名的即兴诗的第一行：

>　　不论多少次把斯米尔津找，
>　　什么书你都别想买到，
>　　不是找到先科夫斯基[2]的大作，
>　　就是碰上布尔加林[3]那些老套。

我不敢奢望结识普希金，再说我又有什么资格同他结识呢？我只羡慕我的朋友季林，他因同威廉·丘赫尔伯克[4]有远亲关系而

---

[1] 普希金的教名和父名。
[2] 奥·伊·先科夫斯基（1800—1858），俄国作家兼东方学家，曾编辑出版《读书文库》杂志，俄国东方学的创始人之一。
[3] 法·韦·布尔加林（1789—1859），俄国作家、新闻工作者。曾编辑出版反动报纸《北方蜜蜂》（1825至1859；自1831年起与尼·伊·格列奇合办）及其他报刊。
[4] 威·卡·丘赫尔伯克（1797—1846），俄国诗人，普希金的朋友，十二月党人，曾参加一八二五年枢密院广场起义，被判处死刑，后改判服苦役。

结识了普希金。季林的亲属通过第三厅[1]收到流放中的丘赫尔伯克的信件,这些信几乎总是提到普希金,通常便由季林把这些信带给普希金看。季林当时正在翻译西尔维奥·佩利科[2]的小册子《论人的义务》,他把这件事告诉了普希金,普希金对他的想法表示赞许,甚至还答应为他的译本作序。[3]

季林对普希金对他的接待、对他那种亲切周到的态度感到欣喜若狂。所有同普希金有交往的文学家都说,普希金确实是平易近人,待人亲切,而且极有礼貌,不让任何人感觉到他的权威。雅库博维奇[4]引以为自豪的是,普希金总是主动向他索取诗稿并予以发表。

季林对普希金的热情达到了虔敬景仰的程度。我翻译的雨果的一组诗和普希金的一首诗同时在《读书文库》[5]发表以后,季林在写信通知我时写道:"你要懂得这是多么崇高的荣誉。你是个幸运儿。我要是能见到自己的名字同普希金的名字印在一块儿,那我真不知道我该奉献出什么东西。"季林死后过了好几年,我有一次跟彼·亚·普列特尼奥夫[6]谈起季林,谈起他同普希金的关系。

---

1 沙皇私人办公厅的特务机构。
2 西尔维奥·佩利科(1789—1854),意大利作家兼政论家。
3 季林的译作《论人的义务,对青年的训诫》连同"因为真理是不朽的"的题词发表于一八三六年。普希金没有如约作序,但在自己办的《现代人》第三期上发表了对西尔维奥·佩利科著作的一篇短评,季林便把这篇评论作为序言,转载于自己译作的卷首。——作者注
4 卢·安·雅库博维奇(1805—1839),俄国诗人。
5 《读书文库》(1834—1865)系奥·伊·先科夫斯基创办的杂志,是三十年代最畅销的一种刊物,它取得成就的原因是它的编者极力迎合庸夫俗子的趣味,它在出刊的三十余年间一直反对俄国文学和社会思想的进步思潮。巴纳耶夫翻译的雨果的《绝句》同普希金的《青铜骑士》序诗(题为《彼得堡长诗片段》)同时发表在该刊一八三四年第七卷上。
6 彼·亚·普列特尼奥夫(1792—1865),俄国诗人、评论家及文学史家,彼得堡科学院院士,普希金和果戈理的朋友。普希金死后接办《现代人》杂志至一八四七年。

"为什么普希金对他这样殷勤和彬彬有礼,您知道吗?"

"那是为什么呢?普希金对所有的人都是这样嘛。"

"不,"普列特尼奥夫答道,"他对季林态度特别周到,这是有原因的。有一天早晨我上普希金那儿去,在前厅里碰到他正在送季林。他对季林过分殷勤,客客气气,使我感到有些惊讶。季林走后,我问普希金干吗要这样。

"'老兄,对这样的人客气一些是没有害处的。'普希金微笑着答道。

"'什么样的人呀?'我惊讶地问道。

"'他总是把丘赫尔伯克的信带来给我看……你懂吗?他在第三厅供职。'

"我不禁哈哈大笑,并向普希金解释说,是他搞错了。"

季林对于普希金对他的怀疑自然一无所知,他要是知道这一点,准会感到万分苦恼。然而自此以后,普希金对他表现出的却是真正的好感,他为他翻译的西尔维奥·佩利科的著作作序一事证明了这一点……

我十分热心地关注着文坛动态,从头到尾阅读所有的刊物和所有出色的文学作品的单行本。库科尔尼克[1]的《托夸托·塔索》问世以后,我和许多人一样,对这部作品感到异常兴奋。"一个诗人能写出这样的作品,真是前途无量呀!"当时文学界和社会上的人都这么说。

彼得堡从事文学的青年对《塔索》一书的作者其人都极感兴

---

[1] 涅·瓦·库科尔尼克(1809—1869),俄国作家,十九世纪三十年代消极浪漫主义的代表人物,作品很多,其特点是人物矫揉造作,语言辞藻华丽,并具有民族主义和专制主义的思想倾向。《托夸托·塔索》是他写的第一部诗剧,发表于一八三三年。

趣。人们传说他随身带来了许多令人惊叹的作品，可望使俄国文学来一个转折。

"你想认识库科尔尼克吗？"我的一位朋友费·季·范-德尔-弗利特[1]对我说，"明天晚上他在吉日林斯基家里读他的一部新剧本。你上我这儿来，咱们一块儿去吧。我介绍你认识吉日林斯基，由他介绍我们认识库科尔尼克。据说库科尔尼克的新剧本写得好极了！"

不消说，我接受这个建议时该有多高兴。

我翘首盼望的那个晚上来临了。

七点钟我们到了吉日林斯基家。

半个小时以后，诗人来了。

当时他的外貌和布留洛夫[2]后来作的那幅理想化的画像还有某些相似之处。我们印象最深的是他那干瘦颀长的身形，一张苍白的方脸，一双沉思的黑眼睛，一种特别的、我们觉得是预言家式的声调。而且库科尔尼克说话时把字母O都念成O音[3]，使他的话语显得特别庄重而有分量。

听众聚集了十几个人，吉日林斯基把我们一一介绍给诗人。库科尔尼克跟我们每个人拥抱、亲吻。

"先生们！"他说，"能和诸位欢聚一堂，我感到由衷的愉快。诸位都热爱和尊重艺术，而艺术又是我注定要为之献身的圣殿。所有热爱艺术的人我都感到亲近——因此，尽管我同诸位是初次见面，但我已经把诸位看成是我的至亲好友。"

---

[1] 费·季·范-德尔-弗利特（1810—1873），巴纳耶夫的朋友，后任财政部办公厅主任。
[2] 卡·巴·布留洛夫（1799—1852），俄国画家，名画《庞贝城的末日》的作者，他的创作给俄国古典主义绘画输入新的、浪漫主义的气息。
[3] 俄语中字母O非重读时应该弱化，不同程度地读成近似于"A"的音。

库科尔尼克很快开始朗读《至尊者的手》[1],不过他指出,他并不认为这个剧本是他最好的作品,他说,他已经构思了一系列描述意大利艺术家生涯的剧本,写这些剧本要有十分渊博的学识,其中一部是《朱利奥·莫斯蒂》,已经写到结尾部分了,那是他心爱的、**呕心沥血**的作品。

库科尔尼克给我们朗诵剧本时很有技巧,读得绘形绘声。听众都是些蹩脚的评判员:他们既不可能想到作品的主导思想是什么,也不会考虑它有没有丝毫的历史真实性。我们赞赏的仅仅是那些动人的诗句和独白,这一点就足以使我们感到《至尊者的手》是一部出色的作品。

库科尔尼克结束朗诵时已近子夜一点,大家表达了不胜欣喜之情后,便开始准备晚宴。

晚宴时库科尔尼克口若悬河,滔滔不绝,而且我们觉得他说的每一个字几乎都是一种新发现。他那广博的、多方面的知识令我们目瞪口呆,这是很自然的,因为我们什么知识也没有。

晚宴以后他坐在沙发上,沙发面前的桌上放着一瓶红葡萄酒。我们围着诗人坐了下来,他的话越来越充满灵感,越来越高雅——至少我们觉得是这样。有人在谈到他的《塔索》时表示异常兴奋,库科尔尼克当即指出,这部作品很幼稚,较之他的《莫斯蒂》及他构思的一系列作品都要逊色。

"先生们,要不要告诉你们,有什么使我感到不安的,"库科尔尼克最后说道,"我愿意直率地告诉各位,使我感到不安的一种想法是:俄国公众还没有发展到足以理解有分量的作品的程度。像诸位这样的人,在俄国公众中能找出多少呢?我觉得我该放弃

---

[1] 全名是《至尊者拯救了祖国》,颂扬君主制度的历史剧,是库科尔尼克的主要作品之一。

用俄语写作，要么改用意大利语，要么改用法语写作。"

这番话令我们产生了强烈的印象。"哎——呀呀！多了不起呀！"我们想着，互相使了个眼色，并且战战兢兢地看了库科尔尼克一眼，仿佛他是一个超人，眼看就要超凡脱俗，飘然仙去……随后我又感到有点怀疑：一个人的外语能像祖国语言那样，掌握得那么好吗？但我马上又为自己的怀疑感到羞愧。

"我为此感到非常痛苦，"诗人继续说着，他的两眼闪出了泪水，至少我们觉得是这样，"我热爱俄罗斯，可是没有办法！不管怎么说，我认为我该扔掉俄罗斯语言……"

我们开始央求诗人，请他别这样做，别让俄国文学和我们可爱的祖国失去这份荣誉。我们说，他在俄国也会找到许多真正的拥护者和崇拜者……至于我们这些人，我们几乎向他发誓，要衷心拥护他一辈子……

库科尔尼克很长时间默默不语。酒瓶已经空了。他微靠在沙发靠背上，闭上了眼睛。

过了几分钟他睁开双眼，对我们所有的人缓缓扫视了一下。

我觉得这目光意味极为深长，不禁浑身一抖。

"感谢诸位，我诚挚地、衷心地表示感谢，"库科尔尼克用深受感动的语调说，"我不是代表自己感谢，而是代表艺术，诸位对伟大的艺术事业是这样热心……是的，我将用俄语写作，我应该用俄语写作，单凭一条就够了：我见到了像诸位这样的俄罗斯人！"

库科尔尼克站起身来拥抱了我们，他说，能找到像我们这样的朋友，他感到不胜庆幸……

"好心的主人会再给我们来一瓶酒，"库科尔尼克补充说，"让我们畅饮一杯，彼此订交吧。"

我们和诗人告别时已是凌晨四点，对他的天才我们是确信不疑了。

我久久未能入睡，想到能被这样一位诗人**引为朋友**，同他以你[1]相称，我一直沉浸在幸福之中……

---

1 俄国人互相以"你"相称，表示关系亲密。

# 第三章

我同库科尔尼克的进一步熟识——他的崇拜者——《至尊者的手》首次演出——布留洛夫、格林卡和库科尔尼克的"三人同盟"——他们的友谊——权威们身边的特殊人物——库科尔尼克家的聚会——布尔加林——库科尔尼克举行的晚宴——米·伊·格林卡——斯捷潘诺夫的漫画册——我继续供职——希林斯基-希赫马托夫公爵——公爵举办的舞会——斯瓦里克·斯瓦拉茨基之死——克拉耶夫斯基先生在《教育部杂志》编辑部——我同克拉耶夫斯基的结识——翻译《奥赛罗》——结识卡拉蒂庚、勃良斯基及沙霍夫斯科伊公爵

我无法同库科尔尼克经常见面。他带着他的《至尊者的手》这一剧本到处朗读，走了一家又一家。每读一次，他的崇拜者的队伍就扩大一次，新的崇拜者把他围住，又把原先的崇拜者排开。应该说句实话，这些崇拜者到处都是，良莠不齐，他们竞相表达自己的热情，其实文化修养都不很高。

此时《至尊者的手》一剧正在剧院里排练。库科尔尼克的热烈追随者们盼望已久的演出之日终于来临了，整个池座都被他们挤得满满的，我自然也在其列。出于对诗人的忠心和热情，我们既不吝惜手掌，也不吝惜嗓子：大声喝彩，又跺脚又鼓掌，演出结束后又再三再四地向作者叫帘[1]。演出获得了巨大的成功，但当库科尔尼克的剧本在刊物上发表以后，使我们伤心的是，它并没有受到充分的赏识。

大家都知道波列沃伊对它的评价及这一评价的后果——《莫斯科电讯》遭到查禁[2]。对于这件事，有人写了一首相当俏皮的四行诗：

至尊者的手——完成了奇迹三件：

---

[1] 用呼声或掌声要求演员或作者出场见面。
[2] 《莫斯科电讯》由尼·阿·波列沃伊主编，是自由资产阶级思想的喉舌，曾发表普希金、茹科夫斯基等人的作品，一八三四年由尼古拉一世下令查禁。

> 祖国得到拯救,
> 诗人功成名就,
> 波列沃伊宣告完蛋。

继这部创造奇迹的《至尊者的手》之后,库科尔尼克不久又开始读他的新作:《朱利奥·莫斯蒂》《贾可博·萨纳扎尔》《斯科平－舒伊斯基》《罗克索兰人》,等等。库科尔尼克朗诵新作时,我们属于最初几批听众之列。先科夫斯基因《托夸托·塔索》一剧而把他尊崇为歌德。

对这种漫无节制的吹捧,连他的崇拜者中有些懂得分寸的人也觉得别扭。不过,我对诗人的热情并未冷下来,我觉得他的每一部新作都前进了一步。不仅在刊物上,而且在社会上库科尔尼克都是名噪一时。他逐渐成为一个权威,同布留洛夫和格林卡过从密切,而对那些比比皆是的崇拜者们已经相当冷淡,因为他们对他已没有什么用处了。

他每次朗诵新作都以晚宴和香槟酒告终。在这些晚宴上,诗人对自己的作品做了一些说明。我们从他口里了解到,《朱利奥·莫斯蒂》一剧台词中的"**乖孩子**"和"**好宝宝**"是他儿时心爱的字眼,他说,他决心把这些字眼用进剧本里,作为他个人的一段愉快的回忆。众所周知,库科尔尼克笔下的人物几乎一个个都娴于辞令、善于预言,他本人也喜欢在友人的聚会中对自己做出预言。

因此,有一天在谈论文学和普希金的地位时,他越谈兴致越高,说道:

"普希金无疑是很有才华的诗人,他的诗非常和谐、非常动听,但很轻佻、很肤浅,他没有创作出任何重要的作品。假如上帝能假我以天年的话，我定会写出经久不衰、严肃郑重的作品来，说不定我还会改变文学的方向……"（我在转述我听到的诗人亲口说的话时，自然只能保证意思准确，而不能担保字句无误。）

可惜的是，在现实生活中预言并非总像在文学作品中那样容易实现。

库科尔尼克同布留洛夫和格林卡（后者在《为沙皇献身》[1]上演后已是名声大振）的接近和友好关系进一步抬高了他在他为数众多的崇拜者眼中的身价。

他们幻想通过这种友好关系看到绘画、音乐和诗歌的代表人物结成合乎理智的同盟，并且认为这种同盟能对我国社会的美学发展产生影响。库科尔尼克本人未必没有支持和散布这种思想。然而实质上，这种同盟没有一点重大意义。三种艺术的代表人物聚集在一起，只不过是为了愉快地消磨时间，自然啰，顺便也会扯到什么**艺术的圣殿**，以及**泛泛谈论高尚和美**。这个同盟维持了一段时间，是因为这几位代表人物互相抬举，彼此的自尊心都得到了满足。同所有权威人物的境遇一样，在他们周围也集结了一小批谄媚的、逗笑的、跑腿的、讨食的、有点小才华的人物。这类人物中最突出的当推平庸的画家亚年科，这是个粗俗而又厚颜无耻之徒，只要供给他吃喝，他就甘愿为任何一位恩主的利益牺牲一切，甚至自己的妻子、女儿；另一位 M*……[2]，也是个平庸的画家，生就一副奴颜媚骨相，老是装出畏畏缩缩的样子走进布留洛夫的画室，带着虚伪的诚惶诚恐的神情看看布留洛夫的新作，

---

1 《为沙皇献身》，一八三九年改词更名为《伊万·苏萨宁》，是格林卡的代表作，俄国第一部民族歌剧。按：库科尔尼克于一八三四年十二月认识格林卡，《为沙皇献身》首次上演于一八三六年十一月。

2 大概是指布留洛夫的学生格·卡·米哈伊洛夫（1814—1867）。

惊叹一声："我不配，我不配！"他一边说一边蒙着眼睛跑出画室，仿佛被那幅画惊得头晕目眩似的……同他们一起的还有几位小文学天才，他们一部分人是出于虚荣心，想博得一个天才人物（这是他们的看法）的朋友这种美名，一部分是为了同他们一起娱乐一阵，吃喝一顿。

当时库科尔尼克和他的兄弟、诺沃西尔佐夫[1]的管家普拉东一起，在灯笼胡同普柳沙尔[2]家的楼房里租了相当宽敞的一套住宅。他在家里办起了**星期三聚会**。普柳沙尔当时挥霍着从《百科词典》上得来的钱，他和库科尔尼克、先科夫斯基、布尔加林及格列奇关系都很密切。库科尔尼克同后面这些人过从也十分密切。

后来，参加这些聚会（这已经是四十年代初的事了）的人数有时达到八十人。[3]这里不仅有艺术的爱好者和文学的崇拜者、艺术家和文学家，而且有各种寻欢作乐的人，有文有武，有老有少——甚至还有赌徒、骗子和投机商。这样形形色色的一大帮人鱼龙混杂地聚集在一起，吵吵嚷嚷，从一个房间逛到另一个房间。主人则往来周旋于人群之中，时而停住脚步，对客人说上一两句客气话。至于**艺术的圣殿**，则没有一个人提。所有操笔墨生涯的人都先后参加过这种星期三聚会，只有少数属于普希金的朋友的贵族作家除外。这种聚会开始举行已是在普希金死后（应当指出，普希金对库科尔尼克的作品从来未置一词，尽管大家知道，他对任何天才的出现都是高兴的）。这些聚会上的重要角色之一是

---

[1] 尼·尼·诺沃西尔佐（应为"采"）夫（1768—1838），俄国伯爵，镇压波兰民族解放运动的刽子手，自一八三二年起任国务会议主席和大臣会议主席。

[2] 阿·亚·普柳沙尔（1806—1865），俄国出版家兼书商，自一八三四年起着手出版《百科词典》（一至十七卷，未完）。

[3] 不确。库科尔尼克举办这种"星期三聚会"是在一八三七至一八三八年冬，一八四〇年便已停办。

布尔加林，主人对他态度十分殷勤。我在这里头一次见到这位先生。库科尔尼克把我介绍给他，尽管我根本没有请他这样做。库科尔尼克同布尔加林的亲密关系使我和所有崇拜他的青年都感到不快——当时年轻一代的作者和读者无一例外地都鄙视布尔加林。谁在《北方蜜蜂》[1]上发表文章或同它的编者往来密切，谁就会在青年们心目中损害自己的名誉。在年老和行将年老的一代人中，布尔加林仍然享有很大的声望。库科尔尼克看来更倾向于日渐衰老的一代，并和布尔加林这样的人握手言欢，可以肯定地说，他这样做对他的文学声誉是不合算的。然而他在朋友们的午宴和咖啡馆里的晚宴席上热烈鼓吹的**艺术的圣殿**，此时对他来说似乎已退居第二位。看来他已经开始把心思用在另一些打算上，这些打算更重要、更实际，但对诗歌却有害无益。

当库科尔尼克把我领到布尔加林面前时，布尔加林抓住我的手，他的话说得很快，几乎每个字都要结巴一阵，而且口沫四溅：

"幸会呀，老弟，幸会！我尚未结识您的时候，读了您的小说就由衷地爱上了您……您写作时用的是纯正的俄语，出色的文笔，非常出色。您会爱上我的，别听我的仇人的话……我这人总是有话当面实说，不讲客气，因此招惹了许多仇敌……我敬重您的叔叔，我和他是老相识了……他是个品德高尚的人，非常高尚。"

他对我说这番话时，我正在抽雪茄烟，于是我把烟对准他的口直喷过去。

布尔加林呛了一下。[2]

---

[1] 《北方蜜蜂》是布尔加林创办的报纸，一八二五至一八六四年在俄国彼得堡出版。这是尼古拉反动统治时期发行量最大的一份报纸，它和情报机关"第三厅"关系密切，起着沙皇政府喉舌的作用。

[2] 此事发生于一八三八年，而不是如前文讲的四十年代初。

从此以后，每当他在《北方蜜蜂》上谈到我的小说时，总要风马牛不相及地提到雪茄烟，而且说得很肯定，仿佛我所描绘的人物一定是抽烟的，而且这些烟用得很不是地方；他说，喜欢抽烟自然不妨，但在文学作品中却不宜没完没了地写它，叫人腻烦。除了我和布尔加林以外，当然谁也不明白这些话是什么意思。

我的一篇小说发表（这也是四十年代初的事，我在这里只是顺便提及）以后，《北方蜜蜂》发表评论说，尽管它未能有幸认识我，也没有听说我是属于哪个社会阶层的人，但据我对小官吏的小圈子描写得不坏这一点看来，我想必是属于这个小圈子。《蜜蜂》最后指出，我对于为了供年轻人愉快地消磨时光而收养年轻姑娘的那一类老太婆了如指掌，而且对这一类庭院[1]描写得那样真实可信，因此可以得出结论说，我大概就出生和受教育于一个这样的庭院。

这种可爱的放肆态度在被布尔加林视为仇敌的许多文学家中引起一片哗然，过了两天，当我来到奥陀耶夫斯基公爵[2]家时，奥陀耶夫斯基、索洛古勃伯爵[3]和巴舒茨基[4]一见面就对我说，我一定要控告布尔加林，说这种无礼的态度和卑鄙的行为必须受到制裁，今天他侮辱了我，明天就可能欺到他们哪个人头上，等等。

然而我并没有下决心控告他，但索洛古勃伯爵在会见书刊审

---

[1] "这一类庭院"指妓院，这里提到的是巴纳耶夫的中篇小说《出色的人》，其中有一节提到妓院。

[2] 弗·费·奥陀耶夫斯基（1803—1869），俄国作家、文学和音乐评论家，俄国古典音乐理论的奠基人之一，曾先后为普希金的《现代人》、克拉耶夫斯基的《俄国荣军报文学副刊》及《祖国纪事》等报刊积极撰稿。

[3] 弗·亚·索洛古勃（1813—1882），俄国作家，十九世纪四十年代曾为《祖国纪事》撰稿。

[4] 亚·巴·巴舒茨基（1801—1876），俄国作家，十九世纪三十至四十年代的出版家，后来变成一个蒙昧主义者。

查委员会主席敦杜科夫-科尔萨科夫公爵时,把《北方蜜蜂》对我的这种放肆行为告诉了他。

敦杜科夫公爵在委员会里查问是哪个审查官签发刊载那篇文章的那一期《北方蜜蜂》,原来这是他的亲弟弟彼·亚·科尔萨科夫[1]干的。科尔萨科夫在他哥哥面前推脱说,他未能理解这种暗示。敦杜科夫公爵把他申斥了一番,并下令对《北方蜜蜂》的审查要更加严格。

布尔加林得知此事后给敦杜科夫公爵写了一封信,他在信中解释说,有关我的那篇文章不是他写的,他根本不知道有我这么个人;他说,对比我更大的人物有时也会有人说长道短,不值得大惊小怪,难道因为我跟某个办公厅主任[2]姓氏相同,对我就完全不能置评吗?他说,他,布尔加林一向与人为善,政府对他的看法是极好的,他小的时候可以说是**生活在天蓝色的勋章绶带环绕的环境里**,达官贵人们爱抚他,而斯维斯图诺夫[3]则总是吻他;他说,他对人总是实话实说,不讲客气,因此才遭到形形色色的文学家的憎恨,这些人不知怎么都把自己看成贵族;他说,索洛古勃号称伯爵,可是波兰却根本不曾有过什么伯爵[4];维亚泽姆斯基公爵[5]是在给三等商人波列沃伊当雇佣;奥陀耶夫斯基公爵只要能得几个钱,便不惜写文章攻击任何人……最后,他以受压者的身

---

1 彼·亚·科尔萨科夫(1790—1844),俄国作家,书刊审查官,极端反动的《灯塔》杂志的主编。
2 巴纳耶夫的叔父弗·伊·巴纳耶夫其时任宫廷事务部办公厅主任。
3 彼·谢·斯维斯图诺夫(1732—1808),枢密官,俄国作家兼翻译家。
4 索洛古勃是立陶宛人。立陶宛在一五六九至一七九一年间曾与波兰合并,十八世纪末始并入沙皇俄国。波兰和立陶宛确实不曾有过伯爵爵位,但这种封号曾由历代皇帝和教皇赐给某些家族。
5 彼·安·维亚泽姆斯基(1792—1878),俄国诗人,文艺评论家,普希金的朋友,一八二五年以前政治观点和文学思想接近于十二月党人,十九世纪三十年代末思想急剧右转,成为进步的文学和社会运动的死敌。

份请求敦杜科夫公爵予以保护,并称公爵的弟弟科尔萨科夫为高尚的审查官和**贵族**。

这封信的抄件保存在克拉耶夫斯基[1]先生手上,当时他对任何**越出文学轨道**的狂放行为都义愤填膺。

这件事情过了几个月以后,有一天我上弗·伊·巴纳耶夫那儿去。

"你和布尔加林之间发生了什么事啦?"他问我。

我早已忘了《北方蜜蜂》对我无礼那件事。

"没什么,"我答道,"我和布尔加林毫无联系和交往。怎么啦?"

"五天以前我在米柳金[2]的店里碰见了他,他缠住我不放。'阁下,'他说,'您生我的气了……可我并没有过错……''我干吗要生您的气呢?'《北方蜜蜂》上有篇文章,'他说,'侮辱了您的侄子,但是,我以上帝的名义对您发誓,我并不知道这件事。我是爱您侄子的,阁下,尽管他和我的仇人们结成一伙。我委托一位撰稿人写篇文章谈谈他,我以为他同他关系很好,没想到他们不合——是这位撰稿人把我拖进这件事的,闹得很不愉快。请您原谅我,看在上帝的分上,我没有过错,没有过错呀,阁下!'他一边说一边老是碰我的肩膀,亲我的脸,再三表白他爱我,也爱你。我简直被弄得莫名其妙。"

我跟叔叔讲了事情的来龙去脉,并向他转述了布尔加林给敦杜科夫的信的内容。

叔叔摇了摇头。

"咳,"他以他惯常的那种温和态度反驳我说,"难道布尔加林

---

[1] 安·亚·克拉耶夫斯基(1810—1889),出版家,一八三九至一八六七年间《祖国纪事》的编辑兼出版人,系巴纳耶夫妻子的姐夫。
[2] 彼得堡几家豪华美食店的老板。

是这么坏的人!……我过去可不这么看……我不知怎么总愿意把别人想得好一些。"

这件趣事的尾声发生在五年以后。

那时我住在帕尔戈洛沃的别墅里,梅热维奇[1]也住在那里,他已离开克拉耶夫斯基先生投奔布尔加林,后任《警察报》[2]编辑。

我认识梅热维奇是在他从莫斯科来到彼得堡,并成为《祖国纪事》[3]的撰稿人(这件事我在后文详细叙述)的时候。转到《蜜蜂》以后,梅热维奇感到很难为情,长期瞒着我们。其时我写了一篇小文章《彼得堡的小品文作家》,其中的那位小品文作家也是偷偷从一家刊物投奔另一家刊物。梅热维奇认为这篇小文章就是针对他写的。[4]

有一天我在通往花园的路上碰到梅热维奇,便和他并肩而行。这是一个温暖而宁静的黄昏,我和他越谈兴致越高,大自然的静谧和我的亲切态度感染了梅热维奇。

他突然深受感动地停住脚步,说道:

"我很对不住您,您知道吗?"

"怎么啦?"我问道。

"《北方蜜蜂》上对您含沙射影的那篇讨厌的文章是我写的,您那篇《彼得堡的小品文作家》当时使我觉得深受凌辱,请您

---

[1] 瓦·斯·梅热维奇(1814—1849),俄国文学家,十九世纪三十年代曾为《杂谈》《望远镜》《祖国纪事》等刊物撰稿,一八四〇年投奔布尔加林门下。
[2] 全名是《圣彼得堡市警察局公报》,一八三九至一八四八年间由梅热维奇任编辑。
[3] 《祖国纪事》系月刊,其创办人和前期(1818至1830)出版人为巴·彼·斯温因,一八三九年由安·克拉耶夫斯基复办,一八三九至一八八四年在彼得堡出版。一八六八年以前的出版人是安·克拉耶夫斯基,其后为涅克拉索夫、萨尔蒂科夫-谢德林等人。评论专栏负责人为别林斯基(1839至1846),赫尔岑、屠格涅夫、巴纳耶夫等人均积极为该刊撰稿。一八六八年由涅克拉索夫接办后继承了《现代人》杂志的传统,直至一八七七年。一八八四年被沙皇政府查封。
[4] 巴纳耶夫的这篇随笔确实是针对梅热维奇而写的。

原谅。"

"得啦，亲爱的瓦西里·斯捷潘诺维奇，这件事儿我早就忘了。"我回答道。

梅热维奇感动地握了握我的手，两眼甚至涌出了泪水……

但我们还是回过头来谈库科尔尼克家的聚会。

那一大帮客人通常将近一点钟才走——有时亚年科或诗人身边某个跑腿的小文人会想方设法撵客人们早点走。打扫房间以后就摆上餐桌准备晚宴，留下的一二十个最亲密的朋友便一直待到天亮。参加这种宴会的人无拘无束，尽情谈笑，或者谈论**艺术的圣殿**，或者听主人发表鼓舞人心的预言式的演说。

有一次聚会上，库科尔尼克在约十一点钟的时候走到我的跟前，意味深长地使了个眼色，微笑着低声说道：

"你别走。这帮废物各自回家以后，会留下一些出类拔萃之辈。说句实话，等到这些家伙走光了，我的晚会才正式开始……"

库科尔尼克摆头指了指那一群客人。

"到现在为止都不过是**序曲**，"他补充说，"真正的**戏**待会儿才开始。"

应当说明的是，这是在《罗克索兰人》和《斯科平－舒伊斯基》已经上演并获得巨大成功以后的事。我们对喝彩和鼓掌的热心并没有减退，跟我们一伙的还有各个团队的许多军官，他们是诗人的新交，喝彩时嗓子比我们还要响亮。

尽管我依旧相信库科尔尼克的巨大才能，但已经因他和布尔加林、普柳沙尔之辈的联系而感到不安了，因为我对这些人不可能抱有好感。他追求名誉，不择手段，巴结权贵，还要在朋友中间颂扬这些人，没完没了地举行酒宴，一再重弹那些高调，等等——所有这一切都使我失望。我对诗人的志向开始产生怀疑了,有时我已经把他看成一个凡人,甚至有时也敢于指出他那些可笑的品性。

在他赏给我只有少数人能得到的那种面子——留我参加晚宴的时候,我的心境就是这样。

然而当时我还是感到很高兴。

这次参加库科尔尼克晚宴的约有十五个人:普列奥布拉任斯克团[1]的几个军官、米·伊·格林卡、亚年科、翻译歌德作品并在当时出版《艺术报》[2]的斯特鲁戈夫希科夫[3],还有卡缅斯基[4],这是个很有意思的年轻人,他从高加索带来一些**模仿**[5]马尔林斯基的小说,衣服钮孔上有一枚士兵的乔治十字勋章。这位高加索英雄在彼得堡取得了两项胜利:一项是征服了出版《文学副刊》的克拉耶夫斯基先生,他为他的才华所惊倒,第一篇小说就付给他五百卢布(纸币);另一项是赢得了费·彼·托尔斯泰[6]的女儿。

出席这次晚宴的其他人我就不记得了。宴席上引人注目的与其说是食物,不如说是饮料。餐厅里一边墙上挂着诗人库科尔尼克的画像,另一边是他的兄弟普拉东的画像,都是布留洛夫的手笔,相框极为精美。席上的酒源源流淌,库科尔尼克在喝香槟酒时站起身来,特意面向几个军官,举起高脚酒杯伸向他弟弟的画像,扬扬得意地说道:

---

1 俄国最老的近卫军团,由彼得一世建立于一六八七年。
2 该报一八三六至一八四一年出版于彼得堡,先由库科尔尼克、后由斯特鲁戈夫希科夫主编。
3 亚·尼·斯特鲁戈夫希科夫(1808—1878),俄国诗人兼翻译家。
4 巴·巴·卡缅斯基(1810—1875),俄国十九世纪三十至四十年代的小说家,马尔林斯基的模仿者,后任书刊审查官。
5 原文是法语。
6 费·彼·托尔斯泰(1783—1873),伯爵,俄国画家、雕塑家、美术学院副院长。他的女儿,即卡缅斯基的妻子玛·费·卡缅斯卡娅(1817—1898),也是十九世纪五十至六十年代的一位作家。卡缅斯基回到彼得堡、来到托尔斯泰家中是一八三七年春天的事。

"普列奥布拉任斯克团的弟兄们！为缺席的普拉东的健康，干杯！"

为诺沃西尔采夫庄园管家的健康干杯的这杯酒在一片兴高采烈的欢呼声中一饮而尽。

我坐在米·伊·格林卡身旁。

格林卡在晚宴前情绪很不好，他不愿讲话，很少开口，高傲地仰着头，一只手背在坎肩背后，在人群中傲慢地踱来踱去，见了所有熟人都**气冲冲**的样子，这种情绪在他身上是很常见的。但到晚宴时他的情绪渐渐好转：他对我谈到他的作曲计划，谈到他当时正在创作的《鲁斯兰》[1]，谈到俄国的前途（这是他爱谈的话题之一）和俄国人民。格林卡认为他熟悉人民，并善于同他们交谈。一谈到这些问题，他通常显得十分兴奋：两眼炯炯发光，紧紧捏住对方的手，不断重复说："难道不是这样吗？……"这一次他把我的手捏出了紫痕。

格林卡是个热情的、易动感情的人，是个真正的诗人，因此每逢这种时刻他总能激起别人对他很大的好感，他那些超凡脱俗的想法和议论使许多人听得入迷，因为他的热情没有丝毫矫饰的成分……不过坐的时候该离他远一点罢了。

但当有人稍稍触犯他的自尊心，或者只是他有这种感觉时，他就变得傲气十足，绷着脸，昂着头，做出一副同他那矮小的身形毫不相称的傲慢而又可笑的姿态。

斯捷潘诺夫[2]——现任《火花》杂志编辑——巧妙地抓住了

---

[1] 指《鲁斯兰和柳德米拉》，格林卡根据普希金的同名长诗创作的歌剧，是格林卡的主要作品之一。
[2] 尼·亚·斯捷潘诺夫（1807—1877），俄国美术家。十九世纪六十年代编辑两种讽刺杂志：《火花》（1859至1864）和《闹钟》（1865至1871）。

格林卡、布留洛夫和库科尔尼克的一些可笑的特点,用非常尖刻、一针见血而又妙趣横生的漫画表现了他们整个的生活面貌。这本画册现在属于格·亚·库舍列夫 – 别兹博罗德科伯爵[1]。

这一次库科尔尼克的晚宴席上没有谈及**艺术的圣殿**,他只告诉我们他正在研究彼得大帝时代,准备写一系列反映这个时代的小说,并顺便给我们讲了那一时代的几件逸事。

晚宴结束后大家都住了口,因为格林卡灵感勃发,坐到钢琴边开始即兴演奏。库科尔尼克站在钢琴边上,不时发出一声感叹:"妙极了!"他转身向着几位军官,把食指贴在嘴唇上,小声说道:"听着,听着,普列奥布拉任斯克团的弟兄们!"

最后格林卡唱了他谱写的一支抒情曲:

血里燃烧着希望之火——[2]

他的嗓音热情而急促,两眼粗野地扫视着听众。

随后他用手摸了摸前额和头发(这是他内心激动时惯常的动作),从椅子上站起身来,昂着头用高傲的眼神瞥了所有人一眼,(哪一个认识格林卡的人不记得这种眼神呢?),在房间里踱了一圈,把他杯子里的酒一饮而尽,微笑着走到我的跟前,捏了捏我的手,说道:"假如咱们的伊万·阿基梅奇[3]能够复活并来到这里,他会怎么说呢?"

米哈伊洛·伊万内奇[4]眨起眼睛,开始扯弄衣服:"'格林

---

[1] 格·亚·库舍列夫 – 别兹博罗德科(1832—1870),俄国小说家,《俄罗斯言论》杂志的出版人(1859 至 1862),文学艺术事业的资助者。
[2] 这支抒情曲谱写于一八三八年夏天,所引的歌词系普希金的一首诗。
[3] 即贵族寄宿学校的逻辑学教师科尔马科夫,参见本书第一章。
[4] 即米哈伊尔·伊万诺维奇,格林卡的教名和父名。

卡……新俄尔甫斯[1]，继续用和谐的乐声娱悦人们的听觉吧……生命是短暂的……你是个聪明人，尽情享受生活吧……好心的主人美酒常备：桌上放一瓶——桌下还有两瓶……谁该明白这一点，就让他心里有数吧……'"格林卡笑了起来。"真的，他会这样说吧？"——他又补了一句。

我们直至清晨五点才各自回家。……

应当说明的是，库科尔尼克开始举办晚会时我已认识了许多文学家，我同他们进一步交好则是在库科尔尼克家的聚会上，在费·彼·托尔斯泰伯爵和克拉耶夫斯基先生家的星期日聚会上，后者当时正着手出版《俄国荣军报文学副刊》，找了个简朴的住所，离库科尔尼克不远，就在僻静胡同和灯笼胡同拐角的四楼。

我同克拉耶夫斯基先生结识的情形将在后文讲到……

我从国库司离职以后，休息了一年左右[2]，最后，当时任国民教育司司长、同我的亲属熟识的普·亚·希林斯基－希赫马托夫公爵[3]安排我到他那个司里当一位科长的初级助手。

我初次去见希赫马托夫公爵时，他坐在他办公室的写字台边，身穿文官制服，佩着一颗星章。

"欢迎您。"他对我说，并从沙发椅上微微欠了欠身子，用手指着一张椅子。

---

[1] 亦译"奥菲士"，希腊神话中的诗人和歌手，善弹竖琴，弹奏时猛兽俯首，顽石点头。曾参加阿尔戈船英雄们寻取金羊毛的远航，一路上借助歌声克服不少困难，还压倒了海妖西壬迷人的歌声。
[2] 巴纳耶夫离职后"休息"了不止一年，而是将近两年。他于一八三二年三月从国库司退职，一八三四年二月被安排到国民教育司供职。
[3] 普·亚·希林斯基－希赫马托夫（1790—1853），俄国诗人兼翻译家，一八四九年晋升为国民教育大臣。

希赫马托夫公爵话音低微缓慢，从容不迫。他的办公室里有一张写字台、几张靠椅和沙发椅，一面墙上挂着一个僧侣的画像。公爵那张丰满的、黄得像教堂蜡烛的脸上显出的完全是一种僧侣式的温和与谦恭。

"您愿意到司里来供职？您的申请在我手上，从下星期起您就可以上班了。您到二处去当股长，到斯瓦里克－斯瓦拉茨基先生那个科……"

我鞠了一躬。

"我听说，您在从事文学活动？"公爵沉默了一会儿，问我道。

"写得很少。"我窘住了，答道。

"这是件值得称赞的事嘛，"公爵不以为然地说，"我年轻的时候也很爱文学，也写过诗。您也许知道吧？"

"哪能不知道呢，公爵。"我回答道，不过说句实话，我并未读过公爵的诗。

接下来是一阵沉默。

公爵从沙发椅上欠起身子，我从椅子上站了起来。

"那么，下星期请您到司里来吧。再见。"

我办起公务来一点也不顺手，或者不如说，我怎么也无法顺应它。我没有丝毫功名心，当低级宫廷侍从已经不能引起我的兴趣，然而，只要我亲属的熟人中有哪个子侄晋升为低级宫廷侍从，家里的人便用责备的口气对我说：

"某某升了低级宫廷侍从了，他的父母该有多高兴呀，瞧这年轻人多了不起，多让父母称心，上司对他多器重呀！这样的儿子才是好样儿的！"

说完这些话，接下去往往是一声长叹……

我到司里去上班相当准时，一直坐到规定的时间才下班，但仍然一事无成。我的科长斯瓦里克－斯瓦拉茨基先生为人心肠极好,对我十分宽容,因为我是希赫马托夫公爵安排到司里来的。再说斯瓦里克先生又有一位极出色的第一副科长,就是基斯洛夫斯基先生,现任教育部办公厅主任。

我偶尔在节日期间拜访一下希林斯基公爵和公爵夫人,有一天我登门造访时,公爵夫人邀请我去参加跳舞晚会。当时公爵也在场,他没有作声,但他听到"跳舞晚会"几个字时,眉头明显地皱了起来。公爵夫人也和公爵一样,笃信宗教,而且十分虔诚,但她认为她已经成年的几个女儿有时也需要娱乐一番。

晚会上的男伴大部分是司里的官员,听命于庶务官,他下令两点钟以前任何人不得离开。跳舞的大厅里点了几盏灯,发出红黄色的光芒。大厅的四壁也挂满了僧侣画像,仿佛板起面孔,惊讶地望着这种令他们感到愤慨的上流社会的娱乐。公爵本人则踱来踱去,看来是被钢琴的叮咚声和这种声音伴奏下的蹦蹦跳跳搅得心神不安。官员们心里都觉得十分别扭:为了讨好公爵夫人应该跳舞,可是公爵又不时冷眼瞧一瞧自己的下属,即那些男舞伴。晚会办得不成功,后来再也没有举办。不过,我的科长斯瓦里克－斯瓦拉茨基先生第二天却对我说,公爵家的晚会令人感到非常愉快。

可怜的斯瓦拉茨基!一提到他,我就忍不住要讲一讲他生命最后时刻的情景。他获得了安娜勋章,随后请了假,打算回家乡去炫耀一番,没想到他感冒了,病倒在床上。给他看病的司里的医生斯帕斯基[1]从受了伤、生命垂危的普希金那里来到他家里,斯瓦拉茨基病得很重,他从病榻上欠起身子,抓住医生的手,忧郁

---

[1] 伊・季・斯帕斯基(1795—1859),彼得堡外科医学院教授,曾任普希金的家庭医生。普希金死后他立即写了回忆录,记述诗人临终前几天的情形。

地朝放在床头小桌上的安娜勋章望了一眼,说道:

"请告诉我,有没有什么希望呀,医生?我能好吗?"

"毫无希望,"斯帕斯基答道,"有什么办法呢?我们都是要死的,老兄。连普希金也快要死了嘛……您听见了吗,普希金也要死了?!这么一想,你我也就死而无憾了。"

斯瓦拉茨基呻吟了一声,把头垂到枕头上。他和普希金死在同一天,而且几乎死在同一个小时[1]。

斯帕斯基在他死后说道:

"你瞧,真是个幸运儿!和普希金这样的人同时死去。这可不是每个人都办得到的。"

斯瓦拉茨基曾不止一次请我到《教育杂志》[2]编辑部去查询一些事情。编辑部的房间和国民教育司由同一个楼梯上去。

我在那里常常碰见一位官员,个子不高,眼神非常严肃而又意味深长,一头浓密的黑发像当时流行的那样,**按农民的样子**[3]梳理得很仔细,一对深灰色的大眼睛现出严峻而又生硬的神情。

"这是谁呀?"有一次我问其中的一位官员。

"这是副主编,"那位官员答道,"莫斯科大学学士克拉耶夫斯基,是个极有学问的人。"

克拉耶夫斯基先生当时已经打算从沃耶伊科夫手上接过《文学副刊》,他需要撰稿人;他知道我在写小说,因此我同他很容易就接近起来,而且关系相当亲密。还有一个情况促进了我们关系的发展,就是当时我和他几乎每天都要拜访同一户人家[4],彼此都

---

1 普希金死于一八三七年一月二十九日。
2 全名是《国民教育部杂志》,一八三四至一九一七年在彼得堡出版。
3 原文是法语。
4 指著名话剧演员亚·格·勃良斯基(1790—1853)的家,他的两个女儿安娜和阿夫多季娅后来分别嫁给克拉耶夫斯基和巴纳耶夫。

已十分熟悉了。

司里传说克拉耶夫斯基学识渊博,看来是根据他编写的有关博唐神父[1]的哲学的文章,这是乌瓦罗夫伯爵[2]指定他写的,发表在当时的《教育部杂志》上。

克拉耶夫斯基先生来彼得堡时带来了《鲍里斯·戈都诺夫》这篇文章,他首先结识了格列奇,大概因此这篇文章才发表在《祖国之子》上。[3]格列奇开始时对克拉耶夫斯基先生的反应十分热情,不久以后,不知什么原因,克拉耶夫斯基先生和格列奇断绝了往来,又结识了(好像是通过彼·亚·普列特尼奥夫[4])弗·费·奥陀耶夫斯基公爵,后者以他特有的那种温和态度对他表示热烈欢迎……

通过克拉耶夫斯基先生,我后来作为莎士比亚的《奥赛罗》的译者也认识了奥陀耶夫斯基公爵。

顺便谈一谈这篇翻译。

同所有的年轻人一样,我也是戏剧的热烈爱好者,我觉得后台的天地是充满幻想、极为引人而又可望不可企及的天地。我当时十分胆怯,根本就不敢奢望同卡拉蒂庚[5]或勃良斯基结识,他们的舞台演出使我得到了难以形容的精神享受。我没有放过一次观

---

1 路易-欧仁-马利·博唐(1796—1867),法国哲学家、神学家。
2 谢·谢·乌瓦罗夫(1786—1855),伯爵,俄国国务活动家。曾任国民教育大臣、彼得堡科学院院长,尼古拉时期最重要的反动人物之一。
3 这篇文章不是发表在《祖国之子》上,而是收入普柳沙尔的《百科辞典》(1836年)第六卷。
4 巴纳耶夫的这一说法似乎与事实不符,克拉耶夫斯基和奥陀耶夫斯基更有可能在十九世纪二十年代在莫斯科就已经结识了。
5 瓦·安·卡拉蒂庚(1802—1853),俄国演员,一八二〇年起为彼得堡首席悲剧演员,最初是浪漫主义的代表人物,十九世纪三十年代末期以后倾向于现实主义,获得别林斯基的好评。同普希金、格利鲍耶多夫、克雷洛夫等人有交往。

看《强盗》《堂卡洛斯》《阴谋与爱情》[1]及格里尔帕泽[2]等德语作家写的各种剧本在当时演出的机会。卡拉蒂庚和勃良斯基（尤其是前者）的天才使我惊叹不已。

这时我开始读莎士比亚的作品，还在寄宿学校读书时我就读过弗龙琴科[3]翻译的《哈姆雷特》，可是我当时不喜欢这个剧本，毕业两年后我又重新拿起这个剧本，强迫自己读了几遍以后，被这部作品深刻的严肃性所震惊。受到它的强烈吸引，我转而继续阅读莎士比亚的其他作品。我不懂英语，是通过法文译本了解莎士比亚的作品的。

《奥赛罗》给我的强烈印象有如当初雨果的《巴黎圣母院》。接连几个星期，盘踞我的脑海的只有一个奥赛罗。我想象着卡拉蒂庚演奥赛罗、勃良斯基演伊阿古会是怎样的形象。我希望在俄国舞台上看到这出戏，这种愿望一直萦绕在我的心头，使我坐立不安。

最后我下决心把它翻译出来，我请我的亲戚和朋友马·阿·加马佐夫[4]给我当助手，他的英语水平相当高。

我每天早上和晚上埋头翻译，很快就把它译完了。加马佐夫给了我许多帮助，后来又根据英文本把译文校订了一遍。

我精心抄好译文，又让人装帧一番，决定拿去给勃良斯基，看他是否愿意用于他的庆祝演出，因为我听许多人说过，勃良斯基真正理解和热爱莎士比亚。在此之前他好像已经在庆祝演出时

---

[1] 均是德国著名剧作家、诗人席勒所写的悲剧。
[2] 弗兰茨·格里尔帕泽（1791—1872），奥地利剧作家、诗人，创作上接近浪漫主义。主要剧作有三联剧《金羊毛》、童话剧《幻梦人生》《柳布莎》等，宣扬人道主义思想。
[3] 米·巴·弗龙琴科（1801—1855），俄国翻译家。
[4] 马·阿·加马佐夫（约1812—1893），东方学家。

演过《理查三世》,那是他的朋友狄德洛[1]为他翻译的[2]。

我惴惴不安地上勃良斯基家里去了,勃良斯基读了我的译文,感到十分满意。我没有隐瞒,告诉他我是从法文转译的。

"可是我们在海报上要写的是——**译自英文**;这很必要,否则人家还会以为这是迪西斯[3]的改编本哩……"

我窘住了。

"哪能这样呢,"我反驳说,"这多叫人难为情,这不是欺骗吗?"

"可是我请求您,这是为了我,这对我很重要。您别担心,"勃良斯基补充说着,掩上他那件直接罩在衬衣外面的长衫(这是他居家时日常的服装),"这一点谁也不会注意。不管您怎么想,我出海报时可要写'译自英文'。"

我没有再表示异议。

几天以后他对我说,他把我的译文读给沙霍夫斯科伊公爵[4]听……

"他是我的老朋友和老师,"勃良斯基说,"是我们戏剧事业的行家。他夸奖了您的译文,并希望和您认识。我已经讲好了要把您请到他那儿去。"

我和勃良斯基在沙霍夫斯科伊指定的日期上他那儿去了。

---

1 夏尔-路易·狄德洛(1767—1837),法国著名的芭蕾舞演员和导演,曾长期侨居彼得堡,培养了许多优秀的芭蕾舞演员。
2 此语不确。《理查三世》一剧的诗体译本是由勃良斯基本人完成的,但勃良斯基不懂外文,他是根据一个逐字逐句直译的散文译稿改写而成的,这个散文译稿看来就是狄德洛译的。
3 让-弗朗索瓦·迪西斯(1733—1816),法国戏剧家、诗人,曾根据古典主义戏剧的要求改编多种莎剧,在当时流传很广。
4 亚·亚·沙霍夫斯科伊(1777—1846),剧作家、戏剧活动家、俄国科学院院士,勃良斯基的业师。曾主管彼得堡各剧院的剧目部,写过不少喜剧和轻松喜剧,对俄国民族喜剧的建立起了促进作用。

沙霍夫斯科伊当时住在枫丹卡河岸边，离卡林卡桥不远。

我发现他虽已上了年纪，却仍然十分活跃。他爱把"斯"音念成"诗"音，说起话来没完没了，给我的印象：他是个非常温和的人。沙霍夫斯科伊的剧目此时已经开始被人遗忘，他写的剧本只是间或出现在舞台上，看来作者对此感到非常气愤。他怎么也没有想到他的时代已经过去，因而把这种状况归咎于剧院管理处针对他搞的阴谋。他非常激愤，指责管理处不学无术，同时心驰神往地回忆他管理剧院的那些年月，一再引述勃良斯基说过的话，并且一再重复道："对吧，老弟，是这样吧？"

沙霍夫斯科伊称赞了我的译文，但他又指出，我的语言还不完全口语化，还能看到一些长复合句，用在舞台上会叫人受不了，不过他又说，这一切都很容易修改。随后谈话转到卡拉蒂庚身上，沙霍夫斯科伊承认他有才华，说他落到了蠢人手中，他的导师毁了他，他们灌输给他的是一种虚假的戏剧艺术观。应当为勃良斯基说句公正话，当谈话内容对卡拉蒂庚不利时，他总是默不作声；相反，勃良斯基的妻子[1]则认为应当把卡拉蒂庚看作自己丈夫的竞争对手，也就是自己不可调和的敌人，因此她不遗余力地到处说他的坏话，一再挑起两位男演员之间的不和。

我们在沙霍夫斯科伊家里坐到十二点左右，这天晚上他家里再没有别的外人。斟茶的是叶若娃[2]（她好像死于此事的前一年）给他生的女儿，她已不很年轻，但十分娇媚，当时有一个贵族士官正在拼命追求她。

这是我第一次，也是最后一次同沙霍夫斯科伊见面。

《奥赛罗》的布置和道具引起我极大的兴趣，一进入后台，我

---

1 安·马·斯捷潘诺娃（1798—1878），也是俄国话剧演员。
2 叶·伊·叶若娃（1788—1836），彼得堡的喜剧演员，沙霍夫斯科伊的情妇。

简直高兴极了。

对勃良斯基来说，这次庆祝演出非常重要，因为苔丝狄蒙娜一角由他的女儿[1]初次登台演出。按排练的情况我根本无法判断这出戏能不能演好：初次登台的女演员极为羞怯；几个名角，特别是卡拉蒂庚，念起台词漫不经心，声音仿佛是从牙缝里挤出来的。排练不断被局外人的谈话、非演职人员的出现和男女演员之间的插科打诨所打断，这种插科打诨也许富于机智，但却相当粗俗。

初次排练时我默不作声、畏畏缩缩地坐着，像是一个落进陌生世界的人，这个世界远看起来显得极为引人。我记得只有一件事使我感到不安：卡拉蒂庚在第三幕中把"血，伊阿古，血！"念成"血，伊阿古，**我渴着**血！""我渴着"这几个字我听起来觉得别扭而又多余……不过我又宽慰自己，心想这是他一时疏忽，但到总排时他却把"我渴着"这几个字念得更加庄重、更富于表情。

排练结束后我决定告诉他，原文和我的译文里奥赛罗说的只是"血，伊阿古，血！"，照我看来，这样说更简洁有力。卡拉蒂庚微笑着，装腔作势地望了我一眼。

"不，"他说，"我觉得怎么说更好，就让我怎么说吧。'血，伊阿古，血！'——这句话太短了，要使它有力，就必须加上'我渴着'这几个字。"

说完他就不再理睬我了。

毫无办法——只好服从演员，但是（现在回想起这件事我觉得好笑）这个"我渴着"还是令我感到极为不安。

应当指出，童年时代卡拉蒂庚就认识我。我常常在K[2]家里

---

1 指安娜·雅可夫列芙娜，后嫁给克拉耶夫斯基。
2 可能是指巴纳耶夫父亲的朋友克尼亚热维奇，再不就是隶属宫廷、设在彼得戈夫城的造纸厂的经理德·尼·卡津。

碰见他,我的亲属同这一家人关系很亲近。译完《奥赛罗》以后,还在我认识勃良斯基之前,我就邀请卡拉蒂庚、弗·伊·巴纳耶夫和克列切托夫到我那儿去参加晚间聚会,并给他们读了我的译文。

卡拉蒂庚说,尽管莎士比亚是个伟大的天才,但要演他的戏,不做重大改动是不行的;他还说,对《奥赛罗》要大力进行修改和删节。我的叔父完全同意这个意见。这使我十分恼火,于是我才决定去找勃良斯基。

克列切托夫听了《奥赛罗》以后欣喜若狂,看来他是通过我的译文才初次接触到真正的莎士比亚的奥赛罗的。在此之前他了解《奥赛罗》是根据迪西斯的改编本,尽管他一再肯定他对莎士比亚的全部作品都做了深刻研究,而且一提到莎士比亚,总要称他为**深知人心的伟人**;他在莎士比亚的名字前面也冠以代词"我的",有时干脆称他为威廉[1]。

我的叔父和卡拉蒂庚走后,克列切托夫摇了摇头,对我说:

"这些先生,我告诉您吧,简直什么都不懂,一点也不假!……您用得着请他们来么!唔,对了,比方说您的叔叔……他上哪儿去领会这种深度,这样一种力量、威力,这样一种无限性,这样一种完美……"

克列切托夫边说边挥动双手。

"他是按照那位像糖一样过分甜蜜的格斯纳[2]的格调调教出来的……还有这位卡拉蒂庚!还算什么伟大的演员!好极了,妙不可言!"

只要谈话一涉及戏剧方面,克列切托夫一定会兴冲冲地回忆

---

[1] 莎士比亚的名字。按:俄国人直呼人名可表示亲昵。
[2] 所罗门·格斯纳(1730—1788),瑞士作家,著有一些散文体田园诗。

起卡捷琳娜·谢苗诺娃[1],讲述自己同她的交往,用最为迷人的色调来描绘她,并且暗示说,她对他可不是无动于衷,曾经用她那纤纤小脚挑逗过他。末了他深深地叹着气,狠狠扯断自己的一根头发,把它扔到地上,说道:

"唉,老弟——

> 这事发生在很久以前,
> 远古以来就代代相传。[2]"

克列切托夫喜欢谈他的鳏居生活和他征服女性的事迹。他每个星期必来我这里一次,每次都要讲一段他青年时期的艳史,讲到末了便叹一口气,重复一句老话:

> 可是现在我再也不干那一套![3]

应当说明的是,在我毕业前一年他与一位年轻姑娘戈罗霍娃结了婚。他总是用最富于诗意的色彩描述她,说她不论在仪态还是精神上都完全符合他的**理想**,只有一件事使他不安,就是她很会生孩子,每年都要生一个。他通常称她为**荒唐的宝贝儿**,有时一讲起自己的家庭生活,便温情脉脉到了感伤的程度。

"您在哪儿度过除夕之夜的?"有一次他问我道。

---

1 指叶·谢·谢苗诺娃(1786—1849),俄国女演员,活跃于彼得堡舞台上,一八〇三至一八二六年间因主演弗·亚·奥泽罗夫、拉辛等人的悲剧而驰名,普希金曾高度评价她的艺术。
2 引自普希金的《鲁斯兰和柳德米拉》第一歌。
3 引自俄国作家格里鲍耶陀夫的《聪明误》,引文不准确,原文是:"现在呀,老弟,我再也不干那一套。"

"老规矩,在奥陀耶夫斯基家里。"我答道。

"可我却待在家里,过得平静安宁:买了一瓶上好的甜葡萄酒,拎回一篮**蛋白酥甜点心**……我和我那**荒唐的宝贝儿**便美美地吃了一顿,两人把那瓶酒也喝光了。"

克列切托夫教课有七千卢布纸币的收入,不愁吃不愁穿。

他有时请我吃饭,喝一种名为**普罗塔索夫**的汤和一瓶他很爱喝的陈年马德拉葡萄酒。有一次他介绍我认识了他的夫人,由于他一再要求,她在午宴后为我唱了一支《夜莺》[1]。

克列切托夫对她的歌喉极为赞赏,经常对我说:

"老弟,我可不需要上你们的意大利歌剧院去……我有自己的家庭歌剧院。"

克列切托夫对他自己的评价有许多地方不恰当,最不恰当的是:他坚信自己是个上流社会的人。他最爱讲这样一件事(克列切托夫曾不厌其烦地讲了又讲):叶·米·希特罗沃[2](克列切托夫给她的一个亲戚讲过课)有一次把他介绍给菲克蒙特伯爵夫人[3](奥地利公使的妻子),而她又对他讲了数不清的**上流社会荒诞不经的逸闻趣事**……

和克列切托夫交往已成为我的一种习惯,一种需要。我常常把我所有的新作读给他听,他为我看校样(应当说句公正话:他是个第一流的校对),总之,他积极参加了我的文学活动。他把校样还给我时,常对我说:

"看来我不久也该看看自己的校样了,该从故纸堆里挖掘一点

---

[1] 一个平庸的作曲家根据俄国诗人德尔维格的同名诗谱写的抒情曲。
[2] 叶·米·希特罗沃(1783—1839),俄国著名统帅库图佐夫的女儿,普希金和其他作家的朋友,她和她的女儿在彼得堡拥有一个文学和政治沙龙。
[3] 达·费·菲克蒙特(1804—1863),奥地利驻俄公使的妻子,叶·米·希特罗沃的女儿,普希金的朋友。

像样的东西出来了！"

然而岁月不断流逝，克列切托夫的故纸堆里却始终没有什么东西问世。不过有一次，我在他的写字台上见到一张纸，上面写着一段独白的开头：

"她是女人！她是我的妻子！她正在沉睡！"

还有一次克列切托夫给我读了一篇**幽默小品**（这是他的说法）的开头部分，其中的角色是一只在炉子里织网的蜘蛛——我不记得这暗示的是哪一位作家……

《奥赛罗》上演之前，克列切托夫几乎和我一样激动……

勃良斯基举行庆祝演出的那一天[1]，我感到精神恍惚，当我来到剧院时，我几乎惊呆了。

令我伤心的是剧院没有坐满，尽管已分送了不少赠券。

我急不可耐地等着幕布升起。

幕布升起了……又乱又脏的布景，破旧的服装，暴露了许多演员，尤其是演威尼斯公爵的演员无知的某种古怪腔调，初登舞台的女主角的羞涩和胆怯——这一切几乎都使我感到绝望。但是，卡拉蒂庚引人注目地出场了，他那优美的姿势、闪闪发光的服装、一对和他的黑脸庞极为相称的白色的大耳环，以及他出场时观众极为狂热的鼓掌又使我振奋起来。

戏演得还算过得去。卡拉蒂庚念到"我渴着"这几个字时，两眼灼灼闪光，做了一个威胁的手势，台下顿时掌声雷鸣。演出结束后，朋友们自然都要求我出场，其中有举行庆祝演出的演员的朋友，也有我的友人，包括克列切托夫在内，他拼命地

---

[1] 一八三六年十二月二十一日。

欢呼和鼓掌。

《奥赛罗》演了好几场。第三次演出时我去看排练,在剧院大门口碰到了小格里戈里耶夫[1],他演小市民和小商人是十分成功的。小格里戈里耶夫老是喝得半醉不醒,不过这对他所演的角色倒十分合适。

他一见了我就止住脚步,张皇失措地说:

"对不起,您可要原谅我,这事儿我没有错,我是奉命干的——有什么办法呀!"

"什么事呀?"我惊讶地问道,"您有什么对不起我的呀?"

"他们今天非要我在《奥赛罗》里演威尼斯公爵呀。违抗上司是不行的,这您也知道。"

"得了,您也太客气啦!"我握握他的手回答道。

《奥赛罗》我印了单行本。因为海报上公布的是"译自英文",所以单行本的书名页上也是这么写的。由于我已说了假话,我又犯了一个毛病:我甚至用加马佐夫为我做的注释和评注进一步肯定了这个假话,把这些注释和评注置于我的译本的卷首。为此我遭到了惩罚:我的假话不久便被弗龙琴科先生揭穿。他是热爱和深刻理解莎士比亚的,多亏了他,俄国文学才有了优秀的《哈姆雷特》和《麦克白》译本。

当我的《奥赛罗》译本在舞台上上演时,克拉耶夫斯基先生已经当上了《俄国荣军报文学副刊》的编辑,该刊一开始就发表了他的文章:《对俄国的一些见解》。这篇文章讲出了年轻编辑系统发表的**观点**[2],这就是:俄国同西欧没有任何共同之处,它发展前进的道路和西方不同,因此它不属于人类共同发展的范围,而

---

1 指彼·格·格里戈里耶夫(?—1854),亚历山德拉剧院的演员,写过一些轻松喜剧。
2 原文是法语。

是仿佛组成了世界的第六部分……

不过,除了"世界的第六部分"以外,这篇文章没有任何新奇之处。这篇《对俄国的一些见解》仅仅表明,克拉耶夫斯基是在当时莫斯科斯拉夫派的影响下来到彼得堡的。就我记忆所及,这篇文章给同克拉耶夫斯基先生建立了友谊的许多文学家留下了强烈的印象——文坛老将亚·费·沃耶伊科夫和当时许多有名的文学家,诸如罗津男爵[1]、卡尔戈夫[2]、雅库博维奇、在宪兵总部供职的弗拉季斯拉夫列夫[3]等对这篇文章都大加赞扬。克拉耶夫斯基先生的发现迎合了他们的爱国情绪,他们欢迎他,认为他是个非常杰出的思想家。连并不喜欢克拉耶夫斯基先生的库科尔尼克对于《对俄国的一些见解》也惠予青睐,他说:"这篇小文章写得不坏,许多看法颇有道理。"彼·亚·普列特尼奥夫和弗·费·奥陀耶夫斯基公爵称赞了克拉耶夫斯基先生在办刊物方面迈出的最初几步。可以推测,奥陀耶夫斯基公爵在这一时期对他影响很大,因为克拉耶夫斯基先生购置了一些新式的、带有小柜的桌子,式样与奥陀耶夫斯基公爵的一模一样,并采用他的服装式样为自己做了一套在书房里做学问时穿的服装。

---

[1] 叶·费·罗津(1800—1860),俄国诗人、剧作家和批评家,格林卡的歌剧《为沙皇献身》的歌词作者。十九世纪三十年代末至四十年代在政治和文学上成为一个反动人物,在《北方蜜蜂》和《祖国之子》上撰文反对果戈理和自然派。
[2] 威·伊·卡尔戈夫(1796—1841),俄国十九世纪三十年代的小说家和翻译家。
[3] 弗·安·弗拉季斯拉夫列夫(1807—1856),俄国小说家,《朝霞》文艺丛刊的出版人,在宪兵团(即沙皇俄国的宪兵总部)任副官。

# 第四章

克拉耶夫斯基先生举办的晨间文学聚会——罗津男爵、雅库博维奇、弗拉季斯拉夫列夫及其《朝霞》、格列比奥恩卡、别尔涅特、斯捷潘诺夫、斯特鲁伊斯基等——别内迪克托夫登上文坛——朗读《赫薇里》——索科洛夫斯基——沃耶伊科夫——我举办的文学晚会——沃耶伊科夫开办新印刷所时举行的著名的宴会——俄罗斯民间舞蹈

几乎所有当时著名的文学家,除库科尔尼克和属于普希金那个圈子的文学显贵们以外,都在《俄国荣军报文学副刊》的新编辑家里参加每周一次的晨间聚会。这些人中最突出的是罗津男爵,克拉耶夫斯基先生同他是在勃良斯基家里交好起来的。罗津从一开始就积极参与了《俄国荣军报文学副刊》的活动,顺便说说,他在这家报纸上发表了一篇评论《奥赛罗》演出的文章,热烈赞扬了初次登台、扮演苔丝狄蒙娜的女演员的才能。罗津男爵是库科尔尼克在戏剧艺术方面的竞争者和敌手,他无条件地崇拜勃良斯基,而且不喜欢卡拉蒂庚,这大概是因为卡拉蒂庚不很赞赏他的剧本,却认为库科尔尼克是个伟大的剧作家。库科尔尼克则称卡拉蒂庚为伟大的、天才的演员。

罗津男爵相信他自己是俄国唯一的、深湛的戏剧艺术行家,并且是最伟大的戏剧诗人。他说话很幼稚,经常拖长了声音,带着明显的德国腔调[1]说:

"德国的全部剧目中最杰出的作品无疑是歌德的《伊菲格涅亚》[2]。能翻译它的只有茹科夫斯基一个人,而且还离不开我的指导。"

后来他为一件事情感到自豪:当果戈理在茹科夫斯基家的晚

---

[1] 罗津男爵属日耳曼血统。
[2] 全名《伊菲格涅亚在陶里斯》,歌德于一七八七年写的古典主义剧本。

会上初次朗读了自己的《钦差大臣》以后，所有在场的人中只有罗津一人没有向作者表示丝毫赞扬，甚至一次都没有笑过；他还为普希金感到惋惜，因为普希金被这出玷辱艺术的闹剧迷住了，在朗读的整个过程中笑得前仰后合。

库科尔尼克和罗津这两个戏剧方面的敌手从来都是背道而驰，但他们对《钦差大臣》的看法却如出一辙。

罗津男爵因自己的剧本在舞台上遭到的失败和库科尔尼克的成功而气得要命，他常常心急火燎，怒不可遏，一再争辩说，他是真正的戏剧诗人，而库科尔尼克则对戏剧艺术一窍不通，说他罗津的真正价值后人会给予评价，等等。

他每次爱谈的话题就是这样的，大家当着他的面都同意他的话，连连点头称是，背地里却都笑他，人情大抵都是如此。

雅库博维奇写过一些平庸的小诗，读起来相当响亮，但却毫无内容。

然而他在办杂志和出版文艺丛刊的人中间却享有很大的声誉，不知为什么每一家杂志、每一本文艺丛刊都离不开他的诗。纳杰日金[1]后来告诉我，他当《望远镜》的出版人时，印这家杂志的印刷所的业务负责人有一天来找他，向他要占半页篇幅的原稿做补白之用。

"那怎么办？我这儿没有这种稿子呀。"纳杰日金答道。

"那么，找点儿雅库博维奇的诗，**应个急**不行吗？"业务负责人提出建议。

纳杰日金便找了几首雅库博维奇的诗给他。自此以后，凡是需要填空应急，他就找雅库博维奇的诗。

---

[1] 尼·伊·纳杰日金（1804—1856），俄国评论家、美学家。莫斯科大学教授，《望远镜》和《杂谈》的编辑，别林斯基曾积极参与这些报刊的工作。

雅库博维奇毫无教养，思想幼稚得出奇。

有一个杂志编辑对他的诗不很赏识，雅库博维奇愤愤不平地对我诉说了这件事。

"我一向拿他当朋友，跟他的关系再好不过了，"他说，"我没有一点跟他过不去的地方，总是把我的诗拿给他发表，没想到他却无缘无故把我骂了一顿……您看，这么干不是很下流吗？"

"到底为什么？"我答道，"他并没有骂您呀，他只是发现您的诗有些不足之处。也许是他说错了，但他总算谈出了自己的看法嘛。不必为这件事生气。"

"不，"雅库博维奇反驳道，"照我看，既然是朋友，那就该像个朋友的样子。我就决不会说朋友的坏话……不管您说什么，这种做法总是很下流。"

另有一次，雅库博维奇在我面前抱怨卡尔戈夫，后者当时举办了一些文学晚会，有晚餐招待。

"我再也不进他的家门了，"他说，"您想想看，他想出了什么点子。他对库科尔尼克大献殷勤，晚宴时让他坐在自己身旁，把名贵的拉斐特红葡萄酒摆在他面前，却让我坐在桌子下首，面前只有一瓶从沃格特店里买来的一卢布二十戈比一瓶的美陀克葡萄酒。这搞的是什么名堂呀？这种做法很可恶，您也会同意的。"

然而尽管如此，他还是继续出席卡尔戈夫的晚宴，对沃格特的美陀克葡萄酒也不嫌弃，因为他喜欢喝酒，只要不用自己掏钱，不论碰上什么酒他都喝。

雅库博维奇搞文学创作毫无收入，因为当时不仅诗歌，就连散文作品也只有少数出类拔萃的作家才能得到稿酬。他靠教俄语课勉强维持生活。

听说他躺在谢苗诺夫团一间斗室的顶楼上奄奄一息的时候，

好像是传来了他的叔父去世、留给他三百多名农奴作为遗产的消息。命运跟可怜的诗人开了一个多么辛辣的玩笑啊!

弗拉季斯拉夫列夫写过几篇感伤的、军事题材的短篇小说[1],几乎没有引起任何人的注意,却因出版《朝霞》丛刊而在文学界出了一点名,并结识了各方面的文学家。他巧妙地利用自己的职位,以相当可观的数量推广自己出版的刊物。大部分人是根据宪兵当局的命令买到这种文艺丛刊的,宪兵当局违背自己的原则行事,却因此在俄国公众中激起了对文学的兴趣。

所有的文学家都很了解《朝霞》是通过什么途径散发的,但这种投机手段并未使任何人感到不安,大家都觉得这种做法完全合乎常情,可以理解。

弗拉季斯拉夫列夫出版文艺丛刊不付分文稿酬,因此获得了很大一笔利润。他开始经常举办各种活动,招待许多客人,为了满足自己的虚荣心,甚至想出各种新奇的点子。他汇集了一本水彩画册,包括布留洛夫和其他著名画家的画,花去大笔的钱。不知这本画册现在在何人手上?

弗拉季斯拉夫列夫性格粗暴,对人态度十分放肆,有时到了蛮横无理的程度。随着身体发胖、财产增加,他的态度变得愈加傲慢,表现得不可一世。他甚至开始以庇护人的姿态看待那些无私地帮助他发了财的文学家,这在某种程度上大概是他对自己的职位感到非常自豪的缘故。

他同克拉耶夫斯基先生的关系十分密切,听说《祖国纪事》创办初期,他还通过第三厅协助推广刊物。果真如此的话,那倒是很有趣的,因为后来同一个第三厅大量收集了《祖国纪事》,并

---

1 不确。弗拉季斯拉夫列夫在一八三五至一八三八年间共出了四卷《中短篇小说集》,还在十九世纪三十年代至四十年代初的杂志和文艺丛刊上发表过一系列作品。

将其付之一炬。[1]

格列比奥恩卡[2]为人非常温厚，很喜欢用基辅果子酱和小俄罗斯[3]的腌肥膘肉招待朋友们，所有的文学家都很喜欢他。办杂志的人很需要他，因为他的中短篇小说很受读者喜爱……

参加克拉耶夫斯基先生晨间文学聚会的除了我在上面提到的人和卡缅斯基、斯特鲁戈夫希科夫、斯特鲁伊斯基[4]（笔名是特里伦内——这是一位品性卑鄙下流的先生），以及我已忘记的另外几位以外，还有一位年轻人，他首次出现在《俄国荣军报文学副刊》上，以别尔涅特的笔名发表了一首诗，如果我没有记错的话，这首诗的标题是《晚祷》，它引起了所有的人，甚至别林斯基的注意，他在《群言》[5]或《望远镜》上对这首诗大加赞扬。[6]

别尔涅特开始被看作一个激起人们希望的人，这是文学上的成百次希望之一，然而这些希望——唉！——却注定了不能实现。

尼·亚·斯捷潘诺夫一向喜爱文学，同文学家们经常保持联系，他也常到克拉耶夫斯基先生家里去……斯捷潘诺夫观察了文坛生活中所有可笑的现象，除了画了那本反映布留洛夫、库科尔

---

[1] 一八五一至一八五二年间，第三厅曾对刊载赫尔岑文章的几期《祖国纪事》杂志进行查禁，对未售出的和各图书馆所藏的刊物予以没收和销毁。
[2] 叶·巴·格列比奥恩卡（1812—1848），乌克兰和俄罗斯作家，十九世纪四十年代追随自然派。
[3] 沙皇俄国对乌克兰的沙文主义的称呼。
[4] 德·尤·斯特鲁伊斯基（1806—1856），俄国十九世纪三十至四十年代的诗人。
[5] 《群言》是附属于《望远镜》杂志的一种期刊（1831—1836），一八三四和一八三六年作为《望远镜》的书刊评介专刊，同《望远镜》联合出刊。
[6] 别尔涅特是俄国十九世纪三十年代诗人亚·基·茹科夫斯基（1810—1864）的笔名。巴纳耶夫所说的这首诗标题应是《幻影》，其中写到了晚祷；它并非别尔涅特的处女作。别林斯基在评论别尔涅特的长诗《叶连娜》时赞扬了《幻影》一诗，这篇评论不是发表在《群言》或《望远镜》上，而是发表在《莫斯科观察家》一八三八年四月号上。

尼克和格林卡生活的画册外，有时还勾画一些表现文坛生活的妙趣横生的漫画。

我同这里提到的所有的人关系都已十分亲近。至于克拉耶夫斯基先生，我同他几乎每天见面。

有一天早晨，我上克拉耶夫斯基先生那儿去，他对我说，别尔涅特叫我晚上去他家里，说《宇宙》一诗的作者索科洛夫斯基[1]要上他那儿去，此人写了一些极好的长诗，想朗诵其中的一篇。

"您上我这儿来吧。咱们一起去。"克拉耶夫斯基先生补充了一句。

晚上七点左右，我们来到别尔涅特家（弗拉基米尔教堂旁边，弗里德里西斯[2]的一栋房屋里）。

别尔涅特介绍我认识了索科洛夫斯基。

索科洛夫斯基是个中年人，身材矮小，一头黑发剪得很短；他脸上有一种病态的、饱经忧患的表情，身上穿一件磨得很破旧的常礼服，所有的扣子都扣着。

他首先伤心地讲述了他在潮湿的囚室里受到的苦难，囚室的顶板潮得往下滴水，墙上爬满了臭虫。

索科洛夫斯基从莫斯科大学毕业后[3]，没有过多久自由的生活。在一次大学生酒宴上，索科洛夫斯基和他的朋友们喝醉了酒，行为有失检点和体统，还发表了某些言论，结果被警察抓了起来。此外，他还被指控写了一首在这次酒宴上唱的歌。

---

[1] 弗·伊·索科洛夫斯基（1808—1839），俄国诗人，曾参加赫尔岑和奥加廖夫组织的小组。

[2] 彼得堡的一个房产主。

[3] 巴纳耶夫对索科洛夫斯基生平的叙述基本属实，有几点不够准确。索科洛夫斯基并未读过莫斯科大学，他于一八三二年结识赫尔岑和奥加廖夫，一八三四年七月被捕，一八三七年获释，只坐了两年多的牢。赫尔岑在《往事与随想》里曾提到过他。

索科洛夫斯基在牢房里好像待了六年。[1]尽管他的体格非常强壮，但在潮湿的牢房里过了这么久的监禁生活，身体完全垮了。他年轻时由于一时迷误和冲动，付出的代价是可怕的疾病和苦难。在六年铁窗生涯期间，他的身边只有一本书——《圣经》。这本书对他产生了深刻的影响，这种影响反映在他继《宇宙》之后写的所有作品里。

索科洛夫斯基缺乏真正的写诗的天赋，而且长期的牢狱生活不仅毁了他的身体，也毁了他的精神。他陷入了神秘主义，并开始借酒浇愁。

他给我们读了他写的一部名为《赫薇里》的怪诞的戏剧体长诗的片段。这部长诗后来于一八三七年出版，全诗共二百四十四页，分为三个部分，标题分别是：第一部——《疾病与健康》，第二部——《嗜好与感情》，第三部——《旧与新》。为了让读者对它有所了解，我在这里引述其中的两个片段，一是开头，一是结尾。

长诗的开头部分，波斯人和米堤亚人的皇帝阿赫什维鲁斯统治下的最高总督德丹这样描述长诗的女主人公——一个年轻的犹太姑娘、阿米纳达伯的女儿、皇帝的未婚妻、后来的皇后——的美貌：

> ……我从未见过一个女人
> 如此众多的美融于一身！
> 嘴唇似火焰，言语像蜜甜，
> 火热的眼神像希望一样诱人，

---

[1] 见前页注释3。

体态匀称优雅，宛如一朵百合，
清新犹如花园，柔软好似云霞，
她呼吸动听，犹如示巴女王[1]，
**她美艳绝伦，举止仪态万方，**
炽烈如炎夏，温柔似阳春，
阿米纳达伯的女儿就是这个样！

长诗结尾处，赫薇里牵着皇帝阿赫什维鲁斯和她的老师阿萨达伊的手，说道：

让我们去吧，去吧，像朋友，
像善良的骨肉亲人一样，
去参加美和纯洁的甜蜜的筵宴，
在那真正幸福的酒宴席旁
沸腾着超越人间的欢畅，
欣喜的激情像海洋一样涌流！
是啊！让我们快去赴那欢乐的御宴。
……
待我们愉快地走完眼前的路
便可在皇上的宫殿里憩息一番，
并在极乐之光的拂照下
在爱的怀抱里尽情安息……

（说着她双膝跪下）

---

[1]《圣经》人物，她仰慕所罗门的名望，觐见所罗门，并送给他大量金子、宝石和香料。

而你,上帝啊,请给我们赐福吧!

(阿赫什维鲁斯和阿萨达伊不由得充满虔敬之情,赶紧把自己的冠冕放在她的脚下,这样,加上赫薇里的冠冕,便组成一个三角形……)

克拉耶夫斯基先生那对富于表情的眼睛紧紧盯住诗人,神情庄重、全神贯注地听着诗人朗读。有时他打断朗读,断断续续插进几句赞扬的话。

"好极了,写得好,"他一再说,"每一行诗都浸透了《圣经》的精神……妙极了!"

回家的时候,克拉耶夫斯基先生对我说:

"嗨!老弟,这可是个了不起的天才,了不起!多么新奇的诗啊——真是奇文!索科洛夫斯基**整个身心**浸透了《圣经》的精神。"

我表示同意。

然而,使我们感到惊奇的是,《赫薇里》给所有的人留下了一种沉重的、不愉快的印象,尽管许多人事先就把它吹捧为一件奇迹。《赫薇里》一诗销出去恐怕还不到十份。

我曾经信口开河,对一个熟人满口夸奖索科洛夫斯基的才华,他从我这里拿去索科洛夫斯基的那篇长诗,匆匆浏览了一遍就还给了我,说道:

"你知道吧,现在再也不会有人说'你乱弹什么琴呀',只会说'你乱弹什么**赫薇里**'了。"

索科洛夫斯基被人们轻率地捧上了天,又突然声望扫地。《赫薇里》的失败搞得他一蹶不振,他完全颓丧了,在人们面前越来越频繁地表现出醉醺醺的样子。

有一年夏天,我和克拉耶夫斯基先生住在林学院的一幢别墅里。一天晚上,有一些文学家在我们那里聚会,其中也有索科洛夫斯基和雅库博维奇。仆人上了茶,又拿出用细长颈小玻璃瓶装的一瓶甘蔗糖酒。没想到过了一个小时,雅库博维奇和索科洛夫斯基竟然酩酊大醉,我们都感到诧异……他们喝了什么,又是什么时候灌醉的呢?那瓶甘蔗糖酒几乎没有动过。后来仆人才对我们解释是怎么回事,原来雅库博维奇和索科洛夫斯基自己从食品柜里取出一瓶白兰地,两个人把它喝光了。

……

我终于成了一名非常卖力的文学家:为克拉耶夫斯基先生的杂志写小说,应他的请求评论各种文学小册子,我自己都对自己写评论的勇气感到惊奇。我干得心甘情愿,不计私利,甚至根本没有想到我的劳动该获取什么代价,只要看到我写的东西发表在刊物上,我就完全心满意足了。

我同克拉耶夫斯基先生一起度过了一个夏天,我们的关系如果不说是非常密切,至少也是相当亲近了。说实在的,在此之前我对他的思想才能、学术和历史知识的看法要好得多。当时历史被认为是他的专业,《俄国荣军报文学副刊》上对历史书籍的许多评论引起了公众的注意,一直被认为是出自克拉耶夫斯基先生的手笔,然而使许多人感到惊讶的是,这些书评原来是经常来找克拉耶夫斯基先生的萨维里耶夫-罗斯季斯拉维奇先生[1]写的。

整个夏天,我们的生活都异常单调:十点钟左右起床,在凉

---

1 尼·瓦·萨维里耶夫-罗斯季斯拉维奇(?—1854),斯拉夫派的历史学家和民族学家,十九世纪三十年代末期为《俄国荣军报文学副刊》撰稿。

台上喝点咖啡,然后开始工作。我为《俄国荣军报文学副刊》写小说,克拉耶夫斯基先生不知为什么翻译了卡西米尔·德拉万[1]的一个剧本。到了三点钟我们通常出去散步,四点钟坐下来吃午饭,饭后我或是去附近的岛上,或是去黑溪,再不就是和克拉耶夫斯基先生一起到住在离我们别墅不远的普列特尼奥夫那儿去。

我已经说过,克拉耶夫斯基先生同普列特尼奥夫关系十分密切,整个夏天几乎天天同他见面,经常伴随他做远距离散步。彼得·亚历山大罗维奇[2]当时是个不知疲倦的步行爱好者,他一早一晚出门,至少要走二十五俄里[3]。克拉耶夫斯基先生本来干什么事情都很认真,对自己的身体又极为关心,因此他不仅开始模仿普列特尼奥夫,甚至在步行方面也要和他一争高下。据我观察,总的说来,克拉耶夫斯基先生年轻时很容易短时间顺从同他过从密切、又不知为什么被他认为是权威的那些人,他往往吸取他们的思想方式,甚至在一些细枝末节的外部特点上也模仿他们,不过在自己的熟人面前又极力保持一种始终如一、独立不羁的样子。其实他毫无独创精神……不过,应该指出,他曾试图实行某些语法上的改革,包括给字母 Ж("日")以较大的独立地位,然而这一切并未被人接受,连发明人自己也很快就把它忘了。

索波列夫斯基当时曾经称克拉耶夫斯基为"**克拉耶日斯基**",在称他为"彼得堡的杂志出版家"时,在"彼得<u>堡</u>"这个词里也加进了字母 Ж[4]……

我对自己在文学界的结交和联系十分满意,早就开始幻想在

---

[1] 卡西米尔·德拉万(1793—1843),法国诗人和剧作家。
[2] 普列特尼奥夫的教名和父名。
[3] 一俄里约合一点〇六公里。
[4] 克拉耶夫斯基主编的《俄国荣军报文学副刊》和《祖国纪事》在创办初年采用过这种不合常规的拼写方法。

自己的住处举办一个大型文学晚会，邀请所有的文学家参加。

一得到机会，我就实现了我的想法：邀请了除布尔加林和格列奇以外的所有人，买了很多酒，把几个房间照得通亮，甚至摆满了鲜花，并且订了晚宴。[1]当时我住在污水街迪梅特[2]的房子里，后来别林斯基也在我那里住过。

晚上八点多钟，几个房间已经挤得满满的了。在书房里（这一点我记得很真切）就座的有波列沃伊、罗津男爵、克拉耶夫斯基和别内迪克托夫[3]。应当说明的是，在此之前刚刚发表了几篇对别内迪克托夫诗歌的评论：《望远镜》上别林斯基的文章，《俄国荣军报文学副刊》上克拉耶夫斯基的文章（当时《俄国荣军报文学副刊》上所有的文章都被认为是主编本人写的），还有波列沃伊发表在《祖国之子》上的评论，[4]他一迁来彼得堡，就接任该刊主编。克拉耶夫斯基先生对诗人表示毫无保留的赞赏，而波列沃伊则几乎是把别林斯基在《望远镜》上讲的那些话重复了一遍。

别内迪克托夫的诗一出现，就不仅在文学界，而且在官场中引起极大的轰动。彼得堡的文学家和官员们都被别内迪克托夫的诗迷得神魂颠倒，他们对波列沃伊和别林斯基的文章感到愤慨，而对宣称别内迪克托夫是**思想的**诗人的舍维廖夫教授的文章则十分满意。据说茹科夫斯基对别内迪克托夫那本小小的集子佩服得五体投地，接连几天手不释卷，一面在皇村花园里踱来踱去，一

---

1 据波列沃伊的日记，这次晚会的日期是一八三八年四月十一日。巴纳耶夫在下面叙述的事实，有几件属于较晚的时期。
2 彼得堡的一个建筑师。
3 弗·格·别内迪克托夫（1807—1873），十九世纪三十至四十年代的俄国诗人。他的抒情诗充满浪漫色彩，《诗集》（1835年）虽曾名噪一时，但不久便被人们遗忘。
4 这里所述不确。别林斯基和舍维廖夫评论的是别内迪克托夫的第一本诗集，时间是一八三五年，波列沃伊和《俄国荣军报文学副刊》评论的则是他的第二本诗集，时间是一八三八年。

面高声诵读别内迪克托夫的诗。只有普希金读了别内迪克托夫的诗仍然不动声色,当有人问他对这位新诗人有何看法时,普希金答道,**他的诗中有一个极好的比喻:把天空比作倒扣着的碗。**普希金说完这句话后再也未做任何补充……然而我们还是回过头来,讲我的文学晚会吧。

波列沃伊和罗津男爵本来是死对头,使我感到惊讶的是,他们在我的写字台旁谈得非常亲热,彼此表明自己对对方的敬爱之情。克拉耶夫斯基先生和别内迪克托夫坐在离台子不远的沙发上,正在这时,亚·费·沃耶伊科夫进来了,我当时因发表在《望远镜》上的一篇小说而得到他特别的好感。

沃耶伊科夫中等身材,背有点驼,尽管已到垂暮之年,头上仍是一头浓密鬈曲的黑发,略夹少许白发。他的外貌长得不错,五官端正,但他那对黑油油的眼睛在皱起的眉头下尖刻而凶狠地闪着光,使他的面孔令人看了觉得不快,尤其是当他力图使自己的眼神显得柔和的时候。他的腿有一点瘸,因此走路时总是拄着拐杖。他常穿的服装是一件深灰色的常礼服,领章上有一段天蓝色绶带,表明他在一八一二年得过一枚奖章。他说起话来略带一点鼻音。

沃耶伊科夫在书房中间停住脚步,皱着眉把房间四下里打量了一番,对我说道:

"我简直不相信自己的眼睛……多气派呀!一切收拾得多么别致!……难道这是您的住宅吗?看了布尔加林对您的评论(沃耶伊科夫暗示《蜜蜂》上针对我的种种放肆的态度[1]),我还以为您是住在什么破旧的陋室里哩……好极了!好极了!"他重复地

---

[1] 这些"放肆的态度"是这次晚会以后的事,指梅热维奇一八四一年的一篇文章,参见本书第一部第三章。

说着，一面环顾四周，一面紧紧握住我的双手……

随后，等我走开以后，他皱着眉头瞥了在座的人一眼，拄着拐杖径直走到克拉耶夫斯基先生和别内迪克托夫坐的沙发跟前。

"安德烈·亚历山大雷奇[1]！弗拉基米尔·格里戈里伊奇[2]！"他一面感叹，一面不停地看看这一个又看看那一个，"我的天哪！见到你们我多高兴呀！安德烈·亚历山大雷奇，我读了您对弗拉基米尔·格里戈里伊奇的优秀诗作的出色的、令人信服的、很有见地的评论……很有道理，很有道理！很有见地，很有见地！……弗拉基米尔·格里戈里伊奇（他握了握别内迪克托夫的手，斜着眼睛望了波列沃伊一眼），这可跟别的傻瓜为您写的评论不同……您别理他们，这些人妒忌心强（他朝波列沃伊的方向挥着手）。您是一位伟大的诗人，伟大的诗人呀！……"

我简直呆若木鸡。波列沃伊全都看见了，听见了。我发现沃耶伊科夫讲话时，波列沃伊的脸都抽搐了。我担心事情会闹到互相争吵、很不愉快的地步，然而十分钟以后沃耶伊科夫却拥抱着波列沃伊，称他为**最敬爱的尼古拉·阿列克谢伊奇**，简直要对他表白自己多么爱他了，而尼古拉·阿列克谢伊奇则腼腼腆腆，得意地笑着，做出种种愉快的怪相。

当时由于涉世不深，我对此感到惊讶，这种虚伪竟出现在出类拔萃之辈身上，令我觉得无法理解。可是现在，我对一切都已司空见惯了。

库科尔尼克来得最晚，而且心绪不佳。他马上组成了自己的小圈子，把雅库博维奇、格列比奥恩卡，还有两三个人拖到一起，

---

[1] 克拉耶夫斯基的教名和父名。
[2] 别内迪克托夫的教名和父名。

按他的老习惯开始进行说教。

格列比奥恩卡专心听着库科尔尼克讲话,一面眨眼一面晃脑袋……

当话题多少越出一点日常生活的常轨并稍稍带上一点抽象性时,就算是谈到艺术,格列比奥恩卡也完全不知所措,一个劲地眨眼睛、晃脑袋。但他对那些谈论抽象问题的人怀着深深的敬意,尤其是对批评家——他怕他们,讨好他们,异常温和地对待他们,在自己举办的晚会上用果子露酒和小俄罗斯的腌肥膘肉款待他们。后来他对他十分敬畏的别林斯基的态度也是这样。

雅库博维奇却不是这样。

抽象的谈话吓不倒他。当他在场时,一有人扯起这种话题,他就微笑着低声对身边的哪个朋友说:"瞧他,又信口开河了!"

"只要有人开口夸夸其谈、胡说八道,"他好几次对我说,"我就没法忍受,尽是些无稽之谈。别看人家说他聪明、说他有教养……让他写首诗试试看——我敢发誓,他连一首歪诗都写不出来!我们尽管不会这么夸夸其谈,可是写起诗来好像也不坏。连普希金都夸奖我的诗,向我索稿哩。"[1]

然而碰到库科尔尼克他就无话可说了。

"噢,这一位嘛,怎么胡扯都行,"他说,"好歹是个诗人嘛。"

格列比奥恩卡和雅库博维奇把谈论政治也列为抽象的话题。

三十年代的文学家们总的说来对欧洲的任何政治事件都不感兴趣,从来都没有人看一眼国外的报纸。他们的论断是:每个人都应该干自己的事,不要干涉别人。

---

[1] 普希金在《现代人》一八三六年第四卷上发表过雅库博维奇的三首诗,对他的评价则不详。但据同时代人回忆,普希金的死讯使雅库博维奇深受震动,"几乎发疯了"。他曾在《北方蜜蜂》上发表短文悼念普希金。

"咳，这关我什么事，"雅库博维奇常说，"法国人自己跟自己打了一仗，把这个国王赶走了，又把那个国王抓了起来，这跟我风马牛不相及呀。对我们文学家来说，出版一期什么《北方之花》要比所有这些政治新闻有趣一百倍。哪怕它法国沉到地底下去，这跟我又有什么相干？"

雅库博维奇听库科尔尼克谈了很久，然后走到我的跟前……

"喂，我告诉您吧，库科尔尼克胡扯的那一套真是旷古奇闻。我听着听着就走开不理他了——他说的那些简直莫名其妙，而这都是因为人们把他惯坏了，捧坏了，老是把十五卢布一瓶的高级葡萄酒摆在他面前——于是他就翘尾巴了。请您叫人给我一杯伏特加：不知怎么心口痛起来了……"

参加我的文学晚会而不属于文学家的人有演员久尔[1]、我的朋友和同学米·亚·雅泽科夫、必不可少的克列切托夫和我们的家庭医生亚诺夫斯基——一个宗教学校毕业的年轻人。亚诺夫斯基对一切官衔、奖章之类的都很崇拜，看见一个将军他就会发呆，任何一种他觉得新奇的现象都会使他大吃一惊，让他呆若木鸡。禀性愚钝、奴颜媚骨的人在我们这儿见过很多，但像亚诺夫斯基那样的愚钝、那样的奴性十足却很难找到。

亚诺夫斯基有生以来头一次看见演员和文学家这样近在身旁，他好奇地仔细端详着每一个人，像是看着一只野兽……他一次又一次走到我跟前，提出一些极为荒唐的问题。

"这是久尔吗？"他指着久尔，偷偷问道。

"是的。"

---

[1] 尼·奥·久尔（1807—1839），俄国演员。一八二九年起在彼得堡剧院演出，主要演轻松喜剧，极受欢迎。一八三六年扮演《钦差大臣》中赫列斯达可夫一角失败，受到果戈理的批评。

"就是在台上演戏的那个久尔吗？"

"就是他。"

"哎呀呀！"亚诺夫斯基紧紧盯着久尔，感叹道，"怪呀！他身上没有一点不寻常的东西，跟大伙儿一样走路，一样说话……"

"那么那是谁呀？"过了一会儿他又问道，"外表那么可爱……就是在右边跟另一个人谈话的那一位……"

"这是普列特尼奥夫。"我答道。

亚诺夫斯基长长地叫了一声："啊——！"

"是四品文官？"

"不错。"

"哎呀呀！——"说着他摇摇头，畏畏缩缩地望着普列特尼奥夫，同时不由自主地把自己文官制服上的一颗纽扣扣紧。

后来当我的女儿死后，亚诺夫斯基安慰我的妻子说：

"别伤心了……有什么办法呀！前几天某某的女儿也死了，而且还是死在他怀里……他还是个四品文官哩！有什么办法呢！死神连将军的子女也不怜惜呀……"

克列切托夫经我介绍认识了克拉耶夫斯基先生，还有几个年轻的文学家，他们没有把他放在眼里，他也很不赏识他们。

"所有这些先生——这个……这个……"他也不斟酌字眼了，挥着手说，"他们跟我那聪明、可爱、善良的德尔维格相比，连他小指头的指甲壳儿都比不上。"

我已经说过，他对波列沃伊是很敬重的，但波列沃伊给他的印象也很不愉快。

"我甚至不愿意相信这就是波列沃伊！"他一再说道，"倒像个市场里掌柜的，一副装腔作势的样子……"

克列切托夫像影子一样,从一个房间游荡到另一个房间,有时靠近一堆人坐下倾听一番,然后抓住雅泽科夫的手小声说道:

"我的好米哈伊洛·亚历山大雷奇,这一切比我们从前那个文学圈子差得多远呀。那时我们几个常常聚在一起——德尔维格、波多林斯基、我……我们聚会时常常发表了多少有分量、有道理的意见,那里面有多少智慧的养料呀。可是这些先生呢……夸夸其谈,空无一物……整个晚会上我都没听见一句聪明话……"

直到晚宴时克列切托夫才活跃起来。晚宴以后,他在我面前赞不绝口,然后补充说,这些先生配不上这种晚宴,他们看不出它的真正价值;要对晚宴做出评价,就得对食物有精细的品味力,等等。

我很担心把一些彼此对立、平日很少见面的人招到一起会惹出什么麻烦来,然而一切都进行得很顺利。

沃耶伊科夫跟波列沃伊谈得十分投机,甚至晚宴时都跟他坐在一起。

他对波列沃伊说:

"尼古拉·阿列克谢伊奇,我们干吗要吵架呀?我们要忘掉过去,我本来就十分珍视您的才能和渊博的知识。再说您现在是我们**自己人**,是彼得堡人了。"

波列沃伊也装腔作势地答道:

"亚历山大·费奥多雷奇,我对您也是满腔热忱呀。可不是吗,我们之间过去的一切全是误会。"

于是沃耶伊科夫伸开双臂,同波列沃伊拥抱、亲吻,而在

《疯人院》[1]一书中,他对自己装模作样与之亲吻的那个人却是这样描写的:

> 自吹自擂,可怜的嫉妒狂,
> 招摇撞骗是他的行当,
> 挨过留里克[2]的棍棒,
> 也受过梵文的笞杖,
> 奴隶般的下贱,贵族般的骄狂,
> 但我们还是废话少讲:
> 他高尚,跟布尔加林半斤八两,
> 他无私,跟格列奇一模一样!

克拉耶夫斯基在库科尔尼克面前很腼腆,老是不敢正眼望他,尽管库科尔尼克愉快地向他献殷勤。对普列特尼奥夫和奥陀耶夫斯基公爵,库科尔尼克的态度则是客气而又冷淡。一般说来,他对普希金的朋友都持疏远态度,而他们似乎也不愿同他亲近……

我同波列沃伊是在我举行文学晚会之前不久结识的,我从贵

---

[1] 《疯人院》是沃耶伊科夫针对十九世纪十至三十年代作家、杂志出版家和国务活动家写的一部讽刺诗集,始编于一八一四年,但沃耶伊科夫对其不断修改补充,直至去世。沃耶伊科夫文笔机智尖刻,但他心术不正、嫉妒成癖,往往仅因私人恩怨把某些人写进《疯人院》,许多人因此避免同他发生冲突。这部讽刺诗集以大量手抄本流传于世,至一八五七年始首次正式出版。此处引文中"挨过留里克的棍棒,也受过梵文的笞杖"两句暗示波列沃伊写过《俄国人民史》一书及研究过梵文。波列沃伊同沃耶伊科夫在巴纳耶夫家和解之前,即已因前者参与后者出版的《一八三八年作品集》一书工作而通过信。

[2] 留里克是古罗斯诺公国的封建王朝(俄国第一个王朝)的名称,公元十世纪由基辅大公伊戈尔创建。传说伊戈尔为留里克之子,故名。一六一三年为罗曼诺夫王朝所取代。

族寄宿学校时期便已习惯于尊敬他,但这一次他给我的印象却很不愉快。

根据《莫斯科电讯》上发表的文章,他在我的脑子里已经形成了一个理想的形象。我曾经想象波列沃伊是个勇敢高傲的人,总是热烈而公开地述说自己的信念,然而我从他身上看到的却是一个畏首畏尾、萎靡不振、逆来顺受的先生,他惯于随声附和、装腔作势,对任何人都点头哈腰,对谁的话都表示同意,仿佛没有一丝一毫自尊心,在所有人面前都低三下四。这简直是对那些敬重他的人的一种侮辱……

这次晚会上他对我说了一大堆恭维话和不适当的客套话,他那样奴颜婢膝地望着我,虚情假意地握住我的双手,使我心里感到十分不快。

有一天晚上我坐在他的书房里(当时他住在佩斯基的一幢过去属于德·马·克尼亚热维奇的公寓里),他的孩子进来同他道别。他给他们画了十字并进行祝福,然后从椅子上站起来对我鞠了一躬,说道:

"请原谅,伊万·伊万内奇——我养成了这么个习惯……"

这种道歉该有多么奇怪!

看见他堕落到这种可怕的地步,我心里是十分难受的。想当初他在《莫斯科电讯》上是那样勇敢坚定地独树一帜,鞭笞一切偏见和一切谄媚下贱的作风,令鄙俗下流之徒和因循守旧之辈畏之如虎。看看他此时的模样,脑子里不由得想起他安在莎士比亚的哈姆雷特嘴里的一句话:

我为这个人感到可怕！[1]

我怀着虔敬之情进入文学圈子，把它看成一座圣殿。我以为文学家即或不是全部，至少其中的优秀人物也是高尚的、不平凡的人，不会沾染任何凡人那种渺小的贪欲和弱点——因此，我就免不了日益感到痛苦和失望。

我对我所崇拜的文学偶像的信仰动摇了，尤其是在参加商人茹科夫[2]在其印刷所开业时举办的一次午宴以后，那是沃耶伊科夫硬要他举办的；沃耶伊科夫本人则毛遂自荐，充当印刷所经理。

沃耶伊科夫有个老习惯，只要他想从某些人身上为自己谋取私利，便对他们极尽假仁假义、谄媚奉承之能事，极力使他们相信自己高尚正直、毫无私心。他从某些时候起又开始对商人（瓦·格·）茹科夫大献殷勤，其时茹科夫的事业正处于鼎盛时期。沃耶伊科夫主编《俄国荣军报》收入甚微，他有几个私生子，那是给他当管家或厨娘的一个女人生的，他在去世前不久正式娶了这个女人。尽管沃耶伊科夫在赡养家庭方面十分马虎，但他仍然入不敷出，因此他经常诉苦，说自己手头拮据。

沃耶伊科夫在文学家和接近文学界的人中间名声很不光彩，

---

[1] 巴纳耶夫在此处及回忆录其他一些地方对《莫斯科电讯》停刊后迁居彼得堡的波列沃伊做了鲜明描绘。此时波列沃伊已落入反动刊物的营垒，成为布尔加林、格列奇、先科夫斯基的战友，同时也成为他们阴谋的牺牲品。他在这几年里积极参与《祖国之子》《北方蜜蜂》及《俄国通报》的工作，一度充任这些报刊不公开的编辑。别林斯基对《莫斯科电讯》时期的波列沃伊曾给予高度评价，并同他保持友好关系，但到彼得堡后已不再同他见面，并始终不懈地抨击他的变节行为。不久巴纳耶夫也同他分道扬镳。一八四〇年初巴纳耶夫在《文学报》的《人物肖像画廊》里撰文抨击波列沃伊，宣告同他彻底决裂。
[2] 瓦·格·茹科夫（1796—1882），俄国商人，彼得堡烟草工厂厂主。

人们对他的看法几乎同对布尔加林的看法一样。文学家中仅弗拉季斯拉夫列夫一人同他关系友好,但他对沃耶伊科夫的印象也不好,也不借钱给他。弗拉季斯拉夫列夫曾劝说沃耶伊科夫不要结婚,结果白费口舌,而且在他的央求下又不得已出席了他的婚礼,充当了证婚人,后来讲了婚礼上的许多趣事。茹科夫斯基、维亚泽姆斯基公爵及沃耶伊科夫的其他一些老朋友先前曾帮助过他,但此时几乎完全拒绝同他交往。许多人同他保持联系的原因仅在于担心被他写进《疯人院》一书。

沃耶伊科夫失去了先前的朋友们的一切信任和同情,便把手转向同文学界毫无瓜葛的有钱人……

茹科夫也就上了他的钩。

沃耶伊科夫不论当面背后都极力颂扬茹科夫,称他为俄国最诚实、最聪明、最有教养的人;他不厌其烦地对茹科夫说,他应该充当文学的庇护人,用一小部分财产来资助文学事业;他劝他出资开办一家印刷所,然后补充说,尽管他沃耶伊科夫已到垂暮之年,加之种种文学事务缠身,但他欣然允诺管理这家印刷所并**维护德高望重的瓦西里·格里戈里伊奇的利益**。

茹科夫的自尊心经受不住沃耶伊科夫赤裸裸的阿谀谄媚的诱惑,便出钱让他筹措主要设备,让印刷所开业。这时沃耶伊科夫又劝他说,为了扩大新印刷所的声誉,必须在印刷所里举行酒宴招待文学家们,首先是伊·安·克雷洛夫[1]和茹科夫斯基。茹科夫便给钱让沃耶伊科夫举办午宴。

我也和其他人一样受到了邀请。[2]

沃耶伊科夫租用的印刷所厂址在干草广场附近一个胡同里的

---

[1] 伊·安·克雷洛夫(1769—1844),俄国著名寓言作家。
[2] 庆祝印刷所开业的午宴是一八三七年十一月六日举行的。

一幢肮脏的公寓里,这幢公寓的名声极不好:一八三一年霍乱流行期间,这幢公寓被用作霍乱病医院,骚乱的人群就从它的窗口把医生们扔到街上。

铺上桌布的餐桌摆在印刷所最大的厅里,成"Π"字形,可坐七十人左右。

快到四点钟时,文学家们有的乘车,有的步行,陆续到达。沃耶伊科夫作为主人接待全体来宾,克雷洛夫、茹科夫斯基和维亚泽姆斯基都没有拒绝邀请,这使他非常满意。除布尔加林、先科夫斯基和格列奇——沃耶伊科夫的死敌——未到以外,所有的人都出席了午宴,连宴会前夕刚初次发表一篇小文章的最蹩脚的小品文作者也不例外。

克雷洛夫、茹科夫斯基和维亚泽姆斯基自然被安排在首席就座。他们身边是普列特尼奥夫、奥陀耶夫斯基公爵和克拉耶夫斯基先生,后者一来到大厅,首先关心的是占的座位要离首席那几位尽可能近一些。库科尔尼克同他自己的文坛朋友坐在餐桌的另一头,他拉波列沃伊坐在自己身边。其他的人则各找位子,随意就座。[1]

沃耶伊科夫没有入席,他一直在跟来宾寒暄,向大家敬酒敬菜。沃耶伊科夫事先向茹科夫逐一介绍了来宾,在宴席上给他留出一个座位,让他坐在几位文学名流旁边。

出席午宴的除其他人以外,还有两位修道士。全体就座以后,大厅里出现了街区警官和两个宪兵军官。他们来这里是为了在必要时维持秩序呢,还是作为茹科夫和沃耶伊科夫的熟人应邀

---

[1] 此处与事实略有出入:茹科夫斯基当时不在彼得堡。至于布尔加林、格列奇和先科夫斯基未被邀请,则是因为维亚泽姆斯基等人提出条件不得邀请这几个人,否则他们不参加午宴。

而来——这一点始终不清楚。应该说他们前来不过是为了维持秩序,因为他们并未入席,只是偶尔往大厅里看上一眼,随后便溜进另一个房间,那里正在另行招待印刷所未来的技术管理人员和排字工人。

宴席上吃的东西很多,但菜肴做得糟透了,吃起来味同嚼蜡。酒的质量也不好,不过多得像淌水一样。在许多肮脏的、喝得半醉的仆人中间,有几个小孩来回奔跑,在侍候客人。原来这都是沃耶伊科夫的私生子。

沃耶伊科夫把一个小男孩领到我跟前,指着他对我说:

"我知道您喜欢喝黑啤酒,那么请您找我的费久沙,随便要什么他都会给您拿来。听见了吗,费久沙?你别离开这位先生(他指了指我),站在他椅子后面,听他的吩咐,现在你就去拿一瓶上等的黑啤酒来。"

酒起了作用,午宴快要结束时人们开始倾诉友情,表白心迹,互相拥抱,彼此和解,甚至信誓旦旦地说自己热爱和尊敬对方。所有的人,甚至誓不两立的敌人也用惺忪的醉眼感动地看着对方。波列沃伊向库科尔尼克保证说,他是他的天才最热烈的拥护者和崇拜者之一;库科尔尼克则嚷道,波列沃伊的名字将永垂俄国文学史册,与此同时他们还互相亲吻、干杯,订下生死莫逆之交……整个情景令人十分恶心。

嘈杂声和叫嚷声越来越大,汇成一股不堪入耳的、乱哄哄的喧闹之声。茹科夫斯基、克雷洛夫、维亚泽姆斯基、奥陀耶夫斯基和其他许多人在上最后一道菜时便起身离席而去。

"嗯,走得好!"库科尔尼克朝正在离去的人挥挥手说,"咱们没有这些贵族老爷照样过得去!让他们**滚蛋**[1]!对吧,波列沃伊?"

"滚蛋[2]!"波列沃伊得意扬扬地笑着回答,他用甜蜜的眼神盯着库科尔尼克,突然喊了一声:"乌啦,库科尔尼克!"

"乌啦,库科尔尼克!乌啦,波列沃伊!"周围的人也喊了起来。

罗津男爵摇摇晃晃地在大厅里走来走去,叫嚷着说他要创造出真正的俄国戏剧,说歌德的《伊菲格涅亚》只有茹科夫斯基一人在他的指导下才能翻译过来。他边走边撞到人们身上,跟所有的人一一拥抱,甚至满面泪痕。

这时天完全黑了下来,大厅里点上了两三盏昏暗的灯。

酒气熏天加上烟雾缭绕,整个大厅的场景令人感到不快。桌子已经移到一边,醉醺醺的人影在昏暗发红的灯光照射下,在这片乌烟瘴气之中来回晃荡。人们吵吵嚷嚷,一个个胡言乱语,而且你推我撞。波列沃伊和库科尔尼克开始被人抬起来向上抛,后来连罗津都糊里糊涂地落入了库科尔尼克的怀抱。库科尔尼克嚷道:

"你是个德国人,但却是个有天才的德国人……你的《普斯科夫围困记》里颇有精彩片段……喂,弟兄们,让我们为罗津的健康干杯!……沃耶伊科夫!叫人拿酒来!……"

街区警官和宪兵军官远远看着这一幕情景,露出惊疑不定的神色。

瘸腿的沃耶伊科夫拄着拐杖,在端着香槟酒的仆人陪同下应声而来。他开始拥抱库科尔尼克和罗津,并且说道,我国第一流的两位剧作家在他的庆宴上言归于好,使他感到不胜愉快。库科

---

1 原文是法语。
2 原文是法语。

尔尼克则第十次举杯祝贺新印刷所生意兴隆。

文学界酒神节的最后一个节目是跳舞。

波列沃伊、库科尔尼克和亚年科跳起了蹲舞。人们在他们四周围成一圈,一边鼓掌一边喊道:"**好啊**[1],**再来一个**[2]!……"

后来的情况我不得而知,我没等舞跳完就走了。波列沃伊的举动使我感到痛心和屈辱。

几天以后,斯捷潘诺夫给克拉耶夫斯基先生带来一幅极为出色的漫画,画面上前景就是波列沃伊和库科尔尼克,他们正在灵巧地跳着蹲舞……

---

1　原文是意大利语。
2　原文是拉丁语。

# 第五章

印刷所开业纪念文集——爱·伊·古别尔——大斋节期间沃耶伊科夫家的晚会——朗读《疯人院》——沃耶伊科夫寄给我的一期《俄国荣军报》——克雷洛夫文学活动五十周年庆典——谢·尼·格林卡——弗·费·奥陀耶夫斯基公爵举办的上流社会星期六文学聚会——《俄罗斯民间传说》的出版人萨哈罗夫——亚金甫神父——奥陀耶夫斯基对青年文学家的态度——谢·亚·索博列夫斯基——普希金逝世及其文稿的清理——克拉耶夫斯基的名字同维亚泽姆斯基、茹科夫斯基和普列特尼奥夫的名字并列在《现代人》封套上

出席沃耶伊科夫为印刷所开业举行的午宴的人答应每人撰文一篇，作为对新印刷所的赠礼；如果我没有记错的话，这是弗拉季斯拉夫列夫的倡议。假如所有的人都遵守这个诺言，那么用这些赠稿可以编一本一百印张的厚书。沃耶伊科夫对这一设想很感兴趣，然而令他惋惜的是未能如愿以偿：只有十至十五名热衷于发表作品的青年文学家（我自然也包括在内）向他献上一些粗俗的短诗和短篇小说，编出了一本拙劣的、薄薄的小书[1]。出书之前沃耶伊科夫登了一则极为有趣的广告，像茶叶广告一样饰以中国式的花边。他在广告上给文集中的每篇文章都安了标题，并对每一位作者都写了简短而又极为可笑的评语。我只记得其中的两条——对我和古别尔[2]的评语。他在我那篇短篇小说的标题下面写道："伊·伊·巴纳耶夫的作品，他曾著有中篇小说《她将会幸福》[3]，**在其中首次描绘了一位真正的俄罗斯妇女。**"他在宣布几首诗的作者为古别尔时又补了一句："**就是那位挺身出战并战胜了德**

---

1　这本书的书名是《一八三八年文集，辑录下列作家的文学作品：亚·基·别尔涅特、弗·安·弗拉季斯拉夫列夫、彼·安·维亚泽姆斯基公爵……》，圣彼得堡一八三八年版。给文集供稿的不是十至十五名，而是三十名作家，而且不仅仅是不出名的青年作家，还有弗·费·奥陀耶夫斯基、尼·波列沃伊、费·格林卡、科兹洛夫、柯尔卓夫等人。编出的文集不是"薄薄的"一本书，而是厚厚一本——共三百二十页。巴纳耶夫在该文集中发表了短篇小说《壁炉边的黄昏》。
2　爱·伊·古别尔（1814—1847），俄国诗人，歌德的诗剧《浮士德》的译者。
3　我在上文已经提及，这部中篇小说发表在《望远镜》上。——作者注

**国巨人歌德的爱·伊·古别尔。**"其他评语也都与此相仿[1]。

这里应当顺便提一笔,古别尔在此之前不久作为《浮士德》的译者出现在文坛上,影响颇大。

这个译本的片段发表之前人们即已议论纷纷,说他的译本是译作的典范,说别人翻译《浮士德》一书不可能译得比他更加忠实、更富有诗意了。好像古别尔先带看自己译稿的一些片段去找普希金,普希金对某些片段做了修改。[2]这一点是后来才知道的。古别尔起先经常出席克拉耶夫斯基先生的晨间文学聚会,其后又开始同布留洛夫、格林卡及库科尔尼克密切交往……关于古别尔我在后文还会讲到……

沃耶伊科夫的广告使所有的人捧腹大笑。这则广告是否出于真心,或者是一种沃耶伊科夫很爱开的刻毒的玩笑,只有天知道。沃耶伊科夫作为一个批评家一向极为鄙俗,毫不费事就能一本正经地写出这种评语来。

他曾在《俄国荣军报文学副刊》上撰文攻击纳杰日金、别林斯基等人,文章的措辞平淡无味,他像个落伍的老者,恶狠狠地想跟人顶嘴,却又软弱无力。

作为期刊撰稿人的沃耶伊科夫似乎和《疯人院》的作者毫无共同之处,就像他有时在社会交往中的表现一样,他写《疯人院》一针见血,聪明而又刻毒。

---

[1] 巴纳耶夫是根据记忆引述这篇广告的,因此不完全准确,例如对他的中篇小说《她将会幸福》的评语便略有不同:"我们从中终于看到了俄国上层社会妇女的真正性格。"

[2] 爱·伊·古别尔是《浮士德》第一部的第一个俄文全译本的译者。他在一八三五年译完此书,因谋求出版未成,遂将译稿销毁。普希金得知后找到古别尔,鼓励他重译。据古别尔本人供述,普希金不仅对他进行指点,而且修改了许多地方。译本于一八三八年问世时,古别尔把它献给"永志不忘的普希金",卷首还有一首给普希金的献诗。

有一次在弗拉季斯拉夫列夫家的晚会上谈及《疯人院》，弗拉季斯拉夫列夫问他：

"亚历山大·费奥多罗维奇，您的《疯人院》写得一针见血，请问您用的那些词语是哪儿找来的呢？"

沃耶伊科夫微微一笑，他那对油汪汪的小眼发亮了。

"这些词语我得来不容易，"他拖着长长的鼻腔答道，"老兄，几年来我一直把愤恨积在心里，一旦积得太多了，它就自然而然地漫溢出来。"

弗拉季斯拉夫列夫书房的墙上挂着一幅格列奇的油画像。

克拉耶夫斯基问弗拉季斯拉夫列夫，干吗要在自己房里挂上这幅画像，难道他就那么尊重这幅画稿不成？

"噢，安德烈·亚历山大罗维奇，"沃耶伊科夫操着难听的鼻音说，"您别管他，让他上绞架之前先在钉子上挂一挂也好嘛！"

有一天沃耶伊科夫邀我上他那儿去参加晚会，那是在大斋节期间，他当时住在六铺街附近一间单独的小木屋里。出席这次晚会的有：茹科夫斯基、维亚泽姆斯基公爵、克拉耶夫斯基先生、弗拉季斯拉夫列夫、格列比奥恩卡，还有其他一些文学家。

沃耶伊科夫对客人们十分殷勤，竭力满足每个人的自尊心。

维亚泽姆斯基要求他读一读自己的《疯人院》，而且务必一字不漏地朗读全文。

"你大概连我也写进去了，不是吗？"维亚泽姆斯基说，"每一篇都读一读。我保证不会生你的气，其他几位大概也不会生气。"

"你这是怎么啦，公爵？"沃耶伊科夫叫了起来，"这话从哪儿说起呀？我向你发誓，我可是一句话都没有写你。我是那么热爱你，那么敬重你！……上帝啊，这怎么可能！"

"可你大概也热爱和敬重茹科夫斯基的，"维亚泽姆斯基反驳他说,"但茹科夫斯基却落进了《疯人院》。"

茹科夫斯基微笑不语。

沃耶伊科夫窘住了。

"这都是过去……是很久以前的事了,"他开口说,"我现在感到后悔啦……我触犯他这样的人(沃耶伊科夫指了指茹科夫斯基),这太卑鄙下贱,对这种行为本人郑重悔罪认错……"

"唔,得啦,得啦,"茹科夫斯基答道,"你去把你的《疯人院》拿来读给我们听听,什么都不要隐瞒……"

所有人都缠住沃耶伊科夫不放,他出去拿了一本笔记本,马上又回来了。

"实在不值一读,"他说,"你们全都知道了,没什么新东西。"

"不,请读吧,读吧!"大家异口同声喊道……

"诸位一定要我读,那我只好从命——别无他法。"

沃耶伊科夫勉强翻开了笔记本……

"诸位!"维亚泽姆斯基说道,"他准会有意漏掉一些,换个人读吧……你把笔记本给我们中的哪一位。"

沃耶伊科夫赌咒发誓,说没有什么好漏掉的,因为没有什么新东西——然而笔记本还是转到格列比奥恩卡手上,他读了起来。

在朗读过程中沃耶伊科夫站在格列比奥恩卡椅子后面,一再打断朗读,一个劲地说:

"你们看,我该没撒谎吧?这里面没什么新东西……真的不值一读……"

"别作声!别说了!"茹科夫斯基伸出一个指头警告他。

新东西倒确实是没有,只有四首诗维亚泽姆斯基和茹科夫斯基以前没有见过,那是骂卡尔戈夫的,极尽侮辱中伤之能事。

"对不对，公爵，"读完之后，沃耶伊科夫对维亚泽姆斯基叫道，"我可没撒谎，一个字也没有提到你。哪怕只写过一行伤害你的话，我都会把我的手砍掉……我可以向你发誓！"

这次晚会以一顿素餐结束。整个晚餐期间沃耶伊科夫一再道歉，抱歉他只能用素食款待客人。

"真遗憾，"他说，"我接待贵客是在大斋期间……那么，就请诸位多多包涵吧——我是恪守基督徒的义务的，整个大斋期间我从来不吃荤食。"

送我们出来时，沃耶伊科夫对每个人都说：

"感谢您赏脸给我这个老头子，没有嫌弃我的邀请，我对这一点感触很深。您的光临确实令我不胜愉快。今天的晚会我将永志不忘。"——如此等等。

所有的文学家中，沃耶伊科夫最恨的是先科夫斯基、格列奇和布尔加林，他总是找机会得意扬扬地当众闹得他们不痛快，并以此为乐。

在庆祝克雷洛夫从事文学活动五十周年时他就得到了这样一次机会。

如果我没有记错的话，为克雷洛夫从事文学活动五十周年举行庆典的念头是在奥陀耶夫斯基公爵家举办的晚会上产生的。人们向乌瓦罗夫伯爵报告了这一想法，后者作为教育部长便着手呈请皇上批准举行这一文学庆典。先科夫斯基、格列奇和布尔加林仅因这一庆典是由奥陀耶夫斯基和维亚泽姆斯基首先发起的而仇视他们，并拒绝参加庆祝会，但当庆祝会得到皇上赞同、具有了官方性质时，他们又开始为自己张罗入场券——此时入场券已全部发完，因此他们未能参加庆典。

沃耶伊科夫趁此机会在《俄国荣军报》上发表文章说，不愿参加为我国著名的寓言作家举行的庆祝活动的只有先科夫斯基、格列奇和布尔加林。

由于这一无辜却又乖常的举动,沃耶伊科夫蹲了三天禁闭。最高当局觉得他这样做过于放肆。

沃耶伊科夫颇以自己的壮举为荣(不错!当时连这也算是一种壮举!),他把载有他的文章的那一期《俄国荣军报》寄给所有的朋友,也包括我在内。

我至今保存着这张报纸。

沃耶伊科夫在报纸上方亲手用铅笔写道:

伊·伊·巴纳耶夫老弟惠存　　亚·沃耶伊科夫赠

沃耶伊科夫获释后,对我详细讲述了这件事情的经过,最后补充说道:

"即使事先警告我为这事儿不是蹲三天,而是得蹲三年禁闭,我还是会发表这篇文章,心甘情愿地坐上三年牢,就是为了一个目的:让这些先生当众亮相,当众羞辱他们……"

克雷洛夫的五十周年庆典在恩格尔哈特[1]府邸的大厅里举行,那里现在是**俄罗斯商店**。我在上文已经提及,庆祝会已完全具有官方性质,午宴开始前乌瓦罗夫把一枚星形圣斯坦尼斯拉夫勋章别在这位寓言作家胸前,并言简意赅地祝贺他荣膺皇上的这一恩典。

午宴时有几个人致辞:茹科夫斯基和奥陀耶夫斯基公爵代表

---

[1] 瓦·瓦·恩格尔哈特(1785—1837),波将金将军的外孙,普希金的朋友,富翁。十九世纪三十年代中期曾在彼得堡涅瓦大街修建一座大厦,内设音乐厅,举办公众音乐会、舞会和假面舞会。

年轻一代文学家讲话,维亚泽姆斯基公爵则朗诵了他那首著名的献诗《致克雷洛夫老爷子》。大厅的上层敞廊上站着许多好奇的上流社会女士,克雷洛夫显得深受感动。

午宴快要结束时,所有致辞的人讲完,谢尔盖·尼古拉耶维奇·格林卡[1]从座位上站了起来。

他身穿蓝色燕尾服,饰以青铜色纽扣,钮孔里别一枚很大的弗拉基米尔勋章,坎肩外面罩一件胸衣,裤腿则扎进长筒皮靴里。他两眼的神情有些异样,神色庄重地向筵席中央走去,那里坐着克雷洛夫,他的右边是国民教育部长,左边是茹科夫斯基。奥陀耶夫斯基公爵和普列特尼奥夫坐在克雷洛夫对面,挨近他们身边就座的有克拉耶夫斯基,为了获取声望,他开始密切靠拢普希金的朋友们,因而日益引人注目。

谢·尼·格林卡停步伫立,面向克雷洛夫。他扬起一只手,发表了热情的演说;话虽不长,却有些语无伦次,所有的人都向他投去讥讽的眼光。然后他向克雷洛夫探过身去,克雷洛夫拥抱并亲吻了他。

当大家为克雷洛夫的健康干杯时,大厅里的气氛极为热烈,上层敞廊上的女士们一面欢呼,一面挥舞手帕,敞廊上好像还扔下几束鲜花……[2]

---

1 谢·尼·格林卡(1775—1847),俄国作家,一八〇八至一八二四年间编辑出版《俄国通报》杂志。
2 克雷洛夫从事文学活动五十周年庆祝会是一八三八年二月二日举行的,巴纳耶夫对与庆祝会有关的事件的记叙不够准确。举行庆祝会的想法是在库科尔尼克家的"星期三聚会"上产生的,还拟定了庆祝计划,提出了庆祝活动委员会人选,其中也包括格列奇。他们通过弗拉季斯拉夫列夫同第三厅厅长边肯多夫联系,后者将庆祝计划里交尼古拉一世,得到他的赞许。但当第三厅将计划交给国民教育部办理时,乌瓦罗夫改动了委员会成员名单。格列奇对此一无所知,他于一八三八年一月二十九日收到茹科夫斯基的信,通知他参加庆祝活动,并请他分发三十张入场券。赞助签名单上印着委员会成员名单,格列奇没有见到自己的名字,当即将入场券退回,通知说他不打算

克雷洛夫有时出席奥陀耶夫斯基公爵的星期六聚会，我就是在那里第一次见到这位我国著名的寓言作家的。他在许多方面都具有魅力，尽管身体肥胖，但看上去仍是一个很有活力的老人。总的说来，他心境愉快时很善于讲故事，他常常带着一种温和的幽默感讲述种种令人开心的往事，表明他是怎样疏忽大意、漫不经心。比如有一次，他在巴甫洛夫斯克觐见玛丽娅·费奥多罗芙娜皇后[1]时俯下身子，本想吻皇后的手，没想到却对着她的手打了一个喷嚏；再如有一次，一位作者把自己的作品带来给他，请他提提意见，克雷洛夫欣然同意读一读这部作品，但却拖了一年多，那位作者终于忍不住，一天早晨来到他的卧室，看见克雷洛夫正在睡觉，而自己的作品却漂浮在床边一件器皿的水面上；还有一次，克雷洛夫把穿在身上的坎肩丢失了，等等。这些逸闻趣事几乎尽人皆知。

不论哪一次，只要克雷洛夫在奥陀耶夫斯基家里，晚餐时准会有一盘他极爱吃的酸奶油乳猪，并在他面前还放着一瓶克瓦斯。

经常出席奥陀耶夫斯基家晚会的还有普希金，年轻的文学家们往往怀着虔敬的心情远远地望着他，因为他总是坐在上流社会

---

分发入场券，他本人也不能参加庆祝会。布尔加林和波列沃伊也决定照此办理。但到了庆祝会前夕，布尔加林通知格列奇说，尼古拉一世希望所有的文学家都能参加庆祝会。波列沃伊通过奥陀耶夫斯基弄到了入场券，而布尔加林和格列奇得到的答复则是入场券已全部发完。庆祝会后第二天，布尔加林和格列奇被召到第三厅，向宪兵团参谋长杜贝尔特做出解释。又过了一天，即二月四日，《俄国荣军报》第三十一期发表了记述庆祝会的文章，沃耶伊科夫在文章结尾时指出，"著名文学家未参加这一庆典的有法·韦·布尔加林、尼·伊·格列奇和奥·伊·先科夫斯基"。格列奇在《北方蜜蜂》第三十二期上对此作答，说是无法弄到入场券："斯米尔津对我们宣布说，所有的入场券均已发完。"于是《俄国荣军报文学副刊》（第七期）便以庆祝活动委员会名义刊登一项《声明》，说赞助签名单连同三十张入场券已在庆祝会之前几天一视同仁地寄给格列奇，但格列奇却将入场券退回。关于谢·尼·格林卡致辞一事，庆祝活动的总结报告中没有提及。

[1] 玛丽娅·费奥多罗芙娜（1759—1828），俄国皇帝保罗一世的妻子。

的人和女士们中间；常客中还有维亚泽姆斯基公爵，他通常到得很晚。

人们都知道，奥陀耶夫斯基希望通过自己的晚会使上流社会接近俄国文学界，但这一愿望却未能实现。我在谈及别林斯基时已经暗示过这一点[1]。

当时我们大多数所谓"上流社会的人"的特点是精神极端空虚，缺乏任何教养，因为不论是操着法语夸夸其谈，在某种程度上照搬一些庸俗的欧洲纨绔生活的皮毛还是阅读保罗·德·柯克[2]的小说，都算不上是什么教养。例外的人不多，其中包括米哈伊尔·尤里耶维奇·维耶尔戈尔斯基伯爵[3]，此人具有敏感的艺术气质，在上流社会中是个博学多识之辈。其他人不论对祖国文学的发展还是什么人的利益一点都不闻不问，也无法参与其事，他们只是从普希金及属于他们那个社会的其他一些人那儿才知道有俄国文学存在。他们以为整个俄国文学不过是茹科夫斯基、克雷洛夫（家里从小就要他们读他的寓言）、普希金、奥陀耶夫斯基公爵、维亚泽姆斯基公爵和索洛古勃伯爵，后者当时正在给自己上流社会的朋友们朗读自己尚未发表的作品《谢廖沙》[4]。要想在上流社会获得文学声望，就必须进入历史学家的遗孀卡拉姆津夫人[5]的沙龙。那是给文学天才"颁发证书"。这是一个经过严格筛选的真

---

[1] 巴纳耶夫指的是自己的《回忆别林斯基》一文，该文先于这部《群星灿烂的年代》一年发表。

[2] 保罗·德·柯克（1794—1871），法国作家，其小说多迎合小市民趣味。

[3] 米·尤·维耶尔戈尔斯基（1788—1856），俄国沙皇政府大臣，普希金及其他一些作家的朋友，其音乐沙龙系十九世纪三十至四十年代彼得堡的文化中心之一。

[4] 全名《谢廖沙（日常生活片段）》，发表于《俄国荣军报文学副刊》一八三八年第十五期。

[5] 叶·安·卡拉姆津娜（1780—1851），俄国作家，历史学家卡拉姆津的遗孀，彼·安·维亚泽姆斯基的姐姐。

正的上流社会文学沙龙,这个沙龙的雷卡米埃[1]是索·尼·卡拉姆津娜[2],我国所有著名的诗人都义不容辞地为她写献诗。

因此,等级观念、贵族观念也被引进了"语言的共和国"。贵族文学家表现出一种令人难以接近的高傲情绪,远离了其他同行作家,偶尔同他们打打交道,也要摆出自高自大的庇护人的架子。诚然,我在前面已经说过,普希金对所有的人都十分亲切客气,但这种彬彬有礼的态度也许正是根深蒂固的贵族习气的一种特征。据说有些上层人士把他看成是文学家,而不是汉尼拔[3]的后裔,这使他气得发狂,在汉尼拔面前

> ……一大群军舰突然钻出水面,
> 纳瓦林港终于首次攻陷![4]

奥陀耶夫斯基公爵则相反,对每一个文学家和学者他都诚恳亲切地接待,对所有初登文坛的人他都伸出友谊之手,不论其地位、身份如何。

奥陀耶夫斯基希望团结一切力量,使所有的人互相亲近,因

---

1 朱利亚·阿黛拉伊德·雷卡米埃(1777—1849),其夫为法国银行家,她的沙龙是巴黎的一个活动中心。此处指沙龙女主人。
2 索·尼·卡拉姆津娜(1802—1856),俄国作家、历史学家卡拉姆津的女儿。
3 阿·彼·汉尼拔(约1697—1781),俄国军事工程师,原系埃塞俄比亚公爵之子,彼得一世的近侍和秘书,一七五九年晋升为元帅,系普希金的外曾祖父。
4 引自普希金的《我的家世》一诗。应该指出,巴纳耶夫对这篇作品思想意义的理解是片面的,因为他没有考虑到作品是针对布尔加林写的。据格列奇回忆,乌瓦罗夫不喜欢普希金桀骜不驯的性格,有一次说他"以出身于汉尼拔家族而自吹自擂,而那个黑人不过是(彼得一世)在喀琅施塔得用一瓶甘蔗糖酒换来的"。布尔加林一听这话,马上乘机大做文章,在《北方蜜蜂》上重复了这句话。这就是普希金写《我的家世》一诗的原因。巴纳耶夫关于普希金的贵族情绪的话同别林斯基的见解互相呼应,后者在论及《我的主人公的家世》一诗时曾指出:"这里诗人表现为这样一个人:他无法摆脱他自己加以嘲笑的那些偏见,因而显得自相矛盾。"

此对所有的文学家都亲热地敞开大门。他想让他那些上流社会的朋友们看一看，除了经常造访卡拉姆津娜沙龙的那些出类拔萃之辈以外，在俄国还有整整一个阶层从事文学活动的人。在所有贵族出身的文学家中，只有他一人不以文学家的称号为耻，不怕公开混迹于成群的文学家之间；他对文学怀有一种堂吉诃德式的热情，并为此忍耐了上流社会朋友们的种种嘲讽，那些人跟文学毫无关系，也根本不愿接近不属于自己圈子的人……上流社会的人在奥陀耶夫斯基家的晚会上通常围在女主人身边，而文学家们则把主人那间摆满各种台桌、堆满书籍的窄小的书房挤得水泄不通，他们不敢往沙龙里看上一眼……在这个沙龙和书房之间横亘着一条巨大的鸿沟。

然而文学家们要想进入他们心向神往的那间书房，就必须穿过这个要命的沙龙——这对他们来说真像受刑一样。他们局促不安地向女主人躬身致意，不知为什么感到战栗、畏缩，在一副副长柄眼镜的注视下，在种种令人不快的目光和微笑的伴送下，屏住气息急急忙忙向书房走去。

令上流社会的女士和先生们特别注目的是《俄罗斯民间传说》的出版人伊·彼·萨哈罗夫[1]，他出席奥陀耶夫斯基家的晚会时总是穿一件豌豆色长襟礼服。不过萨哈罗夫是个城府很深的俄罗斯人，他总是从他那对淡黄色的浓眉下抬起双眼，狡黠地东张西望，毫不在乎投射到他身上的目光和他引起的嗤笑。更有甚者，他去奥陀耶夫斯基家出席晚会时仿佛是有意套上他那件引人发笑的常礼服的。

"就让他们瞪大眼睛看我好了，"他说，"我可不在乎，他们吓

---

[1] 伊·彼·萨哈罗夫（1807—1863），俄国民间创作收集家和研究者、民族学家、古文献学家。

不倒我。"

其时萨哈罗夫那本书(《俄罗斯民间传说》)刚刚问世,在文学界引起了普遍注意。萨哈罗夫借助这本书同所有的文学家迅速建立了亲密关系,并开始特别留意结识报刊撰稿人。他经常在克拉耶夫斯基先生家中露面。

除萨哈罗夫以外,吸引奥陀耶夫斯基公爵家那些上流社会宾客好奇心的还有偶尔在星期六聚会上露面的亚金甫神父[1]。他到了奥陀耶夫斯基的书房以后通常脱掉外衣,只穿一件如同特种中学常礼服的长内衣,然后开始大谈其在中国的见闻,把中国的一切吹得天花乱坠。

他长期居留中国,受这个国家的影响很深,连外貌也有点像个中国人了:他的眼睛似乎已经缩小,而且向上抬起。

亚金甫神父一谈起中国,公爵夫人沙龙里许多上流社会的先生便来听他讲话。

有一次,一个上流社会的花花公子打断他的话,问道:

"怎么样,中国的女人漂亮吗?"

亚金甫神父好奇地从头到脚仔细地打量了他一番,然后回过头去,冷冷地答道:

"不,男孩子更漂亮。"

有一天亚金甫神父又鼓吹说,中国的医术已经极臻完善,许多严重的疾病令欧洲的医生们束手无策,但在中国治疗起来却十分容易,而且药到病除。

"您举例说说,哪些病呢?"奥陀耶夫斯基公爵夫人问道。

"比如说赤痢吧,就是这样。"亚金甫答道。

---

[1] 亚金甫神父,俗名尼·雅·比丘林(1773—1853),一八〇七至一八三二年间为俄国驻华宗教使团团长,著有一系列有关中国语言和历史的著作。

当我初次去奥陀耶夫斯基家时，他给我留下了强烈的印象。他那富有魅力、讨人喜欢的外表，他谈论种种问题时的深沉的语调，他作为一个操心大事的人的那种不安的动作，他经常露出的沉思的脸神——这一切都无法不给我留下深刻的印象。再加上这种独特的环境：书房里摆满了式样奇特，安着格柜和神秘的抽屉、凹格的台桌；墙上、桌上、沙发上、地板上、窗台上到处都是书，而且是用古老的羊皮纸装帧，背后还有手写的标签；一幅蓄着长发、系着红色领带的贝多芬画像；各种颅骨和一些外形奇异的小玻璃瓶和曲颈化学瓶。就连奥陀耶夫斯基身上的服装也令我十分惊讶：头戴黑色尖顶丝帽，身穿同一质料、长及后跟的常礼服，使他看上去像中世纪的某个星相家或炼丹术士。

当他开始跟我谈话时，我内心感到一阵激烈的颤动。奥陀耶夫斯基在我上文提及的我的朋友季林脑子里产生的印象也完全一样。

"我一个劲儿地受到这个人的吸引，"季林不止一次对我说，"他是那样招人喜欢！可是每当他跟我谈话，我又突然感到畏缩，内心一阵阵战栗，舌头也不听使唤了……这使我非常苦恼，他肯定认为我是个大笨蛋！"

季林直至进坟墓时对奥陀耶夫斯基仍然怀着这种幼稚的畏怯之情。

我的这种畏怯之情很快就消失了。

我曾有不止一次的机会确信，跳动在这件神秘的星相家式服装里面的是一颗最朴实、最坦率、最纯洁的心，所有这些令初涉世事的人感到畏惧的学者的点缀品其实一点也不可怕。

这个人曾以其渊博的知识使我和季林感到战栗，但他却常把心灵最为空虚的人看成严肃认真的人，把最为鄙俗的招摇撞骗之徒当成学者，信任和抬举他们，为他们奔走说项，而到后来，当他们暴露出忘恩负义和不学无术的面目时，他便伤心地摇摇头，说道："唉，有什么办法呢！我看错人了……"——然而过了一天，他又再次陷入同样的错误。

我很少见到有人比奥陀耶夫斯基更加宽厚和轻信。谁也不会比他更容易看错人，自然谁也不会比他更容易受骗——我对这一点深信不疑。作为一个幻想小说作家，他直到现在仍然用幻想的观点看待一切。他对人类进步的设想是：一千年以后，人们建造宫殿将不用大理石和砖瓦，而用玻璃（参见他的一部小说）[1]。

谁也不会像奥陀耶夫斯基那样严肃认真地看待最无聊的事物，谁也不会像他那样去沉思那些不仅不值得认真思索，而且不值得放在眼里的东西。除此以外，他还有一个弱点：在一切方面都要标新立异。世界上没有一个人会像奥陀耶夫斯基那样，连做菜也要异想天开：炖母鸡开始时要用接骨木或母菊；调味汁要放在曲颈化学瓶里蒸馏，其混合的成分则闻所未闻；不论是煮是煎，是盐腌还是醋渍，一切他都要采用科学方法。

在昔日那些年代里，我们常常是在奥陀耶夫斯基家里度过除夕之夜，而且过得非常愉快。有一次，我不记得具体是哪一年了，只记得在他家里聚集的人比通常更多，其中包括谢·亚·索博列夫斯基，他是同奥陀耶夫斯基交往最久、关系最密切的熟人之一。

索博列夫斯基就是我在斯米尔津的书店里初次见到的那一位，当时他同普希金在一起，后来我才同他结识。他以他那些一语破

---

[1] 巴纳耶夫大概是指奥陀耶夫斯基发表在《朝霞》一八四〇年文集中的幻想作品《四三三八年。彼得堡书信集》，里面有一段写道："这里已形成这样一种惯例：富裕家庭的屋顶全是水晶的，或盖以水晶白瓦……夜里，当屋内灯火通明时，这一排排闪闪发光的屋顶呈现出神奇的景色。"巴纳耶夫在给谢·阿克萨科夫的一封信中对这部中篇小说持激烈的否定态度。

的的讽刺短诗和极端放肆的举止态度使上流社会的人望而生畏，并在上流社会的许多人中赢得了异常聪明和有教养的声誉。为人处世的聪明、狡猾和机灵劲儿在索博列夫斯基身上的确不少，可是讲到教养，他的教养似乎并不十分出色，但他善于一有机会就自吹自擂，打打官腔；有时又避不作答，只是面露讥讽，一笑了之。索博列夫斯基属于这样一类人：他们根本就没有人们常说的那种心肠，如果说他也有神经的话，那也必定是像铁丝一样坚强。这是一些最幸运的人，他们的生活通常是万事顺遂。

对面软心和、易动感情的人来说，这样的先生是难以忍受的。

晚餐之前，奥陀耶夫斯基向大家预告，说他做了一些极好的小灌肠，不用说，那完全是用独特的方法制作的。他请客人们留心尝尝这道菜。

小灌肠激起了大家强烈的好奇心。晚餐时上的第一道菜正是这种小灌肠，大家把它切开端详一番，然后一边往嘴里送，一边预先想象着它那特殊的美味；然而放到嘴里一嚼，大家全都傻了眼，一个个半张着口，不知如何是好。真遗憾——小灌肠没有做好，一股油腻腻的味道，使所有的人直想往外吐。

索博列夫斯基毫不客气地吐出嘴里的小灌肠，煞有介事地伸出端灌肠盘子的手，讥讽地微笑着瞧瞧这个，看看那个，然后转身向着主人，扯起嗓子喊道：

"奥陀耶夫斯基！你把这盘菜送给公爵夫人主持的孤儿院吧！"

奥陀耶夫斯基也和所有神经质的人一样，缺乏**机敏答辩的才智**[1]，他完全不知所措了，嘟嘟囔囔不知说了些什么。

奥陀耶夫斯基二十岁时同威·丘赫尔伯克一起当过杂志的编

---

1 原文是法语。

辑，他有可能成为一个真正的文学活动家。但在《记忆女神》[1]停刊、他本人迁往彼得堡以后，他在文学方面的毅力渐渐衰退，精神也日益颓丧。他的亲友中有许多人遭到流放……十二月十四日打击[2]的影响波及整个俄国：许多人退缩了，驯服了。奥陀耶夫斯基在彼得堡继续从事文学活动，但充其量也不过是个初识门径的爱好者。他主要的目标转为供职。青年时期的信仰和希望已经动摇，然而供职又不能使他得到满足，于是，为了满足自己天生的求知欲，他一刻不停地从事种种活动：多少学一些有益的科学知识，同时却又醉心于中世纪的神秘荒诞之说；一面在自己的化学实验室里摆弄曲颈瓶，一面又写些幻想小说；他发明和定做一些闻所未闻的乐器，同时又化名普夫博士，杜撰出一些莫名其妙的菜肴和不可思议的调味汁；他还研究拉瓦特[3]和加尔[4]，化名"伊里涅伊爷爷"撰写童话故事，并深入探究官僚制度。

　　文学家、化学家、国家官员、陶片研究家、厨师和巫术家——他完全陷入这些五花八门的活动的迷宫之中，因而眼花缭乱，举止失措。他同学者和文学家都保持联系，因而能同某个物理学教授或数学家谈论诗艺，劝他去读某一部长诗；别林斯基对一切神秘主义的东西都无法忍受，都要加以抨击，他却偏要一本正经地跟他谈论神秘莫测的鬼神世界和冥冥幽灵，还硬塞给他某本讲催眠术的书，竭力劝他相信非得读读这本书不可。

　　他抨击官僚制度那种鄙俗的形式主义，但他作为探访穷人协会的主席又在协会里推行这种形式主义，同时却又担保说，他想

---

[1] 丘赫尔伯克和奥陀耶夫斯基于一八二四至一八二五年在莫斯科出版的俄国文艺作品选。
[2] 指一八二五年十二月十四日十二月党人起义遭到镇压一事。
[3] 约甘-卡斯帕尔·拉瓦特（1741—1801），瑞士神学家，曾创立"相面术"。
[4] 弗朗茨-约瑟夫·加尔（1758—1828），德国医生，曾创立所谓"颅相学"。

写一部长篇小说,对这种形式主义加以嘲笑。

他根本没有当内侍官的才能,却要去当一名内侍官,并为此花费了极大的努力。

有一次我在晚上八点钟左右乘车上他那儿去,当我走进他的书房时,他正好站在桌边,身穿文官制服,系着白色领结,佩戴勋章,手里拿着一小块糖,公爵夫人把一种什么液体滴在糖上,糖块变成了黑色。

"您这是干吗呀,公爵夫人?"我笑着问道,"您在给公爵下毒啊。"

"我经常服几滴麻醉剂,"公爵代她答道,"这样可以提提精神。我要上亲王夫人家里去参加晚会。"

举行加冕典礼时奥陀耶夫斯基充当宫中高级侍从,任务是把盘子捧上去递给皇上和皇后,然后面朝皇上皇后向后退下。这件事干起来可不容易,奥陀耶夫斯基非常认真地练了几天,一直在学习后退。

踏进官场,并踏上宫廷侍从的轨道之后,奥陀耶夫斯基不知不觉染上了爱慕虚荣、贪图功名的习气,开始追求各种勋章、奖章,但他又真诚地、几乎是含着眼泪说,虽然他有许多缺点,但有一点他却感到格格不入——那就是卑劣的虚荣心,他为此而感谢上帝!

他聊以自慰的是这样一线希望:他尚未完全抛弃文学,他还会写出一些作品来,他有种种计划,而且只消离开公务一段时间,这些计划便可付诸实现。

他已经完全丧失了自知之明,因而一再使自己陷入可笑的境地。

近年来他认为自己具有了不起的发明天才,并对此深信不疑。

大约三年前，有一次我在商场里碰见他，便和他结伴而行。

"哎，我完全忘了……"他突然开口说，"咱们往回走几步，这对您来说毫不费事。我要让您看看我的新发明。"

我们转身往回走去。

他把我带到一家卖制帽和旅途用品的小铺里，小铺门口挂着一件仆人穿的漆布斗篷。

"就是这个——您瞧！这玩意可好啦，不是吗？"

"什么东西呀？"

"漆布斗篷嘛……这可是我发明的，是我首先想出来的……"

这种斗篷人们早就穿上了，但我没有勇气去同奥陀耶夫斯基争辩，也不想让他扫兴。

大约一年前，有一次他十分郑重而又神秘地把我叫到一边。

"当前咱们的文学中出现了一个重大问题，"他对我说道，"这就是**关于厨娘**的问题。我就此写了一篇文章，我会寄给您的。这是一篇非常严肃的文章，非常严肃！我对这个问题加以发挥，谈到了**撒丁岛**[1]的厨娘。眼下我确信，这一部分人在那儿安置得好极了……"

不错！现在我对奥陀耶夫斯基公爵学识的渊博和思想的深邃再也不感到畏惧了；季林如果尚在人世，想必也不再畏惧他了。然而迄今为止，我对这个人一直怀有最良好的感情，在所有贵族文学家中，只有他对自己那些贫穷的笔友一无例外地表示真正的、诚挚的同情，只有他真的把他们当人看待，而绝无别的用心。在我们的社会里这就是大功一件！

三十年代末期，奥陀耶夫斯基几乎又一次当上杂志出版人，

---

1　位于意大利。

吸引他参与此事的是克拉耶夫斯基先生，克拉耶夫斯基想跟他合伙出版一种杂志。这份杂志的出版计划连同编辑人员正统思想的保证书由乌瓦罗夫伯爵呈交皇上批阅。此时皇上因摔断了锁骨，正在琴巴尔[1]疗养，情绪十分恶劣，他在乌瓦罗夫关于新杂志的呈文上批示："本来就够多的了。"[2]

就从这一刻起，任何有关新办杂志的申请都不再受理，现有杂志的销售量则大大超额。少数有出版杂志特权并粗制滥造出版了一些杂志的人便乘机转售，做了很大一笔投机生意。

克拉耶夫斯基此时还牢牢抓住奥陀耶夫斯基不放，他本来就极力攀附普希金那一伙人，而且还想攀上普希金本人[3]。我不知道他有没有可能达到这个目的，因为普希金的突然去世打乱了他的种种计划，但他至少有一点可以自慰：他总算设法挤到了普希金的灵柩旁边，同诗人的朋友和宪兵一起，夜里悄悄把棺材抬出了住宅。

普希金悲惨的逝世使彼得堡从淡漠无情的状态中惊醒过来，整个彼得堡震惊了。城里形成了异乎寻常的人流，歌手桥附近的莫伊卡河畔（普希金当时住在沃尔康斯基公爵夫人那幢古老宅邸的一楼）被挤得水泄不通。人群和马车从早到晚把宅邸团团围住，雇马车时只消说一声"上普希金那儿去"，车夫就会把你直接送到那里。彼得堡各阶层的居民，连没有文化的人仿佛都认为自己有

---

[1] 现称别林斯基市，在俄罗斯联邦奔萨州。
[2] 克拉耶夫斯基和奥陀耶夫斯基计划出版的杂志名为《俄国文丛》，其副刊名《文学编年史家》，这不是十九世纪三十年代末期，而是一八三六年的事。
[3] 克拉耶夫斯基后来同奥陀耶夫斯基的关系也很密切。《俄国荣军报文学副刊》自一八三七年初起转由克拉耶夫斯基出版，奥陀耶夫斯基参加了该刊的编辑工作，其后在《祖国纪事》创办初年又参与该刊工作。至于普希金，他同克拉耶夫斯基既无个人交往，思想上也不接近，但他器重克拉耶夫斯基办事干练，器重他办刊物的经验。克拉耶夫斯基曾帮助普希金出版《现代人》杂志。

义务向诗人的遗体鞠躬致意。这已经像是一场民众示威，象征着一种突然觉醒的社会舆论。大学生和文学青年们决定把灵柩一直抬到教堂；莱蒙托夫悼念诗人之死的诗传抄了成千上万份，所有的人都读了又读，直到背熟。

季林对普希金之死感到极为震惊。是他首先把这个消息告诉我的，因为他在普希金受痛苦折磨的整个过程中不住地跑去询问他的病情，一天要去上十次。我们决定在运出遗体的那天一清早到诗人的住宅去，参加抬送灵柩的行列。

我在头一天晚上把这个想法告诉了克拉耶夫斯基先生。

"好嘛，这是件好事嘛！"他按他的老习惯，断断续续、干巴巴地答道。

是他知道我们的愿望注定不会实现呢，还是关于运出遗体的命令下达得还要晚一些？

早上八点钟，我们驱车驶近普希金住的宅邸，但房子周围一个人也没有。我们吃了一惊，下了马车并走进院子，大门已经上了锁。看院子的人对我们说，遗体已送到教堂。于是我们驱车往教堂驰去[1]。

整个马厩广场挤满了人。只有持入场券的人才准进入教堂，可我们却没有入场券……警官们一个劲儿地在人群中钻来钻去，宪兵们骑着马包围了广场……我和季林在人群中挤了一阵，便垂头丧气地回家了。

遵照皇上的命令，普希金的遗体由亚·伊·屠格涅夫[2]运往圣

---

[1] 为了避免群众示威游行，普希金的遗体按当局的命令是在夜里运出的。举行教堂葬仪的地点也改变了——开始时定在修舰所教堂，但后来又秘密地把遗体运往马厩广场教堂。

[2] 亚·伊·屠格涅夫（1784—1845），俄国社会活动家、历史学家、作家，十二月党人尼·伊·屠格涅夫的哥哥，"阿尔扎马斯"文学社的成员，卡拉姆津、茹科夫斯基、

山圣母升天修道院（离米哈伊洛夫斯克村四俄里）。大约过了两个星期，克拉耶夫斯基先生对我说，他已受到委托，要去清理普希金书房里的书籍和文稿。他说，他已邀请萨哈罗夫当他的助手，还邀请谁，我已经不记得了。

"您愿意帮助我们吗？"他补了一句。

我当然不会拒绝这样的建议。

我走进普希金书房时怀有一种什么感觉，那就不用说了……

我们整整忙了一个晚上。顺便提一下，我在桌子下面的地板上发现了当时英国驻彼得堡大使馆秘书梅格尼斯写的一份短简。[1]普希金曾请他担任自己决斗的副手，梅格尼斯在短简中拒绝了普希金的请求，他说，以他的身份，他不能介入这种事情。我把这份短简转交给克拉耶夫斯基先生，他想把它交给茹科夫斯基。梅格尼斯的话是对的，可是普希金是出于一种什么考虑要去找他呢？这种请求似乎通常只向最亲近的人提出来。

我们正在清理时，书房门口出现了一个身材高大、头发花白的仆人。

他一面摇头叹息，一面跟我们攀谈起来：

"没想到竟会由我这老头子运送亚历山大·谢尔盖伊奇的遗体！（他曾陪同亚·伊·屠格涅夫护送遗体）——我还记得他出世时的情景，我还经常抱他……"

随后老人给我们讲了几个细节：他们是怎样护送遗体的，遗体葬在圣山镇墓地的哪个地方，等等。

克拉耶夫斯基先生似乎花了好几个晚上清理普希金的藏书，

---

维亚泽姆斯基和普希金的朋友。

1　这封信是一八三七年一月二十七日写的，这个人的名字不是梅格尼斯，而是（亚瑟·）马吉尼斯。

但我只帮他干了一个晚上……

当皇上批准继续出版《现代人》，其收益用于抚养普希金的孩子以后，许多人惊讶地发现，在杂志的封套上，在杂志出版人、普希金的友人茹科夫斯基、维亚泽姆斯基、普列特尼奥夫[1]的名字中间出现了**安·亚·克拉耶夫斯基**的名字。即使茹科夫斯基和维亚泽姆斯基或因无法抽暇、或因生性疏懒及不惯于此事而不打算从事出版工作，他们只不过挂挂名而已的话，那么难道普列特尼奥夫一人应付不了这个杂志的出版吗？

然而克拉耶夫斯基先生此时在普列特尼奥夫面前极力谄媚逢迎，博取他的欢心，在已故诗人的朋友们面前表现得十分热诚和忠心耿耿，当着他们的面竭力效劳，终于使他们出于感谢之忱惠予垂青，吸收他为共同出版人。

这一时期，克拉耶夫斯基先生显得容光焕发。

他似乎连个子都长高了，至少长一俄寸。这一点毫不奇怪。把自己默默无闻的名字同茹科夫斯基和维亚泽姆斯基的大名印在一起，这几乎等于由军士直接擢升为将军。

从这时开始，安德烈·亚历山大罗维奇真的像个文坛上的将军了。

---

[1] 除这几个人以外，一八三七年《现代人》杂志的出版人还有弗·费·奥陀耶夫斯基。

# 第六章

费·彼·托尔斯泰伯爵家的晚会——库科尔尼克一伙人——格列比奥恩卡举办的晚会——谢甫琴科——先科夫斯基手下的编辑和米·亚·雅泽科夫——第二武备中学的谢拉皮翁文学晚会——亚·亚·科马罗夫、帕·瓦·安年科夫和克吕格·冯·克卢格瑙上尉——我同尼·阿·迈科夫的结识——十四岁的阿波罗·迈科夫——伊·亚·冈察洛夫和杜德什金先生——库科尔尼克在军官圈子里——阿·瓦·柯尔卓夫来到彼得堡——我同他的接近——谈论别林斯基——别林斯基的《文学的幻想》给我留下的印象

三十年代彼得堡的文学家们通常每逢星期三便在彼·亚·普列特尼奥夫家里聚会，星期天分别在普列特尼奥夫和费·彼·托尔斯泰伯爵家里聚会，星期六则上奥陀耶夫斯基公爵家里去。在普列特尼奥夫家里聚会的只有他最亲密的朋友（克拉耶夫斯基先生也在其列），偶尔露面的还有普希金、维亚泽姆斯基和索博列夫斯基。有关奥陀耶夫斯基公爵家的晚会上文我已经讲过，费·彼·托尔斯泰伯爵交往的圈子则自有特色。它的成员有一些年轻的、美术学院院士们认为大有前途的画家，有库科尔尼克一伙的文学家，还有一些年轻的和上了年纪的文学艺术爱好者，他们一见到布留洛夫和库科尔尼克就激动得喘不上气来，为了让主人开心，他们什么都愿意干——甚至跳舞，因为没有更好的男舞伴（托尔斯泰家里经常举办舞会）。布留洛夫很少参加这种星期天聚会，库科尔尼克则几乎每次必到。

我在上文提及的高加索英雄卡缅斯基娶了费·彼·托尔斯泰伯爵的女儿为妻，这一时期同伯爵住在一起。卡缅斯基为自己布置了一间给人留下深刻印象的书房：鲜红的窗帘，鲜红的门帘，连家具也是红艳艳的。他身穿肥大的红色灯笼裤，鞴着红色便鞋，用玫瑰色的稿纸写出了《雅科瓦·莫雷》《世界的末日》《富尔顿人》《死亡之舞》等作品，并正在构思《伊格纳季·洛伊奥卢》。布留洛夫和库科尔尼克分别创作了《庞贝城的末日》《上帝的手》

《罗克索兰人》等作品,作为他们的朋友,卡缅斯基自然也不能从日常生活中为自己的作品选取微不足道的主题……库科尔尼克抨击普希金提出的那种他视为浅薄的文学倾向,老是鼓吹要写博大精深的作品,他认为他只适合于写英雄人物。布留洛夫创作了一些极为出色的画。卡缅斯基也总是念念不忘高大形象,对那些选取现代日常生活作为小说主题的人报以讥讽的微笑。

这一时期,托尔斯泰伯爵的府邸对那些倾心艺术、用热情的想象夸大和粉饰一切的青年来说具有极大的吸引力。府邸里面,右边是女婿优雅的书房,这是一位年轻的文学家,他不断从他那奇妙的幻想世界,从他那些形象高大的主人公那儿转回到迷人的现实——转回到他那年轻美貌的妻子身边,她俯身伏在他的肩上向他微笑,显出无限的恩爱之情;左边则是老丈人的书房,这是一位心慈面善的长者,一位大名鼎鼎的艺术家,奥林匹斯[1]之神歌德曾亲自对他的天才表示敬意[2],布留洛夫和库科尔尼克都是他的朋友……他有时放下自己的刻刀和铅笔,只是为了观赏自己女儿的幸福,她的芳姿堪与古希腊罗马最优秀的艺术作品媲美……他们周围是一群充满了艺术天才和文学天才的青年,这些青年满怀着种种希望,从早到晚谈论艺术的圣殿。没有任何奢望,也没有任何拘束的感觉,所有跨进这个幸福家门的人都完全平等,享有充分的自由,府邸的主人几乎像太古时代那样纯朴、真诚和宽厚……这是一幅多么诱人的情景啊!当时经常去费·彼·托尔斯泰伯爵府邸造访的人中,有谁又能料到这个家庭迷人的艺术色调和这种家庭幸福不过是泡影而已?

---

[1] 希腊神话中的圣山,众神居住的地方。
[2] 托尔斯泰伯爵镌刻的一套一八一二年战争纪念章问世以后,他收到歌德的一封信,伟大的德国诗人在信中盛赞了这位俄国艺术家的天才。——作者注

除了高踞于其他人之上的库科尔尼克以外，托尔斯泰伯爵家文学艺术晚会上出色的雄辩家还有府邸主人的女婿——他是库科尔尼克热烈的崇拜者，老是挥拳舞臂、目光炯炯地重弹他关于艺术圣殿的那些调子；还有拉马扎诺夫[1]——他当时还是美术学院的学生，如今已是有名的雕塑家，他像奴隶一样忠诚于布留洛夫，谈起艺术来也很喜欢长篇大论，而且热情溢于言表，让人听了觉得很不舒服。这些先生高谈阔论，自然是在他们的庇护人不在场的时候；当着庇护人的面，他们只能偶尔插上一两句话。托尔斯泰伯爵很少说话，他只是谦虚、善意地听别人讲话，对所有的意见都表示同意，对所有的人都亲切微笑。库科尔尼克对他毕恭毕敬，总是用种种阿谀奉承的溢美之词恭维他。

托尔斯泰伯爵有一本相当大的画册，里面都是他创作芭蕾舞画和为波格丹诺维奇[2]的《宝贝儿》作插图的画稿。

库科尔尼克说，这都是些天才之作，很难创作出比这更富于诗意、格调更高的作品，在欧洲极负盛誉的雷奇[3]为但丁的作品所作的插图较之托尔斯泰为《宝贝儿》所作的插图不过是一堆废纸，如此等等。

托尔斯泰家的客人对可敬的主人的作品几乎众口一词，都是这样评价。

卡缅斯基十分崇敬岳父的天才。

"我们这儿的人对艺术一窍不通，"他愤愤不平地叫道，"多令人厌恶、多可耻啊！所有的人都这样冷漠无情：就说对这位天才

---

1 尼·亚·拉马扎诺夫（1817—1867），俄国雕塑家。
2 伊·费·波格丹诺维奇（1743—1803），俄国诗人，其叙事长诗《宝贝儿》取材自希腊神话中少女普绪喀（人类灵魂的化身）和小爱神厄洛斯（罗马神话中的丘比特）相爱的故事。
3 弗里德里希－奥古斯特－莫里茨·雷奇（1779—1857），德国画家。

的老人吧（他点点头指着托尔斯泰），有谁又能够器重他呢？他要是个英国人或法国人，恐怕他从头到脚全身都会堆满金子，可是在这儿他的全部创作都是白费，不会给他带来一个子儿……这简直是耻辱！我们这儿若是有一个头脑聪明、多少懂点儿艺术的剧院经理，他就会如获至宝，抓住伯爵为芭蕾舞剧所作的画不放！只要把这部舞剧搬上舞台，准会给经理处带来几十万元收益！"[1]

托尔斯泰伯爵则责备公众对祖国文学漠不关心，因为卡缅斯基的作品开始滞销，而且已经不能给读者留下任何印象，这使弗拉季斯拉夫列夫感到惊讶，他曾把卡缅斯基看成俄国文学的一个希望，看成自己《朝霞》文艺丛刊的一根支柱。

我经常出席托尔斯泰家的晚会，这些晚会充满了朴实单纯、不拘礼节的气氛，开始时曾令我十分惬意……爱好台球的人整个晚上都不走出伯爵那间摆着一张很大的球台的书房；在这里经常可以见到同拜伦的《唐璜》似乎有点什么关系的柳比奇－罗曼诺维奇先生[2]，他脖子上挂着安娜勋章，脸上总是带着令人愉快的笑容，只要有人走进书房，柳比奇先生就从球台边上跑过去向进来的人伸出手，紧紧握一握对方的手；大厅里聚集着爱跳舞的人，组成一个个卡德里尔舞的舞组，宅邸的主人及其哥哥康·比·托尔斯泰（一个生性极为快活的老人）在这件事情上给青年人做出了榜样，费·彼·托尔斯泰伯爵身穿自己的家常服装：天鹅绒短上衣、绣花便鞋和毛袜，优美地跳起卡德里尔舞的一个个舞姿；卡缅斯基的

---

[1] 这里指的是费·彼·托尔斯泰为芭蕾舞剧《风神的竖琴》创作的人物造型画，这部芭蕾舞剧是根据茹科夫斯基的同名诗篇的情节改编的。费·彼·托尔斯泰是有名的绘画大师，古典主义的代表人物，巴纳耶夫在讥讽库科尔尼克和卡缅斯基对托尔斯泰谄媚的同时，对他的才能显然评价过低。
[2] 瓦·伊·柳比奇－罗曼诺维奇（1805—1888），俄国诗人兼翻译家，果戈理的朋友。他翻译的拜伦的诗剧《唐璜》于一八四七年出版，遭到一致的否定。

书房里则在热烈谈论文学及一般的优雅艺术,他叙述他正在构思的作品的内容提要,或者讲述库科尔尼克正在创作什么作品,布留洛夫正在构思什么画面,头一天晚上他们指名要喝什么酒,等等。每个人的爱好都可以自由地得到满足:打台球、跳舞、高谈阔论艺术圣殿,或是听一听卡缅斯基中篇小说的内容提要。主持并鼓舞人们参加这类晚会的人是玛丽亚·费奥多罗夫娜·卡缅斯卡娅[1]。晚会结束时吃一顿简单的家常晚餐,喝普通的美陀克葡萄酒。

费·彼·托尔斯泰伯爵的生活极为简朴,不论他本人还是他的家里都没有丝毫贵族习气和派头。他很少出门,几乎总是手持铅笔或刻刀坐在自己的书房里。

他属于老一辈的艺术家,新一代的艺术家是在布留洛夫——他是个热情奔放的人——的影响下逐渐成长起来的,他们喜欢装腔作势,喜欢讲漂亮话:喋喋不休地谈论艺术家的伟大和艺术的圣殿,为了表示自己与众不同而蓄小胡子或留长胡须,头发披至肩头,穿一些奇装异服,最后则是效法自己的导师,或放纵情欲,或喝得烂醉如泥。

在当时那些青年艺术家看来,用来衡量普通人的那种狭隘鄙俗的尺度不能用在他们身上。艺术家是特殊的、最高级的人物,他们可以连肉带血从自己妻子的耳朵上扯下耳环,可以沉溺于最肮脏的淫欲和酗酒,而不受任何制裁。[2] 指责他们不道德的只是一些偏重理性而缺乏感情的鄙俗之辈,这些人的生活欲望十分浅薄,

---

1　费·彼·托尔斯泰伯爵的女儿,卡缅斯基的妻子。
2　巴纳耶夫这里指的是布留洛夫为自己的妻子和尼古拉一世而吃醋一事。布留洛夫的外甥索科洛夫在回忆录中写道:"有一天早晨,这个年轻的女人站在布留洛夫住宅的窗口(住宅的窗户都是朝滨河街开的),这时皇上乘着由一匹毛色乌黑的马拉着的雪橇朝美术学院驶来,她一见他,不由得叫了一声:'啊,皇上!'卡尔·巴甫洛维奇冲到她跟前说:'好哇,你认出他来啦!'说着一伸手就扯下了她的耳环。"

他们不理解艺术家那种宽阔博大的性格和火山迸发式的热情。

狂妄地推崇自己作为画家、雕塑家、音乐家、文学家和科学家的地位，把自己同别人分隔开来，并轻蔑地称他们为**群氓**或**贱民**；把自己的智慧、知识和才能加以神化；自己抬高自己的地位——所有这一切都是一种最可笑而又最可悲的现象。这种现象在欧洲导致了学究习气的产生，而在我国干脆就导致酗酒，因此我国所有那些性格开朗的艺术家最后通常都成为酒徒。

除了每周预定的艺术文学晚会和一般的文学晚会以外，文学家们有时互相聚集到对方寓所举行晚会。当时文学家中最好客的是叶·巴·格列比奥恩卡，每当他得到小俄罗斯的腌肥膘肉、果子酱或果子露酒时，总要把文学界的朋友们邀到他那儿去。格列比奥恩卡此时尚未结婚，住在彼得堡市区第二武备中学的公房里，在那里当教师。

有一天他邀我和米·亚·雅泽科夫一起上他那儿去，雅泽科夫爱说俏皮话、爱用双关语，是个生性快活、讨人喜欢的谈伴，当时在同我关系亲近的文学家中已经很出名了，好多人都把雅泽科夫当成文学家和克拉耶夫斯基先生的助手。

"您究竟是干什么的？"经常有人问他，"您的职业是什么？。

"就这么回事儿，"雅泽科夫通常笑着答道，"大体是搞些**大杂烩**吧。"

这一次在格列比奥恩卡住处聚会的人很多，顺便提一下，其中还有谢甫琴科，他在自己的同胞中间已经开始享有很大的声誉；还有格列比奥恩卡的同事亚·亚·科马罗夫[1]和普罗科波维奇[2]（他

---

1　亚·亚·科马罗夫（？—1874），俄国诗人，彼得堡几所军事学校的文学教师，巴纳耶夫和别林斯基的朋友。

2　尼·雅·普罗科波维奇（1810—1857），俄国诗人兼教育家，果戈理的密友，也同

是果戈理在涅仁高级中学的同学和朋友）。普罗科波维奇和科马罗夫两个人都热爱文学，自己也写一些小诗。我同科马罗夫从小就认识，后来别林斯基来彼得堡之后，我同他更加接近了。关于科马罗夫及别林斯基对他的影响我在后文还有机会讲到。格列比奥恩卡寓所的晚会上既没有人鼓吹什么艺术的圣殿，也没有人议论什么高雅的问题；大家只不过随便聊天，谈些日常的和文学界的新闻和趣事。

晚会开始时格列比奥恩卡介绍我认识了一位先生，他当时（那似乎是在一八三七年）是《读书文库》的主要编辑之一。这位先生的姓名我已经不记得了，他脸上显出一副思想深沉、令人肃然起敬的神态，从衣服的领结下面和袖口处十分醒目地显现出一件红色丝绒内衣。

雅泽科夫吸引了大家普遍的注意，他讲了一些令人十分开心的故事，许多人都笑得前仰后合。

晚餐时他恰好同穿丝绒内衣的那位《读书文库》的编辑坐在一起，编辑对雅泽科夫不仅毕恭毕敬，甚至显得有些畏缩，仿佛在他面前的是一位权威人士。

"请问，"他对雅泽科夫说道，"您就是我们著名的诗人尼古拉·米哈伊洛维奇·雅泽科夫吗？"

"不错。"雅泽科夫谦虚地垂下眼睛，毫不迟疑地答道。

"能同您结识真是不胜荣幸和愉快之至。"编辑边说边向他伸出手来。

雅泽科夫大大方方地握了握他的手。

"您能惠赐我们一篇新作吗？"编辑继续问道。

---

别林斯基熟识。

"我划拉的诗稿倒是不少,"雅泽科夫颇有身份地答道,"可是这些稿子都得加以整理……我一直打算整理,可又一直拖着没动手。"

这番话很多人都听到了,于是大家开始向雅泽科夫提出各种问题,俨然把他看成和他同姓的那位诗人。雅泽科夫把自己的角色扮演得相当成功,有几个人忍俊不禁,从餐桌边上跳起身来……

《读书文库》的编辑沉默了几分钟,然后润了润嗓子,又对雅泽科夫说:

"尼古拉·米哈伊洛维奇,请恕我冒昧,我对您有个不情之请。本人是《读书文库》的编辑,假如您肯赏脸惠赐敝刊一篇佳作,哪怕篇幅不大,奥西普·伊万诺维奇·先科夫斯基也必将由衷地感到夙愿得偿,他对您的才华一向仰慕之至。"

雅泽科夫俯首鞠了一躬,对先科夫斯基对他的推崇表示感谢,然后答道,眼下他无法作出任何许诺。也许有朝一日,等他整理出一点儿什么来……如此等等。

"我们希望得到您的作品,这一线希望本身就使我们感到欣慰。"编辑答道。

许多人听到这里再也忍不住,一个个捧腹大笑,但这时晚餐已经结束,笑声淹没在搬动椅子的咚咚声中。

这位编辑现在在哪儿呢?他是否经常回忆起自己同著名诗人雅泽科夫会见时的情景?谁知道呢,说不定在哪家期刊上会出现他写的题为《回忆诗人雅泽科夫》的文章。这样一来,我们可敬的图书学家们和根纳季先生[1]又要如获至宝了;根纳季先生最近编

---

[1] 格·尼·根纳季(1826—1888),俄国图书学家,普希金作品集的编者。

辑的普希金文集是那样的蹩脚,致使索波列夫斯基不由得感叹道:

啊,可怜的牺牲,两个瘟神先后与你为敌:
丹特士将你杀害,根纳季又为你出版文集!

晚餐以后,大家更加活跃了,格列比奥恩卡哼起了小俄罗斯歌曲,谢甫琴科则和着亲切的乡音跳起舞来。

在我描述的那个时期,除了上面提及的几处文学集会以外,还有一些鲜为人知的小型文学聚会,那是由一些以家庭方式从事文学活动的爱好者组织的。这类聚会中便有亚·亚·科马罗夫和武备中学上尉克吕格·冯·克卢格瑙住宅里举行的晚会,称为**谢拉皮翁兄弟晚会**(当时霍夫曼[1]的作品在我们中间十分流行)。在这些晚会上,**我们的谢拉皮翁兄弟们轮流朗读自己的作品**,其中就有巴·瓦·安年科夫[2],他后来在文学界以出版普希金文集和发表一系列评论文章而著称。[3]

在弃武习画的尼古拉·阿波罗诺维奇·迈科夫[4]家中也有一些人聚会,这些人当时对艺术和文学仅有一些模糊的爱好,其中有

---

1 恩斯特·台奥多尔·阿马德乌斯·霍夫曼(1776—1822),德国消极浪漫主义小说家,其短篇小说集《谢拉皮翁兄弟》对欧洲资产阶级颓废派文学影响很大。
2 巴·瓦·安年科夫(1813—1887),俄国文学评论家、回忆录作家,普希金传记的作者及普希金文集的第一个科学版本的编辑人。十九世纪四十年代曾是别林斯基小组的成员,为《祖国纪事》《现代人》等杂志撰稿,五十年代后半期,《现代人》由车尔尼雪夫斯基和杜勃罗留波夫主持,安年科夫遂与该杂志决裂。他还著有一些饶有趣味的回忆录,其政治观点属自由派。
3 后来别林斯基也经常参加这个团体的活动,他在一八四〇年六月致博特金的一封信中写道:"我参加了他们的团体,每逢星期六都出席他们的聚会。我的性格要求有这样一些时日。我每周需要到有很多年轻人、气氛欢闹的环境中去待一次。"
4 尼·阿·迈科夫(1796—1873),俄国画家,年轻时当过军官,参加过一八一二年卫国战争,退役后致力于绘画,后为美术学院院士。其子阿波罗(1821—1879),诗人;次子瓦列里安(1823—1847),文学评论家,激进的社会学者。

些人后来在文学界颇有名气。迈科夫十三四岁的儿子阿波罗当时已经显露出出色的文学才能,他写的诗、他的弟弟瓦列里安的习作及迈科夫家爱好文学的朋友们(其中包括伊·亚·冈察洛夫)的作品经过精工抄写和装帧,被编成一本本的小册子,拿出来供迈科夫家的客人们欣赏。

伊·亚·冈察洛夫对阿波罗·迈科夫美学趣味的发展无疑起了很大的促进作用。如果我没有记错的话,迈科夫家手抄文集的撰稿人还有杜德什金先生[1],目前他同克拉耶夫斯基先生合作,是《祖国纪事》的共同出版人。

我热心地出席一切文学晚会和集会,但对它们我已渐渐感到厌倦了;使我深信不疑的只有一点,即文学界的幕后也和剧院的后台一样,情况并不妙……我已经把文学家视为普通人,在那些文学权威面前再也不感到战栗了。对库科尔尼克,我甚至不时用略带幽默的眼光看上几眼,此时他开始不断在各种**咖啡馆**和餐厅里露面,身边围满了一群群各个团队的、求知欲很强的军官。

有一天晚上我在多米尼克[2]的餐厅里见到他。他坐在一张圆桌的主位上,桌子周围坐着各种各样的军官。诗人面前放着一瓶啤酒和一瓶黑啤酒,他把两种啤酒倒在一起,一面搅拌,一面高谈阔论。

此时他正倾心于一位颇有身份的女士(他暗示了这一点)——当然,那是一种理想化的爱情——并正在写自己的长诗《玛丽·斯图尔特》[3]。他大约是通过玛丽·斯图尔特的形象来描绘那

---

1 斯·谢·杜德什金(1820—1866),俄国文学评论家兼杂志编辑,瓦·尼·迈科夫死后(1847年)主持《祖国纪事》评论及书讯专栏,自一八六〇年起正式确定同克拉耶夫斯基共同主编《祖国纪事》。
2 彼得堡一家餐厅的老板。
3 玛丽·斯图尔特(1542—1587),苏格兰女王,曾觊觎英国王位,由于苏格兰加尔

位女士,而里奇奥¹的形象则是写他自己,尽管他根本就不像里奇奥:他已经相当老了,身上肌肉松弛,面孔浮肿难看。

他正在向军官们描绘他理想中的情人。

"她在夏园²里漫步,"他十分兴奋地讲道,"走遍了整个花园。我也走遍了整个花园,每看她一眼就写出一首诗。一个早上我总共写了十二首诗。"

说着诗人把一杯啤酒一饮而尽,住口不说了。

一个军官推了推另一个军官,钦佩而又惊讶地说:

"听见了吗——一个早上写十二首诗!"

"噢——!"库科尔尼克看见了我,他眯缝着眼睛,举手挡住耀眼的光线,叫了一声,"是你呀!……我开始还没认出你来,我们现在见面的机会少了……你——克拉耶夫斯基……"

讲到最后一句时,库科尔尼克的语调仿佛是想说:"你是个不可救药的人!"然后把手一挥。

我已经说过,他跟克拉耶夫斯基先生怎么也合不来。克拉耶夫斯基先生不承认他的才华,首先是因为先科夫斯基、格列奇和布尔加林大肆吹嘘他的天才,其次则是因为普希金一伙人对《上帝的手》《罗克索兰人》等作品作者的诗才态度全都异常冷淡。

《俄国荣军报文学副刊》对库科尔尼克的作品发表过一些态度冷淡的评论,他知道我也参与这份对他怀有敌意的报纸的工作——这就是他发出"你——克拉耶夫斯基……"这种感叹的由来。

---

文教派贵族造反,被迫放弃王位,逃往英格兰,被英国女王伊丽莎白一世投入监狱,后被处死。

1 戴维·里奇奥(1533—1566),音乐家,玛丽·斯图尔特的秘书。
2 在彼得堡,系彼得一世修建的花园,内有彼得一世的夏宫,用于举行大型舞会和宫廷庆典。

"好吧，跟我们一起坐吧！"库科尔尼克继续说，"我还顾念旧情疼爱着你。你在这儿见到的全是热心忠诚于艺术的人（他指了指那些军官）和用信仰与真理为艺术服务的人。正因为如此，他们才热爱库科尔尼克。"随后他笑了一笑，又补了一句："可你那位克拉耶夫斯基却什么都不懂。"

库科尔尼克说起话来滔滔不绝，但并不很连贯。军官们跟我过去某个时期一样，怀着朴直的虔敬之情倾听他讲话，有时互相交换一下眼色，看样子他们是把他的每一句话都听进去了。

我只记得晚餐结束时他谈到了莎士比亚。他说，他对莎士比亚也像对一切事情一样，有他自己独特的看法：他认为莎士比亚既是天才又是废物，而他则能把这两件看来水火不相容的事物连接在一起……

关于**艺术圣殿**的那些词句尽管尚未使我完全感到厌恶，但它们对我来说已日益失去意义，我越来越觉得那是装腔作势。同时我开始模糊地意识到，在文学界占统治地位的是一些陈腐的观点，以及对一些陈旧的文学偶像奴隶式的崇拜，是在他们面前的某种鄙俗的、口是心非的态度。我想听到**新的见解、真理**的声音——但到底是什么样的真理呢？我自己思想上也不清楚。然而当我在文学界待过两三年以后，在克拉耶夫斯基先生出版《俄国荣军报文学副刊》之前，这种模糊的愿望便开始在我的心里萌生了。从谁那儿可以听到这种新的见解，这种合乎心愿的真理呢？新的一代仍然寄予希望的波列沃伊看来越来越不中用了：他不理解果戈理，当这位强有力的天才出现时，他甚至抱着恶意的态度；而且波列沃伊很快被迫搁笔了……

有一天我在涅瓦大街上漫步，顺便走进了武尔夫[1]的糖果点心店，那里通常有俄国所有的报纸杂志。我走到摆着报刊的桌边，首先映入眼帘的是最近一期《群言》，这一期继续刊载一篇文章，标题是《文学的幻想——散文体哀歌》[2]。这个新奇的篇名吸引了我，我拿起刊物的前面两期读了起来。

读了这篇文章的开头，我不禁欣喜若狂，假如可能的话，我真想骑上快马，立即奔到莫斯科去结识作者，并且尽快读完文章的其他部分。

它那大胆清新的精神简直把我的整个身心都吸引住了。

"这不就是我梦寐以求的那种新的见解吗？"我想，"这不就是我许久以来一直想听到的那种真理的声音吗？"

我奔出糖果点心店，坐上我碰到的第一辆马车就去找雅泽科夫。

我跑进他的房间，大声说道：

"喂，老兄，我们这儿出了一个了不起的评论家，波列沃伊跟他相比简直不在话下。我刚才匆匆看了他文章的开头部分——真是奇迹，好极了！"

"真的吗？"雅泽科夫说，"那是谁写的？这篇文章刊登在哪儿？"

我喘了口气，靠在沙发上，等心情稍稍平静下来，便把事情的原委告诉了他。

我和雅泽科夫两人像孩子一样，对什么事情都会入迷。我们当即到小店铺去，拿起那几期《群言》，我给他读了别林斯基文章

---

[1] 彼得堡一家糖果点心店的老板。
[2] 《文学的幻想——散文体哀歌》一文于一八三四年九月至十二月分期发表在《群言》杂志上。

的开头部分。

雅泽科夫也同我一样欣喜若狂,而到后来,当我们读完全文以后,别林斯基的名字对我们来说已变得十分珍贵了。

读了这篇热情洋溢、观点大胆的文章以后,我觉得莫斯科和彼得堡一些刊物上那种鄙俗乏味、因循陈腐的文学评论文章是那样渺小、那样微不足道!

我至今记忆犹新的是,我对别林斯基文章中下面这些段落曾经反复吟咏,心情格外畅快:

> 我国文学界迄今仍然流行着一种可怜的、**幼稚的**对权威的崇敬:我们在文学方面也对爵位等级表毕恭毕敬,**不敢公开讲出关于那些显贵们的真话**。我们谈及名作家时总是只限于空洞的感叹和夸大其词的恭维:**谁要是对他们直言不讳、实话实说,那简直是亵渎神圣**!

> 你们知道是什么东西过去和现在对在俄国传播切实合理的文学概念最为有害,而且看来**在将来**还会**长期有害**(多么富有先见之明的话!)吗?那就是文学中的偶像崇拜!我们像孩子一样幼稚,仍然对云集在我们的奥林匹斯山上的众神祈祷膜拜,却根本没有想到要多去查一查他们的户籍簿,看看我们崇拜的对象是否真的是天神下凡。有什么办法呢!盲目的狂热信仰总是同那些幼稚的社会相依为命。

这些话很合我的心意,因为我曾一度幼稚地醉心于库科尔尼克,像奴隶一样可笑地崇拜他。此后我痛恨一切权威,甚至包括我心目中的偶像马尔林斯基在内。我怀着某种畅快的心情欣赏别林斯基是怎样把他驳得体无完肤。

因此当时那些文坛名人,那些出于对自己、对其本身文学命运的担心而在旧的权威面前曲意逢迎的平庸之辈为什么对别林斯基怀有切肤之恨,那是再清楚不过了。

"例如,像伊万钦-皮萨列夫先生[1]、沃耶伊科夫先生或沙里科夫公爵[2]之流,"别林斯基写道,"当他们听说卡拉姆津不是艺术家,不是天才,或其他诸如此类亵渎神圣的意见时,对自己还能有什么期望呢?"

遗憾的是,同样的现象直到今天仍然重复出现。你若是胆敢说普希金不是世界的天才,说他的时代正在过去,他不能满足新一代的要求,那么当代的文学名士就会恶狠狠地对你群起而攻之,就像当初别林斯基那个时代的文学名士恶狠狠地群起攻击他一样;而且现在也同样会响起一片鼓噪之声,指责你不学无术,缺乏美感,目无神祇,亵渎神圣,就像当初那些人指责别林斯基一样……

但这一点最好还是不说为妙。

同别林斯基相比,果戈理受到了年轻一代更为热情的欢迎。

当我读了《伊万·伊万诺维奇和伊万·尼基福罗维奇吵架的故事》和《密尔戈罗德》以后,我的面前展现出一片新的文学天地。

他的《狄康卡近乡夜话》发表后,普希金在沃耶伊科夫的《俄国荣军报文学副刊》上撰文予以赞扬,不过说实在的,这部

---

[1] 尼·德·伊万钦-皮萨列夫(约1795—1849),俄国诗人、散文家和历史学家,卡拉姆津的崇拜者。
[2] 彼·伊·沙里科夫(1768—1852),俄国作家,卡拉姆津的模仿者,曾主编《妇女杂志》(1823至1833)。

作品没有给我留下很深的印象……关于果戈理及他在文学上的变革，我在后文还会多次谈到。[1]

自从读了《文学的幻想》和引起一场轩然大波的论贝内迪克托夫的那篇文章[2]以后，我再也不放过别林斯基的一篇文章了。

对别林斯基这个人，彼得堡的文学家中开始流传一些不连贯的、自相矛盾和不以为然的传闻。他的大胆和直言不讳使文学家们感到不快，他们看出他们正面临一场非同儿戏的风暴。我极想了解别林斯基是个什么样的人，当我听说阿·瓦·柯尔卓夫[3]来到彼得堡以后，不禁喜出望外。我知道柯尔卓夫同别林斯基关系亲近。柯尔卓夫来彼得堡是我的中篇小说《她将会幸福》在《望远镜》上发表以后的事。别林斯基对这篇小说的简短评语使我的自尊心得到极大满足，这是我在文学界首次被人论及——而且恰恰是这位铁石心肠、铁面无情的别林斯基！这份荣誉完全出乎我的意料。别林斯基谈到，一个时期以来，他那些宽宏大量的敌人们把刊登在《望远镜》上的一切有分量的文章都派定是他写的，接着他补充说，有人断言他写了中篇小说《她将会幸福》，但这篇小说其实"显示了一个名不见经传的作者的纯真的才能、跃动的感情和运用语言的本领"。[4]

我本想去找柯尔卓夫，但他到彼得堡不久的一天上午亲自上

---

1 《两个伊万吵架的故事》于一八三四年首次发表于《新居》文艺丛刊第二辑，《密尔戈罗德》前后两部均于一八三五年问世。普希金在致沃耶伊科夫的一封信中热烈赞扬了《狄康卡近乡夜话》，这封信收入雅库博维奇对《夜话》的评论中，发表在一八三一年《俄国荣军报文学副刊》第七十九期上。

2 标题是《〈弗拉基米尔·贝内迪克托夫的诗集〉》，载于《望远镜》一八三五年第二十七卷。

3 阿·瓦·柯尔卓夫（1809—1842），俄国诗人，在思想和创作的发展上曾受到别林斯基影响。他的诗反映了当时俄国农民的生活和思想感情，作品风格纯朴，接近民间创作。别林斯基对他十分推崇。

4 这篇文章题为《别林斯基的话》，载《群言》一八三六年第十二期。

门找我来了。[1]

柯尔卓夫文集中所附的作者画像非常忠实地画出了他的外貌，只有一点画家未能抓住，就是他那敏锐聪明的眼神。柯尔卓夫个子不高，看上去身体相当结实。他的衣着甚至显出一点讲究穿戴的倾向：胸衣的纽扣上镶嵌的宝石闪闪发光，坎肩外面显眼地挂着表链，脸上涂了香脂，身上甚至还洒了香水。就为这些香水，后来别林斯基狠狠地批评了他。"您很喜欢在身上洒些令人讨厌的东西，"他说，"您身上总有一种香柠檬或丁香花蕾的气味。这很不好。您要是不相信我的话，可以问问他（别林斯基指了指我），他是个讲究服饰的人，在这件事情上，老兄，他可是个权威。"

我和柯尔卓夫一开始就谈到了别林斯基，他给我带来了别林斯基的问候。柯尔卓夫是个眼光敏锐、处世谨慎的人，我后来了解到，他很善于克制自己，在彼得堡那些文学家面前缄口不谈自己的信念，但他看出我对别林斯基一腔热情，因此跟我谈起话来相当坦率。

"不错，伊万·伊万内奇，别林斯基是我们当代唯一一具有美学鉴赏力，并且懂得艺术的人。器重他的人不多，尤其是在你们彼得堡的文学家中间——这一点非常遗憾……而且这个人的头脑是多么清晰！心地又是多么热情、高尚！我的一切都亏了他，是他把我引上了正路，现在不听听他的意见我都不敢发表我那些粗制滥造之作：他总是告诉我哪些地方需要删去，哪些地方得加以修改，哪些地方根本就不需要。他对我是那样好，那样真心！"

---

1 柯尔卓夫于一八三六年一月至四月和一八三八年二月至三月两次来到彼得堡。看来巴纳耶夫同柯尔卓夫相识是在一八三六年。诚然，一八三六年一月中篇小说《她将会幸福》尚未刊印出来，但稿子已在《望远镜》编辑部，因此柯尔卓夫有可能亲自听到别林斯基对它的评语。

柯尔卓夫对我讲了别林斯基生活中的一些详细情况，他高兴地谈到莫斯科别林斯基的那个小组，说：

"您上莫斯科去吧，您会看出那儿的人更合您的心意。别林斯基见到您也会非常高兴，他同您已经神交了。"

在我认识别林斯基之前，柯尔卓夫来过彼得堡两三次，其中有一次他带来了别林斯基给我的第一封信。[1]

柯尔卓夫认为自己有责任拜访所有的文学家，然而这些文学家中有许多人却在他面前妄自尊大，以庇护人自居，认为他不过是个有才能的庄稼汉。

可是这个庄稼汉却已经领会和接受了莫斯科别林斯基那个小组的某些信念和观念，而且读过莎士比亚戏剧的全部俄译本（莎士比亚令他产生了深刻的印象，他在谈到莎士比亚时满腔热情，尤其是谈到《哈姆雷特》，用他的话来说，莫恰洛夫[2]在舞台上给他阐述得更清楚了），这个未受教育的庄稼汉较之他的许多庇护人，即所谓有教养的文学家来说，懂得的事情要多得多，对文学的看法也深刻得多。每来彼得堡一次，他就跟我谈得更加推心置腹。他向我讲述了形形色色的彼得堡文学家和文坛名人给他留下的印象，并对他们每个人都作了评论，这些评语充满了智慧，异常机敏而又富于观察力。我听着他的谈话，内心感到十分惊讶。

"这些先生们，"柯尔卓夫最后狡黠地微笑着补充说道，"虽然

---

1　此话不确。巴纳耶夫在《回忆别林斯基》一文（见本书第三百九十七页）中讲到，柯尔卓夫确曾代表别林斯基请他参加《莫斯科观察家》的工作（这是一八三八年二三月间的事），但别林斯基致巴纳耶夫的第一封信是一八三八年四月二十六日写的，此时柯尔卓夫已离开彼得堡；别林斯基在信中还转达了柯尔卓夫对巴纳耶夫的问候。

2　巴·斯·莫恰洛夫（1800—1848），莫斯科杰出的悲剧演员，俄国戏剧舞台上浪漫主义的杰出代表，以扮演哈姆雷特、斐迪南（席勒的悲剧《阴谋与爱情》）等角色而驰名。别林斯基对他的演技十分推崇。

对我的态度殷勤亲切,我对他们感激之至,但是,他们却把我看成一个完全不学无术的人,认为我毫无头脑,因而极为可笑地在我面前自吹自擂,夸耀自己的知识,想糊弄我一番。我把嘴张得大大的,听他们讲话,因此他们对我非常满意,可我却把他们看透了。"

"那么,阿列克谢·瓦西里伊奇,"我对他说道,"说来十分惭愧,就连我对您的态度也有点儿傲慢。请您原谅。"

柯尔卓夫微笑了一下。

"可是我呢,伊万·伊万内奇,"他反驳说,"本来就是个没受过教育的人[1],有教养的人对我不可能另眼相待——我对这一点十分清楚。但您并没有拿我当傻瓜看待,他们却完全把我当成傻瓜,就比如说叶甫盖尼·巴甫雷奇·格列比奥恩卡吧……可我分明不比他蠢。不过,这话我只不过说说而已:这里所有的文学家,连叶甫盖尼·巴甫雷奇在内,都是很好的人,值得尊敬……就拿奥陀耶夫斯基公爵来说吧,他的态度是那样和蔼,对我是那样亲切。不过,莫斯科小组的人——我指的就是别林斯基那小组——终究不能同这里的人相比较,您要是到莫斯科去,自己就会确信这一点……坦率地对您说吧,我只有在那里才能摆脱种种忧虑和不愉快的事……再说这些人确有值得学习的地方。"

柯尔卓夫几乎每次来彼得堡都要邀请文学家们上他那儿去赴宴,而且要用一种咸鱼招待他们,那是他从沃罗涅日带来的。

但我对柯尔卓夫的进一步接近和了解则是在别林斯基迁来彼得堡以后。

---

[1] 柯尔卓夫的父亲是个牲口贩子,他本人随父亲在草原上长大,后来经过刻苦自学才开始写诗。

# 第七章

《望远镜》被查禁——《读书文库》、先科夫斯基和他创造的天才——纳杰日金从乌斯季-瑟索尔斯克抱病归来——我同他的接近——同纳杰日金谈话的印象——纳杰日金回答这样一个问题：为什么目前没有好诗？——纳杰日金对不同的出版家的态度——关于尼·伊·格列奇的几句话——果戈理在普罗科波维奇家里——巴舒茨基和他家里的晚会——筹备出版《祖国纪事》——我同克拉耶夫斯基先生就这个问题的谈话——《祖国纪事》出版公告

自别林斯基参与《望远镜》的编辑工作以后，这个刊物开始具有更大的意义，然而它突然停刊了，其原因是众所周知的。[1]这家杂志遭禁引起了一场轩然大波，一时间传言蜂起，连那些有生以来从未读过这种正经文章的人都要读一读恰达耶夫的文章，了解杂志遭禁的肇端。刊登这篇文章的那一期《望远镜》当时已经不易弄到手：它被一抢而空，于是恰达耶夫的文章就以手抄本形式大量传播开来。看来，严厉查禁文学作品的一切措施对文学作品从来都没有坏处。查禁一家杂志总是激起公众对遭到贬黜的杂志出版人的同情，而导致杂志遭禁的文章则不仅在那些有文化、能读书的人中间驰名，连那些识字不多的人也爱读它，甚至异想天开、信口开河地对它加以解释。《望远镜》是在《莫斯科电讯》停刊以后不久遭到查禁的。《望远镜》的出版人在莫斯科大学讲课，激起了大学里年轻人的巨大热情，他那惊人的口才和渊博的知识在彼得堡也有所耳闻。但他以纳多乌姆科的笔名发表在《望远镜》上的那些文章虽然也讲出了许多道理，在彼得堡却不受欢迎，因为他的笔调带有一点宗教说教的味道。

---

[1]《望远镜》于一八三六年遭到查禁，原因是该刊第十五期发表了彼·雅·恰达耶夫的《哲学通信》。《望远镜》主编兼出版人纳杰日金被流放到乌斯季－瑟索尔斯克，而恰达耶夫则被宣布为疯子，受到医生和警察的监视。批准发表《哲学通信》的书刊审查官博尔德列夫被解除一切职务（他曾任莫斯科大学教授兼校长）。

不管怎么说,《莫斯科电讯》和《望远镜》都是彼得堡有阅读能力的青年们爱读的杂志。《读书文库》尽管成绩斐然,封面上又印着一些鼎鼎大名的人物的名字,但在年轻人和那些用严肃态度看待文学事业的文学家中间却毫无声望。别林斯基正确地指出:"《读书文库》是一份格调不高的杂志:这就是它的力量之所在。"它的方针不过是竭力逗人一笑,缺乏自己的信仰;它把库科尔尼克吹捧为歌德,还徒劳地企图把该杂志的一些家奴(诸如季莫费耶夫先生[1]之流)捧为卓越的天才——总之,先科夫斯基搞的种种骗局、耍的种种花招都使这些热情的青年感到受了侮辱。

我认识先科夫斯基是在他去世前不久。[2] 此时他的身心都已十分衰弱,偶尔为斯塔尔切夫斯基先生[3]的《快活人》和《祖国之子》写点小品。先科夫斯基的事业此时已经衰落,据说他过去的生活十分阔绰,但这种阔绰迹象此时几乎已经荡然无存……先科夫斯基死得很适时,假如他再多活几年,他将不得不依附于斯塔尔切夫斯基先生,扮演一个可悲的角色。他会由一个独断专行的长官变为一个僚属,甚至说不定会向一度接受过他的恩赐的那个人讨取施舍。假若先科夫斯基再早死几年,那就更好了:这样他就不会遭到名噪一时过后的那种冷落了。[4]

我同季莫费耶夫见过几次面。关于他流传过一些古怪的说法:

---

[1] 阿·瓦·季莫费耶夫(1812—1883),俄国十九世纪三十年代的诗人、戏剧家和小说家,《读书文库》的撰稿人。

[2] 先科夫斯基死于一八五八年。

[3] 阿·维·斯塔尔切夫斯基(1818—1901),俄国杂志出版家,自十九世纪四十年代末期起充任先科夫斯基主编《读书文库》的助手,随后成为杂志的实际主编。一八五六至一八七〇年主编《祖国之子》杂志(后改为报纸)。

[4] 先科夫斯基自十九世纪四十年代末期起便逐渐脱离《读书文库》的编辑工作,五十年代他已患病,生活孤独,十分贫困,而斯塔尔切夫斯基则日益排斥他对杂志的领导。巴纳耶夫所说的他将依附于斯塔尔切夫斯基、扮演一个"可悲的角色",实际上已成为现实。

有一年夏天他住在帕尔戈洛沃的别墅里，据说他挖了一个洞，就在洞里读书、写作，引起一些住别墅的女士的好奇，她们称他为帕尔戈洛沃的隐士。季莫费耶夫个子很高，相貌漂亮，但看上去有点憨头憨脑。他说话的声音小得很不自然，而且眼睛仿佛充满灵感似的老是向上翻。他当真把自己想象成一个诗人，好心地相信先科夫斯基那些骗人的话。季莫费耶夫的其他情况我就一无所知了。

关于先科夫斯基、他的编辑活动及其同编辑、撰稿人员的奇特关系，叶·费·科尔什[1]大概能讲出许多颇为有趣的东西，因为他同格拉诺夫斯基[2]一起（在格拉诺夫斯基出国之前）为《读书文库》做了大约一年半的工作。我曾听格拉诺夫斯基讲过很多关于先科夫斯基的极为可笑的故事，这些故事充分描绘了数年之间那个在俄国文学界名噪一时的人物颇不光彩的个性。

然而我的话题并不是他，而是《望远镜》和纳杰日金，我还是回过头来谈纳杰日金吧。一八三七年他从自己的流放地乌斯季-瑟索尔斯克回到彼得堡，身体虚弱而且疲惫不堪。他住在杰穆特[3]的旅馆里。除了几个贵族作家以外，彼得堡所有的文学家都先后来这里看望他。除文学家以外，我经常在纳杰日金的住所见到他的朋友克尼亚热维奇兄弟[4]、近卫骑兵团团长加拉霍夫（后任警察

---

[1] 叶·费·科尔什（1810—1897），俄国翻译家，曾任《莫斯科新闻》等报刊编辑，十九世纪四十年代曾和别林斯基、赫尔岑、格拉诺夫斯基等人相交，后来日趋保守，对赫尔岑的革命活动大加指责，终于同他绝交。
[2] 季·尼·格拉诺夫斯基（1813—1855），俄国历史学家、社会活动家，莫斯科大学教授，俄国中世纪学的奠基人，在当时俄国社会进步阶层中享有盛誉。曾是赫尔岑和奥加廖夫的密友，十九世纪四十年代中期因哲学和社会政治观点分歧而同他们断绝交往。
[3] 彼得堡一家旅馆的老板。
[4] 参见本书第四十七至五十页。

总监）等人，这是些在官场已经或开始知名的人士。是谁介绍我认识纳杰日金的，我已经记不起了，但初次见面纳杰日金就吸引了我。我很愿意同他待在一起，他对我也表示了某些好感。我几乎每天都上他那儿去。

当时我很喜欢乐呵呵地谈天说地，我开始看出生活中可笑的一面，相当逼真地模仿文学界和社会上一些知名人物的滑稽形象。纳杰日金听了我讲的逸事往往笑得前仰后合，这种赞许的笑声又进一步促使我讲述这类故事。

他那广博的学识、惊人的记忆力和杰出的口才都令我惊叹不已，这是合乎我的理想的第一位文学家。当初我以为任何一位文学家都必定是博学多才的，至少也应具备多方面的教养。假如当时有人对我说，当个颇为不坏的诗人或颇有才气的小说家不仅不需要教养，甚至也不需要聪明才智，那我是决不会相信的。然而在我后来三十年的文学生涯中，这种头脑简单的先生我在文学家中见过多少啊！其中有些人在公众中颇有名气，甚至有人对他们的作品做出精心的分析和深刻的评论，这种精细和深刻足以令评家引以为荣，但对被评及的那些作家来说则是对牛弹琴。

纳杰日金的广博学识和聪明才智在当时的文学家中是首屈一指的，他的长相倒是其貌不扬。他那病态的面孔消瘦而又带着血红色，轮廓显得十分粗糙；长着一只长长的红鼻子，嘴角几乎伸到耳际，不仅在开怀大笑的时候，就连微笑时也张大着嘴，不仅牙齿，连牙床也露了出来。他举止粗疏笨拙，嗓音尖锐刺耳，兴奋时往往发出一种类似咆哮的声音，而且粗声粗气，"啊——哈哈哈！"地感叹一番。尽管如此，他身上还是有许多令人喜爱的特点。他那巨大的智慧力量甚至掩饰了难看的相貌，使他那线条十分粗糙的面孔显得精神饱满，让人感到愉快。纳杰日金的智慧和知识假如能和坚定的意志结合起来，他在身后或许就能永远垂名于莫斯科大学编年史或俄国文学的史册了。遗憾的是，尽管他有杰出的智慧和卓越的才能，却任凭一时的奇思怪想摆布，像个风信标一样转来转去：他毫不可惜地抛弃自己的学术领域去从事文学活动，又毫不可惜地弃文从政，跻身官场——结果不论在哪个领域都没有留下深刻的痕迹。他在学术上、文学上和官场上到处都表现出巨大的才能，但他并未成为一位举足轻重的学者，在文坛和政界也没有什么影响。纳杰日金是个学识渊博、思想开放的人，但却缺乏坚定的信念，而只有这种坚定的信念才能促使一个人克服一切障碍，毫不动摇彷徨，坚定不移地走自己选定的道路。

然而不管怎么说，我在前文已经提及，同他谈话时他总会发表思想见解，让人受到鼓舞。他有一种独特的幽默感，虽然算不上特别机敏，但有时也能一针见血；他身上丝毫没有一般人（姑且不说一般作家）那种枯燥乏味的性格和迂腐习气。他不像许多学者那样用自己的知识来吓唬人，不以博学多才自吹自擂，虽然遇到机会也喜欢显示一番；而且，尽管身体不好，但他却几乎总是精神饱满，情绪乐观。这种乐观情绪里含有一种温厚和真诚的成分，能激发别人的乐观情绪，尽管他的性格并不以真诚和温厚见长……

由于他性格软弱而产生的种种缺点，他所有的朋友都看得清清楚楚。这些缺点在背后经常受到非议，甚至令人感到愤慨，然而当朋友们同他面对面聚到一起时，他们又由衷地忘掉这一切，对他的种种缺点表示原谅。

他善于把形形色色的人吸引到自己身边，而不单单是文学家。不论是上流社会人士、商人或身居要职的官员，只要同他偶有交往，他们对他都会产生一种向往之情。

纳杰日金有个用人,名叫**伊万**,自《望远镜》创刊起就开始侍候他了。

纳杰日金准备动身前往流放地时,把伊万叫到跟前,想跟他算清账目,并同他告别。他怎么也没有料到伊万会下决心随他去那行踪不定、归期渺茫的地方;但伊万却断然宣布,哪怕走到天涯海角,他也决不离开他。

应当说明的是,纳杰日金对待伊万并不总是十分仁慈,同所有有病的人一样,他有时也十分任性,喜欢挑剔,令人无法容忍——尽管如此,伊万还是留在他身边,直至他生命的最后一息。纳杰日金晚年瘫痪以后,伊万更是寸步不离,像善良的奶妈照料婴儿那样照料他。

无怪乎纳杰日金总是激起人们那样强烈的向往之情!

我跟他认识仅两个星期,关系就已十分亲密,仿佛交往了一辈子似的。他见了我总是笑容满面,张大着嘴露出牙床,同时向我伸出两条长臂,大声说道:

"啊——哈哈哈!……果然是他!果然是他!……唔,文学界有什么新闻呀?"

纳杰日金对文学界的一切是非都感兴趣。

我把我知道的一切都讲给他听:雅库博维奇对卡尔戈夫的抱怨,沃耶伊科夫在霍乱医院里举办的午宴,等等,等等。纳杰日金由衷地开怀大笑。当时他正在为《敖德萨文集》收集文章,便请我给他一篇东西,我为他写了一篇短篇小说,标题是《人们多么善良!》。这篇小说写得十分粗俗,很不像样,我想起来都感到脸红。不过我当时也已感到小说写得不怎么样,我对纳杰日金讲了我的想法,他却大声说道:

"嗳,没关系!肯定通得过!……您最近没见到我们的卢基扬吗?"他又问道(卢基扬是雅库博维奇的名字),"我要找他……也得向他要点儿诗**作为补白**呀……"

纳杰日金讲到这里咧着嘴,像是在笑。

"卢基扬这个人挺不错,是个好人,"他继续说,"我们没有他的诗可不成……约他划拉三四首诗对他来说算不了一回事,打个招呼就行了。"

顺便讲一讲写诗的事。

纳杰日金有一次(这是许久以后的事了)对我说,他在他的至交亚·马·克尼亚热维奇[1]举行的午宴上碰到一位"文职将军"[2],此人一度从事过文学活动,敌视当代文学,而且不赏识纳杰日金,因为他曾是《望远镜》的出版人,具有自由主义的思想方式。

"哎,老弟,"纳杰日金大声说道,"真是咄咄怪事!您哪能想得到呢!——我得到了这位大人的垂青,他甚至把我拥到他那戴着勋章的胸前吻了一吻——这下子您可得更尊重我了。"

"您是怎样使他如此动情的呢?"我问道。

"是这么回事。午宴席上谈起了文学。大人们一个劲地议论:为什么现在没有他们当时那样庄严优美的诗篇,为什么总也达不到那种高度?您知道那位大人过去对我颇不赏识,没想到他突然笑着问我:'您可是主编过杂志的,这个问题您不能给我们解释一下吗?'

"'怎么不能呢?我欣然从命,大人。'我回答道,'照我看来,这是因为现在写诗的人大部分都**不是贵族**。这就是我们诗

---

1 亚·马·克尼亚热维奇(1792—1872),俄国翻译家,《读书文库》的撰稿人,后任财政大臣,系德·马·克尼亚热维奇(见第四十七页注2)的弟弟。
2 "文职将军"是旧俄对三品以上文官的称呼,此处系指本书作者的叔父弗·伊·巴纳耶夫(见第十七页注1)。

歌创作衰落的唯一原因！'将军听我这么一说，简直喜得神魂颠倒——这就是我有幸受到这位大人拥抱和亲吻的原因。随后他伤心地一个劲摇头，说：'您说得完全正确，正是这样，再没有别的原因，这真是太可惜了！'那么，老弟，您看我这人怎么样？我很会同将军们打交道吧？"

过了四五天，我见到了这位将军。他从小就认识我，所以对我以你相称。

"你认识纳杰日金吧？"他问我道。

"非常熟悉。"

"他这人好像很不错，思想非常正派。"他用充满感情的柔和的声调说。

将军对纳杰日金的话信以为真了。

这才真是天真哩！

我想不透纳杰日金为什么对别林斯基没有好感。纳杰日金不喜欢谈论别林斯基，通常也不情愿回答有关他的问题，而且把他说成一个厚颜无耻之徒，这一点我在回忆别林斯基的文章中已经提及。然而与此同时，纳杰日金在向我描绘他的某些朋友时色调又过分明快，甚至不无激情。听了他的描绘，我曾经想象其中一个人[1]颇有点像拉斐尔或约翰[2]。

后来我才得以证实，在纳杰日金的这种描述中，他本人幻想的成分要比真实情况多得多。

纳杰日金回彼得堡以后，不仅当地的杂志编辑，连一些文艺

---

[1] 指米·亚·巴枯宁（1814—1876），原稿中勾去了他姓名的缩写字样。巴枯宁原系别林斯基的朋友，后成为无政府主义者，一八六四年加入第一国际，因极力反对马克思主义并进行阴谋破坏活动，一八七二年被第一国际开除。
[2] 《圣经》中人物，基督教的使徒之一。

丛刊出版人也跑来向他要文章。他首先满足了弗拉季斯拉夫列夫的要求。弗拉季斯拉夫列夫慑服于纳杰日金的才智和渊博学识;纳杰日金倒不是怕弗拉季斯拉夫列夫,但因他的职位[1]而对他格外重视和厚待,因此他们的关系非常亲密。克拉耶夫斯基先生对纳杰日金的态度相当亲昵,正像一位学者对另一位学者应有的态度一样,但似乎并不喜欢他,想必是有些怕他,因为克拉耶夫斯基先生意识到纳杰日金在学识上毕竟要胜他一筹。

纳杰日金则相反,对克拉耶夫斯基表示好感,甚至很喜欢谈论他,直呼他为**安德烈**……要是有人当着他的面对克拉耶夫斯基先生评价不是太高,纳杰日金通常会大声说道:

"得了,别责难我的安德烈了,他这人挺不错——您可别拿他开玩笑,他是我们报刊事业的先驱!"

纳杰日金生性十分疏懒,但他为杂志撰稿时却运笔如飞,写得异常轻捷,几乎没有什么涂改。他的手稿十分奇特:写作用的纸幅面很长,却又切得相当窄。他的字迹很清晰,但写出的俄语字母却有些像哥特体,有古代书法的风格。

乌斯季-瑟索尔斯克的流放生活使他对文学活动变得颇为冷淡,流放归来之后,他开始把文学看成退居次要地位的事业。他决心完全献身公务,官场的迁升更使他感兴趣。

纳杰日金和彼得堡所有的文学家毕竟迥然不同,因此同他的结识使我更加渴望结识莫斯科文学家们。我开始向往莫斯科了。我对莫斯科的文学界一向很尊敬,它的方针体现在《电讯》《望远镜》《群言》,以及后来由别林斯基接任主编的《莫斯科观察家》之中。当时莫斯科文坛上有一批刚从莫斯科大学毕业的年轻人,

---

[1] 弗拉季斯拉夫列夫在宪兵团任副官(见第九十页注4)。

他们热爱文学事业，有崇高的信仰，也有才华……这是莫斯科文学活动最辉煌的一个时期。我对彼得堡及其《读书文库》和《北方蜜蜂》已感到很厌恶，彼得堡的文学家们也已使我一点儿不感兴趣。我同他们全都认识，甚至包括尼古拉·伊万内奇·格列奇在内，他对我一向很赏识，尽管他也向我的叔父表示惋惜，说我在文学界同一些心术不正的人来往，而这些人会使我沾染有害的思想。是的，这话不错：要保持习性的纯洁和心术的善良，我只能同尼·伊·格列奇和法·韦·布尔加林保持联系。这一点现在我看清了，可是为时已晚了……

当时住在彼得堡的文学家中，我尚未结识的只有果戈理一人，他在文坛上刚刚起步便几乎超过了所有的人，因而引起了普遍注意。我很想见一见《旧式地主》和《塔拉斯·布尔巴》的作者，这两本书令我心醉神迷，我把它们读给我所有的熟人听，首先是克列切托夫。

《塔拉斯·布尔巴》令克列切托夫不胜惊讶，说得更正确些，使他目瞪口呆。他在听我朗读时不断从座位上跳起身来，大声嚷道：

"这才是**杰作**[1]……这才是力量……这才是威力……这……这……这个……"

"哎，您别打岔呀，瓦西里·伊万内奇。"别的听众对他喊道……

但克列切托夫还是忍不住一再打断我的朗读，同时不住地把手指插进头发里，狠狠扯断一根根细发。

听我读完以后，他抓住自己的头，说道：

"这可是奇迹呀，老弟，这，这，这……就连沃尔特·司各

---

[1] 原文是法语。

特老头也会在这篇《塔拉斯·布尔巴》后面欣然签上自己的名字……哎呀呀!这可是一位脱颖而出的天才呀……多有分量,每个字的色彩多么鲜明……这个果戈理呀……天知道是怎么回事儿——简直是才气横溢,文思泉涌……"

这次朗读之后,克列切托夫的心情久久不能平静。

没过多久,我就有机会见到了果戈理。我通过亚·亚·科马罗夫认识了普罗科波维奇,他是武备中学的文学教师,是个诗人,性情十分古怪,但极为善良。[1] 普罗科波维奇和果戈理同年毕业于涅仁高级中学。由于两人自幼是同窗好友,普罗科波维奇又热爱文学,因此自果戈理的首批作品问世之后,普罗科波维奇对果戈理除同窗之谊外,又产生了一种对作家的景仰眷恋之情。果戈理同他的关系看来也十分亲密:他去小俄罗斯或国外时总是把各种事情托付给普罗科波维奇,回彼得堡后也住在他那里。

普罗科波维奇从亚·亚·科马罗夫那儿得知我想见一见果戈理,便邀请我在果戈理答应到他家里吃午饭的那一天上他那儿去。

果戈理的外貌没有给我留下令人喜爱的印象。第一眼见到他,我对他那只鼻子就感到极为惊讶:干枯瘦削,又长又尖,就像猛禽的尖喙一样。他的衣着颇为讲究,头发鬈曲,前额的额发翘得很高,梳成当时流行的卷发。我对他越看越感到失望,因为我对《密尔戈罗德》的作者事先在脑子里勾画了一个理想的形象,但果戈理的外貌却完全相反。我甚至不喜欢他的眼睛——一对小眼睛敏锐、聪明,但在看人时不知怎么显得狡猾而又冷淡。他在午餐前忙着煮意大利式的通心粉(这已经是在他第二次出国以后[2]),

---

[1] 对普罗科波维奇的这种评语遭到他的一些学生的反驳。第一武备中学的一个学生在回忆录中说普罗科波维奇"为人刻毒,很爱报复"。

[2] 巴纳耶夫对他初次会见果戈理的时间、地点的几次叙述互相矛盾。据各种资料推

一次又一次到厨房里去看通心粉煮得怎么样。

　　午餐时他很少讲话,却吃得很多。他谈的内容并无趣味,都是一般的日常琐事;对文学他几乎只字未提,只谈到一点(我不记得是怎样谈起来的),他说,在他看来,继普希金之后最优秀的诗人是雅泽科夫,他不仅不比普希金逊色,而且在诗的力度和铿锵动听方面有时甚至胜过普希金。使我感到惊讶和不快的还有一点,就是这两位朋友兼同窗的相互态度并不朴实:由于普罗科波维奇对果戈理的热爱,无意中不时显露出地位低的朋友对地位高的朋友表现出的那种卑躬屈节的态度;而果戈理本人对普罗科波维奇的态度仿佛也有一点傲慢。午饭刚吃完我们便各自回家,我走的时候普罗科波维奇对我说,果戈理今天心绪不佳。

　　我听说果戈理心情好的时候爱讲各种逸闻趣事,讲得有声有色,十分幽默,但在《密尔戈罗德》出版并取得巨大成功以后,他说话的语调就变得庄重严肃了,而且很少有心情愉快的时候,有时仅在他开始与之接近的上层社会的人面前显露出自己的幽默。在此之前他对普罗科波维奇的态度要朴实和真诚得多,至少那些从他一来到彼得堡就认识他的人是这么说的……

　　我在谈及文学家和各种文学晚会时忘了讲一讲亚·巴·巴舒茨基。他活动的领域令人惊讶:既担任公职,又跻身文坛,还制订各种工业计划,同时还进出社交界,谈起话来更是滔滔不绝,能言善辩。他设想的一切都是规模宏大、很有排场,估算钱数动

---

测,他们初次见面要么是一八三九年十月在莫斯科阿克萨科夫家,要么是同年十一月初在彼得堡,在阿克萨科夫住处或普罗科波维奇寓所。"第二次出国以后"当系笔误,应是"第一次出国以后"或"第二次出国以前",因为果戈理第二次出国后至一八四一年十月初才回国。

辄几万、几十万，可是他在文学和其他方面的种种设想几乎从来没有成功，除了亏损以外一无所获。他出版《彼得堡全景》丛刊，并为这一丛刊在伦敦订制了版画，但载着版画的船却沉没在海里；他开始出版《公益知识》报，但订户们不仅没有从这些知识得到任何好处，而且还遭到亏损，因为报纸没出几期就停办了[1]。

巴舒茨基办事认真细致，书房里的陈设井然有序，令人感到惊讶：硬纸板和抽屉上贴着各种题词，写字台上摆满一叠又一叠文稿，上面压着漂亮的镇纸……一切都摆放得那么雅致，那么精巧。他的几个房间里摆设的每一件东西，哪怕最不显眼的物品也能给人留下印象。房间主人的衣着总是极为整洁：不论领结还是胸衣上都没有丝毫皱纹，一切就像裱糊在他身上一样；假发梳得整整齐齐，涂得油光铮亮。巴舒茨基口才极好，说起话来平稳从容，有如涓涓细流，淙淙泉水；他的话语里可以听出哪儿是逗号，哪儿是破折号，哪儿又是分号，等等。他写过五六个短篇，其中有一篇著名的短篇小说写米洛拉多维奇[2]之死，十二月十四日那一天[3]他曾是他的副官。这篇短篇小说他当着我的面反复读过上十次，从来没有改变过一个音符，而且总是给初次有幸聆听他朗诵的人留下极为强烈的印象。当巴舒茨基对他兴办商业企业的种种计划（他的脑子里几乎每天都会冒出这类计划）加以发挥时，他的听众对他的雄辩之才无不倾倒，甘愿为这种企业掏出最后一个铜板。这位演说家看来就是这样吸引人心和令人信服。照巴舒茨基的看法，创办最大的企业需要最微小的款项，比方说吧，你给

---

[1] 此语不确，巴舒茨基主编《公益知识杂志》达五年之久（1835 至 1839）。
[2] 米·安·米洛拉多维奇（1771—1825），伯爵，俄国步兵上将。一八一八年起任彼得堡军事总督，一八二五年在十二月党人起义时受伤死去。
[3] 十二月党人起义的日子。

巴舒茨基的企业投资五千元左右，那么按他的说法，几年之间你就能变成百万富翁。这一切是那样简单明了，就像二乘二等于四一样。看着巴舒茨基本人和他的室内陈设，听着他的雄辩，准会把他当成一个最正经、最讲实际的人，然而实际上很难找到比他更容易入迷的人了。这是一个幻想家，总是使自己的幻想披上漂亮言辞的外衣，一开始他自己也不相信这种言辞，只不过欣赏欣赏而已，但到后来他对它们是那样心醉神迷，竟至把这种言辞当真的了。这不过是个乌托邦主义者，不过是个走钢丝的演员，他并不是在大海的深渊上空，而是在一摊浅浅的脏水洼上空走钢丝，因此决不会淹死，但一跤跌下来会跌得很重，而且溅得满身污泥……

巴舒茨基的寓所每逢星期五举行聚会，这些聚会的参加者人数不多，而且人员不固定……不过偶尔也有知名人士露面，如库科尔尼克和卡拉蒂庚。巴舒茨基家星期五聚会上的常客之一是弗拉基米尔·斯特罗耶夫[1]，他在文学界之所以为人所知，是因为沃耶伊科夫不知为什么对他惠予垂青，把他同几位文学名人一起写进了自己的《疯人院》，称他为"**格列奇长着白斑的左眼**"。这些星期五聚会上形形色色的人混杂在一起是司空见惯的现象：克拉耶夫斯基和格列奇、布尔加林和沃耶伊科夫、先科夫斯基和别林斯基……巴舒茨基是个折中主义者。连克列切托夫有时都在他那里露面，他很喜欢巴舒茨基，尤其喜欢他那里的晚宴，可以**喝上一瓶马德拉[2]出产的葡萄美酒**。

关于巴舒茨基四十年代初开展的文学活动，关于他的出版事

---

[1] 弗·米·斯特罗耶夫（1812—1862），俄国翻译家兼小说家，布尔加林的《祖国之子》和《北方蜜蜂》的撰稿人。
[2] 葡萄牙地名。

业和长篇小说,关于同别林斯基的结识——届时我都会谈到……

眼下我要讲述我国文学史上饶有趣味的一个时期——克拉耶夫斯基先生出钱买下斯温因[1]著名的《祖国纪事》杂志的前后情况。

对《读书文库》取得的成就,《俄国荣军报文学副刊》的编者不可能无动于衷。五千订户[2]——多么令人愉快的数字!关于《读书文库》编者所过的那种阔绰生活,当时流传着一些过甚其词,甚至神话般的传说……文学家们惊讶而又羡慕地谈到先科夫斯基豪华的书房,谈到他那摆满鲜花和热带植物的楼梯……而那位自封男爵[3]、言语机智的东方语言教授之所以拥有这一切,全靠了一份杂志,可见一份大型刊物就是一家收益可观的企业。《读书文库》成功靠的是什么呢?是排满人名、引起轰动的广告。好吧,那有什么,难道就不能出一份同样的广告,排上更多的名字吗?《读书文库》这种小册子的厚度对它的成功也帮了不少忙。这事儿也不难,可以把小册子出得更厚嘛。许多人把《读书文库》取得的成就归因于它的编者天才的诙谐机智和厚脸皮,他经常换用各种笔名。好极了。就算是这样,人们对先科夫斯基的种种玩笑和打趣已经开始冷淡:学者和文学家们对《读书文库》编者已逐渐采取敌视态度,因为他采取一种东方式的专横态度,擅自删改他们的作品,因此重新办个刊物想必会得到他们的赏识。但开始办刊必须有钱——这是唯一的困难,因为斯温因此时手头拮据,很想把订户逐年减少的杂志让出来。

---

[1] 巴·彼·斯温因(1788—1839),俄国作家,《祖国纪事》杂志的创办人及一八一八至一八三〇年间的出版人。

[2] 众所周知,《读书文库》创刊头一年共有五千订户——当时俄国没有哪一种杂志的订数达到这个数字。——作者原注

[3] 先科夫斯基曾用过"布朗贝乌斯男爵"这个笔名。

克拉耶夫斯基先生因主编《俄国荣军报文学副刊》已有一定名气，便于一八三八年年中同斯温因开始举行谈判，同时邀了自己的几个朋友和这些朋友的朋友，组成了一个类似股份公司的小小团体。就我记得的而言，入伙的有下面这些人：弗·费·奥陀耶夫斯基、亚·弗·弗谢沃洛日斯基[1]、尼·彼·蒙特[2]和弗拉季斯拉夫列夫。他们好像是答应每人各出三千卢布纸币——我也入了伙……不过我并未出钱——克拉耶夫斯基先生也并未要我出钱，大概他认为其他几个人出的钱作开办费已经够用了。因此《祖国纪事》创办时的资金十分有限。

"谁来给您主管评论专栏呢？"有一天我问克拉耶夫斯基先生，"对一个刊物来说，评论专栏可是最重要的呀。"

"我也不知道，"克拉耶夫斯基先生答道，接着用低沉而庄重的声音（他惯常如此）补了一句，"我正在考虑一个人选……"

这次谈话是在勃良斯基家里进行的。

"眼下就有一个人能干这件事——别林斯基，"我继续说道，"还有谁比他更合适呢？他要是决定迁到彼得堡来，那就太好了。"

"不胜感激之至，"克拉耶夫斯基先生生硬而又冷淡地说，"可我根本就不想同这个乳臭未干的吹牛家打交道……"

他显然不愿跟我再谈下去，便转过身去同别人谈起话来……[3]

克拉耶夫斯基先生同斯温因签订了一项协议，答应接过他的《祖国纪事》之后每年付给他五千卢布纸币，在斯温因死后则付给

---

1　亚·弗·弗谢沃洛日斯基（1793—1864），俄国富有的地主兼工厂主，接近文艺界，系格利鲍耶多夫、奥陀耶夫斯基等人的朋友。
2　尼·彼·蒙特（1803—1872），俄国作家、翻译家兼戏剧活动家。
3　应当指出，早在一八三八年初克拉耶夫斯基就同别林斯基关于他参加《俄国荣军报文学副刊》编辑工作一事进行过谈判，但毫无结果，因为他不同意给别林斯基发表见解、进行评论的自由。

他的遗孀。斯温因大约一年后就死了。克拉耶夫斯基先生便拜见国民教育大臣，呈请将刊物出版权转交给自己，并任命他为主编。

大臣就此禀报皇上，得到皇上的批准，克拉耶夫斯基先生据此而不再付款给斯温因的遗孀。斯温因和克拉耶夫斯基先生的协议中曾经讲到，如果发生争执或克拉耶夫斯基一方不遵守协议，斯温因及其继承人将诉诸仲裁法庭；经协议双方一致同意，仲裁法庭由列·瓦·杜贝尔特[1]、弗·伊·巴纳耶夫和彼·亚·普列特尼奥夫组成。斯温因的寡妻向他们投诉，几位仲裁人便来找克拉耶夫斯基先生。克拉耶夫斯基先生回答说，《祖国纪事》的出版权已经皇上批准交给他，因此他同已故的斯温因的协议便自动宣告废除，斯温因的寡妻不该再向他克拉耶夫斯基提出任何要求。于是仲裁法庭敦请克拉耶夫斯基先生宽宏大量，说斯温因的寡妻生活贫困，想以此来软化他的心肠。此事后来是否成功，我不得而知……[2]

《祖国纪事》由新编辑部编辑出版的广告不无效果，这份广告排列了几乎近百人的名单，都是彼得堡和莫斯科的学者和文学家……

克拉耶夫斯基先生举起的是一面什么样的旗帜呢？这份东山再起的刊物代表一条什么样的方针呢？主编本人对此尚无明确的意识，我在后文将会谈到克拉耶夫斯基先生主编《祖国纪事》的情况，到时候自会举出无可辩驳的证据。克拉耶夫斯基先生开办他的商业企业时抱的是一种**侥幸心理**，就像很大一部分俄国人开办企业时的心情一样。后来他曾一再强调（在《祖国纪事》的历

---

[1] 列·瓦·杜贝尔特（1792—1862），俄国将军，一八三九至一八五六年间兼管第三厅。
[2] 后来克拉耶夫斯基把一八三九至一八四三年间应付给斯温因遗孀的款项如数付给了她，不过时间拖延了很久。

次广告中），他的刊物的目的是追求科学的真理、艺术的真理、生活的真理……这个目的十分美妙，但却过于渺茫。

不管怎么说吧……克拉耶夫斯基先生在第一本小册子问世之前夜不成寐，连续几天守在印刷所看校样。杂志尚未出版，各种传闻便早已传开——有善意的，也有恶意的。我急不可待地盼着它，因为我也为这本小册子凑合了一篇论述法国文学的小小文章……

一八三九年一月一日，小册子问世了。不过这并不是什么小册子，而是厚厚的一大本，比《读书文库》至少要厚一倍。

所有的文学爱好者都好奇地竞相翻阅——就这样：

这个庞然大物扬帆开航，劈波斩浪……[1]

---

[1] 引自普希金的短诗《秋》。

# 第八章

《祖国纪事》的开端——索洛古勃伯爵和《两只套鞋的故事》——莱蒙托夫及其同克拉耶夫斯基先生的关系——莱蒙托夫的诗《有一些话语……》——普列特尼奥夫的《现代人》刊登莱蒙托夫的《司库员的妻子》一诗后莱蒙托夫的反应——莱蒙托夫同巴朗特决斗以后——别林斯基在禁闭室会见莱蒙托夫——杜德什金先生说错了——略谈莱蒙托夫的性格——梅热维奇来到彼得堡及克拉耶夫斯基先生对他的接待——梅热维奇的随笔——三十年代末期的文学状况——我动身去莫斯科——结束语

第一期《祖国纪事》产生了巨大的影响。《祖国纪事》分为八个专栏：一，俄国现代新闻；二，学术（综合性文章）；三，文学；四，艺术（这个专栏由费·彼·托尔斯泰伯爵的女婿卡缅斯基主持）；五，家政、农业和工业概况；六，评论；七，现代书讯；八，杂录。

《祖国纪事》第一期对古别尔的译著《浮士德》的评论文章是伊·卡·格布哈特[1]写的。新杂志随后的各期也引起了普遍注意。

《祖国纪事》在文学界引起了纷纷议论，这是不奇怪的。在杂志上先后发表作品的有莱蒙托夫（《贝拉》和几首短诗）、柯尔卓夫（《歌集》）、索洛古勃伯爵（《两只套鞋的故事》）、奥陀耶夫斯基公爵（《公爵小姐琦琦》），等等。

《祖国纪事》的重新创办适逢其会，《读书文库》一再重弹那些幽默俏皮的老调，已开始让公众感到厌烦；它对文学界挖苦嘲弄，使许多人受到凌辱；由于推崇库科尔尼克、季莫费耶夫和其他一些人，由于评论果戈理时态度冷淡，而对布尔加林则极力讨好，加之对欧洲学术界进步人士态度无礼放肆，它在评论方面的威信已经动摇……俄国大部分知名文学家开始对《读书文库》编者对他们作品的专横态度表示不满，这些作品在先科夫斯基的杂

---

[1] 伊·卡·格布哈特（？—1881），俄国教育家，同十九世纪四十至六十年代的文学界有联系。

志上发表时已面目全非，不是被删削就是被改写，再不就是由编者擅自增补，把作者无法同意的那些观点和想法强加到作者身上……《读书文库》里的戏谑超越了一切限度，成了**为戏谑而戏谑**，一心只想博得公众一笑，不惜采取任何手段，也不管涉及任何人。它不加选择，对一切都要侵犯，对一切人都企图加害，这就暴露了杂志的编者没有丝毫严肃的信念，因而刊物激起的不是笑声，而是满腔愤怒……

所有的人都感到需要一份新的刊物，实行一种更为合理的方针，并对文学家和公众表现出更加尊重的态度——克拉耶夫斯基先生及其《祖国纪事》就是在这样一个时刻应运而生的。

因此毫不奇怪，杂志既受到文学家的欢迎，也受到公众的喜爱，所有杰出的文学活动家都愿意为杂志撰稿。在重新创办的《祖国纪事》上，我们一些最优秀的小说家逐渐完成他们的绝笔，一些初登文坛的青年则崭露头角，发表他们的处女作。

克拉耶夫斯基先生在普希金去世后终究达到了他的目的，即让自己的名字刊登在《现代人》的封套上，同诗人的朋友们——茹科夫斯基、维亚泽姆斯基、奥陀耶夫斯基和普列特尼奥夫——的名字并列在一起。一批贵族文学家断绝了同布尔加林和先科夫斯基的一切联系，成为克拉耶夫斯基先生的靠山，他们想使《祖国纪事》成为自己的喉舌。克拉耶夫斯基先生同时还巴结莫斯科一些享有声望的学者和文学家，请求他们给予指点，惠赐稿件，并且竭力恭维他们。他谦虚、认真和善良的态度不知不觉引起了学者和文学家们对他的好感，他讲到布尔加林时义愤填膺，谈到波列沃伊的堕落时伤心痛惜，对先科夫斯基那些丑角的言行则深感奇耻大辱。他反复强调的只有一点，就是报刊界必须有一个新的机构，以便把所有天才、严肃、正直和善良的学者和文学活动家联合在一起。他达到了这一目的。《祖国纪事》受到了当时所有——包括莫斯科和彼得堡的——著名文学家的欢迎，有才华的青年们也都热心地开始为刊物撰稿。只有先科夫斯基、布尔加林、库科尔尼克那一伙人对新杂志则采取敌视态度。先科夫斯基装模作样，说他根本不知道有这么一个刊物存在；布尔加林则对克拉耶夫斯基先生公开发难，抓住《祖国纪事》第一期中对**年序最长的**[1]一词不妥当的译法大做文章。这种攻击接连不断，一直持续了将近十五年，每到秋天**刊物征订**的时候便格外猛烈，但《祖国纪事》当然丝毫未受到损害，因为它的订数每年都在上升。

克拉耶夫斯基先生对自己的成就感到满意，他跟所有著名的文学家都建立了牢固的关系，并为布尔加林和先科夫斯基对他的敌视感到自豪。他领导着一份带有文学贵族色彩的刊物，因而感到踌躇满志。这种志得意满的表现，便是他开始表现出一种庄重、独立和严肃的学者风度，而且后来一直是这样。

这一时期，别林斯基和他那些参与《望远镜》和《群言》工作的青年朋友开始出版《莫斯科观察家》……克拉耶夫斯基先生怎么也没有料到，这批热情的青年注定将在俄国文学史上引人注目，而且别林斯基将会名垂青史，他注定将成为《祖国纪事》的支柱，并赋予它道德力量和意义。文学界有一些权威人士和知名人士在当时对别林斯基尚未惠予注意，有一些则对他采取鄙视态度，认为他是个胡说八道、蛮不讲理的空谈家，既没有**信仰**[2]，也没有**良心**[3]，竟敢抨击那些不朽的名字，抨击那些迄今都不可侵犯

---

1 原文是法语。按：《祖国纪事》第一期发表了一组题为《古代警探故事集》的译文，对这个词组按音逐译，让人理解为是某种职务。
2 原文为法语。
3 原文为法语。

的权威。同别林斯基接近就意味着损害自己在克拉耶夫斯基先生竭诚崇拜的权威们心中的名誉……然而克拉耶夫斯基先生倒不是担心损害自己的名誉，而是从内心深处鄙视别林斯基和他那些青年朋友，斥之为**乳臭未干的空谈家**，认为同他们交往有损自己的尊严。

他意识到刊物需要有一个批评家，缺少干练的批评家杂志便无法生存，单纯出版文学作品集的时代已经过去，但到哪儿去找批评家呢？这件事一直使他十分忧虑。他拒绝了我起用别林斯基的建议；他已经作出选择，只不过秘而不宣而已。

《祖国纪事》的第一篇评论文章写得不成功，不过，题为《一八三八年的俄国文学》的那篇文章确实是东拼西凑，没有任何观点，通篇都是泛泛而论，它较之一篇篇优秀诗歌和小说显得黯然失色，尤其是索洛古勃伯爵的《两只套鞋的故事》，不论文学界还是公众无不为之击节。索洛古勃的名字在发表短篇小说《谢廖沙》时首次出现在《俄国荣军报文学副刊》上，自发表《两只套鞋的故事》后便声名大振，而且不仅是在作者朗诵这篇小说的贵族沙龙里……这部中篇小说使各个阶层的读者和所有的文学团体对作者产生了很大的好感，别林斯基读后异常欣喜，他后来对我说过："索洛古勃的《两只套鞋的故事》使我感动得热泪盈眶。"

辉煌的成就鼓舞了索洛古勃，他着手写一部新的中篇，并开始在文学家中间偶尔露面，但他在这个新的阶层觉得不很自在。他在他们中间装出上流社会的身份，似乎对文学家这个称号感到有些别扭。

我提及这一点不是指责索洛古勃伯爵，这是当时所有贵族文学家共同的缺点，除了我上面提到的奥陀耶夫斯基以外。索洛古勃伯爵开始时对文学有一种抑制不住的爱好，但这种爱好却受到他的上流社会观点和习性的阻碍而未能得到认真发展,后来他对文学创作也只是偶一为之,浅尝辄止……

只要俄国文学界出现有才华的新秀,索洛古勃都会感到喜不自胜。索洛古勃在文学方面没有丝毫嫉妒心理,他从不对别人的成就感到不快,遗憾的是,这种心理在很有才华的演员和文学家身上也并不鲜见……他醉心于陀思妥耶夫斯基的《穷人》,一个劲地缠住我们所有的人问道:"这个陀思妥耶夫斯基是谁呀?看在上帝分上,请指给我看一看,请介绍我跟他认识认识!"读了奥斯特洛夫斯基的喜剧《自家人好算账》后,第二天他像发了疯似的跑到各个沙龙去吹捧这部喜剧,还在自己家里举办了一个晚会,朗诵这个剧本;不过,关于这次晚会以及索洛古勃家文学晚会的一般情况,我将在我的回忆录的第二部分详细叙述……[1]

二十、三十和四十年代有些文学活动家很容易染上所谓的上流社会习气,这种倾向对他们本身和他们的作品都十分不利。就连普希金和莱蒙托夫这样有巨大影响的天才人物也常常陷入这种倾向。

莱蒙托夫不惜一切代价,首先要获得的就是作为上流社会人物的名声。他和普希金完全一样,假如有人把他看成是一个文学家,他就感到受了侮辱。顺便说一句,尽管他意识到,普希金之死归因于他的上流社会习气(莱蒙托夫的这种意识清楚地表现在《诗人之死》一诗结尾的几行中),尽管莱蒙托夫有时也想对上流社会的人们投以**铁的诗句**,

---

[1] 巴纳耶夫本拟在第二部第九章叙述索洛古勃家的文学晚会(见该章开头的内容提要),但这一章未写完他就去世了。

>   注满悲痛与憎恨……[1]

但他怎么也无法摆脱上流社会的种种偏见,上流社会对他仍然很有吸引力。

莱蒙托夫是以《诗人之死》一诗而出的名,然而在此之前,当他还在士官学校读书的时候,他杰出的诗才便有所传闻——他的《恶魔》一诗也以手抄本形式流传开来。[2]

他那篇关于商人卡拉希尼科夫的故事在克拉耶夫斯基先生主编的《俄国荣军报文学副刊》上发表以后,文学评论才开始注意他。[3]

我初次见到莱蒙托夫是在奥陀耶夫斯基公爵家的晚会上。

莱蒙托夫的外表非常出众。

他个子不高,身体健壮,头和脸庞都很大,前额宽大,有一双深邃、聪明而又锐利的黑眼睛。当他久久凝视别人时,会使人不由得感到发窘。莱蒙托夫了解自己眼神的力量,喜欢用他那持久而锐利的目光使那些胆怯而又神经质的人感到窘迫难受。有一次他在克拉耶夫斯基先生那里碰见我的朋友米·亚·雅泽科夫,雅泽科夫坐在莱蒙托夫对面,当时他们互不认识,莱蒙托夫目不转睛地盯了他几分钟,雅泽科夫一时间觉得神经受到强烈刺激,他受不了这种眼神,便起身到另一个房间去了。他至今没有忘记这件事。

---

1 引自莱蒙托夫的诗《常常,我被包围在红红绿绿的人群中》。
2 此语不确。《恶魔》以手抄本形式开始流传的时间不会早于一八三八年,即在《诗人之死》一诗之后。
3 《沙皇伊万·瓦西里耶维奇、年轻的近卫士和勇敢的商人卡拉希尼科夫之歌》发表在《俄国荣军报文学副刊》一八三八年第十八期上,署名为"——夫"。别林斯基当即在《莫斯科观察家》上撰文给予高度评价。

我曾多次听莱蒙托夫的同学和团队的伙伴谈到他。据他们说，喜欢他的人不多，只有同他关系亲密的人除外，但他同这些人也很少倾心交谈。他很喜欢在自己的每一个熟人身上寻找可笑之处、寻找某种弱点，一旦被他找到，他便一再纠缠那个人，经常拿他取笑，直至别人无法忍受。当别人终于发起火来时，他却感到十分惬意。

"说来也怪，"他的一个伙伴曾对我说，"他这人其实倒也不坏：饮酒作乐呀，玩乐一番呀——他在哪个方面都不落在大伙儿后面，可他对人一点儿也不温厚，总要拿别人当牺牲品，否则他就不得安宁；选中了谁当牺牲品，他就死死缠住人家不放。他免不了要遭到这种悲惨的结局：就算马丁诺夫[1]不杀他，他也会被别的人杀死。"

就结识和交往的范围而言，莱蒙托夫属于上流社会，他只结识属于这一阶层的文学家，只结识文学权威和知名人物。我初次见到他是在奥陀耶夫斯基家里，后来又经常在克拉耶夫斯基先生那儿见到他。他是在什么地方和怎样同克拉耶夫斯基先生结交的，我不了解，但他和他关系相当亲密，甚至以*你*相称。[2]

莱蒙托夫通常是上午到克拉耶夫斯基先生这儿来（那是在《祖国纪事》创办初期，即一八四〇和一八四一年），并把自己新的诗作带给他。克拉耶夫斯基的工作室里摆设着样式古怪的桌子和大大小小的书架，书架上整整齐齐地摆放着书籍和报刊；主编则坐在一张桌边埋头看校样，神情庄重，身穿一套炼丹术士的服

---

1 此人系在决斗中杀死莱蒙托夫的军官。
2 莱蒙托夫是在一八三六年经他的密友拉耶夫斯基介绍认识克拉耶夫斯基的，克拉耶夫斯基则把莱蒙托夫引荐到《现代人》和普希金密友的圈子里，他克服审查机关的顽固阻力，为发表莱蒙托夫的作品做了大量工作。莱蒙托夫生前很大一部分作品是由克拉耶夫斯基发表在《祖国纪事》上的。

装——我在上文已经提及，那服装的式样是从奥陀耶夫斯基那儿学来的。莱蒙托夫总是大声喧嚷着走进他的工作室，来到他的桌前，把他的校样和文稿撒得满地都是，把桌子上和房间里搅得乱七八糟。有一次他甚至把那位学识渊博的主编从椅子上撞到地板上，致使他手忙脚乱地在一堆校样里挣扎。克拉耶夫斯基先生一向举止稳重，习惯井然有序、认真细致的作风，对这类玩笑和顽童式的举动该是不喜欢的，但他对他以**你**相称的这位伟大天才的种种举动却不得不忍受，总是半皱眉半微笑地说：

"唉，够了，够了……别闹了，老弟，别闹了。瞧你这个顽童……"

这种时刻，克拉耶夫斯基先生很像歌德笔下的瓦格纳[1]，莱蒙托夫则像是梅菲斯特[2]暗中派到瓦格纳身边、故意扰乱他深沉思绪的小鬼。

当学者理一理头发、拍一拍衣裳，恢复正常以后，诗人便开始讲述自己在上流社会的种种趣事，再读读自己新的诗作，然后起身离去。他的来访总是十分短暂。

谈起莱蒙托夫，我在这里顺便讲一讲我所记得的有关他的全部情况，读者想必会原谅我在讲述时没有遵守时间顺序。

有一天早晨，莱蒙托夫乘车来到克拉耶夫斯基先生处，其时我正好也在那儿。莱蒙托夫带来了他的一首诗：

> 有一些话语——意义
> 模糊，或者毫无意思……

---

1 诗剧《浮士德》中的博士，系浮士德老博士的弟子。
2 诗剧《浮士德》中的恶魔。

他把诗读了一遍，问道：

"怎么样，行吗？……"

"那还用说！妙极了！"克拉耶夫斯基先生答道，"写得极好，不过有一行诗里有个小小的语法错误，不对头……"

"哪个地方？"莱蒙托夫焦急地问道。

"从火焰和光明中间

　产生出来的词语……

"**火焰**这个词的格用得不对，不是第一格，"克拉耶夫斯基先生说道，"按现在的语法规则，**火焰**要用第二格……"

"那么要是这个第二格不合乎诗律呢？你这是胡扯，没关系嘛——诗人写诗时可以随便一些——就连普希金也有许多地方是这样的……不过……"莱蒙托夫沉思了一会儿，"让我试一试，把这一行改一下。"

他拿起写着诗的那张纸，走到一张外形奇特、嵌有龛洞的高桌边，用鹅羽笔蘸了蘸墨水，陷入了沉思……

就这样大约过了五分钟。我们几个人都默不作声。

最后莱蒙托夫懊丧地把笔一扔，说道：

"不行，什么都想不出来。你就照原样发表好了，行得通的……"

另有一次我在克拉耶夫斯基先生那里见到莱蒙托夫，他的情绪非常激动。普列特尼奥夫出版的《现代人》杂志未经他的允许发表了他的《司库员的妻子》[1]，这使他气得发狂。他把一本薄薄

---

1　长诗《司库员的妻子》发表在《现代人》一八三八年第三期上（没有署名）。"未经他的允许"一语与事实不符，莱蒙托夫在一封信中曾经提及，他把《坦波夫司库员

的、粉红色封面的《现代人》杂志拿在手中,恨不得把它撕得粉碎,但克拉耶夫斯基先生阻止了他。

"鬼知道这是怎么回事!难道可以这么干吗!"莱蒙托夫挥舞着那本小册子说道,"这太不像话了!"

他坐到桌边,拿起一支粗杆红铅笔,在发表他的《司库员的妻子》的那份《现代人》杂志封套上随手画了一幅漫画。

这份《现代人》杂志大概由克拉耶夫斯基先生保存了下来,作为对诗人的一个纪念。

莱蒙托夫同法国驻彼得堡公使巴朗特先生的儿子决斗的那一天[1],我也在克拉耶夫斯基先生那里见过莱蒙托夫……莱蒙托夫在决斗以后径直乘车来到克拉耶夫斯基先生处,给我们看了他手臂上的一处伤痕。他们决斗时用的是长剑。那天上午莱蒙托夫异常快活,说起话来滔滔不绝。如果我没有记错的话,别林斯基当时也在场。

别林斯基经常在克拉耶夫斯基先生处碰见莱蒙托夫[2]。别林斯基不止一次试图同他认真谈一谈,但从来都是毫无结果。莱蒙托夫每次都用一两句笑话敷衍过去,再不就干脆打断他的话头,使别林斯基感到难堪。

"莱蒙托夫很聪明。谁要是怀疑这一点,那是很奇怪的。"别

---

的妻子》一诗带给了茹科夫斯基,并说该诗将发表在最近一期《现代人》杂志上,但长诗经过了书刊审查官的歪曲和茹科夫斯基的修改,莱蒙托夫可能是因未经他的允许发表这个修改稿而感到不满。

[1] 一八四〇年二月十八日。
[2] 克拉耶夫斯基反驳了这句话,据他在一八七七年出版的《莱蒙托夫文集》第一卷一篇文章的校样上的一段批注,别林斯基似乎并未在他那里碰见莱蒙托夫,但他说别林斯基在莱蒙托夫决斗后关在禁闭室时去探望他是初次结识莱蒙托夫,这也是不确的。据诗人兼翻译家尼·米·萨京回忆,别林斯基和莱蒙托夫早在一八三七年夏天就在高加索的五山城认识了。

林斯基说道,"可是我从来没有听莱蒙托夫说过一句有道理的、聪明的话。他似乎是有意炫耀上流社会的那种空虚。"

确实,莱蒙托夫仿佛总是炫耀这种空虚,有时还想加上一点撒旦式或拜伦式的成分:敏锐的观点,刻毒的玩笑和哂笑,竭力显示他对生活的鄙视,有时甚至是一个好斗者寻衅滋事的情绪。毫无疑问,即使他不是通过毕巧林[1]的形象描绘他自己,那么至少这也是在当时搅得他心神不安、他很想效法的一个理想人物。

当他同巴朗特决斗以后被关在禁闭室时,别林斯基前去探望过他;他同莱蒙托夫面对面地谈了将近四个小时,随后径直来到我这里。

我朝别林斯基看了一眼,一下子就看出他心情异常愉快。我已经说过,别林斯基不会隐瞒自己的感觉和印象,也从来不伪装。他在这一点上同莱蒙托夫完全相反。

"您知道我从哪儿来吗?"别林斯基问道。

"从哪儿呢?"

"我去禁闭室见了莱蒙托夫,谈得非常成功。他那儿一个人也没有。哎,老兄,我头一次看出这个人的真实面貌!!您是了解我的:既不机灵,又不会上流社会那一套。我一到他那儿马上就窘住了,就像我平时一样。我心里暗想:真糟糕,我上他这儿来干吗呀?我同他刚刚认识,根本没有什么共同兴趣,我会使他难堪,他对我……要说我们之间还有一点共同之处,那就是对艺术的热爱,但他又不肯进行认真的交谈……说实在的,我感到十分懊丧,决心在他那儿最多待十五分钟。开头几分钟我觉得很不自在,但后来我们不知怎么谈起了英国文学和沃尔特·司各特……

---

[1] 莱蒙托夫的长篇小说《当代英雄》中的主人公。

'我不喜欢沃尔特·司各特,'莱蒙托夫对我说,'他的作品很少有诗意,干巴巴的。'于是他开始发挥这种见解,越谈越来劲儿。我望着他,简直不相信自己的眼睛和耳朵。他脸上的表情变得十分自然,他在这一刻现出了自己本来面目……他的话里有那么多的真知灼见,那样深刻而又淳朴!我头一次见到真正的莱蒙托夫,而这一直是我的愿望。他的话题从沃尔特·司各特转到库珀身上,谈到库珀时他热情洋溢,他论证库珀作品中的诗意比沃尔特·司各特多得多,论证得非常透彻,很有见地——而且令我惊讶的是,他讲得津津有味。我的天呀!这个人的美感该有多么丰富!他有一颗多么细腻、多么敏感的诗的心灵!……难怪他对我具有这样的吸引力。我终于看到了他的真面目。可他这人也真怪!我想他现在正在后悔,觉得不该暴露自己的真相,哪怕只有一会儿——我确信这一点……"

杜德什金在莱蒙托夫文集第二部分的传记材料里写道:

"一八四〇年,当莱蒙托夫因决斗被捕,遭到禁闭时,他结识了别林斯基。别林斯基访问了他,从此以后**他们的友谊一直没有中断**。"

这话说得不对。一八四一年冬天,莱蒙托夫从高加索返回以后,别林斯基在克拉耶夫斯基先生处和奥陀耶夫斯基家里同他见过几次面,但他们之间不仅没有任何友谊关系,就连认真的谈话也未能再次进行……

直到现在仍然可以听到对莱蒙托夫的一些奇怪而又可笑的评论。"说到他的才能嘛,"人们这样议论道,"那是不言而喻的,但他是个空虚的人,而且心术不良。"

发表这种议论之后往往还要举出几件事——都是他在士官学校和骠骑兵团时的种种可笑的故事——来加以佐证。

怎样才能把作为普通人的莱蒙托夫和作为作家的莱蒙托夫这两个概念连在一起呢？

作为一个作家，莱蒙托夫首先以他那大胆机敏、孜孜进取的才智令人惊讶：他的世界观较之普希金已博大和深刻得多——这一点几乎是公认的。他给我们提供了一些显示出他具有远大前程的作品。他在人们心中激起了希望，他不会欺骗这种希望，要不是死亡使他过早搁笔，说不定他会在俄国文学史上占居首位……那么，为什么大多数认识他的人都觉得他是个空虚的人，几乎是个凡夫俗子，而且心术不良呢？初看起来，这一点似乎不可理喻。

然而大部分认识他的人中有些是上流社会的人，他们用轻率、狭隘和肤浅的观点看待一切，有些是眼光浅薄的道德君子，他们只抓住一些表面现象，便根据这些表面现象和行为对人作出武断的、盖棺定论式的结论。

莱蒙托夫比他周围的人不知要高出多少倍，他不可能用认真的态度对待这样一些人。看来令他特别不快的是后一部分人，即那些头脑迟钝的正人君子，他们摆出一副头头是道、很有理智的架势，实际上却是鼠目寸光。在这些先生面前装扮成一个最空虚的人，甚至装扮成一个顽皮的小学生，这样做可以带来某种精神享受——这是十分清楚的事。对于莱蒙托夫来说，这似乎是一种真正的精神享受。他没有到他周围这个圈子以外的地方去寻找才智和思想与他相当的人，他的禀性过于高傲，不可能那样做，他的全部精神都深深灌注在他自己身上，因而不需要旁人的支持。

当然，一部分是由于莱蒙托夫在其中长大和受教育的那个圈子的各种偏见，一部分是由于他处在青年时期，由此便产生了一种愿望，想披上一件拜伦式的外衣卖弄一番——这些因素使许多思想真正严肃的人感到很不愉快，也使莱蒙托夫显得矫揉造作、令人厌恶。但是，能因此而苛责莱蒙托夫吗？……他死的时候还那样年轻。死亡迫使他搁笔的时候，他在内心深处正在同自己进行一场激烈的斗争，其结果他有可能取得胜利，转而用朴实的态度同人们交往，并树立坚定牢固的信仰……

莱蒙托夫的作品发表在最初几期《祖国纪事》上，这对刊物取得成功无疑起了很大的促进作用，然而一个刊物，不论它的文学作品专栏办得怎样出色，没有评论栏还是不能发展。我已经说过，克拉耶夫斯基先生暗中采取了一些措施，以使自己在这一方面得到保障。

一八三九年初，我因某种原因在克拉耶夫斯基先生家里住了几天……有一天早晨（如果我没有记错的话，那是在二月底），克拉耶夫斯基先生的住宅里响起一阵急促的铃声，克拉耶夫斯基先生来到大厅里，想看看是谁在按铃。他朝穿堂里望了一眼，突然奔上前去，同一个刚刚脱下大衣的人一下子拥抱在一起，高兴地叫道：

"瓦西里·斯捷潘内奇！我亲爱的瓦西里·斯捷潘内奇！可把您盼来啦！"

这是梅热维奇，是克拉耶夫斯基先生写信从莫斯科请来的、盼望已久的批评家……梅热维奇是克拉耶夫斯基先生在莫斯科时的老相识，他好像是在克拉耶夫斯基先生母亲主办的那所寄宿学校里当教师。梅热维奇在《望远镜》上发表过几篇有关文学理论的小文章，得到许多人的赏识。克拉耶夫斯基先生大约就是根据这些文章得出结论，认为梅热维奇一定具有批评才能。

他们手拉手走进大厅。

克拉耶夫斯基先生对我们互相做了介绍[1]。

梅热维奇个子不高，头发淡黄，脸庞也不大，一双浑浊的眼睛高度近视，戴着眼镜，他不住地用手扶扶镜框。他的举止似乎显得有点犹豫不决，甚至畏畏缩缩，说起话来不是很有条理，哪怕谈的是最一般的话题。他的动作、言语、目光是那样缺乏自信，甚至令人感到可怜。梅热维奇心肠柔软，黏黏糊糊，性格异常软弱卑微。他对智慧、信仰和一切道德力量都感到畏惧，后来他几乎是偷偷地从《祖国纪事》编辑部溜走，并同布尔加林结成一伙，开始给《北方蜜蜂》写些小文章，埋头致力于浅薄鄙俗的文学，并在《剧目》杂志[2]上带头发表这类作品，最后终于成为《警察报》编辑……到了最后这个栖身之处，他在思想上日趋堕落，同一位用奴才笔法写些文理不通的文章的斯米尔诺夫斯基[3]先生交上了朋友，最后竟至对开设"矿泉水"游乐园的糖果点心商人伊斯列尔大唱赞歌……

这就是克拉耶夫斯基先生作出的选择，这就是他以自己杂志的评论家专栏相托，并认为胜过别林斯基的那个人！

我亲眼见过梅热维奇是怎样为《祖国纪事》写出最初几篇评论文章的。

我和他在克拉耶夫斯基先生住宅的同一个房间里写作：他写的是对一本小书的分析，我写的是中篇小说《官员的女儿》的结尾，都是《祖国纪事》第四期要刊用的。

梅热维奇写起批评文章来似乎并不轻松：他皱着眉头，咬着

---

[1] 据巴纳耶夫一八三八年十月给别林斯基的一封信来看，他和梅热维奇在此之前就已认识了。
[2] 俄国期刊，一八三九至一八五六年间在彼得堡出版，最初称《俄罗斯剧院剧目》，后改称《名剧选》。
[3] 普·斯米尔诺夫斯基，俄国十九世纪三十至五十年代一个浅薄的小说作家。

鹅羽笔，不住地扶扶眼镜，或在房间里踱来踱去，一面揉额头一面冥思苦想，好不容易挤出几行文字来，然后又开始苦苦思索。

看看他写作时的那幅情景，心里会觉得十分难受。

克拉耶夫斯基先生对梅热维奇所寄予的希望很快就要破灭了。然而眼下我们暂时写到这里为止……

我已经说过，彼得堡的文学界和期刊出版界在我置身局外时曾一度对我很有魅力，但随着我同他们日益接近，这种魅力便日渐消失。当我跻身于文学舞台的幕后时，我看出我一度奉若神明的那些人所怀的动机是些多么卑劣的人类的贪欲——爱慕虚荣、贪图钱财、嫉妒别人……别林斯基发表在《望远镜》和《群言》上的文章、果戈理《密尔戈罗德》一书中的小说和莱蒙托夫的诗篇开始稍稍扩大了我的视野，让我感受到一股新的生活气息，使我的心里预感到会有一些更好的作品出现。别林斯基的文章使我对一些文学权威的盲目信仰和对他们的卑怯之情开始彻底动摇。我已不时地认真思索起以往不会引起我任何思想的那些现象，我开始更加留心地观察人们、观察我周围的现实生活，我开始产生疑虑，心里也感到不安；由于家庭和学校的陈规旧习，我从小就对各种生活事实习以为常，不持异议，然而现在我似乎已经不愿意相信这些生活事实并对它们无条件加以接受。但是，所有这些日益觉醒的意识的征兆在我的思想上还表现得非常模糊、非常微弱……

艺术应当为它自身服务，艺术乃是一片单独的、独立的天地，艺术家在其作品中愈是态度冷淡，或者如当时所说的愈是客观，他就愈是高尚——这种思想在三十年代的文学界最为突出、最为盛行。普希金用他那铿锵和谐的诗篇发展了这种思想，而在《诗人和群氓》一诗中则把它发挥到了令人无法容忍的利己主义程度，然而我们当初朗诵这首诗时无不异常欣喜，认为它几乎可以算是普希金最优秀的抒情诗。继普希金之后，当时所有杰出的文学活动家和活跃在他们周围的青年都是为艺术而艺术的竭诚而热烈的捍卫者。

库科尔尼克也是这一理论的赞赏者。我们已经看到，他在普希金去世前几年，尤其是在他死后，还一再宣扬真正的艺术不应当留意于日常的、当代的、庸俗的生活，艺术应当翱翔于云天，它描绘的只能是英雄人物、历史人物和艺术家。由此也就产生了那些冗长而又极其乏味，内部冷如寒冰、表面却热情沸腾的描写艺术家的戏剧和幅面巨大、明暗对比强烈的画幅——而且一出戏愈是冗长乏味，一幅画的底布愈是巨大，人们对诗人或画家就愈是感到惊讶。艺术家不仅成了写剧本，而且成了写小说时爱用的题材。库科尔尼克在自己的五幕剧本中、波列沃伊在他的多卷集长篇小说中都对形形色色的艺术家倍加颂扬。此外，库科尔尼克还上演了一些言辞空洞夸张的爱国题材的剧本，剧中的人物在最上层楼座观众粗野的叫喊和鼓掌声中把德国人从窗口扔了出去。他通过这些作品助长了一种十分荒唐的自信心，仿佛俄国人不费吹灰之力就能制服全世界，这种自信心后来使我们付出了重大的代价。波列沃伊在表现这种爱国情绪方面同他不相上下，而且还让它披上一层庸俗的、感伤的色彩。两个人竞相从对方手中获得戏剧舞台的桂冠……然而这一切都是那样虚假伪善，根本无法持久……

彼得堡期刊出版界的境况也颇不美妙。波列沃伊主编的《祖国之子》已变得平淡无奇，毫无趣味，随着每一期杂志的出版而逐渐丧失自己的道德声望；关于先科夫斯基，我在上文已经说过；布尔加林和其他办杂志的人则不值一提；彼得堡的二流文学家们墨守成规，信手写作，只不过为了消遣，他们模仿一流作家，根本不关心任何问题和理论，连为艺术而艺术的理论也不屑一顾。

处在这样一种环境里，人们不由得充满了苦闷和消极的情绪，文学集会上讲不出一句有生气的话，听不到一点有生气的声音：要么是重弹那些关于艺术的老调，这些调子大家早已听厌，重复起来也是有气无力；要么是传播文学界的种种流言蜚语，让文学家们提提精神，兴奋一阵。

就连普希金的名字也不像从前那样令我感到激动了。他写的一组**俄国童话故事**和《**安吉洛**》令为数众多热情崇拜他的人感到不快；对他主办的《现代人》，文学界和公众的反应都相当冷淡[1]。大多数人都说，诗人不该贸然从事杂志出版工作，认为这不是他干的事。人们开始议论（但仍然吞吞吐吐），说普希金渐渐过时、止步不前了，说他的原则和观点对从欧洲传入我国的新动向和新思想表现出敌视态度，这种动向和思想传得很缓慢，但终究是在不断传入，在年青一代中博得了热烈赞许……尽管随着每一部新作品的问世，普希金在艺术方面日臻完美，但年青的一代却明显地对诗人开始冷淡，只是由于诗人突然悲惨地死去，他才重新赢得普遍而热烈的赞扬……

社会上已经朦胧地感到需要有一种新的见解，并且已经表现出一种愿望：文学应当脱离孤立的艺术高坛，并接近现实生活，应当或多或少关注社会利益。夸夸其谈的艺术家和主人公使所有人都感到极为厌烦。

我们想看到的是普通的人，尤其是**俄罗斯人**。就在这样一个时刻突然出现了果戈理，普希金以其艺术鉴别力最先看出了他的

---

[1] 只有一篇文章，即《现代人》第一期上发表的果戈理的《论一八三四和一八三五年的期刊文学运动》一文在文学界名噪一时，给公众留下了十分良好的印象。——作者注

巨大才能，但波列沃伊对他却根本不理解，而在当时大家仍然把波列沃伊看成一个先进人物。

果戈理的《钦差大臣》获得极大的成功，然而在开始时，就连果戈理最热烈的崇拜者中也没有什么人充分理解这部作品的意义，也没有预感到这部喜剧的作者将会实现多么重大的变革。库科尔尼克看了《钦差大臣》的演出后仅报以讥讽的一笑，他没有否认果戈理的才华，但同时却又说："这终究只是一场闹剧，称不上什么艺术。"

继果戈理之后出现了莱蒙托夫。别林斯基则以他那犀利大胆的评论文章使那些文学贵族和因循落伍的文学家十分恼怒，但却使新的一代心向神往，

一股清新的气息已经吹进了文学界……

我在上文说过，柯尔卓夫在我心里激起了一股无法遏止的愿望：结识别林斯基（我同他已有书信联系）和他的朋友们。

这种机会很快就来了，由于某些家庭事务，我需要离开彼得堡一段时间……

我给别林斯基写了一封信，说我希望很快能够见到他，并怀着忐忑不安的喜悦之情期待着这次会见的时刻……

我在一八三九年四月九日离开了彼得堡……

除别林斯基以外，我在莫斯科还要结识格拉诺夫斯基、阿克

萨科夫[1]、霍米亚科夫[2]、库德里亚夫采夫[3]、(叶·费·)科尔什、卡特科夫[4]、巴枯宁、(瓦·彼·)博特金[5]、克柳什尼科夫[6](他以字母Θ作为署名,在别林斯基的《莫斯科观察家》上、后来又在《祖国纪事》上发表诗作)……我即将进入一个新的环境,它同我在上文描述过的那个环境毫无共同之处……我在一切方面都受惠于这个环境,我的思想在这里才开始觉醒和发展,我在这个环境里才获得了人的尊严的意识,才树立了那些使我的生活变得有意义的信仰……除了思想的成长以外,多亏了别林斯基和他的朋友们,我才有了我一生中最美好、最幸福的那些时刻……

这些时刻我将留到本书的第二部分去加以讲述……

我已经逐渐讲到离今天十分接近的一个时期,因此我觉得,继续按时间顺序写这本书已经不可能了。不过,我在第二部分中将提供几个片段,讲一讲格拉诺夫斯基、别林斯基、果戈理、阿克萨科夫父子和扎戈斯金[7]……

---

1 康·谢·阿克萨科夫(1817—1860),俄国诗人、政论家兼历史学家,斯拉夫派思想家之一。
2 阿·斯·霍米亚科夫(1804—1860),俄国作家、诗人、政论家、宗教哲学家,斯拉夫主义的创始人之一。
3 彼·尼·库德里亚夫采夫(1816—1858),俄国社会活动家、历史学家,《祖国纪事》和《现代人》杂志撰稿人,后任莫斯科大学历史学教授。
4 米·尼·卡特科夫(1818—1887),俄国政论家。年轻时曾接近别林斯基,为《莫斯科观察家》及《祖国纪事》撰稿,自十九世纪六十年代初起编辑出版《俄国通报》和《莫斯科新闻》等刊物,成为反动贵族阶级最大的政论家。
5 瓦·彼·博特金(1811—1869),俄国作家,西欧派。青年时期曾是别林斯基和赫尔岑的朋友,自十九世纪五十年代中期起极力鼓吹"为艺术而艺术"论。
6 伊·比·克柳什尼科夫(1811—1895),俄国诗人,十九世纪三十年代至四十年代初期一度接近别林斯基,后隐居乡间,脱离文学活动。
7 米·尼·扎戈斯金(1789—1852),俄国作家,具有保守倾向的历史小说家,莫斯科几家剧院的经理。

# 第二部

1839—1847

# 第一章

莫斯科——结识别林斯基小组成员——谢·季·阿克萨科夫一家人——别林斯基和康斯坦丁·阿克萨科夫——阿克萨科夫家的午宴和晚宴——伊·叶·韦利科波尔斯基——他在普列斯尼亚池塘举办的舞会和舞会上的彩灯——米·尼·扎戈斯金——他家里的午宴——我和他同去麻雀山——莫恰洛夫扮演哈姆雷特和奥赛罗——波戈金的建议——梅尔古诺夫家的晚会——巴甫洛夫和霍米亚科夫议论米尔克耶夫——在阿克萨科夫家朗诵《故乡的怀念》——我发表在《俄国荣军报文学副刊》上的一篇小文章——我同康·谢·阿克萨科夫在莫斯科河德拉戈米洛夫桥附近的一席谈话

每当我离开彼得堡，我总有一种如释重负的感觉。我出生在彼得堡，并在那里度过了一生中的大部分时间，但对它从不感到特别眷恋……莫斯科我曾经去过几次，待的时间不久，都是顺路逗留。它那独特的、美丽如画的风景，那四周逶迤延伸的山冈，从克里姆林钟楼上观赏的莫斯科河对岸的景物，还有那一幢幢历史性建筑物（尽管被抹了灰泥并刷成白色）——它的整个外部景色每一次都在我的心里激起一种朦胧的诗意的感觉，我不由得开始对它怀有一种眷恋之情……除了这一切，柯尔卓夫讲述的别林斯基小组的种种情形也一直使我对莫斯科心向神往，听了他的讲述以后，我觉得莫斯科是一个令人陶醉的世界。眼下它透过尘雾逐渐展现在我的面前，眼前是数不清的圆形屋顶和钟楼，整个城市沐浴在阳光之中，我的心顿时剧烈地跳动起来，眼眶里甚至涌出了泪水。我仿佛觉得我在这里将会找到我朦胧而又执着追求的一切，那是我模模糊糊、茫无头绪地寻求的东西，是我隐隐约约预感到的东西……[1]

这一时期我或多或少已经明白，我在其中长大和受到教育的

---

[1] 读者也许会看出，第二部较第一部具有更多的片段性质。我只发表我认为有可能发表的那些部分。假如对我的《群星灿烂的年代》惠予注意的那些评论家愿意考虑这样一个事实，即这仅仅是回忆录的选段的话，那么他们对我的评论就会采取比较宽容的态度。——作者注

贵族阶级是野蛮的。贵族的生活，贵族阶级的观点、作风和习俗及贵族阶级的道德观常常使我感到不安，然而我却从未认真进行自我反省，总是浑浑噩噩，在那种空虚浅薄的生活里随波逐流，对一切空洞浮华的东西表示顺从。最轻浮的虚荣心仍然是我各种行为的动机，比如说，结识某个有爵位的上流社会人士会使我感到沾沾自喜，尽管那是一个无聊透顶的人；为了进入上流社会的沙龙，我到处奔忙，一旦成功就不胜庆幸，尽管待在沙龙里我会感到别扭而又窒闷。我缺乏上流社会所必需的那种翩翩风度，而且生性胆怯，加之这一时期我对文学的热情越来越强烈——要不是这样的话，我定会不顾一切，一心沉浸在上流社会的生活之中……

当时我对社会问题和政治运动完全不感兴趣，而且在三十年代，就连文学界的先进之士对这类问题也根本不感兴趣，尽管对我们那些政治上蒙难者的回忆似乎会不知不觉引导年青一代留心这些问题，来自西伯利亚矿井的呻吟不可能不传到他们耳中。十二月十四日事件后的反动势力是可怕的，一切都平息了，呆滞了，大多数人吓破了胆，一心沉湎于个人利益——贪污受贿，巧取豪夺，披着忠君的外衣怡然自得地过官瘾；少数有头脑的人则从德国哲学中得到安宁和慰藉，并从中寻求颂扬专横独裁的根据；就连别林斯基——他的本性主要是革命的——也不知怎么鬼迷心窍，引用过莎士比亚《理查二世》中的话：

……倾尽海洋的所有波涛，也不能把
橄榄油从涂过圣油的国王脸上洗掉……[1]

---

[1] 信仰基督教的国王登极时要举行宗教仪式，在脸上敷擦"圣油"（橄榄油），以示其王位的合法性。

文学助长了社会的昏沉状态，文学家们一心埋头于艺术，以堂吉诃德式的激情极力主张"为艺术而艺术"的荒谬原则——今天，文学界一些心肠冷酷、言语空泛的正人君子又重新抬出了这一原则，但已经完全徒劳无益了。

就在这样一个对我的思想发展不利的时刻，我同别林斯基及他的友人们交上了朋友，不过我当时并未意识到这一点。我对他们的声望当即心悦诚服，把他们说的每一句话都奉为圭臬。

我乘车驶近莫斯科时，一想到再过几小时就可以见到别林斯基，我的心就剧烈而欢快地跳动起来……

我结交别林斯基和他的朋友们是在这样一个时刻：他们在自己思想发展的道路上迷失了方向，被黑格尔的一些定义和公式弄得晕头转向，在一切方面——不论是文学上还是生活中都寻求**调和**，而且不顾一切条件，连那些根本无法与之调和的事物都要加以**调和**；他们把著名的"为艺术而艺术"的原则尊崇为永恒的规律，而对否定或不承认这一原则的人极力贬黜，认为这些人头脑迟钝，毫无美感……

我已经谈过我初次会见别林斯基的情形[1]……此后过了不久，我在博特金家里又结识了他的几位朋友，当时别林斯基正同博特金发生了龃龉……

博特金的住宅所在地是莫斯科风景最优美的地方之一。当时博特金住在通向花园的厢房里，从厢房向外望去，一片翠绿的灌木丛后面，可以看见莫斯科河对岸地区的一部分景色。花园坐落

---

1　见《回忆别林斯基》一文（本书第三百九十九页），这篇文章于巴纳耶夫写《群星灿烂的年代》前一年发表。

在山上，中间有一个凉亭，凉亭四周全是果树……

就在这座凉亭里，在五月中旬一个温暖、阳光灿烂的日子里，我初次见到了卡特科夫，他刚刚结束大学学业，但还在当学生时便结识了别林斯基和他的朋友们，他们看出他具有杰出的文学才能，对哲学课程也很感兴趣……我还认识了发表诗作时用字母 Θ 署名的克柳什尼科夫，还有巴枯宁……巴枯宁在自己这个小组里是个宣传家，他宣传一切德国哲学，尤其是黑格尔哲学。巴枯宁的头脑极富于思辨能力，善于深入理解一切精微而抽象的哲学概念，而且具有惊人的记忆力和辩证才能。所有的人都不由得对他的辩证的力量表示折服。由于具有这种力量，巴枯宁在小组里很有威信，并且不容置疑地主宰着小组的活动。他体形魁梧，雄狮一般的大头上长着浓密的鬈发，目光大胆豪放，好奇而又显得不安——这一切在初次见到他时就会令人感到惊讶。

对新结识的每一个人，巴枯宁都会毫不放松地紧紧缠住，并且立即把哲学上的种种奥秘都告诉他。这种举动十分可笑，因为他根本不管对方有没有思想准备，能否领会他鼓吹的那些抽象概念。

我同他刚刚结识不久，他就来到我的住处，用我完全无法理解的哲学语言大谈特谈什么**调和**和**博爱**，谈了整整一个上午。那天早上天气炎热，我听得汗流浃背，竭力想听懂一两句，但到头来还是大失所望，一句也没有听懂，不过我不好意思承认这一点。别林斯基对哲学术语已经熟悉，因而能够迅速领会巴枯宁对黑格尔思想所作的种种暗示，后来又运用他那富有成效的智力在自己的批评文章中对这些思想加以发挥。

当时所有属于别林斯基小组的人都风华正茂，精力旺盛，充满了求知精神，所有的人都兴致勃勃，潜心钻研或试图潜心钻研抽象的哲学概念：有人吃力地分析黑格尔的逻辑学，有人费劲地研读他的美学著作，还有人研究他的精神现象学——大家几乎每天都聚到一起，互相讲述自己的发现，互相讨论，争得精疲力竭，直至午夜以后才各自回家。在这个小组的活动中随时可以感觉到斯坦克维奇[1]的影子的存在，每个人在回忆他时都满怀虔敬之情。别林斯基跟我谈到斯坦克维奇时眼里晃动着泪水，他向我介绍了他那温和、含而不露而又讨人喜欢的个性……"斯坦克维奇是我们小组的灵魂和生命，"他最后补充说道，"现在跟过去不一样了……我们最兴旺的时期已经过去了！斯坦克维奇以他的品格鼓舞和支持了我们。巴枯宁不论有多聪明也无法取代斯坦克维奇……"

斯坦克维奇对别林斯基的影响是深刻的。别林斯基一向承认这一点。别林斯基最初对艺术和整个生活的观点的评论文章毫无疑问是在斯坦克维奇的影响下写成的。安年科夫先生正确地指出："对于后来令别林斯基感兴趣，并或多或少由他促使得到解决的所有问题，在斯坦克维奇的书信中都可以找到暗示……"[2] 斯坦克维奇温顺调和的性格对别林斯基那种激烈的性格起了一些减缓和抑制的作用，他还想逼别林斯基他学习各种语言，尤其是德语。他预见到别林斯基会成为一名强有力的文学战士，想使他的世界观变得更加开阔，但他认为别林斯基精力**过剩**，看来他对这一点十分担心……"你将来干什么都可以，"他在一八三六年写给别林斯基的一封信中说道，"不论是出版杂志还是编辑文艺丛刊，干什么

---

[1] 尼·弗·斯坦克维奇（1813—1840），俄国社会活动家、哲学家、诗人，一八三一年起在莫斯科的大学青年中组织并领导了著名的文学哲学小组。一八三七斯坦克维奇出国治病，由别林斯基继任小组领导人。斯坦克维奇病逝于一八四〇年六月，小组成员后来分别成为西欧派、斯拉夫派和革命民主派。
[2] 引文不准确，因而文意略有出入。原文中"暗示"应为"模糊的暗示"。

都好，**可就是性格要温和一些**。"

对别林斯基的思想发展起了促进作用的除斯坦克维奇和巴枯宁以外，还有巴枯宁的家庭，他们把斯坦克维奇和别林斯基当朋友看待。这是一个由几个兄弟姐妹组成的出色的家庭，它属于俄国生活中一种特殊的、没有先例的现象。照别林斯基和他的朋友们所说的看来，这个家庭具有一种半是哲理、半是神秘主义的德国情调。据说巴枯宁的姐妹中有一人被神秘主义迷得神魂颠倒，有时甚至到了幻听幻觉的地步。巴枯宁对自己的兄弟姐妹自然具有不可估量的影响。

别林斯基过去从未跟妇女打过交道，因此这样一个家庭一开始就势必给他留下了强烈的印象。巴枯宁的姐妹们使他感到惊讶的首先是她们那种寻根究底的生活观，是她们竭力探求对种种最抽象问题的答案的志向，以及由神秘主义引起、被别林斯基当作诗意的那种神经质的激动情绪。

不过，别林斯基被这种魅力吸引的时间似乎并不很久。他不断钟情于她们，但又很快同自己的意中人分了手，尽管这样做有点痛苦。我同他相交以后，他在谈到巴枯宁一家人时十分敬重，很有好感，但他已经明显地看出巴枯宁的几个姐妹所陷入的那种病态的倾向。

"谢天谢地，我总算清醒过来了，"他对我说（这是他最后一次去巴枯宁家所在的乡下回来以后），"我摆脱了脉脉温情和神秘主义的幻想，呼吸也觉得轻松自在，对一切都看得更清楚了。"

此时别林斯基根本没有想到，他自己已经被某种病态倾向缠住不放，他的眼睛已经被某种迷雾遮住。

这一时期属于别林斯基小组的还有康斯坦丁·谢尔盖伊奇·阿克萨科夫。

我同阿克萨科夫一家人过去并不认识,但我们之间存在着某种联系。谢尔盖·季莫费伊奇·阿克萨科夫[1]同我的父亲和叔父一起在喀山大学念过书,他同他们关系十分亲密,尤其是同我的叔父(他在叙述他的中学和大学生活时常常回忆起他们)……我了解这一点,因此到达莫斯科后过了两天,我觉得义不容辞,该去拜见谢尔盖·季莫费伊奇。我去他家时也同去见别林斯基一样,乘的是四匹马拉套的马车。

谢·季·阿克萨科夫和他的儿子康斯坦丁异常亲热地接待了我。谢尔盖·季莫费伊奇非常好客,并以这种莫斯科人的美德而自豪。

阿克萨科夫家当时住在斯摩棱斯克市场一幢很大的木结构独家住宅里。家口众多的家庭需要为数众多的仆役,因此他们家里上上下下挤满了仆人。这已经不是我们现在所理解的那种城市生活,而是迁居城市的阔绰的宗法式地主生活。我想,这种生活迄今在莫斯科仍然可以见到……阿克萨科夫家宅邸里里外外的结构和布局同乡村的地主宅邸完全一样,包括宽阔的庭院、供仆人住的下房和一座花园,花园里甚至还有一间澡堂。康斯坦丁·阿克萨科夫住在顶楼。

谢·季·阿克萨科夫当时五十出头。[2]他个子高大,身材结实,丝毫没有露出老年的痕迹。他的神态很讨人喜欢,说话时嗓音总是响亮有力,但当他朗诵诗歌时,他的声音变得格外洪亮,而他对朗诵又极为爱好。他喜爱的一项活动是钓鱼,经常半夜动身去莫斯科郊外垂钓。

---

1 谢·季·阿克萨科夫(1791—1859),作家,康·谢·阿克萨科夫之父。主要作品有自传体小说《家庭纪事》和《孙子巴格罗夫的童年》。
2 不确。谢·季·阿克萨科夫当时仅四十七八岁。

每逢晚上他通常都要玩纸牌,当时他的对手除其他人以外还有伊·叶·韦利科波尔斯基[1]和尼·菲·巴甫洛夫[2]。其时谢尔盖·季莫费伊奇尚未享有他后来获得的那种杰出的文学声望……

我很喜欢谢·季·阿克萨科夫,并很快同他的儿子康斯坦丁交上了朋友。我几乎每天都上阿克萨科夫家里去,此外还经常在别林斯基的寓所同康斯坦丁·阿克萨科夫见面。

别林斯基和阿克萨科夫一家人的关系一度相当亲密,但在我来到莫斯科之前,他同他们之间产生了某种误会和不和。别林斯基对我说,阿克萨科夫夫人很不赏识他,对他同康斯坦丁的友谊的看法也不大好。不过康斯坦丁·阿克萨科夫很长时间都护着别林斯基,不让自己的母亲非难他。这一时期别林斯基只到顶楼上去见康斯坦丁·阿克萨科夫,很少下楼……

康斯坦丁·阿克萨科夫跟他父亲一样身体魁梧,只是个子稍矮。他的面孔又宽又大,长得并不漂亮,有点像鞑靼人的脸型,却具有某种吸引力;他那有点笨拙的举止、他说话时的那种姿态(他谈到他喜爱的事物时总是拖长声调)、他的整个体态都表现出诚实、直爽、坚定和高尚的气度;一双小眼睛里时而闪现出无比宽厚的神色,时而又投射出决不屈服的顽强精神……他对莫斯科迷恋到了狂热的程度,后来他对大俄罗斯民族的爱又发展到了目光短浅的地步,以致堕入了狭隘的利己主义。他爱的不是一般的人,而是专爱俄罗斯人,而且在俄罗斯人中他也只爱出生在莫斯科河或克里亚济马河畔的人。那些不幸出生在芬兰湾岸边的俄国人在他看来都算不上是俄罗斯人。

不过,我同他结识的时候,他还没有发展到这种可笑地否定

---

[1] 一个爱好文学的富人。
[2] 尼·菲·巴甫洛夫(1803—1864),俄国作家。

他人和莫名其妙地歧视他人的地步。当时斯拉夫主义刚刚开始萌芽,康斯坦丁·阿克萨科夫还站在十字路口,一方面为别林斯基的《莫斯科观察家》撰稿,另一方面又开始对舍维廖夫和波戈金[1]共同主办的《莫斯科人》持同情态度……

把康·阿克萨科夫和别林斯基及其朋友们连接在一起的唯一纽带是对阿克萨科夫有很大影响的黑格尔哲学,以及他们源于这一哲学的共同的艺术观。后来,当文学界不仅对艺术,而且对各种社会问题也开始关注时,当斯拉夫派和西欧派形成以后,康斯坦丁·阿克萨科夫便同别林斯基彻底分道扬镳了。他们分别进入两个敌对的营垒……

假如我来到莫斯科的时间是在五年以后,那么毫无疑问,康·阿克萨科夫不会允许我同他接近,然而在他一八三九年所处的那种泾渭不明、举棋不定的情况下,他真诚地向我伸出了友谊之手,尽管我出生在芬兰湾岸边。不过,他在当时对我谈到彼得堡就已十分愤懑,还抓住一切机会,竭力激起我对莫斯科的热情。他领着我拜谒伊万大帝钟楼[2],瞻仰升天瓦西里大堂[3],参观炮王[4]和钟王[5]——每到一处,他那双小眼睛都会灼灼闪光,他都用他那肥大的手握住我的手……"这才是罗斯[6],这才是真正的罗斯啊!"他用唱歌般的声音叫道。他驱车带我参观西门修道院和顿河修道院,当我表示莫斯科令我感到欣喜若狂,当我对莫斯科如画一般的优

---

[1] 米·彼·波戈金(1800—1875),俄国历史学家、作家、彼得堡科学院院士。接近斯拉夫派右翼,一八四一至一八五六年同舍维廖夫联合编辑并出版反动杂志《莫斯科人》。
[2] 莫斯科克里姆林宫内的著名古迹。
[3] 在莫斯科红场。
[4] 莫斯科克里姆林宫内古迹。
[5] 同注 4。
[6] 俄罗斯的古称。

美景色和那一座座古老的教堂赞叹不已时,康·阿克萨科夫抓起我的手紧紧握住,握得我仅出于礼貌才没有叫出声来;他甚至抱住我,惊叹地大声叫道:

"不错!您是**我们的人**,您打心眼儿里就是个莫斯科人!"

阿克萨科夫家中从早到晚挤满了客人,餐厅里每天都铺着一张又长又宽的家用餐桌,至少摆着二十套餐具。主人是那样朴直,那样不拘礼数,那样亲切殷勤地对待所有的客人,令人不能不对他们感到依依不舍。

阿克萨科夫父子之间有一种极为温柔的眷恋之情,后来当父亲在儿子的影响下逐渐接受了儿子的信仰及其种种极端主张时,这种眷恋之情又变成一种牢不可破的友情。老阿克萨科夫晚年蓄了胡须,身穿俄罗斯式的长衫和一件偏领衬衫,明斯特先生[1]的《肖像画廊》里他的画像就是这副模样。这幅肖像画得非常成功。

康斯坦丁·阿克萨科夫在日常生活、待人处世方面直到四十余岁,亦即直到去世时仍然完全像个孩子。他在家庭的庇荫之下无忧无虑地度过了一生,像蜗牛附生在贝壳上一样依附于家庭,不了解不依靠家庭去过一种独立自主的生活的可能性。除了学术和文学活动以外,他没有任何社会地位。父亲的去世以及由此引起的家庭生活的变化猝然毁坏了他那异常强壮的身体,他受不了这种损失和变化,死的时候不仅孑然一身,甚至依旧是个童男[2]。

别林斯基热爱康斯坦丁·阿克萨科夫。"他是个极为高尚、极为正直的青年,"别林斯基在谈到他时说,"但头脑有些狭隘,有

---

[1] 亚·埃·明斯特(1824—1908),《俄国作家肖像画廊》的出版人。
[2] 老阿克萨科夫死于一八五九年四月,康·阿克萨科夫死于一八六〇年六月。

点闭关自守,尽管他思想深刻,可是性格死板而又执拗。"

别林斯基预感到他们很快就会断绝往来……

我在阿克萨科夫家里认识了尼·菲·巴甫洛夫和他的妻子卡罗利娜·卡尔洛夫娜[1](她娘家姓亚尼什)、当时任莫斯科几家剧院经理的米·尼·扎戈斯金、依·叶·韦利科波尔斯基以及莫斯科许多其他知名人士。

韦利科波尔斯基在普列斯尼亚池塘[2]有一幢私宅。有一天他借某个机会——但也可能什么机会都不是——在这幢宅邸里举办了一次舞会,邀请所有的旧友和新交参加,我和别林斯基也在其列。他是通过阿克萨科夫父子认识别林斯基的,他知道别林斯基手头拮据,常常解囊相助。别林斯基在给我的一封信中暗示了这件事,这封信收入了我写的《回忆别林斯基》一文。韦利科波尔斯基是个心地善良、轻信他人的人,一辈子醉心于两件有害的嗜好:打牌和从事文学活动。不论在文学上还是在牌桌上他都不走运。书刊审查官奥尔德科普[3]因他的一个剧本被撤了职,心地高尚的作者当即表示愿意逐年付给他审查官的薪水。被免职的书刊审查官好像谢绝了这个慷慨的建议。这个剧本韦利科波尔斯基在四十年代初曾在杰穆特旅馆朗读给我们听过,朗读时同时在场的还有谢·季·阿克萨科夫,他当时正在彼得堡。朗读之前举行了豪华的午宴招待听众。朗读于晚上七点开始,一直持续到半夜。酒足饭饱的听众昏昏入睡,不时打哆嗦。谢·季·阿克萨科夫坐在作者对面,脸上汗流如注,他不断擦着额头,使劲地靠在椅背上,压得椅子轧轧作响。朗读结束后,谢尔盖·季莫费伊奇从椅

---

1 卡·卡·巴甫洛娃(1807—1893),俄国女诗人、翻译家。
2 历史地名,在莫斯科西部。
3 叶·伊·奥尔德科普(1787—1845),俄国翻译家、词典编纂家。

子上站起身来,这时椅子已经完全散了架。韦利科波尔斯基打牌甚至输给了本来是逢赌必输的普希金,大概就是因为这一点,伟大的诗人对韦利科波尔斯基才怀有一种揶揄式的温柔之情。普希金作品集里收有诗人给韦利科波尔斯基的一首赠诗。

九点钟左右,我同康·谢·阿克萨科夫和别林斯基一起,动身去韦利科波尔斯基家里参加舞会。

韦利科波尔斯基的住宅里挤满了客人,乐队正在奏乐,舞也跳得正欢。仆人们不断分送着各种清凉饮料、糖果和水果,一群群好奇的人聚集在住宅附近,普列斯尼亚池塘的花园里也挤满了游玩的人。别林斯基、康·阿克萨科夫和我在房间里没有待多久,因为房间里令人窒闷难受,我们便去普列斯尼亚池塘散步,令我们惊讶的是,普列斯尼亚池塘有一些地方已经张灯结彩,并且即兴办起了民众游艺会。大门附近的院子里人群密密麻麻,许多先生同主人并不认识,却大摇大摆地走进住宅接受款待。宅邸的主人不时出现在台阶上,同站在那里的人们亲切交谈,并吩咐仆人端来柠檬水、清凉杏仁酪和糖果招待所有的人。待客的食品甚至被送到了普列斯尼亚池塘。人群中走出一位诗人,为慷慨豪爽的主人诵诗一首……这一切看上去都非常奇特。

"瞧我们莫斯科人是怎样喜庆佳节的!"康·阿克萨科夫神采奕奕,得意扬扬地对我叫道,"您在哪儿见过这样的情景?此情此景不是正好表现了斯拉夫人开朗豪放的个性吗?怎么能不爱我们的莫斯科呢,伊万·伊万诺维奇,您说是吗?"

同阿克萨科夫家关系最亲密的人之一是米·尼·扎戈斯金。我很少见到像他这样淳朴温厚的人。扎戈斯金一向襟怀坦白,心直口快。他那种纯朴憨直的爱国热情往往到了可笑的地步。他心情好时说起话来没完没了，满嘴都是粗俗不堪的谚语俗话，而且一边说，一边得意扬扬，开怀大笑。他的脸孔浑圆红润，整个体形又矮又胖，但又显得活泼好动——那副模样使人不由得对他产生好感……他的整个心灵真诚到了天真的程度，他对生活的看法十分简单，依据的是古老传说和陈规旧习，他对这种看法非常满意，而且会竭力加以维护，那样子极为可笑。假如有人不同意他的信念，与他争辩起来，他就会火冒三丈：一对黑眼珠在眼镜后面闪动，两眼布满血丝，一面跺脚一面挥手，嘴里吐出一些只有在市井小巷里才能听到的话来……年轻人鼓吹的新思想他是无法忍受的。"请相信我，亲爱的，这一切全是扯淡，"他对康·阿克萨科夫说，"都是从您那德国哲学里捞来的胡思乱想，照我看，您那德国哲学一个子儿也不值……俄国人没有德国佬照样过得去。俄国人称心的东西，德国佬可就受不了。见它的鬼，什么欧洲人的那一套，让它下地狱去！康斯坦丁，我喜欢你是因为你一心恋着咱们的罗斯母亲。这种依恋之情在你身上生了根，那是因为你受的是一个清清白白规规矩矩的贵族家庭的教育，可是你那些朋友呢，对这些先生我可要……"扎戈斯金不再往下说了，把手攥成拳头，显出一副坚决有力的样子……

扎戈斯金所说的阿克萨科夫的朋友首先是指别林斯基，他很不喜欢别林斯基。他恨所有外国的东西，真令人忍俊不禁……"有些人老爱喝拉菲特[1]产的红葡萄酒，"他说，"再不就是什么这个堡、那个堡产的酒，还要以此来吹吹牛，可他们却不知道我们有本乡本土产的克里米亚葡萄酒，一点儿也不比那些什么拉菲特酒差。"

---

1 法国地名。

有一天扎戈斯金请我去吃午饭,席间他竭力劝我喝红酒。"这酒怎么样?"他一面喝一面说道,"这味儿多香呀!"我觉得那酒的确不错,便夸了几句。"那么,这是什么酒呢?"他用锐利的目光紧紧盯住我,一边微笑一边问道。"不知道……"我答道,"大概是拉菲特酒吧?""哎,你们这些欧洲派呀!"扎戈斯金大声说道,"只晓得拉菲特!拉菲特!不,亲爱的,我可不认识你们那位德普雷[1],这是百分之百的克里米亚酒,是用俄国土地上长出的葡萄酿造的,它哪一点儿比你们的拉菲特酒差呢?就连你们那位德普雷呀,我看也是在糊弄你们,他把同样的克里米亚酒冒充法国一个什么堡的产品,用高于三倍的价钱卖给你们,可你们却喝得津津有味,而且赞叹不已:多好的拉菲特酒呀!十五个卢布一瓶哩!可我这一瓶只要三个半卢布!我们该扔掉这种迷信外国的糊涂观念了!"

扎戈斯金不懂外国语,但他当了莫斯科几家剧院的经理以后,认为必须学学法语,便自学起来。他干脆拿起一本奥尔德科普编的字典,几乎把它全部背了下来(他的记忆力是惊人的)。他讲法语十分滑稽,大部分时间都不用冠词。有一次一位宫廷贵妇坐在剧院里皇上的包厢里,向他要望远镜。扎戈斯金急急忙忙从一个角落奔到另一个角落,每张桌椅上都找遍了(他是很粗枝大叶的),然后走到那位贵妇跟前,说道:"乌布利埃,普兰瑟斯[2]……"

尽管我跟别林斯基关系亲近,但扎戈斯金对我却显得十分关心,而且很有好感,这大概因为他在谢·季·阿克萨科夫家里见过我,而他同阿克萨科夫的关系非常友好。

---

1 莫斯科一家酒馆的老板。
2 不合规范的法语,意思是:"我把它忘了,王妃。"

"我们要让他变成一个莫斯科人,"有一次他拍着我的肩膀对阿克萨科夫说道,"应该让他看看莫斯科的全部美景。我要把他带到麻雀山[1]上去。"

那一天扎戈斯金请谢·季·阿克萨科夫和我上他家里去吃午饭,他住在彼得公园他的私人别墅里。午餐刚吃完,一辆两轮轻便马车便备好了,我感到惊讶的是:全套挽具都是英国货。

"我们走吧,走吧……该走啦!"扎戈斯金对我说。"喂,当差的,把帽子和大衣拿来!我该没忘掉什么吧?"

他漫不经心地在口袋里乱摸一气,又在桌子上搜寻一番,自己也不明白在找些什么……

"鼻烟壶我带了没有?"他问仆人,"在这儿,在这儿!"他在口袋里摸到鼻烟壶,又叫了起来。

我们终于来到台阶上,谢·季·阿克萨科夫给我们送行。扎戈斯金坐到马车上,拉起了缰绳。

"上来,快上来。"他对我说。我上了车,那匹马人立起来,然后猛地向前冲去。

"米哈伊尔·尼古拉伊奇,你可别把这年轻人摔坏了。你得为我向他负责呀。"谢尔盖·季莫费伊奇一边笑,一边在我们身后喊道。

"没关系,没关系,亲爱的,"扎戈斯金喊道,"我会把他完完整整交到你手里。放心好啦!"

从彼得公园到麻雀山距离很远,得穿过整个莫斯科。到凯旋门的一路上我们走得很顺畅,但我们在莫斯科的旅行每一步都伴随着危险。扎戈斯金经过每一个教堂时都要放下缰绳,摘下帽子

---

1 即苏联时期的列宁山。

画十字，于是马就开始拉着车信步疾驰。我简直吓呆了，却又不好意思表露出来，但最后还是忍不住。

"请让我来驾马吧。"我对扎戈斯金说。

"没关系，没关系，亲爱的，您别担心，这马挺驯顺，它知道我的习惯……"

驶出莫斯科以后，我稍微松了一口气。车往麻雀山上驶去时，我打算回头望一望。

"别，别——现在别回头看，"扎戈斯金叫了起来，"我们马上就到那个地方，看莫斯科得从那儿看……"

大约过了十分钟，我们的车停了下来。扎戈斯金请迎面走来的一个农夫帮忙勒一勒马，自己则领我向孤零零地竖立在山上的一棵树下走去……

"您躺在这棵树下，"他对我说，"现在请观赏，请观赏！这儿看得最清楚……"

我听从他的话，观赏起来。景色的确十分壮观，由这里望去，整个莫斯科尽收眼底，数不清的钟楼和花园展现在眼前——夕阳普照全城。扎戈斯金在我的身边躺下来，擦了擦眼镜，然后久久凝望着自己的家乡，激动得几乎流出泪水……

"嗯，怎么样？您有何感想，亲爱的，"他用激动的声音说道，"我们金顶白石的莫斯科怎么样？世界上哪个地方都没有这种景色。舍维廖夫说罗马有点像莫斯科，也许是吧，可到底不一样呀！……你瞧，你瞧！……看在上帝的分上，请你说说：一个真正的俄国人怎么能不爱莫斯科呢？伊万大帝钟楼该有多高呀……老天爷！……瞧那右边是西门修道院，顿河修道院的屋顶在左边……"

扎戈斯金摘下眼镜，擦掉涌出的泪水，抓住我的手说：

"喂，怎么样，此情此景之下，你那颗俄国人的心是否在激烈跳动呢？"

他心醉神迷，开始对我以"你"相称了。

美妙的夏夜，扎戈斯金的满腔热情，呈现在我眼前的壮丽景色，加上不知从哪儿传来的凄凉的俄罗斯歌曲的歌声——这一切都使我心潮翻涌。

"谢谢您，"我对扎戈斯金说，"我永远忘不了这个傍晚。"

扎戈斯金拥抱并亲吻了我，说道：

"你是个真正的俄罗斯人，你是我们的人，不过，请你别迷上眼下开始风行的那些荒诞思想。你们那位别林斯基是个聪明人，可他缺少一颗心，一颗俄罗斯人的心……"

他一边说一边用一个指头指着自己的左胸……

从这天晚上起，扎戈斯金对我更加垂青了，他一再要求我，只要去剧院看戏，一定得坐他的包厢，并且竭力张罗，要让我看看莫恰洛夫的全部才华……

"不过我不知道能否演得成功，"他说，"得稍微等一等。眼下他根本上不了台，又喝上瘾了，这个家伙！"

谢·季·阿克萨科夫每次见到扎戈斯金都要问："喂，莫恰洛夫怎么样啦？"得到的答复总是不能令他满意，使他气得发狂……

"看样子，这个伟大的天才彻底毁了！"他用拳头敲着桌子，大声说道，"该拿他怎么办呢？"

于是谢尔盖·季莫费伊奇便告诉我，他在莫恰洛夫身上花了很多工夫，千方百计作了种种努力，想唤起莫恰洛夫的自尊心，让他抛开那种肮脏粗野的生活，却徒劳无益。莫恰洛夫在有教养的人中间感到局促不安，他答应了要稳重一些，感谢阿克萨科夫的关心，诅咒自己身上的弱点，规规矩矩地过上几天，但突然又不知不觉溜出去,跟形形色色的小商小贩一起狂喝滥饮,喝醉了就大发酒疯,喊道:"给我跪下!我是天才!我是莫恰洛夫!"

"眼下我对他不抱希望了,"阿克萨科夫又补充道,"您未必能够看到他的真正才华,不过,谁又料得到呢?一直到现在,他偶尔还会出人意料,突然冒出一些真正的灵感来,尤其是演《哈姆雷特》的时候。"

有一天扎戈斯金走进谢·季·阿克萨科夫的书房,说道:"喂,亲爱的,我给你带来一个好消息。听说莫恰洛夫现在清醒了,我们要为他(他指了指我)演出《奥赛罗》和《哈姆雷特》,不过我对莫恰洛夫很不放心,这家伙未必靠得住……"

"上帝会保佑的,没关系,"谢尔盖·季莫费伊奇说,"就算整个戏演不好,也许总有几段精彩的地方……"

这以后过了几天,海报上就出现了《哈姆雷特》的剧名,由莫恰洛夫主演。谢尔盖·季莫费伊奇在等待这个戏演出时非常激动,心里又恐惧,又抱有希望……

我同他一起坐在经理包厢里,戏开演时扎戈斯金不在包厢。启幕之前谢尔盖·季莫费伊奇忐忑不安地说:"咱们来瞧瞧到底怎么样!"

第一幕结束后,谢尔盖·季莫费伊奇摇了摇头,忧郁地看了我一眼,说道:"不行,糟透了。"演到第二幕,当哈姆雷特几次出场时,阿克萨科夫几乎忍不住伤心和愤懑了,他坐在椅子上辗转不安,嘴里不住地嘟囔:"他完全毁了!他演哈姆雷特还从来没有演得这么糟,简直该把他赶下台去。"幕落下以后,谢尔盖·季莫费伊奇心烦意乱地走出包厢,在包厢的前室里碰上了刚刚来到剧院的扎戈斯金。

"太不像话了，"他十分懊丧，气喘吁吁地对扎戈斯金说，"老兄，简直不堪入目……"

"谁呀？莎士比亚吗？"扎戈斯金对着镜子理他的头发，漫不在意地打断了他的话，"亲爱的，这可真是，"他继续说，"你们老是叫嚷：莎士比亚！莎士比亚！天才！天才！删掉他一个字你们就认为是亵渎神圣，可他的剧本一定得删改，我向来都是这么说的……"

阿克萨科夫火了，抓住扎戈斯金燕尾服的翻领推搡起来……

"什么莎士比亚！谁说莎士比亚啦！你在说什么梦话？不是莎士比亚，是莫恰洛夫不堪入目……你明白吗？"

"噢——！"扎戈斯金拖长了声音说，"可不是吗，我早就料到他不能上台。"

"那你干吗非要他上台不可？他那样子叫人看了又觉得可惜，又为他害臊。这不是哈姆雷特，而是拙劣可笑的模仿！"

扎戈斯金也火了。

"可你却老是跟我纠缠不休：'你能让我们很快看到莫恰洛夫的演出吗？什么时候让他演哈姆雷特呀？'好吧，我让他演了，你却反过来责备我。"

看完第三幕哈姆雷特和母亲的那场戏以后，谢尔盖·季莫费伊奇再也忍不住，挥了挥手就走了……

我也好不容易才坐到散场：没有表现出一丝灵感，没有听到一句发自肺腑的话，不适当的叫喊，笨拙的动作，不知分寸、令人无法容忍的表演……"所有莫斯科人都大肆赞扬的这位伟大的天才到哪里去了呢？令别林斯基兴奋不已的、莫恰洛夫扮演的哈姆雷特[1]到哪里去了呢?"

我走出剧院时精神疲倦,很不愉快,而且心情沉重。

一个星期以后《奥赛罗》又上演了。

莫恰洛夫在《奥赛罗》中的表演跟《哈姆雷特》一样糟糕,仅在第二幕,即苔斯德蒙娜在基普雷岛上会见他的那一幕中,莫恰洛夫才表现出那种真挚的柔情,那种对自己妻子的无限的爱恋,让人从这一幕可以猜测他在舞台上充满灵感、演得最为成功时的形象。他的嗓音柔和悦耳,脸上显出深沉而真切的感情,令我惊叹不已。

然而我始终未能欣赏到莫恰洛夫的真正才华……

"明天晚上在我家里,"谢尔盖·季莫费伊奇对我说,"扎戈斯金准备朗读他新近写的长篇小说《故乡的怀念》。您想听的话,就来吧。他很喜欢您,他希望您一定来听一听……"

作者从第二部开始朗读,第一部的内容给我们讲了一下。

扎戈斯金的文笔流畅平稳,一时间令我昏然欲睡……突然,这种令人欣然入梦的文笔变成了生动活泼、令人感到清新有力的语言:原来那是在描写小俄罗斯之夜,我不由得精神一振,小说中故事发生的地点是在西班牙,怎么突然会冒出来小俄罗斯之夜呢?我一时没有弄清究竟,不由得叫了一声:

"太好了!"

谢尔盖·季莫费伊奇笑着把我的袖子一拽:

"您怎么啦?"他小声对我说,"这是他讥讽地摘引果戈理作品中的一段,意思是说,要是这样描写小俄罗斯之夜的话,那么西班牙之夜又该怎么写呢?"

---

1 巴纳耶夫指的是别林斯基的《莎士比亚的剧本〈哈姆雷特〉——莫恰洛夫扮演哈姆雷特的角色》,该文于一八三八年分三期连续发表在《莫斯科观察家》上。

听完对西班牙某个城市的描写以后，谢尔盖·季莫费伊奇打断了朗读，问扎戈斯金道：

"你从来没有去过西班牙，那么你对西班牙城市的外貌怎么会描写得这样出色、这样细致呢？"

扎戈斯金把手稿放在桌上，透过眼镜看了阿克萨科夫一眼，微微垂下了头，非常认真地答道：

"我有一些卢库京出产的、画着西班牙风光的鼻烟壶，亲爱的，那是干吗用的呢？"

他稍稍中断了一下朗读，开始论证卢库京的产品完美无缺，他说，外国人出的这类制品不论装潢还是画面都差一些，只要俄国人愿意，他们总能大大胜过德国人、法国人和英国人……

我在莫斯科的日子过得很愉快，丰富多彩而且转瞬即逝。一想到再过一两个月我就要离开莫斯科（我必须到喀山省去处理事务），我就感到惴惴不安。

"假如可能的话，我一辈子也不离开莫斯科！"有一次我对康斯坦丁·阿克萨科夫说道。

"那您干脆迁到我们这儿来得了，"阿克萨科夫答道，"您跟彼得堡毫无共同之处。"

我们说话时声音很小。离我们几步远的窗边（这是在阿克萨科夫家的客厅里）站着谢尔盖·季莫费伊奇和我尚未结识的米·彼·波戈金。

"米海洛·彼得罗维奇，"康斯坦丁·阿克萨科夫把我领到波戈金跟前，对他说道，"这就是对莫斯科感到欣喜若狂的那位彼得堡文学家。"

老阿克萨科夫爱抚地看了我一眼，把我介绍给波戈金。

波戈金向我伸出手来。

"很高兴同您结识……从已经出版的几期看来,"他稍稍停了一下,对我说道,"《祖国纪事》是一份很出色的杂志。克拉耶夫斯基干得不错!我们可以联合出刊,我很愿意把我的《莫斯科人》交给他。这是真的。您写信把我的愿望告诉他……我们的观点看来没有分歧。"

最初几期《祖国纪事》受到莫斯科所有知名文学家的一致赞扬。在当时卧病的尼·亚·梅尔古诺夫[1]的病榻边晚上经常有许多人聚在一起:舍维廖夫、霍米亚科夫、(尼·菲·)巴甫洛夫、康·阿克萨科夫,等等。我在他那里初次听到作者本人朗诵下面这首诗:

   自豪吧——谄媚者对你说道……

这首诗尚未在期刊上发表时即已在莫斯科引起热烈的喝彩声。

顺便讲一讲这首诗。它是尼·菲·巴甫洛夫于一八三九年六月寄给克拉耶夫斯基,供《祖国纪事》刊用的。

到了秋天,我从喀山回到莫斯科以后,收到克拉耶夫斯基(十月十日)的一封信,他在信中就便告诉我:

"……真没有想到会出这种事!请将下面这件事的全部经过原原本本地告诉尼古拉·菲利波维奇(巴甫洛夫)……我从头[2]说起。他在夏天给我寄来了霍米亚科夫的诗《自豪吧——谄媚者对你

---

[1] 尼·亚·梅尔古诺夫(1804—1867),俄国小说家、政论家,一度同赫尔岑私交甚笃,同别林斯基和斯拉夫派均有交往。自十九世纪六十年代初期起积极为尼·菲·巴甫洛夫的反动报纸《现代报》撰稿。

[2] 原文是拉丁语。

说道》。我是个精打细算的人，决定把它留到秋天再发表。到了九月，我把这首诗送去审查。书刊审查官和审查委员会勾掉了一行：'你把自由的秘密告诉他们'。我不敢用任何词句去替换这行诗，便写信给尼古拉·菲利波维奇，请霍米亚科夫亲自解决这一难题。就在我等候回音期间，正好在一个星期之前，第二百三十期《圣彼得堡新闻》（即科学院新闻）上突然出现了霍米亚科夫的这同一首诗，标题是《祖国》，没有作者署名，有我这儿被删去的那一行，只不过少了六行诗，那是霍米亚科夫用来替换中间这两行诗的：

> 而你的夙愿，你的使命，
> 你那上帝选定的命运……

而在交给我的手稿中，这六行诗出自尼古拉·菲利波维奇的手笔。这件事使我不胜惊愕！我当即写信给东杜科夫公爵（当时的圣彼得堡教育区督学兼书刊审查委员会主席），请求允许按寄给我的原稿发表霍米亚科夫的这首诗，并加一条附注[1]；他批准了（诗和附注刊登在第十期上），可是第二天，第二百三十一期《圣彼得堡新闻》又刊登一条"补正"，说《祖国》一诗的作者是霍米亚科夫，《俄国荣军报文学副刊》乃至《圣彼得堡新闻》都先于《祖国纪事》转载了这首诗。这一切到底是怎么回事呢？能否请尼古拉·菲利波维奇解释清楚呢？

"假如这种玩笑**并非出自霍米亚科夫本意**，那就应该由他亲自给东杜科夫写信，对这种专横的做法提出控诉，否则我们将没

---

[1] 这条附注指出，作者预定给《祖国纪事》发表的这首诗已经刊登在"一家报纸上，做了若干修改，没有作者的署名。本刊发表此诗时系按原文全文刊登"。

有一篇文章能够幸免于这种劫掠的危险。我在此地无法查清这件事,因为我不论同奥奇金[1]那些人还是同这个什么……都没有往来……"

我把这些话全都转告了巴甫洛夫,但这场**玩笑**(用克拉耶夫斯基的话来说)是以什么方式解释清楚的,我已经不记得了。

有一天夜里我们从梅尔古诺夫的住处沿着林荫道步行回家,有巴甫洛夫、霍米亚科夫,还有一个不记得是谁……巴甫洛夫同霍米亚科夫两个人谈得异常兴奋。谈论的对象是一个姓**米尔克耶夫**的人,此人靠了巴甫洛夫和霍米亚科夫的情面,在此之前不久出了一本小小的诗集;这些诗现在除了专门搞图书目录的人以外已无人知晓。当时巴甫洛夫和霍米亚科夫对米尔克耶夫那些轰动一时的诗歌感到欣喜若狂,把他看成俄国文学最光辉的希望之一。当时已因自己的诗才和一本有歌德亲笔题词的纪念册而驰名的卡罗利娜·卡尔洛芙娜甚至写了一首致米尔克耶夫的诗,其时米尔克耶夫大概有二十二或二十三岁。用当时的话来说,这是一个浑金璞玉式的天才:他几乎未受过任何教育,也根本不懂外语。尼古拉·菲利波维奇·巴甫洛夫是上流社会的人,他试图证明必须让米尔克耶夫学习讲法语,因为法语将使他有可能接近上流社会,这对他的发展将起促进作用……霍米亚科夫对此激烈进行反驳,他说,不论法语还是上流社会都不会给他带来任何好处,相反只会害他;应该逼他认真学习德语,了解了德国文学和哲学,他的世界观才能变得更加开阔。这场争论十分激烈,双方都不肯让步,直至分手时仍未决定那位浑金璞玉式的天才的命运……此事过了

---

1 安·尼·奥奇金(1791—1865),杂志出版人、翻译家、书刊审查官,一八三六至一八六二年间任《圣彼得堡新闻》报编辑。

半年，人们对米尔克耶夫已完全冷淡下来，他也很快死去……如果我没有记错的话，他死的时候极端贫困。

当我把有关米尔克耶夫的争论告诉别林斯基时，他忧郁地笑了一下。

"真是莫名其妙！"他感叹道，"这个人写的诗不过是些浮华的辞藻，与其为他争来争去和出版他的诗集，倒不如干脆帮这个穷汉一把。他们坑害了他……由于受到他们的赏识，天知道他自己会怎样想入非非！就算他真有诗才，他也照样会饿死，因为诗是不付稿费的。巴甫洛夫想让他成为一个上流社会的人，霍米亚科夫则想要他成为一个思想家，可是他需要的首先是一块糊口的面包，以及获取这块面包的手段。"[1]

随扎戈斯基一起驱车去麻雀山以后，我写了一篇关于莫斯科的文章，写得热情洋溢——充满了动听的辞藻，用了许多感叹号、问号和数不清的省略号，还从德米特里耶夫[2]、格里鲍耶陀夫、普希金等人的作品中引用了形形色色的有关莫斯科的题词。文章发表在克拉耶夫斯基先生的《俄国荣军报文学副刊》上。这篇文章用了不少空泛华丽的词句，不过感情还是真挚的，我也因此获得了阿克萨科夫一家人更大的好感。

康斯坦丁·阿克萨科夫对这篇文章非常满意，他拥抱了我，并同我紧紧握手。

在他读了这篇文章的那天傍晚，我同他到莫斯科的大街上闲

---

[1] 叶·卢·米尔克耶夫（1815—1846/47），一个靠自学写诗的诗人，由茹科夫斯基从西伯利亚带到彼得堡，十九世纪四十年代初到莫斯科，受到巴甫洛夫等人的吹捧，其后穷愁潦倒，于一八四六或一八四七年自杀。
[2] 伊·伊·德米特里耶夫（1760—1837），俄国诗人，感伤主义的代表人物。尼·米·卡拉姆津的朋友和追随者。

逛，最后走得累了，便在莫斯科河岸边的斜坡上躺下来休息，从那里可以看见德拉戈米洛夫桥。

我们脱下常礼服，躺在草地上。白昼的炎热开始稍稍减退，傍晚的清风吹来，使我们感到清新、惬意……晚霞的景色十分壮观。

"世界上还有什么别的城市能够让人像咱们现在这样，随随便便、自由自在地躺下来休息吗？"康斯坦丁·阿克萨科夫对我说，"我们离市中心并不远，可是在这儿就像到了乡下。您瞧瞧那些房屋，星星点点掩映在山上的绿荫之中，多么美呀……您在莫斯科可以找到许多这样僻静而又风景如画的地方，有的甚至离市中心只有几步远……这就是莫斯科绮丽风光的一大特色！我不明白，在您那用花岗石修造的、冷冰冰、直挺挺的彼得堡怎么能活得下去？……不，您就留在我们这儿吧，您有一颗俄罗斯人的心，而俄罗斯人的心只有在这儿，在这片广阔天地里，在这些随处可见历史遗迹的地方才能轻快地跳动……怎么能不热爱莫斯科呢！她为俄罗斯作出了多少牺牲呀！"

阿克萨科夫越说越兴奋，当讲到"作出牺牲"时，他便从地上跳起来，两眼闪闪发亮，一只手握成拳头，声音也越来越洪亮……

"是我们意识到自己的民族精神的时候了，而这一点只有在这里才能做到；是我们同人民接近的时候了，而要做到这一点，首先就得从我们身上扔掉这些把我们同人民隔开的窄小蠢笨的德国服装（说到这里阿克萨科夫俯身到地面，拾起自己的常礼服，神色鄙夷地把它扔到一边）。彼得[1]让我们脱离民族精神，要人们剃

---

[1] 指彼得一世。

掉胡须,今天我们重新恢复民族精神,就该把胡须蓄起来……就是这样,伊万·伊万内奇!"当我从草地上欠起身子时,阿克萨科夫把他那宽阔的手掌放到我的肩上,最后说道,"抛开彼得堡,迁到我们这儿来吧……我们在这儿会过得很有意思。真的,您考虑考虑吧。"

他吃力地穿上那件窄小的德国常礼服,这件衣服套在他那壮实的身体上不知怎么有些别扭。这时太阳已经落山了,我们也动身回家了……

此后大约过了五年,康斯坦丁·阿克萨科夫脚穿擦了油的皮靴,身着红色俄式衬衣,头戴十八世纪以前的俄式平顶毛皮帽公开露面,在莫斯科闹得一片哗然。

据说在一次舞会上(这是四十年代的事),他走到当时莫斯科著名的美人 K.[1] 跟前。

"扔掉这件德国连衣裙吧,"他对她说,"您干吗喜欢穿这种裙子呢?您给我们所有的女士们做个榜样,穿上咱们俄国传统的无袖女长衫,那对您这副花容月貌该是多么合适!"

就在他劲头十足地对她说这番话时,当时的莫斯科军事总督谢尔巴托夫公爵走了过来。她对总督说,阿克萨科夫劝她随时随地都穿民间的无袖女长衫。

谢尔巴托夫公爵微微一笑……

"这么说来,我们就该穿民间那种男长衫啰?"他瞟了阿克萨科夫一眼,不无讥讽地反驳道。

"不错!"康·阿克萨科夫两眼灼灼闪光,手握拳头,十分庄重地说,"干吗不能那样呢?我们全都穿俄罗斯民间男长衫的日子

---

[1] K.可能是指著名的美人奥罗拉·卡尔洛芙娜·舍恩维尔,她于一八四六年改嫁给历史学家卡拉姆津的儿子。

已经不远了!"

谢尔巴托夫公爵一见他如此狂热,便赶紧走开了。

"谢尔巴托夫跟阿克萨科夫之间出什么事儿啦?"有人问曾经目击这一场景的恰达耶夫道。

"说实在的,我也不太清楚,"恰达耶夫微笑着答道,"好像是康斯坦丁·谢尔盖伊奇劝军事总督穿女式无袖长衫……反正是这一类意思吧……"

# 第二章

凯切尔——略谈他所属的那个小组——米·谢·谢普金和他的家庭——到希姆基他们家的别墅去——果戈理在阿克萨科夫家中——朗读《死魂灵》第一章——作者亲临剧场观看《钦差大臣》的演出——尼·菲·巴甫洛夫和卡·卡·巴甫洛娃——凯切尔和巴甫洛夫夫妇

别林斯基小组同米·谢·谢普金[1]及其一家人关系非常亲近，交往十分密切。我早在来莫斯科之前就已认识米海洛·谢苗内奇，一来到莫斯科，又马上结识了他们全家。

在谢普金家里经常聚会的有卡特科夫、别林斯基、巴枯宁兄弟和莎士比亚作品的译者凯切尔[2]。凯切尔在谢普金家里就像是个家庭成员，不过他有个特点，不论到谁家里都像在自己家里一样。他会毫不客气，立即参与一切家庭事务……凯切尔在所有同他关系亲密的人和别林斯基小组中都颇有声望，大家认为他为人异常直爽诚实，甘愿为自己的朋友上断头台。

凯切尔的相貌并不特别吸引人，但他的性格朴直到了粗鲁的程度。他对所有人都不拘礼节，有点近乎厚脸皮；不论对朋友还是仇敌他都是有话当面直说，言语尖刻而不受欢迎；一副尖锐刺耳的嗓子能盖住所有人的声音；两只手从不停歇，像风车的车翼一样在空中划来划去；一张大嘴里不住地爆发出温厚却又震耳欲聋的笑声——这一切加在一起，也许会使那些神经质的人感到不

---

[1] 米·谢·谢普金（1788—1863），俄国演员，俄国戏剧的改革者及现实主义舞台艺术的奠基人。自一八二四年起成为莫斯科小剧院演员，以塑造《聪明误》《钦差大臣》等名剧中的主角形象而著称，同赫尔岑、果戈理、别林斯基、谢甫琴科等人关系密切。
[2] 尼·赫·凯切尔（1806—1886），俄国翻译家、医生，别林斯基、赫尔岑和格拉诺夫斯基的密友。一八五九至一八六二年同加拉霍夫一起编辑第一版别林斯基文集。

快，但不知怎么又令人不由得对他产生好感和信任。凯切尔的朋友们喜欢开他的玩笑，说他一个月只洗一次脸，从来就没有梳子和刷子，因为他从不梳头。不过他并不需要梳子，因为他的头发总是剪得很短，有如一顶帽子扣在头上。

凯切尔是别林斯基及其友人们的朋友，但他其实并未参加他们的小组。

在此之前几年，他结交了当时还是莫斯科大学学生的伊斯康捷尔[1]及他的朋友和大学同学奥加廖夫[2]和萨京[3]。

他们组成了自己的小组，领导人是伊斯康捷尔。伊斯康捷尔具有卓越的才能和勤于钻研、渴求知识、在任何古老传统的障碍面前决不停步的头脑；他是在十八世纪法国文学的土壤上培育出来的，为人机智而又充满热情，因而很快引起了整个莫斯科思想界的注意……这群青年人经常纵酒狂饮，凯切尔又嚷又笑地给大家斟酒，几个朋友一边一瓶又一瓶地喝着香槟（伊斯康捷尔和奥加廖夫从不缺钱用），一边热烈讨论社会、政治和历史的各种问题。他们当时属于我们当中为数不多的那些经常留心政治运动的人之列。

伊斯康捷尔结识了别林斯基，后者的文章已开始引起他的注意，但他们当时还未像后来那样成为朋友。

别林斯基和他的小组成员专门研究抽象的哲学概念和范畴，

---

[1] 赫尔岑的笔名。按：巴纳耶夫发表回忆录时，赫尔岑被沙皇政府宣布为"国事犯"，出于书刊审查方面的原因，本书中凡提及赫尔岑时均使用"伊斯康捷尔"这一笔名。
[2] 尼·普·奥加廖夫（1813—1877），俄国革命家、诗人、政论家，赫尔岑最亲密的战友，自一八五六年起侨居英国。
[3] 尼·米·萨京（1814—1873），俄国诗人、翻译家，赫尔岑和奥加廖夫小组的成员。一八三四年同他们一起被捕，在辛比尔斯克度过几年流放生活，后通过赫尔岑结识别林斯基、巴纳耶夫等人。

他们完全沉浸在黑格尔的著作中,对当代政治问题和运动毫无兴趣,甚至认为这些事情够不上他们世界观的水平,因而对于在伊斯康捷尔的影响下建立的小组不很赏识,而这个小组对德国哲学也不感兴趣,具有较为实际的倾向。伊斯康捷尔同别林斯基曾经交谈过一次,分手时自然彼此都很尊重对方,但坚信他们不可能有共同的事业。

别林斯基为伊斯康捷尔感到惋惜,伊斯康捷尔则更加为别林斯基感到伤心……然而不久,命运把伊斯康捷尔及其朋友分别抛到俄国各个角落。[1] 只有凯切尔一人留在莫斯科……

别林斯基喜欢凯切尔,但他有时觉得凯切尔"使他的神经感到十分难受"。他当面称他为"令人无法忍受的饶舌家"。"他们都是些极好的人,"他在谈到伊斯康捷尔小组时说,"但他们的种种习惯,以及他们聚会时像淌水一样喝的酒,这一切都不符合我的性格。这些人中间只有伊斯康捷尔是个极为优秀、杰出和机智的人。"

我是在什么地方和怎样认识凯切尔的,我已经记不清楚了。现在我仿佛觉得,我同他一生下来就认识。我只晓得我们刚认识五分钟,彼此就以"你"相称,而凯切尔在同我结识的头一天,对我就像对同他已经相好几年的人一样不拘礼节……他的模样至今仍然历历在目:手持一瓶香槟酒,粗野地大笑着给我斟上一杯,然后叫道:"喂,你喝呀,老弟,喝吧!"

六月,谢普金带着全家人迁到**希姆基**(出莫斯科的第一站)附近的别墅里,我同别林斯基和凯切尔便上那儿去拜访他。凯切

---

[1] 一八三四年夏天赫尔岑、奥加廖夫及其朋友被捕,次年春天被分别流放到俄国不同的省。

尔来到我的住处时披一件红色毛料衬里的黑色无领斗篷,样子就像《罗勃》[1]里面的恶魔,手上拎一只篮子,篮子里塞着麦秸。

"这篮子装的什么呀?"我问他道。

凯切尔纵声大笑起来。

"哎,你呀,尽出些洋相!"他叫了起来,"谁会问这种问题呢?自然是路上的备用品啰。老弟,我们这儿出门没有不带这东西的。这儿有我的两瓶,还有两瓶是你的——你该明白了吧?"

路上凯切尔一直嚷个不停,他极力证明莫斯科在一切方面优于彼得堡,还顺便把彼得堡那些期刊出版人恶狠狠地骂了一顿……

那一天天气窒闷,酷暑蒸人。我们一个个满身大汗,路上尘土飞扬,我和别林斯基憋得喘不过气来,连手脚都无法动弹一下,可是凯切尔对这一切都满不在乎,他一直嚷着、笑着,不停地挥动手臂……谢普金的住宅从大路上无法看见,当我们驱车驶近住宅时,凯切尔狠狠捶了一下我的肩膀,捶得极痛。

"这就是希姆基了!你瞧,你瞧!你们彼得堡有这样的景色吗?你们那儿的别墅都建在泥潭和沼泽里,像小孩用纸牌搭的房子一样,糟透了,可是这儿,你瞧吧——多气派!"

我们面前的小丘上有一座相当大的木结构旧式地主宅邸,宅邸前面是一个池塘,后面是一座林木茂密的花园,花园里耸现出教堂的绿色屋顶。池塘里花草繁茂,水面上覆盖着一片片圆形的叶子。花园的小径上长满了草,由于主人任其自由生长,花园已经开始荒芜……这块地方确实景色优美,花园后面是种满庄稼、一望无垠的平坦的田野……

---

[1] 德国作曲家梅耶贝尔(1791—1864)的歌剧《恶魔罗勃》。

当我们从大路上转弯,向下驶入一片四周长满茂密树木的狭谷时,迎面蓦地飘来一股清新的空气和乡村的气息。登上小丘,我们看见了谢普金那矮小滚圆的身形,他身穿夏服,头戴一顶宽边草帽。这时凯切尔在四轮马车上站起身来,两手挥舞,一边大笑,一边发出一种尖锐刺耳的喊声……

整个场面连同那些微小的细节,至今仍然历历在目,尽管从那时以来已经过去二十二年了!

米海洛·谢苗诺维奇伸开双臂,拥抱着迎接我们,我们也怀着一种喜悦之情吻着他那柔软丰满、稍一动就发颤的脸颊……

其时谢普金年已五十开外,尽管身体肥胖,但仍然精神矍铄,生气勃勃。

他家里人口多,一大家人勉强挤在这幢乡间地主宅邸里。他有四个儿子,老大德米特里已在供职,另外两个儿子(尼古拉和彼得)在大学念书;此外他家里还住着两个姓巴尔索夫的青年,这是两个孤儿,是他一个戏友的孩子;还有两个上了年纪的老处女,那是谢普金的姐妹,长得跟他一样,又矮又胖,举止也跟男人一样,整天烟袋不离口,拼命抽劣质烟草……谢普金的大女儿体弱多病,几乎不出房门;二女儿具有她母亲(一个非常温和、讨人喜欢的女人)那种南方人的特征,已经开始在莫斯科和一些外省舞台上崭露头角……此前不久她随父亲去过喀山,在那儿产生了很大影响……这一时期有很多人倾慕她,其中就有别林斯基小组的一个成员,那是别林斯基最年轻的朋友之一[1]。在此之前不久,别林斯基本人对她似乎也并非完全无动于衷。谢普金的小女儿则还是个孩子。

---

[1] 指米·尼·卡特科夫。

房间里乱七八糟，就像这一家人头一天晚上才迁来似的。住宅中间是个大房间，有一道门穿过凉台通向花园，房间里放着一张长桌。就在这个房间的地板上铺着一块大绒毛褥子，上面坐着谢普金的一个姐姐，口里衔着一只长烟杆。

凯切尔先关照把香槟酒冰冻起来，他走遍了所有的房间，边笑边嚷，对女士们一再讲些俏皮话，而最对这些俏皮话感到满意的还是他自己。

我们发现这里的其他客人中还有米·尼·卡特科夫，他不知怎么十分伤心，像拿破仑那样抄着双手，心事重重地低着头，随后又心不在焉地抬起头来，眯着他那对小眼，离别人远远的，皱着眉头踱来踱去。他对凯切尔大发雷霆，因为凯切尔不住地纠缠他，一边说笑话一边呵呵大笑。

午餐之前，宅邸的主人、他的几个儿子和卡特科夫到池塘里去洗澡，我们站在岸边观看。老谢普金极善于游泳，他在水里给我们表演了各种把戏，包括"孤岛"：全身浸在水里，水面上只露出他那又圆又大的肚皮。

午餐时谢普金以他特有的技巧给我们讲了各种逸闻趣事和他生活中的一些故事，其中也包括**偷东西的喜鹊**的故事，用他的话来说，这篇故事后来由伊斯康捷尔作了极为出色的叙述。凯切尔给大家分别斟酒，口里嚷道："喂，你们喝呀，喝吧！"自己则给大家示范。他手持酒瓶围着桌子转来转去，不知为什么拼命挥舞酒瓶，严格监视不喝酒的人，谁的酒没喝完，他就停在他跟前嚷道："您怎么啦？马上喝完！你们可真没用！这么多人在这儿，连四瓶酒都喝不完！"

每当凯切尔从别林斯基身边走过时，别林斯基总是皱着眉头，不安地望着他；凯切尔则摇摇头，遗憾地看着他说：

"别担心,别担心,我不给你斟酒……我可不惹你,见你的鬼!"

别林斯基有一次(这是他谈到凯切尔时亲自告诉我的)同凯切尔当真吵了一架,因为他逼着他喝酒,他要凯切尔作了保证,今后决不再拿酒来纠缠他。从那以后,凯切尔在劝酒时总要避开他,不过每次都要针对他说几句俏皮话……

其时谢普金的才华正处于全盛时期,他出演"市长"一角[1],在当时博得了一片喝彩声……他对初登舞台的年轻人的影响很大,也很有益:他激发了他们对艺术的真正的爱,对他们的表演提出建议和意见,大大促进了他们的成长。谢普金受到所有文学家的器重和热爱,大家跟他的关系都很密切。舍维廖夫对他和他的才华的评论跟别林斯基的评论一样充满热情……谢普金讲起故事来极为出色,充满小俄罗斯的幽默感;他面容温厚,对所有人都很和气,大家都喜欢他;他热爱艺术,而且逢人便表露这种心迹;人们对他在家庭生活中的美德也广为称道,说他虽然财力有限,家大口阔,但仍然主动抚养同事的两个遗孤,等等——所有这一切(撇开他的才华不说)使谢普金在当时的青年的心目中成为一个极其引人注目、讨人喜欢的人……也有过一些流言蜚语,说谢普金是个阴谋家,为人圆滑世故,善于谄媚逢迎,巴结上司和有权势的人,这些流言蜚语从某些角落里吞吞吐吐地冒出来,但却淹没在愤怒的谴责声中……在我看来,谢普金既是演员的典范,也是做人的楷模。我甚至对他怀有一种儿子对父辈的柔情。

《钦差大臣》上演以后,谢普金对果戈理的爱变成了一种虔敬之情。每当谈到果戈理或读着他的来信的片段时,他容光焕发,

---

1 果戈理的喜剧《钦差大臣》中的"市长"一角。

两眼涌出了泪水——这是老年人因视神经衰退而流泪的征兆,这种眼泪他现在流得很多,不管流的是不是时候。果戈理信中的每一个字,哪怕最普通、最无足轻重的,他念起来都说不出的激动,而且一边流泪,一边微笑着感叹道:"了不起!了不起!"这种时刻,他的嗓音和脸颊都微微发颤……

吃过午饭以后,我和谢普金的长子在花园里散了一会步,回到屋里时,我发现所有的人都显出一副不安的神色……卡特科夫的脸色白得像死人一样,呼吸也很急促;凯切尔呵呵笑着,在他身旁关切地劝慰他;别林斯基的神色也有些异样,在房间里不安地踱来踱去。

一时间我感到十分局促。我心里明白,屋里出了什么小小的悲剧。别林斯基同我一起走到另一个房间……

"我们到花园里走一走。"他对我说。

我们来到花园。别林斯基默不作声。

"卡特科夫怎么啦?"我问道。

"他闹得很不像话,"别林斯基答道,"再说他还完全是个孩子,喜欢这种故意渲染的离合悲欢的场景……"

别林斯基不再说下去了。我自然没有再多问他,谈起了别的话题……

我们告别之前,米海洛·谢苗内奇告诉我,过几天他要同果戈理(他刚到莫斯科)一起上谢尔盖·季莫费伊奇家去吃午饭,随后他又以一种神秘的口气,用激动而颤抖的声音补了一句:

"您要晓得,他好像打算在那儿朗读一篇新作!"

果然,几天以后谢尔盖·季莫费伊奇邀我去吃午饭,说是果戈理也要去,他答应朗读《死魂灵》的第一章。

我急不可待地等着这一天来临,午餐前一个半小时我就到了阿克萨科夫家。谢普金好像比我到得更早……

快到四点时果戈理来了,他见了我就像见了老熟人一样,握着我的手说:

"噢,您也在这儿……您怎么来的?"

不用说,他受到了异常兴奋的接待。康斯坦丁·阿克萨科夫把他看成俄国的荷马,他使全家人都对果戈理充满了热情。对于老阿克萨科夫来说,果戈理的作品使他耳目一新,这些作品使他脱离了旧文学流派的种种陈规陋习(他本来属于最有名的墨守成规的文学家之列),为他后来的创作活动激发了新的、朝气蓬勃的力量。假如没有果戈理,阿克萨科夫未必能写出《巴格罗夫的家庭》[1]来。

这一天对康斯坦丁·阿克萨科夫来说就像过节一样,他是那样爱慕地注视着果戈理的每一瞥眼光、每一个动作,聆听着他每一句话!他是那样兴奋地同谢普金互相交换眼色!他是那样紧紧地握住我的手,一遍又一遍地说:

"这就是他,咱们的果戈理!真了不起啊!"

果戈理很少开口,说起话来也无精打采,似乎很勉强。他看上去心事重重,闷闷不乐。他不会看不到周围人们对他的崇拜和景仰,他把这一切看成是理所当然的,表面上淡然处之,以此来掩盖他的自尊心所感到的那种满足。他的行为举止中有一种不自然的、矫揉造作的成分,这使那些不是把他作为天才,而是把他作为普通人看待的人感到颇为不快……

阿克萨科夫一家人对果戈理的天才怀着深刻的、无限敬重的感情,这种感情以一种天真幼稚、近乎可笑的真诚公开表露出来。

---

[1] 谢·季·阿克萨科夫的名著《家庭纪事》和《孙子巴格罗夫的童年》。

午餐时放在他面前的餐具不是普通的,而是玫瑰色的玻璃器皿;饭菜端上来先敬给他;他爱吃通心粉,便有人送上来请他先尝一尝,他觉得不大满意,便亲自动手撒上干酪,进行搅拌。

吃过午饭以后,他伸开手脚,懒洋洋地躺在谢尔盖·季莫费伊奇书房里的沙发上,几分钟以后便垂下头,闭上眼睛——不知是真的开始打盹呢,还是装作昏昏入睡的样子……房间里顿时一片寂静,谢普金、阿克萨科夫父子和我都踮着脚走出房间。康斯坦丁·阿克萨科夫屏息静气,像个哨兵似的在书房周围走来走去,只要有人稍有响动或讲一句话,他就挥着手小声说道:

"嘘——!尼古拉·瓦西里伊奇刚刚入睡!"

午餐前,果戈理对已经许诺的朗读一事只字未提,谁也未敢问他是否准备践诺……果戈理打盹时,所有人脑子里只有一个问题:他会朗读一篇作品吗?读哪一篇呢?所有人心里都忐忑不安,就像平时人们期待一件不寻常的事情发生时的心情一样……

过了好久,果戈理才大声打了一个呵欠。

康斯坦丁·阿克萨科夫朝门缝里望了一眼,看见果戈理已经睁开眼睛,便走进书房。我们都跟在他身后走了进去。

"我好像打了个盹儿,是吗?"果戈理一边打呵欠,一边瞅着我们问道。

女眷们听说他醒了,便把康斯坦丁·阿克萨科夫叫出去,小声问道:"他读不读呀?"康斯坦丁·阿克萨科夫耸了耸肩,说他一无所知。

所有人心里都因为一无所知而憋得难受,于是谢尔盖·季莫费伊奇首先下决心,要让大家摆脱这种不痛快的心情。

"尼古拉·瓦西里伊奇,您好像给我们许过一个诺言?您没有忘记吧?"他小心翼翼地问道。

果戈理的身子微微一动。

"什么诺言呀？……噢，不错！可是说实在的，我今天没有这个心情，朗读起来也会很蹩脚，最好免了吧……"

听了这几句话，我们都垂头丧气了，但谢尔盖·季莫费伊奇并未泄气，鼓起三寸不烂之舌极力劝他……果戈理推辞了半个多小时，一再扯起别的话题。后来他伸了伸懒腰，说道：

"好吧，就这样，我还是给你们读点儿什么吧……可我就是不知道，读点儿什么呢？"说着他从沙发上欠起身来。

谢普金精神一振，两颊颤动起来；康斯坦丁·阿克萨科夫顿时满面春风，仿佛全身被阳光照亮一样；整个住宅里的人都悄悄奔走相告："果戈理要朗读啦！"

果戈理从沙发上站起身来，用不大高兴的、疑问的眼光瞥了我一眼（我后来才知道，他朗读时不喜欢他不很熟悉的人在场），然后向客厅里走去。大家都跟在他身后。女眷们早已在客厅里等候他。

他不乐意地走到沙发前一张很大的椭圆形桌边，在沙发上坐下，迅速扫视了一下所有的人，又开始执拗，说他不知读什么才好，他没有一篇经过加工的、完整的作品……说着他猛然打了个嗝儿，接着又是一下，两下……

女士们互相交换着眼色，我们此时则一动也不敢动，只是困惑不解地望着他。

"我这是怎么啦？好像是打嗝儿啦？"果戈理说了两句，又住了口。主人和主妇甚至有点发窘，他们大概以为果戈理不喜欢他们家的午餐，把胃搞坏了……

果戈理继续说道：

"昨天午餐吃的东西噎在喉咙里：又是蘑菇，又是什么冷汤！

一个劲儿地劝你吃呀,喝呀,鬼才知道吃了些什么……"

他从背后口袋里掏出手稿放在面前,又打起嗝来……"再读读《北方蜜蜂》吧,那里面有些什么呢?"说话时,他的眼睛已经注视着自己的手稿了。

直到这时我们才猜到,他打的这阵嗝、说的这番话原来是朗读一个剧本片段的开始,这个剧本后来发表时题为《争讼》。所有人脸上都泛起了笑容,不过谁也不敢笑出声来……大家只是互相望望,仿佛在说:"这是什么呀?他读的哪一篇呀?"谢普金那双饱含泪水的眼睛眨了起来。

这个片段朗读了不到半小时。所有人都听得异常兴奋,这种情绪也感染了作者。

"现在我给诸位朗读我的《死魂灵》的第一章,"他说,"尽管这一部分尚未润色好……"

所有的文学小组在此之前都已听过有关《死魂灵》的种种传闻,产生了强烈的兴趣。如果我没有记错的话,这部长诗的开头部分果戈理首先是读给茹科夫斯基听的。人们都说,这是一部天才的作品,不仅在文学界,而且在社会上都激起了对《死魂灵》的好奇心。

因此,果戈理的提议在他的崇拜者中引起了怎样的反应,那就毋庸赘言了……

果戈理的朗读技巧是无与伦比的。在当代文学家中间,朗读自己的作品读得最好的要数奥斯特洛夫斯基和皮谢姆斯基[1]:奥斯特洛夫斯基读起来没有任何做作的表情,非常朴实无华,同时又赋予每个人物符合其身份的口吻;皮谢姆斯基读起来则像一个演

---

[1] 阿·费·皮谢姆斯基(1821—1881),俄国作家,主要作品有长篇小说《一千个农奴》和剧本《苦命》。

员——可以说，他是通过朗读来演出自己的剧本……果戈理的朗读方法则介乎这两者之间，他读起来比奥斯特洛夫斯基富有表情，但比皮谢姆斯基朴实得多。

他读完第一章便停了下来，显得有点疲乏，用眼睛扫视了一下听众，此时他那作者的自尊心该是完全满足了，所有人脸上都明显地表露出他的朗读所引起的深刻印象。大家都受到了震动，都感到惊讶。果戈理给自己的听众展示了这样一个世界：它使我们大家感到那样熟悉、那样亲切，然而在他之前没有任何人能够以这样一针见血的观察力、这样惊人的忠实程度和这样的艺术力量把它再现出来……而且那种语言——是多么生动！多么有力、清新、富于诗意！……我们听得十分惬意，甚至感到悠然陶然，如痴如醉。

朗读结束以后，谢尔盖·季莫费伊奇·阿克萨科夫激动地在房间里来回踱步，不时走到果戈理跟前，握住他的手，并且意味深长地望着我们大家……"天才，天才啊！"他一再说道。

康斯坦丁·阿克萨科夫那对小眼睛闪闪发亮，他用拳头敲着桌子，说道：

"荷马式的笔力！堪与荷马媲美！"

女士们异常兴奋，赞不绝口，而且感叹不已。

这次朗读以后，果戈理在所有人心目中的形象更加高大了……[1]

第二天，我和康斯坦丁·阿克萨科夫一起上别林斯基那儿去。阿克萨科夫热情洋溢地向他讲述了昨天朗读的情况，他说，听了

---

[1] 这一节叙述有若干不准确的地方。果戈理从国外回到俄国不是在一八三九年六月，而是一八三九年九月。他在阿克萨科夫家朗读《死魂灵》第一章是在一八三九年十二月底或一八四○年一月初，而朗读《争讼》则是一八四○年三月八日的事。

《死魂灵》以后，再也不能怀疑果戈理是个天才，他将给俄罗斯文学奉献一部反映俄罗斯整个面貌的博大精深的作品。

别林斯基贪婪地听着阿克萨科夫的讲述，并用羡慕的眼神望着我们。

"见鬼，你们可真走运！"他说，"要是现在能让我听一听这一章，豁出什么代价我都心甘情愿……"

此时别林斯基本人尚未结识果戈理（他是后来在彼得圣普罗科波维奇处同他结识的）。《密尔戈罗德》问世以后，别林斯基对果戈理的艺术力量，尤其是《旧式地主》和《涅瓦大街》中表现出来的那种艺术力量感到惊叹。《钦差大臣》简直使他心醉神迷。

他是最先理解这部喜剧的意义的人之一。普希金则仅仅赞赏作者那种惊人的喜剧手法……

有意思的是，当别林斯基后来开始阐释果戈理作品伟大的社会意义时，果戈理被这种阐释吓坏了，他宣称他所写的根本就不是**某些**评论家归到他头上的那种意思。

果戈理是茹科夫斯基和其他一些对别林斯基很不赏识的文学权威的朋友，因此他似乎很担心这个年轻的、权威们不予承认的评论家对他的热情可能使他在权威们心目中的声誉受到某种损害……

谢尔盖·季莫费伊奇·阿克萨科夫说服扎戈斯金（他对果戈理不太赏识）趁果戈理来莫斯科之际在莫斯科的舞台上演出《钦差大臣》。

这个戏的上演出乎作者的意料：谢普金和其他演员都争先恐后，竭力在他面前卖弄演技。莫斯科大剧院在夏天本来很少有人光顾，这一次却挤得满满的。莫斯科所有著名的文学家和其他知名人士全都济济一堂，有的坐在池座的前面几排，有的坐在二楼的包厢里。别林斯基、博特金和他们的朋友当时还算不上什么名人,他们坐在靠后的几排。大家都在用目光搜寻作者,大家都在询问:他在哪儿呀?但人们都没有看见他。直到第二幕结束时,尼·菲·巴甫洛夫才发现他坐在切尔科夫夫人[1]的第一层厢座的角落里。

第三幕结束以后,剧场里响起了响亮的喊声:"作者!请作者出场!"喊得最响、鼓掌最起劲的是康·阿克萨科夫。他完全控制不了自己了……

"康斯坦丁·谢尔盖伊奇!……够了!……您要爱惜自己的身体!"尼古拉·菲利佩奇·巴甫洛夫边笑边整理自己的衬衣硬领,走到他跟前大声说道。

"您别管我。"康斯坦丁·阿克萨科夫板起面孔答了一句,又狂热地鼓起掌来。

"您干吗生气呀?我是为您好……您瞧瞧,"他转身对着我继续说道,"康斯坦丁·谢尔盖伊奇生我的气了,就因为我劝他冷静一些,免得伤了身体……真的,这么忘乎所以对身体有害,对吧?您说呢?"

在这一片狂乱的喊声中,果戈理(我一直注视着他)坐在椅子上头越垂越低,最后他几乎是溜出了包厢,以免被别人看见。

幕拉开了。

一个演员出来宣布说:"作者没有到剧场来。"

果戈理真的在第三幕结束后乘车走了,这使演员们感到很不痛快,他们使出了上帝赋予他们的全部才能,为的就是博得作者的夸奖。

---

1 指叶·格·切尔科娃,俄国考古学家、历史学家切尔科夫之妻。

果戈理离开剧场这件事也给观众留下了不愉快的印象,连康斯坦丁·阿克萨科夫对此也感到不满。

"不行,你们这位果戈理太高傲了,"尼古拉·菲利波维奇对他说道,"你们把他惯坏了……对不对?您说呢?……他这么做对观众、对演员都是不礼貌的,这话您同意吧?……是不是?我可没说错吧?"

"不错,他这么做是不应该。"康·阿克萨科夫心中不快地说。[1]

尼古拉·菲利佩奇·巴甫洛夫当时坐在第一排,戴着黄色手套,穿着漆得锃亮的皮靴,不时从口袋里掏出金色鼻烟壶闻闻,动作特别优雅。幕间休息时他在演出厅里踱来踱去,同所有知名人士都要谈上几句。假如我不是有幸认识《三部中篇小说集》的作者的话,看着他那优雅的动作和与众不同的风度,想必会把他当成莫斯科的某位贵族老爷。

别林斯基则显得腼腆、局促,谈不上任何风度:他穿一件破旧的常礼服,每颗扣子都扣得整整齐齐——当巴甫洛夫同他并排站在一起,以一种惠予垂青的态度同他谈话,并把自己的金色鼻烟壶递给他(别林斯基爱闻鼻烟)时,他那副模样简直显得寒碜。

我讲述的这个时期正是尼·菲·巴甫洛夫春风得意的时期,他在不久前刚同莫斯科一位著名的女诗人结婚,她的娘家姓亚尼什,除了诗才以外,她还拥有一千名农奴,并在奉献节林荫路上拥有一幢宅邸,正门筑有台阶,还有专人看门。

巴甫洛夫赢得她靠的是自己的《三部中篇小说集》。这部作品一问世就博得一片喝彩声,于是她就嫁给了他,把她那颗充满诗意的心献给这位幸运的小说家。

---

[1] 这次演出的时间不是在夏天,而是在一八三九年十月十七日。巴纳耶夫对这件事的记述十分准确。果戈理不愿露面一事引起公众议论纷纷,第二天他为此写信表示歉意。

当尼古拉·菲利波维奇把我介绍给他的夫人时，我不由自主地感到有些忐忑……

站在我面前的是一位身材高大瘦削的夫人，**仪容严肃端庄**，就像沃尔特·司各特笔下的洛克利雯夫人[1]一样。她的姿势和眼神里都有一种卖弄风度、故意做作的成分。她站在两根大理石圆柱之间，当我向她鞠躬时，她仪态庄重地微微俯身，然后像舞台上的女王那样庄严地向我伸出手来……我觉得这一刻我似乎应该跪下来恭恭敬敬地吻她的手——然而我只是跟她握了握手。

五分钟以后，巴甫洛夫夫人告诉我，她深得亚·洪堡[2]和歌德的赏识，歌德还在她的纪念册里为她写了几行题词，随后她拿来写有这几行珍贵题词的纪念册……一刻钟以后，卡罗利娜·卡尔洛芙娜给我朗诵了几首她译自德文和英文的诗……

当我跟卡罗利娜·卡尔洛芙娜进一步熟识以后，我发现她的举止尽管给人一种矫揉造作的庄严的感觉，但有时也显得有些粗鲁，令人觉得不很愉快。

有一天，尼·菲·巴甫洛夫站在阿克萨科夫家客厅里的镜子面前戴他那副黄手套，他正打算到什么地方去。当时他的妻子不在那儿，后来她乘车来了，走进客厅，这时他正在镜子跟前梳妆打扮，她意味深长地对阿克萨科夫夫人使了一个眼色，伸出手指做了个"嘘"的样子，然后踮着脚走到丈夫身后，在他背上狠狠地拍了一掌。

尼古拉·菲利波维奇大叫一声，痉挛着转过身来，看了他的夫人一眼，说道：

---

[1] 沃尔特·司各特的长篇小说《修道院长》的女主人公。
[2] 亚历山大·洪堡（1769—1859），德国自然地理学家，近代气候学、植物地理学和地球物理学的创始人之一，主要著作有《宇宙》五卷等。

"我还以为是哪个当兵的在我背上揍了一拳……"

卡罗利娜·卡尔洛芙娜只是偶尔来莫斯科一趟,她住在靠弗拉基米尔大路的一幢别墅里,康·阿克萨科夫驱车带我上她那儿去过两次。我记得其中有一次,我们三个人坐在别墅的凉台上,用戏谑的语句翻译维克托·雨果的某些诗,并以此逗乐,其中有一首是:

Ce siècle avait deux ans, Rome remplaçait Sparte...

我记得我们把这首诗的头两行逐词翻译为:

这个世纪已有两年。罗马取代了斯巴达,
拿破仑已经钻出了波拿巴的胯下……[1]

卡罗利娜·卡尔洛芙娜觉得这两行诗非常可笑,她把右手伸向空中,十分得意地一再朗诵这两行诗。

几年以后,我有一次去莫斯科,当时巴甫洛娃住在靠彼得堡大路的索科洛沃镇,就在后来伊斯康捷尔住过的那幢别墅里。[2]

在她生日那一天(好像是在七月份),我同萨京一起应邀上她家里去吃午饭。

将近四点钟时我们到了她的家里。

---

[1] 这是雨果的诗集《秋叶集》(1831年出版)首篇的开头两行,正确的译文应该是:"这个世纪存在两年了;罗马代替了斯巴达,波拿巴已经显出是拿破仑……""这个世纪"指十九世纪,雨果生于一八〇二年,故有此说;罗马指恺撒时期的罗马;"罗马代替了斯巴达"影射帝制代替了共和制。
[2] 卡·巴甫洛娃于一八五〇年在索科洛沃镇消夏,而伊斯康捷尔(即赫尔岑)住在那里比她要早几年,在一八四五至一八四六年。

在大门口和台阶上迎接我们的是几个身穿夏装的仆人,衣服的纽扣上饰有纹章。这些纽扣上的纹章属于哪个家族——是尼古拉·菲利波维奇家的还是卡罗利娜·卡尔洛芙娜家的,抑或是他们两个家族的联合纹章——我就不得而知了。[1]

尼古拉·菲利波维奇把我们两人领进一个小房间,那里已经有几位客人了。沙发前的桌子上放着一只打开的大锦匣,里面衬着深红色的天鹅绒。这是妇女在旅途中用的梳妆盒,里面装着一些镀金的用品,都是尼古拉·菲利波维奇赠给他的夫人的,摆在这里大概是想让客人们惊叹一番。

女主人露面之前,男主人一直在给我们讲故事。尼古拉·菲利波维奇·巴甫洛夫是俄罗斯人聪明伶俐、机灵颖悟的一个生动的典范。他本来被安排去学习演戏,因此他是在莫斯科一所戏剧学校里接受启蒙教育的。不难想见这种教育是怎么回事,而且他没有丝毫表演天才。但他头脑敏捷,善于模仿,很有胆量,具有出色的才能,因而使得科科什金[2]对他格外注意。巴甫洛夫的法语学得相当好,甚至开始讲这种语言,讲得相当不错。他似乎还学过英语,他翻译莎士比亚的《威尼斯商人》可以证明这一点。莫斯科所有的贵族都出入于科科什金家里,巴甫洛夫因此得以结识许多人,外表也变得衣冠楚楚,最后完全成了一位莫斯科的绅士——于是他离开了舞台。科科什金给他安排了一个职务。

嗣后巴甫洛夫离职并转而从事文学活动,《三部中篇小说集》的问世使他声名大振。这些小说的自由主义倾向引起了政府对作

---

[1] 巴甫洛夫夫妇自命贵族家庭出身,实则并非如此。巴纳耶夫在此处和书中其他一些地方讽刺了他们的这种虚荣心。
[2] 费·费·科科什金(1773—1838),俄国戏剧家,一八二三至一八三一年间曾主管莫斯科的几家剧院。

者的注意,据说皇上亲自读过这几篇小说,严厉申斥了作品的不良倾向,传谕对这个有才华的作者提出劝告,要他今后不要再写这类情节,可以描写诸如高加索的自然风光这一类题材。我在上文已经说过,正是由于这几篇小说,巴甫洛夫才得以同亚尼什小姐结婚。

巴甫洛夫一向嗜赌成癖,随着财产的增加,这种嗜好变得更加强烈:据说他一个晚上的输赢达一万至一万五千卢布,使他妻子的产业遭到损失,因为她曾全权委托他管理她的领地。这样就导致夫妻间产生很不愉快的纠纷,众所周知,其结果是夫妻关系的断绝,这给巴甫洛夫带来极大的烦恼。

巴甫洛夫的死敌索波列夫斯基抓住这件事写了下面这首讽刺诗:

> 啊,不论你举目何处,
> 所有的爱情都是坟墓!
> 亚尼什小姐把她的丈夫
> 推进了一个穴窟。
> 这位女士喃喃祈祷,
> 一个劲儿念叨她的丈夫:
> 但愿他待的那个穴窟
> 更窄、更挤,苦上加苦……[1]

---

[1] 一八五二年,卡·巴甫洛娃向莫斯科军事总督扎克列夫斯基控告她的丈夫因赌博而使她濒于破产。巴甫洛夫本有自由派的名声,加上在一首诗里揭露过扎克列夫斯基的刚愎专横,扎克列夫斯基便下令把巴甫洛夫抓起来关进反省院。"穴窟"一词原文亦指监狱。

据说索博列夫斯基那首有名的四行诗也是针对巴甫洛夫写的：

不是因为看你可怜，
我才对你棒下留情，
只因我的棍棒过于精美，
不屑于用来对付你这号人——

为什么索博列夫斯基这样憎恨巴甫洛夫，我不了解，然而众所周知，索博列夫斯基老是随身带着一张三个平庸演员举行福利演出的海报，其中就有巴甫洛夫。"我把它留着以防万一，"索博列夫斯基说，"巴甫洛夫要是忘乎所以，我往往就掏出这张纸片，一言不发，远远地亮给他看看。"巴甫洛夫当了文学家、成了上流社会的人以后，极为害怕别人提起他过去的职业……

不过总的说来，巴甫洛夫被认为是一个意志坚定、非常自由化的人物——至少莫斯科那些著名的文学家是这么看的。[1] 他同阿克萨科夫、霍米亚科夫和舍维廖夫关系很好，不过他的观点全然是西欧派观点，丝毫也不同意他们的斯拉夫主义。

我和萨京应邀去索科洛沃庆贺卡罗利娜·卡尔洛芙娜生日的时候（那是在四十年代末期），这一对夫妇的家庭关系已经开始动摇。巴甫洛夫夫人要丈夫保证手不沾牌。他遵守了这项诺言：确实手不沾牌，但却请别人替他打牌。他的夫人没有料到他会耍这种花招，因此已经动摇的家庭安宁尚能勉强维持下来……我已经

---

[1] 到巴纳耶夫撰写回忆录时，尼·菲·巴甫洛夫的这种声誉已发生了急剧变化，他公开转向反动立场，自一八六〇至一八六三年编辑御用报纸《现代报》，甚至从内务部领取津贴。即使在四十年代，他也属于自由派右翼，最明显的证据是他憎恨别林斯基，千方百计削弱他的影响。

提到,我们在四点钟到达索科洛沃,男主人一边给我们讲故事,一边等候夫人露面,整整讲了一个多小时。我们开始感到腹中空空,但在六点差一刻时门打开了——卡罗利娜亭亭玉立,身披盛装,仪态万方地走了进来。

她对我显得格外垂青,把手伸给我,让我陪她到花园里去走一走。

尼古拉·菲利波维奇和其他客人跟在我们身后。刚走了几步,卡罗利娜·卡尔洛芙娜就告诉我,她正在写一部很长的叙事诗,标题是《四对舞》,说着她满怀激情地做出戏剧性的手势,开始为我朗诵长诗的片段。花园相当大,我们走遍了里面所有的林荫道,可是还看不出朗诵结束的迹象。

尼古拉·菲利波维奇终于忍不住叫了一声:

"卡罗利娜·卡尔洛芙娜,咱们今天吃不吃饭呀?已经六点钟啦。"

"那么你吩咐他们摆上来吧。"她答了一句,又继续朗诵。

最后我们来到餐桌边。这时餐厅里出现了卡罗利娜·卡尔洛芙娜的妈妈和爸爸,这两位老人的外貌很讨人喜爱。他们十分谦恭地在餐桌旁坐下来,用一种卑躬屈膝的敬爱的神情不时看看他们天才的女儿,在她的威望面前他们简直是五体投地。卡罗利娜·卡尔洛芙娜的父亲爱好绘画,不时涂抹几幅;母亲则编织长袜,兼任带钥匙的管家。

女儿是这座府邸的主宰人,她只忙于张罗一件事,就是让她的宅邸具有贵族式的外观,某种美丽如画的场面。据说父母出来会客之前,她连他们的服饰打扮也要认真查看一番。

午宴席上,妈妈的衣着像德国人那样整整齐齐、一丝不苟,包发帽优雅地褶成波纹,颈边的衣领也精心皱成波浪形;爸爸身穿未经漂白的麻纱色的夏服，长长的银发在头顶中间仔细分开，一直垂到肩头。这两位老人的形象就像是从某一幅弗兰芒派绘画上拓下来的一样。

餐席上讲话最多的自然是女主人自己。她谈的题目是文学，再就是描述她的儿子如何有天才……

卡罗利娜·卡尔洛芙娜对别林斯基表示十分不满，因为别林斯基在《祖国纪事》上发表评论时对霍米亚科夫的诗才评价不高。她说，霍米亚科夫的每一行诗都像金子一样铿锵，说着她朗诵了霍米亚科夫的几首诗作为佐证。随后她把话题转到她自己的诗才上……当时《祖国纪事》上刚刚出现一些摹拟性讽刺诗，于是巴甫洛夫夫人宣称，不久前她在花园里散步时突然也产生了这种念头，即兴写了一首摹拟性讽刺诗——她希望这篇游戏文字不比彼得堡的同类作品差。

"我给诸位念一念。"她说。

她把餐巾放到桌上，做出一副庄重的样子，开始朗诵。

尼古拉·菲利波维奇脸上的肌肉颤动起来，老亚尼什夫妇怀着虔敬的喜悦之情注视着女儿。

不过，尼古拉·菲利波维奇本人此时对他夫人的诗作也感到由衷的喜悦，常常当着她的面给我们朗诵她的诗，她则得意扬扬地微笑着，不时意味深长地看我们一眼……

凯切尔同巴甫洛夫关系相当亲密，但不喜欢上他家里去，因为他对巴甫洛夫的夫人没有好感。巴甫洛夫夫人对他也不可能怀有特别的好感。凯切尔的身形和姿势，他的叫嚷和笑声，他那种不受欢迎、尖锐率直的话语——总之，他那种厚颜无耻的态度对这种具有上流社会气氛的府邸来说是不合时宜的……有他在场，这个家庭过分讲究的礼节和矫揉造作的作风就会受到破坏。

至于我本人，我倒是很喜欢同凯切尔一起上巴甫洛夫家里去。

把凯切尔同这个家庭的男女主人及他们家的整个环境加以对比，那是极为有趣的。再说，应该说句实话，假如没有凯切尔在一起的话，待在巴甫洛夫家里会烦闷得令人无法忍受，因为这个家庭的一切不知怎么都显得过分精雅，循规蹈矩，彬彬有礼而又矫揉造作……

# 第三章

别林斯基及其小组一八三九年时的一些观点——别林斯基同大学生卡韦林相遇——我给克拉耶夫斯基先生的几封谈及别林斯基的信——克拉耶夫斯基先生给我的一封信的片段——我离开莫斯科去乡下——返回莫斯科——克拉耶夫斯基先生的另一封信——博特金家里的晚会——别林斯基评论《波罗金诺周年纪念》一书的文章——别林斯基对闵采尔的愤懑——我同别林斯基一起离开莫斯科

我每天上午都要去别林斯基的寓所……

他的心情非常忧郁，经常诉说胸口疼痛……当时他的境况很不好。《莫斯科观察家》的出版人斯捷潘诺夫每月（而且还不是按时）付给他的编辑费少得可怜。别林斯基开始时对亲自主持杂志工作这一点十分神往，他设想撰稿人全部由他那批年轻而有才华的朋友担任，他坚信只要他们齐心协力，加上他紧张有效地开展工作，办好刊物是没有疑问的。"我要让人们看看，当代的杂志应该办成什么样子。"他在给我的信中说道。可是他的希望落了空。《莫斯科观察家》的订户很少，出到第五期时出版人的全部资金已经耗完。¹ 其原因是：不可能宣布杂志由别林斯基接编；出版人和编辑都缺乏实际经验；改组刊物的广告出得很少，而且广告中只是含糊其词地提到《莫斯科观察家》的编辑工作由安德罗索夫先生（前任编辑）手中转到新的编辑手中，不过这一点也许既不取决于出版人，也不取决于编辑；最后一个原因是《莫斯科观察家》复办最初几期的那种调和倾向——公众对这种倾向绝不可能赞同。

撰稿人看出事情进行得不顺利，对刊物的态度也就冷淡下来。别林斯基对开头几期的内容很不满意，完全泄气了。他同他的某

---

1 别林斯基于一八三八至一八三九年继瓦·彼·安德罗索夫（1803—1841）之后接任《莫斯科观察家》杂志编辑，一八三九年该刊并未出到第五期，仅出版四期。

些朋友之间发生了争执；我已经提过，别林斯基同其中的一位，即同博特金，几个月来没有见过一面；康斯坦丁·阿克萨科夫此时过分醉心于斯拉夫主义，内心已经开始同他产生分歧……

在这种困窘境况之下，别林斯基开始向小铺赊欠，但人家又不愿赊账卖给他任何东西。他吃午饭时我曾不止一次在场，吃的东西本来就很简朴：一盆气味难闻的汤，别林斯基往里面撒上一大堆胡椒粉；还有一块用这种汤炖的牛肉……当然啰，别林斯基不会饿死——关系亲近的人不会让他饿死，但靠别人的恩赐生活也并不好受，更何况他意识到自己有力量、有才能，相信靠自己的劳动能够获取足够的东西。

任何一个蹩脚的小品文作者只要讲求实际，稍知分寸，就能靠这一门行当生活，而且比别林斯基富裕得多……别林斯基虽然富有内在力量，并且精力充沛，但他也和属于他那一代的许多人（其实都是很聪明的人）一样，在生活中像个孩子似的束手无策。因此，为了微不足道的一点酬金，他就轻而易举地落入投机商的手中，生怕饿死或更糟糕，即靠别人的恩赐生活……

我来到莫斯科后过了一些时间，别林斯基已经向我宣称，《莫斯科观察家》无法继续办下去。他把刊物的失败归咎于种种原因，但他当时尚未料到，正是他希望赋予杂志的那种倾向本身决定了杂志不可能办得成功。

当时别林斯基醉心于巴枯宁对黑格尔哲学的种种阐释，以及由这一哲学引申出来的一个著名公式，即"一切现实事物都是合理的"，因此他鼓吹在生活和艺术中实行调和，并且违背自己的本性，极力想成为一个保守主义者，而且拼命主张**为艺术而艺术**。他甚至走到极端（他的本性是易于走向极端），觉得对于旧制度的一切社会抗议都是犯罪和暴行，认为法国革命是几个神经错乱、居然图谋摧毁国家制度的狂热分子所干的事,对自上而下的专横行为则顶礼膜拜。他对法国十八世纪的百科全书派,对不承认"为艺术而艺术"理论的评论家和宣称必须进行社会改革、追求新的生活和社会革新的作家都采取鄙视态度。他对乔治·桑特别愤懑,把她鄙薄得一钱不值。在他看来,艺术是一片崇高的、独立的、自我封闭的天地,它涉及的只是一些永恒的真理,跟我们日常生活中的种种琐事、跟我们熙来攘往于其间的这个下等世界毫无关系。他认为只有那些**无意识地**进行创作的人才是真正的艺术家,属于这一类艺术家的有荷马、莎士比亚和歌德。他把歌德径直称为奥林匹斯之神。席勒不符合这种见解,因此别林斯基虽然一度对他十分赞赏,但随着新的理论在他思想上逐渐渗透,他对席勒的态度也冷淡下来。他觉得席勒缺少自由创作必不可少的条件——内心的平静,缺少奥林匹斯之神——歌德——的作品中表现出来的那种客观而冷静的观点;不过就歌德而言,别林斯基认为《浮士德》第二部是个例外,他一直觉得这一部不过是一种枯燥的、死气沉沉的象征……但是,令别林斯基和他的朋友们极为惋惜的是,普希金也不完全符合他们的理论,因为普希金身上找不到调和的成分,而克柳什尼科夫(即 Θ)的诗则明显地表现出这种成分,因此别林斯基及其小组成员认为克柳什尼科夫的诗在推敲锤炼和形式方面虽然比普希金略逊一筹,但在思想方面却比普希金深刻得多。[1]

别林斯基清醒的见解变得愈来愈模糊了,他那天生的审美感

---

[1] 巴纳耶夫对于别林斯基对普希金和克柳什尼科夫的态度的叙述不确。别林斯基一八三七至一八三九年间确曾称赞克柳什尼科夫的某些诗作,但从未认为他胜过普希金,他在一八三九年给巴纳耶夫的一封信中,还宣称荷马、莎士比亚和普希金是他的"三位艺术之神"。

日益受到一种僵死的理论的压抑,别林斯基不知不觉地陷入巴枯宁尚在编结的理论之网。巴枯宁本人对这些哲学范畴和公式尚且感到头绪紊乱,彷徨不安,而别林斯基却像奴隶一样屈从于这些范畴和公式,这使他那自由的、极富人性的本性感到拘束、压抑、窒闷难受。

除此以外,他还面临着《莫斯科观察家》的失败、所欠的债务及同朋友之间的不和。我见到别林斯基时,他正处于一种紧张狂热的心境之中,这种心境我自然有所觉察,但以为这仅仅是他经济窘迫的缘故。

我到达莫斯科一段时间后,巴枯宁好像是到乡下去了,别林斯基同博特金已不再见面(他同他重新交好已是在我从喀山返回莫斯科之后),前来看望他的只有克柳什尼科夫和库德里亚夫采夫,后者当时还是个大学生。我在《回忆别林斯基》一文中已经说过,别林斯基喜欢库德里亚夫采夫是因为他的美学趣味和他那(用别林斯基的话来说)含蓄而温柔的性格。他们经常谈论当代的文学活动家,一遍又一遍地朗读他们认为最优秀的俄国诗人们的作品。在他们看来,属于这一类作品的有普希金的所谓爱国主义诗篇(《波罗金诺周年纪念》和《致诽谤俄罗斯的人》),以及《群氓》《致诗人》《预言者》,等等。别林斯基兴致勃勃地评论这些诗篇,经常朗诵它们,末了通常还要补上一句:

"这就是普希金作为一个真正的、伟大的艺术家之所在!"

有一天晚上我同别林斯基一起从某个地方回家,在阿尔巴特广场上,我们迎面碰上一个年轻人,个子不高,身体壮实,脸色红润,相貌很讨人喜欢,长着一头深色鬈发,戴着眼镜。他身穿一件大学生的常礼服。

那个大学生一见别林斯基,便以一种抑制不住的青年人的热

情向他奔来,热切地抓住他的手,气喘吁吁地喊道:

"维萨里昂·格里戈里伊奇!见到您我多么高兴呀,维萨里昂·格里戈里伊奇!"

"噢,您好!"别林斯基干巴巴地答了一句,这种突如其来的动作显然使他感到尴尬,他冷冷地、生硬地看了那个大学生一眼,仿佛问道:"您找我干吗呀?"

那个大学生似乎对这种眼神感到很不痛快,他又说了几句话,就尴尬地走开了。

我对他产生了怜悯之情……

"这是谁呀,"我问,"您干吗对他这么冷淡呢?"

"这是我过去的一个学生,"别林斯基答道,"卡韦林[1],是个很聪明、很热情的孩子,很有才能,看来大有前途,可是这种小孩子跟我纠缠不休,那我可受不了——您想,我跟他们有什么好谈的?我和他们能有什么共同语言?"

这个大学生就是几年后在莫斯科大学讲台上获得了辉煌声誉并参加别林斯基小组活动的那个卡韦林。他曾不止一次对别林斯基提起这次见面的情景,两个人都大笑不止……

那天晚上别林斯基心绪十分不佳,表现得很烦躁,还抱怨胸口疼痛。

当我走进他的寓所时,他一下子倒在安乐椅上,显得衰弱不堪,呼吸也很沉重。好几分钟他一言不发。最后他脸色苍白、面容痛苦地转身向着我。

"不行,"他说道,"我无论如何得赶紧离开莫斯科。我对这种

---

[1] 康·德·卡韦林(1818—1885),俄国"国家学派"历史学家、政论家、自由派社会活动家、莫斯科大学教授。十九世纪四十年代曾接近别林斯基小组,为《祖国纪事》和《现代人》撰稿,六十年代成为革命民主派的死敌。

生活烦透了，莫斯科也令我感到厌恶。怎么样，照您看来，能想个办法说服克拉耶夫斯基那个犹太人吗？"

应当说明的是，我同别林斯基相识之初，他在告诉我《莫斯科观察家》行将停刊时就已宣称，他不反对迁往彼得堡，接手《祖国纪事》的评论专栏。我没有隐瞒克拉耶夫斯基先生对他是如何评价的。

"他完全指望梅热维奇的评论使他的杂志变得有生气，"我补充说，"我离开他们时，他们的关系极为友好，心情也十分愉快。"

别林斯基苦笑了一下。

"那就没有什么可说的了——您那位克拉耶夫斯基挺不错嘛！可是这位梅热维奇是个毫无才气的庸人，百分之百的笨蛋……梅热维奇什么事情都干不了，克拉耶夫斯基一定会另外找人，到时候您可以对他暗示一下，说我并不反对……当然啰，报酬要优厚一点；您写信告诉他，我有一篇论述闵采尔[1]的文章——您自然要多多美言几句，然后补上一句，说我打算把这篇文章给他的刊物……文章还没有写出来，不过，这没有关系。您要设法让我同他接近，而且要把这事儿办得巧妙一些……别告诉他我很穷，说不定他会利用这一点再压我一下。"

我每次给克拉耶夫斯基先生写信都要谈谈别林斯基和他的小组。克拉耶夫斯基先生同时还跟卡特科夫建立了通信关系，卡特科夫曾通过我答应给刊物写一篇文章。从克拉耶夫斯基先生给我的最初几封信中便可以看出，梅热维奇的庸碌无能已经使他感到不安，我毫不怀疑，仅仅是出于个人的自尊心，他才不好直接给别林斯基写信。我便趁机写信给克拉耶夫斯基先生，直接告诉他，

---

[1] 沃尔夫冈·闵采尔（1798—1873），德国政论家和所史学家。

别林斯基表示愿意跟他合作,他不妨在自己的刊物上转载一下别林斯基评波列沃伊《祖国之子》的那篇极为出色的文章;别林斯基还有一篇论述闵采尔的文章,在莫斯科引起一片喝彩,这篇文章别林斯基也不反对寄给《祖国纪事》……

作为对这封信的答复,我收到了他(六月二十日)的一封信。除其他内容以外,他在给我的信中还写道:

"《莫斯科观察家》上评论《祖国之子》的文章将由《俄国荣军报文学副刊》予以转载(假如文章十分辛辣的话),标题是这样的:《〈莫斯科观察家〉对〈祖国之子〉的公正意见——同〈北方蜜蜂〉转载的〈祖国之子〉对〈祖国纪事〉的公正意见**配对**[1]》……

"请求别林斯基惠赐论述闵采尔的文章,**并对他未来的合作感到由衷的高兴。请代我向他深切致意**,并请问一问他:'这种合作应该如何安排?在哪些方面合作?'等等。"

我当即带着这封信去找别林斯基。这封信使别林斯基产生了非常良好的印象,他顿时高兴起来。克拉耶夫斯基先生已经感到有必要借助这个**乳臭未干的吹牛家**来支撑自己的刊物。别林斯基有可能离开莫斯科,并清偿自己的债务。他的生活可望出现一个转折。

顺便说说,克拉耶夫斯基先生的信中还有这样一段附言:

"看在上帝的分上,请问一问卡特科夫:他是怎么回事呀?直到现在还未把他的文章的结尾部分寄来!我已经就此事给他写过信——可他老是磨磨蹭蹭。唉,莫斯科啊!莫斯科!"

最后这个感叹句使别林斯基觉得十分开心。

"这话很对,"他说,"我们莫斯科人都是些优秀和聪明的

---

1 原文是法语。

人，可不知怎么干什么事情都这么懒懒散散。我们需要从小事做起——这才真正具有实际意义，这才是真正的工作……我们在口头上都是英雄，可是一干起实事来……"

别林斯基只说了半句便挥了挥手，笑着重复道："唉，莫斯科啊！莫斯科！"

在我去喀山之前，即七月间，别林斯基迁往彼得堡的事已经决定下来。他接受了克拉耶夫斯基先生提出的条件：克拉耶夫斯基先生须在入秋之前预先寄给他一笔小小的款子，供他清偿债务和搬迁之用，并答应每年付给他三千五百卢布纸币，而别林斯基则承担《祖国纪事》评论专栏和书讯专栏的全部工作。我们决定等我从喀山回到莫斯科以后一起去彼得堡。

我于十月初回到莫斯科。

十月十日，我收到克拉耶夫斯基先生的一封信。下面是这封信的几段内容：

"看在上帝的面上，您亲自出马向巴甫洛夫和波戈金说说，让他们迫使果戈理给《祖国纪事》写一篇文章。顺便说一件事，我本想在《俄国荣军报文学副刊》上发一条消息，说果戈理已经到了莫斯科，但普列特尼奥夫却对我说，他收到果戈理的一封信，请求他不要对任何人宣布他在莫斯科。茹科夫斯基曾经对我说过，果戈理一个月以后来彼得堡。他的文章我非要不可，要采取一切手段把它弄到手。我不给他亲自写信，因为这种事儿通过书信是办不了的，尤其是对他。**务请竭尽全力向他说明支持《祖国纪事》的必要性**。假若他对'俄罗斯文学'的命运已经变得漠不关心（我料想不至如此）的话，那么**请预先告诉他稿酬丰厚，想必他需要钱用**。要是一切方法都不奏效，那就等他到了这里以后，联合

各方力量对他展开攻势……[1]

"请向维萨里昂·格里戈里耶维奇深切致意,谢谢他的文章。评论《波罗金诺周年纪念》[2]的那篇文章被尼基坚科[3]删了两处:有什么办法呢!他不喜欢欧洲,不愿意承认欧洲有什么像样的东西。其他则一切悉如原稿,仅对茹科夫斯基的评语**由我改得稍稍缓和了一点。评介拉蒂埃医生**[4]**著作的文章也由我做了修改**,因为本地有一位很能干的医生给我弄来了一篇介绍这本书的文章,要知道我和维萨里昂·格里戈里耶维奇在这件事情上都是外行,应当相信更懂行的人……

"请安慰一下维萨里昂·格里戈里耶维奇:骂人可以旁敲侧击,他从《俄国荣军报文学副刊》上菲塔布基的一篇文章[5]可以看出这一点。他为《俄国荣军报文学副刊》写的文章不论是我还是梅热维奇都未做任何补充,那都是刊物的灾星——审查官朗格尔——干的,而(卡特科夫)分析《列昂诺夫诗集》的文章则是尼基坚科修改的……

"看在上帝的分上,请劝说卡特科夫务必找到那封早在九月份我就寄给他的长信,从他的来信看来,他并未收到那封信。这是怎么回事呢,我的老天爷!时间这么紧,挤出工夫写封信——竟然弄丢了!我是按卡特科夫自己的请求,把信寄到博特金先生名下的:那么怎么会丢失呢?我很快还会给他写信,这一次要寄到

---

1 克拉耶夫斯基未能说动果戈理为《祖国纪事》撰稿。
2 瓦·安·茹科夫斯基的一篇作品。
3 亚·瓦·尼基坚科(1804—1877),俄国文艺评论家、文学史家、彼得堡科学院院士、书刊审查官。
4 拉蒂埃(1797—1866),法国医生。
5 这篇针对格列奇的文章似乎是克拉耶夫斯基先生本人写的,至少他为这篇文章感到非常自豪,经常把它作为唇枪舌剑的典范加以引述。——作者注

加拉霍夫[1]名下。这样或许可靠一些!

"请向博特金先生致谢,他评论朗格尔音乐的那篇文章写得极好……

"请尽快把阿克萨科夫、巴甫洛娃、克柳什尼科夫等人的诗寄来,我手头没有诗歌作品。莱蒙托夫把他的《恶魔》交给一些女人去读,我本想发表这篇长诗的几个片段,可是鬼知道那些女人把诗放到哪儿去了,而他手上自然是没有原稿的,这个毛孩子生来就是这样!

"……等候您和维萨里昂·格里戈里耶维奇。看在上帝的分上,请快点来吧……"

接下来信里讲了布尔加林告密的一件什么事。

由这封信可以看出,克拉耶夫斯基先生同别林斯基小组之间已经开始积极联系了……

返回莫斯科以后,我极为高兴地看到,别林斯基、博特金,还有卡特科夫等人之间的一切误会已经消除,他们的关系极为和睦。

我见到别林斯基时,他的心情十分畅快……离开莫斯科的日期已经临近,他的生活面临着转折,因此他变得生气勃勃。所有的朋友中只有康斯坦丁·阿克萨科夫一人以忧郁、惋惜,有时甚至是懊丧的心情看待别林斯基。他不理解一个莫斯科人怎么能够冷漠无情地离开莫斯科……

这批朋友每天晚上大都在博特金家里聚会,谈起话来通常兴奋又热烈。话题是根据黑格尔的观点谈论艺术,他们用这种观点严格分析普希金和其他当代诗人的作品。莱蒙托夫具有否认一切、

---

[1] 亚·德·加拉霍夫(1807—1892),俄国文学史家和小说家,《祖国纪事》和《现代人》的撰稿人。

拜伦式的倾向，因此怎么也无法适合这种新的观点。别林斯基为此感到极为苦恼，他看出这个初露头角的诗人显示出巨大的诗的力量，他在《祖国纪事》上发表的每一首新诗都使别林斯基如痴如醉，然而这些诗中却没有一丝一毫调和的气味！不过他们对莱蒙托夫表示谅解，认为他还年轻，刚刚开始迈步；他们聊以自慰的是：他拥有一切条件，随着时间的推移将会成为一个完美的、伟大的艺术家，登上创作的顶峰，即具有艺术上的恬静心情和客观态度……克柳什尼科夫本人也有一点否定一切的成分，他非常喜爱莱蒙托夫的才华，对有关诗人的某些闲言闲语相当尖刻地加以嘲笑。卡特科夫和康·阿克萨科夫则在聚会时朗诵自己翻译的海涅、弗莱里格拉特[1]及其他当代德国诗人的诗。卡特科夫朗诵时通常绘声绘色，他双手交叉，两眼向上翻着，姿势十分优美……

我永远也忘不了这些晚间聚会……

为了探讨那些在今天，即过了二十多年以后看来是可笑的问题，他们花费了多少青春的时日、朝气蓬勃的精力和智力啊！有多少次他们热血沸腾、心向神往，又有多少次彷徨于迷途啊！然而这一切并没有白费，对真理的探索从来不会一蹴而就。这个小组将在俄国发展的历史上占据重要地位，它培养和造就了一批学术和文学领域里最热情、最高尚的活动家。

我的整个心灵都被别林斯基和他的朋友们吸引住了。我的思想受到他们的激励，在他们的影响下也开始活跃起来……

返回莫斯科以后过了几天，别林斯基带来他对费·格林卡[2]

---

[1] 菲迪南·弗莱里格拉特（1810—1876），德国诗人，十九世纪三十年代为浪漫派，四十年代参与马克思《新莱茵报》的编辑工作，加入共产主义者同盟，晚年同马克思疏远。

[2] 费·尼·格林卡（1786—1880），俄国诗人，俄国著名民歌《三套车》的词作者，谢·尼·格林卡（见本书第一百二十七页注1）的弟弟。青年时期为十二月党人，系

《波罗金诺周年纪念》一书写的一篇书评,要念给我听一听。这篇书评他已寄给《祖国纪事》,供其发表。

"您听听吧,"他对我说,"迄今为止,我好像还从未写过这么热烈、这么坚定地表明我们信仰的文章。我把这篇东西读给米舍尔(巴枯宁)听,他听了以后非常兴奋——您知道,他的看法还是有些价值的!反正不必多说,我自己觉得这篇文章是搞**成功了**……"

别林斯基随即开始给我读这篇文章。不论是在此以前还是以后,我从未见过他读得那么激动、那么热情。

别林斯基朗读时的那种如痴如醉的情绪和这篇文章极为庄重、充满激情的语言使我的神经受到了震撼,别林斯基本人的神经显然也在强烈地颤动。

"好极了!太好了!"在他朗读的一开始和结束以后我反复喊道,"不过,我要给你指出一点……"

"我知道,我明白您的意思,您不必说下去,"别林斯基热烈地打断我的话,"有人会称我为谄媚者,骂我是下流坯,说我在当权者面前的态度反复无常……让他们说去!不管别人怎么想,我都不怕公开和坦率地表明我的信仰……"

他开始激动地在房间里走来走去。

"不错!这是我的信仰,"他继续说着,情绪越来越激动,"我对这种信仰并不感到羞愧,反而感到自豪……鬼知道是些什么人持这种看法、像这样议论,我干吗要重视它呢?我只珍视思想开明的人和我的朋友们的意见,他们绝不会认为我谄媚和下流。任何力量都不能迫使我写出一行违背信仰的文字来……他们了解这

---

幸福社领导人之一。

一点……想收买我是办不到的……我向您发誓,巴纳耶夫——因为您对我还不太了解……"

他朝我走过来,站在我的面前,苍白的脸变得通红,所有的血都涌向头部,一双眼睛炯炯发亮。

"我向您发誓,任何东西都收买不了我!对我来说,与其践踏自己做人的尊严,在任何人面前降低自己的人格或出卖自己,倒不如饿死了更痛快——何况我本来就每天冒着饿死的危险(说到这里他讥讽地苦笑了一下)……"

这次谈话的所有细节都生动地铭刻在我的脑海里。我仿佛觉得别林斯基此刻正站在我的面前……

他猛地坐到椅子上喘息起来,歇了一会儿,他又激烈地说道:

"这篇文章很尖锐,这我知道,但我的脑子里还有一系列更加尖锐的文章……瞧瞧我会怎样抽打闵采尔这个恶棍,他对艺术一窍不通,居然也侈谈起艺术来了!"

随着我们去彼得堡的日期逐渐临近,别林斯基变得越来越活跃、越来越愉快。

"现在我已经不是你们的人了!"他笑着对他的朋友们说,"我是彼得堡人,而你们却是莫斯科人,是外省人;是的,你们的莫斯科属于外省,不管你们怎么说,不管你们怎样为她感到骄傲……"

别林斯基深深景仰彼得一世进行的改革,认为它的一切极端措施都是正确的。彼得堡也因此对他特别具有吸引力。

凯切尔大声疾呼地反对彼得堡;康·阿克萨科夫则捶着胸脯大声说,莫斯科曾经为罗斯饱经忧患,它是俄罗斯的救主,是它的中心,罗斯一切最珍贵的遗迹都保存在莫斯科,而彼得堡则是宫殿和兵营的城市,是一块临时营地。

"没关系，"别林斯基打断他的话说，"彼得堡也会时来运转——它还年轻呐……彼得堡已经有一个方面意义重大——它是**彼得开辟的通向欧洲的窗口**。[1]"

康·阿克萨科夫一听这种话就会发火。尽管他尚未像后来那样对彼得一世怀着不可调和的憎恨，但此时他对别林斯基已经没有好感了……

我们离开莫斯科去彼得堡的日子终于来临了，博特金、凯切尔和卡特科夫把我们一直送到黑泥潭。

凯切尔前来给我们送行时穿着他那件红色斗篷，带着他必不可少的笑，还有一只更加必不可少的篮子，里面塞着麦秸……

看样子我们会在驿站待很久，因为凯切尔照常走来走去，不住地叫嚷，挥着酒瓶，不时取笑别林斯基几句，教给他怎样才能把克拉耶夫斯基抓在手中——而且他的笑声一直不断。别林斯基很不喜欢这种喧闹而冗长的送行场面，急着要动身。他显得沉默而忧郁，看得出来，离开自己的小组使他心里很不好受……博特金显得很不耐烦……

"最好快点动身吧，朋友们，"他摇着头一再说道，"这种送行总是叫人感到难受极了。"

"急什么呀？真是废话！"凯切尔嚷道，"你们的酒还没有喝完呐。"但别林斯基断然站起身来，我们的轿式旅行马车早已在大门口等候我们了。

"好吧，再见了，诸位，"他说道，"别把我忘了……"

所有的人都奔上来拥抱别林斯基。博特金抚摸着他的后脑和头顶，温情脉脉地看着他，说道："好吧，我为你感到高兴，维萨

---

[1] 套用普希金的长诗《青铜骑士》中的句子。

里昂……同你分别我感到难过，亲爱的，非常难过，这你是知道的，可是你留在莫斯科没事儿可干……"

卡特科夫紧紧抱住别林斯基，一次又一次地使劲吻他。

凯切尔递给他一杯香槟酒。

"好吧，维萨里昂，咱们碰碰杯吧，"他说，"现在你应该喝一杯了。"

别林斯基二话不说就干了杯。

"好样儿的！"凯切尔一边吻他一边喊道，"好吧，那就再见吧，不过你可要当心，别受克拉耶夫斯基摆布……"

马车开动了，我们从窗口探出头来，只见博特金温存而忧伤地望着我们，手里挥动着手帕；凯切尔挥舞着帽子，口里喊着什么；卡特科夫双手交叉，蹙着眉头，一动不动地站在那里，用深邃、沉思的眼光目送我们……

# 第四章

克柳什尼科夫、凯切尔和巴枯宁,以及他们莫斯科小组的一般情况[1]

---

[1] 这一章作者未写。

# 第五章

格拉诺夫斯基和莫斯科小组

我在写本书时尽可能遵循了时间先后顺序，但现在我想暂时离开这个顺序，停下来讲一讲格拉诺夫斯基，并且概括地谈谈莫斯科小组的情况。我并不奢望介绍这个人物的全貌，并不奢望从一切方面来考察这个卓越的人物——指出格拉诺夫斯基作为一个教授的意义、分析他的历史著作等，我深知我无力担当此任。我只打算简单和坦率地讲出我所知道的他的情况。假若这篇拙劣的随笔里能够找到哪怕一个尚未被人注意的新的特征，对他将来的传记有所裨益，我就感到心满意足了……

当我从喀山返回莫斯科时，格拉诺夫斯基在我之前不久也已从国外回到莫斯科，他在国外住了三年（一八三六至一八三九年）。他很快就同别林斯基和他的朋友们互相交往。由于斯坦克维奇的关系，他与他们的关系已很密切了。他是在国外同斯坦克维奇结识的[1]，他对斯坦克维奇怀着极为深切的眷恋之情。

我在别林斯基小组听到的头一条新闻，就是格拉诺夫斯基来了……

"我们小组又增加人了，"别林斯基对我说，"格拉诺夫斯基到这儿来了，多么仁慈、多么讨人喜欢的人啊！除斯坦克维奇以外，我这一生几乎从来没有见过一个人像他那样，一见面就令人对他

---

[1] 巴纳耶夫讲错了：格拉诺夫斯基是在出国之前，于一八三六年初在莫斯科同斯坦克维奇结识并建立友谊的；他结识别林斯基和他们小组的其他成员也是一八三六年的事。

产生那样的好感……难怪斯坦克维奇那样喜欢他,给我们写信谈到他时又是那样热情。他的确是个出类拔萃的人物。"

观点截然相反的人对格拉诺夫斯基的看法都是一致的。在梅尔古诺夫家的晚会上,舍维廖夫、霍米亚科夫和巴甫洛夫对他的评价几乎同别林斯基所说的一模一样。

他的到来在莫斯科各学术小组和文学小组中引起了很大的轰动。

"我已经对格拉诺夫斯基说过,您在这儿,"别林斯基对我说,"他希望同您结识,并且想去看望您。您应该抢在他的前头。"

我对格拉诺夫斯基已经产生了强烈的好奇心,因此第二天就上他那儿去,在家里没有见到他,便留了一张名片。

当时他住的是官房,那是过去莫斯科贵族寄宿学校的楼房,在特维尔大街。

格拉诺夫斯基当天就回访了我。我住在他斜对面的科普旅馆。

格拉诺夫斯基其时大约三十岁。

他的脸庞很大,而且不匀称:鼻子很粗,嘴唇很厚——这副面容并没有那种一眼看去令人惊讶的粗犷的外在美,但他那对大而深邃、略显忧郁的乌黑的眼睛,那紧盖在眼睛上方、又浓又粗的眉毛,那宽阔的前额,近乎黑色、梳向后脑、垂及双肩的头发,那温厚柔和的笑容——这一切加在一起显示出一种惊人的内在美,你愈是仔细审视,就愈能感觉到它的魅力……他的动作、眼神、声音和说话的姿态(他发起"斯"音来略带"诗"音,但这完全无伤大雅)中都有一种令人赏心悦目、使人神往的东西。所有的妇女都喜欢见到他;所有的男人,就连那些对他的信仰持敌视态度的人,也不能不对他抱有个人的好感。

我在有威望的人物面前一向感到有些腼腆,乍一见这个刚刚崭露头角的有威望的年轻教授[1]，我感到发窘，但他对我的态度是那样亲切朴实，交谈几句之后，我就感到轻松自在、无拘无束了。

我们谈论的话题是我们共同的熟人、他和斯坦克维奇的朋友亚·米·涅韦罗夫[2]。

从那以后，我和格拉诺夫斯基在博特金家的晚会上时常见面。

不过此时格拉诺夫斯基并不经常造访别林斯基小组。他对这些人无疑是有好感的，但决不会赞同他们当时的信仰。格拉诺夫斯基更感兴趣的是各种现实问题，而不是抽象的哲学概念。

正像有人[3]说过的那样，他是"运用历史思考，运用历史学习，后来又运用历史做宣传"。这话说得极好。他对现代公民精神的清醒的看法是以对历史的了解和研究为基础的，有了这种清醒的看法，巴枯宁和别林斯基依据抽象的、哲理性的讨论而得出的那种信仰在他看来必然是毫无道理的……

不过，格拉诺夫斯基并未讲出自己的看法，他大概料想到这种信仰不过是短时间的失误。他看出别林斯基是狂热过度了，因此根本不愿意触及他病态的一面。加之格拉诺夫斯基性情温和，同人们交往时很讲分寸，对人仁爱宽厚，也许他懂得，尽管真理在他这一边，但要同别林斯基这样狂热的战士、同巴枯宁这样顽固的辩证学家开展争论，对他来说不会有多大好处。因此，格拉诺夫斯基在同即将去彼得堡的别林斯基告别时没有进行任何表明

---

[1] 格拉诺夫斯基此时不是教授而是教员，他自一八四五年起始任莫斯科大学教授。
[2] 亚·米·涅韦罗夫（1810—1893），年轻时是斯坦克维奇和格拉诺夫斯基的密友，后在国民教育部任要职。
[3] "有人"指赫尔岑，后面这句话引自《往事与随想》第二十九章。巴纳耶夫在本章其他一些地方也引用了《往事与随想》第二十九至第三十二章的一些话。回忆录在《现代人》上发表时，赫尔岑被沙皇政府定为"国事犯"，因此巴纳耶夫在引述他的话时只好加以伪装，用自己的话进行转述，有些地方语气改得十分缓和。

观点的谈话，直至别林斯基小组同伊斯康捷尔小组合并以后，他们之间才开始有了亲密友好的关系。

别林斯基去彼得堡以后大约过了三个月，格拉诺夫斯基在伊斯康捷尔由弗拉基米尔去彼得堡途经莫斯科时认识了伊斯康捷尔。

"我当时仓促见了他一面，"伊斯康捷尔写道，"只是把他那高贵的形象印在脑子里带往弗拉基米尔，根据这个形象，我相信他将来会成为我的一位密友。我的预感没有欺骗我。两年以后（一八四二年），当我在彼得堡逗留了一段时间，又第二次被流放，返回莫斯科居住时，我们终于建立了亲密而深挚的交往。"

"他像是链条的一个环节，"伊斯康捷尔接着写道，"把许多事情和许多人连接在一起；他借助别人对他的好感，经常使一些彼此敌对的团体和打算绝交的朋友和解。格拉诺夫斯基和别林斯基属于我们这一圈人中最英明、最杰出的人物之列，尽管他们两人有许多不同的地方。"

对格拉诺夫斯基，伊斯康捷尔所作的描述是再恰当不过了。

"格拉诺夫斯基使我想起宗教改革时期一些思想深沉稳重的传教士，我指的不是像路德[1]那样激烈威严、在愤怒中充分领略自己人生的人，而是那些性情开朗温和、不论戴上光荣的花环还是荆棘的冠冕都同样坦然处之的人。他们镇静安详，步履坚定，却从不顿足。这种人使法官感到害怕、发窘，他们那种和解的笑容使刽子手在处死他们以后将受到良心的谴责。

---

[1] 马丁·路德（1483—1546），十六世纪德国宗教改革运动的发起者，基督教（新教）路德宗的创始人。

"科利尼[1]本人和吉伦特派[2]的一些优秀人物便是这样的人。确实，就格拉诺夫斯基内在精神的整个结构及其浪漫主义气质而言，就他不喜欢种种极端这一点而言，他更像胡格诺派[3]和吉伦特派，而不像再洗礼派[4]或山岳派[5]……"[6]

格拉诺夫斯基和伊斯康捷尔尽管性格各异，观点多少也有些不同，但后来的事实表明，他们之间有一种深切的相互依恋之情。格拉诺夫斯基由于性格温和柔软，在伊斯康捷尔严峻的逻辑和他所谓"大自然冷淡无情的客观规律"面前总是小心翼翼地表示退让；伊斯康捷尔则不顾一切地勇往直前，不论碰到什么决不退让，不怕作出任何结论，不管这些结论怎样严酷。这样，他们之间后来不可避免地会发生龃龉。

然而下面这段话可以证明，格拉诺夫斯基对伊斯康捷尔和奥加廖夫的眷恋之情多么深切。这段话引自伊斯康捷尔出国两年以后（一八四九年）格拉诺夫斯基写给他的一封信：

"同你们二位的友谊耗费了我心灵最旺盛的力量。这种友谊里有一种**热情的成分**，它在一八四六年迫使我流泪，并责备自己无力割断那种看来无法继续下去的联系。我几乎是绝望地发现，你们已经牢牢地缚在我的心灵上，要割断这些缚住你们的线，就非要扯得鲜血淋漓不可……"

---

[1] 科利尼（1519—1572），法国海军上将，基督教胡格诺派领袖之一，死于巴黎天主教徒对胡格诺派的大屠杀中（1572年8月24日前夜，史称"圣巴托罗缪之夜"）。
[2] 十八世纪法国资产阶级革命时期代表大工商业资产阶级利益的政治集团。
[3] 十六至十七世纪法国基督教新教徒形成的一个派别，一直遭受残酷镇压。
[4] 欧洲中世纪基督教的一个教派。
[5] 十八世纪法国资产阶级革命时期国民公会中的革命民主派，其成员大多数参加雅各宾俱乐部。
[6] 引自《往事与随想》第二十九章，引文略有差异，其中"宗教改革时期的传教士"原文为"宗教改革时期有革命精神的传教士"。

不过，在格拉诺夫斯基和伊斯康捷尔相识初年，他们之间的关系极为和谐。他们的政治信仰一向是一致的，至于内心深处的一些问题，他们或者只是略略提及，或者根本避而不提；况且伊斯康捷尔此时在观点上尚未到毫不留情的极端的地步，也没有后来表现出的那种冷嘲热讽……

伊斯康捷尔深深敬重别林斯基，他看出他具有多么强有力的论战天才，他的内心里又蕴藏着多少精力；他感到痛惜的是，这种精力却白白地用来维护一些陈腐的思想……我在回忆别林斯基的那篇文章中讲到了一八四○年一月伊斯康捷尔初访别林斯基的情形，他们一见面就开门见山地各自表明观点，这两个人只能是这样。伊斯康捷尔对别林斯基指出，他走的是一条错误而危险的道路，天知道他沿着这条路会滑到什么地步……他甚至直截了当地讲出了别林斯基会滑到什么地步……别林斯基深受伤害，他觉得伊斯康捷尔生硬的话语里含有许多真理，但他仍在固执地为自己的思想方式辩护；他聊以自慰的是，他觉得伊斯康捷尔眼光狭窄，世界观尚未被黑格尔哲学的光辉照亮，等等。他显然已经动摇了。

巴枯宁去柏林以后，别林斯基因同伊斯康捷尔接近而日益陷入苦闷和消沉之中——这是内心发生转折的前兆。到一八四一年底，他的内心还在进行斗争，但到了一八四二年，当伊斯康捷尔第二次来到彼得堡时，他同他紧紧握手、拥抱，并笑着对他说："你胜利了，加利利人[1]！"[2]

---

1 指耶稣基督。加利利是古代巴勒斯坦北部地区的名称。据《新约》传说，加利利是耶稣故乡所在地，又是耶稣布道的主要地区。

2 这两节叙述的时间不准确。别林斯基离开莫斯科（1839年10月）之前不久，就"同现实和解"的问题同赫尔岑发生过激烈争论，见赫尔岑《往事与随想》第二十五章。别林斯基同赫尔岑在彼得堡初次会见不是在一八四○年一月，而是一八三九年从这时起，别林斯基的心绪渐渐恢复正常，感到更加轻松、无拘无束，他不再用强力压制自己革命的本性了。他开始激烈地、坚定不移地反对他在一年前那样热烈真诚地鼓吹的那些思想。他痛心而愤恨地回忆自己以往思想上的迷误，并运用自己的全部才智和力量来补偿这些过失。从这时起，他同伊斯康捷尔、格拉诺夫斯基等人完全情投意合了……

小组日益扩大，它所起的作用和具有的力量也更大了。参加小组的除从国外归来的莫斯科大学的一些青年教授（卡特科夫[1]、列德金[2]等人）以外，还有当时所有的进步人物——别林斯基、伊斯康捷尔、博特金、奥加廖夫、加拉霍夫[3]、叶甫盖尼·科尔什，以及其他许多人……

格拉诺夫斯基出国之前曾同叶·科尔什一起，齐心协力为先科夫斯基的《读书文库》工作，科尔什大约在这一时期在莫斯科定居下来。格拉诺夫斯基直至去世，始终同科尔什保持极为亲密的关系……

叶·科尔什在文学活动方面较许多人要略逊一筹，但他却是小组中最令人愉快的谈伴之一，即使伊斯康捷尔在场也不能弥补他缺席的不足。用科尔什的话来说，伊斯康捷尔说起话来声音总是像铃铛一样响亮。这银铃似的声音里有那么多的力量、光辉、

---

十二月；第二次见面是在一八四〇年五月至一八四一年六月之间，这一次他们之间才取得和解。巴纳耶夫说他们第二次见面是在一八四二年，那是记错了，赫尔岑一八四二年并未去过彼得堡。

[1] 卡特科夫不属此列。他在出国之前同别林斯基的关系就很不稳定，回到俄国（1842年底至1843年初）之后便再也没有同别林斯基及其朋友们恢复亲密关系。

[2] 彼·格·列德金（1808—1891），法学家、哲学史家兼教育家，先后任莫斯科大学及彼得堡大学教授、彼得堡大学校长。

[3] 伊·巴·加拉霍夫（1809—1849），赫尔岑小组成员，彼得堡警察总监亚·巴·加拉霍夫（见本书第一百六十九页）的弟弟。

智慧、讥讽和学识，从不使人感到厌倦。人们会一直听他讲下去，听得入迷。他善于用无法仿效的灵巧手段从玩笑转入正题，那出色的语言就像他爱喝的香槟酒一样，泛出星星点点、金光闪闪的细泡……科尔什才智肤浅，却能一语中的，他能从所有的朋友——连格拉诺夫斯基和伊斯康捷尔也不例外——身上迅速发现笑料，并用非常辛辣的俏皮话挖苦他们，而且，按照某个人[1]的恰当的说法，还要用口吃的方法把自己的俏皮话点缀一番，从而使他的谈话、评语和笑话显得别有韵味。

有格拉诺夫斯基在场，一切都会变得和谐融洽，一切都会涂上一层精致的、富有诗意的色彩，生硬的谈话变得柔和，不协调的意见得到调和，连呼声很难被人盖过的凯切尔也变得顺从了……

这些朋友经常聚会，有时在博特金那儿，有时在凯切尔那儿，有时在伊斯康捷尔（次数最多）或刚刚结婚的格拉诺夫斯基家里。伊斯康捷尔对格拉诺夫斯基的家庭生活做过极为细致准确的描述，这里我想再次引述他的几段话：

> 他（格拉诺夫斯基）的妻子非常年轻，尚未完全长大成人，她身上仍然存在着少年时代身材不匀称，甚至冷漠无情的那种特点，这种特点在那些淡黄头发，尤其是德国血统的少女身上往往可以见到。这些自然状态的人往往有才干、有能力，但他们醒悟得很迟，很长时间不能脱离混沌状态。促使这个少女觉醒的动力是那样温柔，那样无须痛苦和斗争，来得又是那样早，以致她几乎没有觉察。她的血液依旧沿着

---

[1] 指赫尔岑。

她的心脏缓慢而平静地循环流动。

格拉诺夫斯基对她的爱是恬静的,温和的,与其说他爱得热烈,倒不如说他爱得深挚而温柔。他们年轻的家庭里充满了安宁、平静而又感人的气氛。有时看着格拉诺夫斯基沉浸在工作之中,他那身材颀长、沉默寡言的幸福的爱侣像嫩枝一样弯腰伴在他的身旁,我心里会感到十分舒畅。眼望着他们,此情此景之下,心里也就想到了最初一批新教徒的开朗纯洁的家庭,他们无所畏惧地唱着遭禁的圣诗,决心手拉着手,安详而坚定地朝执行宗教裁判的人迎面走去。

他们在我看来就像一对兄妹,何况他们又没有孩子……

这些朋友在聚会时迅速交流思想和知识,中间夹杂着俏皮话和玩笑,还有凯切尔那疯狂的、老一套的叫嚷声:"喂!你们怎么搞的,又把酒忘啦?干杯吧!干杯吧!……"朋友们互相通报新闻,讲述他们所读过和听到的一切,开展争论。用伊斯康捷尔的话来说——"每个人得到的东西都成为大家共同的财富"。

这一时期,格拉诺夫斯基在自己的讲坛上激起了听众对他的爱戴和热情,获得的声誉越来越大。

一八四三年春天,他为公众开设了《法国和英国中世纪史》课程。莫斯科所有出类拔萃的人物仿佛事先约好一样,都驱车前来听讲;女士们占了听众的一半。格拉诺夫斯基认真阐述自己的见解,这在当时来说是很有勇气的。诚然,上司对他已经报以白眼了,却无法公开挑剔他。这些讲演取得了极大的成功。像通常一样,最后一次讲演结束后,听众报以热烈的掌声和欢呼声,纷纷上来同教授握手,小姐们则几乎要把包发帽抛到空中……大家把教授围得水泄不通,表达自己的满心喜悦和对教授的关切之情,格拉诺夫斯基深受感动。人们甚至没有让他把结束时致谢的话讲完,大学生们在台阶上守候着他,一直把他抬着送到大街上。

格拉诺夫斯基在莫斯科的声望通过这些讲演进一步巩固了,舍维廖夫对格拉诺夫斯基本来就没有很大好感,这以后就再也掩饰不了自己的嫉妒和怨恨——他开始在大学里暗中策划阴谋,反对格拉诺夫斯基,又伙同自己的朋友波戈金一起,在《莫斯科人》上公开对他进行攻击。这些攻击荒谬而又粗野,格拉诺夫斯基被指控为西欧派,而在这些先生的语言里,西欧派几乎等于祖国敌人的同义语。

结果事情发展到这样一步,一八四四年再次对公众讲课期间,格拉诺夫斯基在一次讲演时公开答复斯拉夫派:

"我究竟为什么要仇视西欧呢?"他向他们问道,"仇视西欧却又要讲授它的历史,那么我的良心何在呢?"[1]

公众和大学生自然是站在格拉诺夫斯基一边。斯拉夫派中一些光明磊落之士(康·阿克萨科夫、霍米亚科夫和基列耶夫斯基兄弟[2])也看出,他们在信仰方面的战友对格拉诺夫斯基的攻击是多么粗俗笨拙,因此他们努力试图在格拉诺夫斯基第二期公开讲课结束后取得和解。他们表示希望参加为格拉诺夫斯基举办的午宴,并劝说舍维廖夫和波戈金也出席这次午宴……

我在这次午宴的前一天来到莫斯科,并出席听了格拉诺夫斯基的最后一次讲演。

---

[1] 巴纳耶夫记错了:格拉诺夫斯基的中世纪史课程不是讲了两次,而是一次,从一八四三年十一月(不是春天)至一八四四年四月下旬,假期以后又继续讲课。
[2] 伊·瓦·基列耶夫斯基(1806—1856),俄国宗教哲学家、批评家和政论家;彼·瓦·基列耶夫斯基(1808—1856),俄国民俗学家、俄罗斯民歌收集者。两人都是斯拉夫派的代表人物。

格拉诺夫斯基在讲台上并无一鸣惊人的辩才，但他讲述的方法是那样朴实和引人入胜，姿势是那样优雅，他那双美丽而忧郁的眼睛里凝聚着那样丰富的内在热情，他那平静的声音又是那样悦耳，因此我望着他并聆听他的讲演时，对他的讲演所激起的那种普遍的热情并不感到惊讶……

人们兴高采烈地表达喜悦之情，又是鼓掌又是欢呼（女士中最为兴奋、叫得最响的是卡·卡·巴甫洛娃，男听众中则是凯切尔），随后大家动身直接到为教授备好午宴的宅邸去。主持这次午宴的人，西欧派方面是伊斯康捷尔，斯拉夫派方面是康·谢·阿克萨科夫和霍米亚科夫——我已经记不清楚了。[1]

宴会桌摆成Π字形，桌子中间的首席上坐着格拉诺夫斯基，他的身边是舍维廖夫。我的位子是在他们对面。三点钟大家入席。

午宴进行到一半时开始举杯祝酒。首先有人提议为格拉诺夫斯基干杯，西欧派和斯拉夫派都大声欢呼，一致赞同。格拉诺夫斯基表示谢意，并建议为舍维廖夫干杯。接下来是为大学干杯。

随后康斯坦丁·阿克萨科夫站起身来。他紧握拳头，一对小眼炯炯发亮，他用拳头敲了一下桌子，又用响亮而庄重的声音说道：

"诸位先生！我提议各位为莫斯科干杯！"

所有的人都热烈响应了这一提议，正好在这时响起了一片召唤人们进行晚祷的钟声。

舍维廖夫抓住时机，用他那尖细悦耳的声音说道：

"听见了吗，诸位，莫斯科用钟声回答了这次祝酒！"

听了这番动人的话语，一部分人微微一笑，另一部分人则喜

---

[1] 这次宴会于一八四四年四月二十二日在谢·季·阿克萨科夫家里举行，主持宴会的人是赫尔岑、尤·费·萨马林和谢·季·阿克萨科夫。

得眉开眼笑。康斯坦丁·阿克萨科夫走到舍维廖夫跟前,两个人扑上去互相拥抱……

随后康斯坦丁·阿克萨科夫满怀激情地朗诵了他那首有名的致莫斯科的诗,诗的开头是这样的:

> 古老的、亲爱的首都,
> 谁说国家不了解你的价值?
> 只要叫出了你的名字,
> 便同时呼唤出神圣的罗斯……

这首诗一念完,舍维廖夫也走到阿克萨科夫跟前,同他紧紧拥抱起来……

这种热闹场面和斯拉夫派的兴奋之情静下来以后,西欧派中有个人说:

"诸位先生!我提议为整个罗斯干杯,连彼得堡也不例外……"

舍维廖夫先生一听这句话,陡然变了脸色。

"对不起,我讲几句!"他从椅子上跳了起来,大声说道。

大家静了下来,转身望着他。他开口说道:

"诸位先生!请允许我提醒一句,这一位提议干这一杯是多此一举,因为所有的人刚才都无一例外,一致同意,热情地为莫斯科干了杯,而为莫斯科干杯就包含了为整个俄罗斯干杯在内。莫斯科是俄罗斯的心脏,诸位先生,它是俄罗斯的代表。康斯坦丁·谢尔盖伊奇·阿克萨科夫发表在《莫斯科新闻》(期号我忘了)上的那篇极为出色的文章公正地指出,从前莫斯科在士兵点名时每天都要提到俄国所有的城市。"——他滔滔不绝,越

扯越多……[1]

这位能言善辩的莫斯科演说家讲完以后,我对他说道:

"请允许我提醒您一句,莫斯科在点名时并没有提到彼得堡,原因很正常,彼得堡当时还不存在。您为什么在共同干杯时要把彼得堡排除在外呢?"

"我非常高兴为您的健康干杯,巴纳耶夫先生。"舍维廖夫答道,同时伸出自己的高脚酒杯,碰了碰我的杯子……

"为彼得堡干杯!为彼得堡!"一些年轻的西欧派喊了起来,凯切尔甚至比别人嚷得更凶——"为彼得堡!"——他就是要跟舍维廖夫唱唱对台戏,其实他跟舍维廖夫一样讨厌彼得堡,尽管他也嘲笑斯拉夫主义……

西欧派很想借题发挥,但格拉诺夫斯基用他那温和、恳求的眼神使他们的情绪缓和下来,而且他们自己也明白,假如他们把为他举行的酒宴变成两个敌对的营垒,格拉诺夫斯基会感到极为不快。

宴会很快要结束了,许多人已经从座位上站起身来。不过祝酒仍然在继续进行。斯拉夫派和西欧派的人互相拥抱,大厅里人声鼎沸,不时响起凯切尔粗野的笑声和喊声:"你喝呀,喝嘛!"

当所有的人都从席上站起身来,混成一片时,嘈杂声更大了……

我同康·阿克萨科夫已有四年多没有见面(此时他同家人住在莫斯科郊外自己的宅邸里),他在这次宴会上见到我时显然十分冷淡,不想跟我交谈。

---

[1] 这里有一点巴纳耶夫记错了:康·阿克萨科夫谈到彼得一世以前莫斯科士兵点名的情形的那篇文章题为《莫斯科七百周年》,是这次宴会两年以后在《莫斯科新闻》上发表的。

我问他:"这是什么原因?"

"我对您个人没什么过不去的,"阿克萨科夫握住我的手,坦率地答道,"可是,"他温厚而又严肃地补充说,"您作为一个彼得堡的文学家,我无法对您抱有任何好感。你们的彼得堡会颠倒人们的是非……您和别林斯基都干了些什么呢?我们的关系本来是友好的,怎么能料到他竟会对我采取那样一些举动……"

到底是**怎样的**一些举动,我不知道,但我反驳阿克萨科夫说,别林斯基反对的不是他本人,而是他的整个派别,尤其是反对《莫斯科人》,因为它十分粗野地对他们进行中伤。

但阿克萨科夫发起火来,对别林斯基讲了一些十分愤恨的话。

斯拉夫派和西欧派在这次宴会上的和解就大多数人而言也许是出于真心,但却并不持久。这两个派别之间的论战变得比以往更加激烈了。

别林斯基非常公正地嘲笑了这种昙花一现、徒劳无益的和解。

"幼稚,幼稚!"他针对格拉诺夫斯基和伊斯康捷尔说道,"他们只想抓住某个机会多喝几杯,多聊聊天……这算什么和解?难道格拉诺夫斯基当真就相信这种和解?不可能!……假如人们之间没有任何接触点,双方没有任何让步的可能性的话,不管喝多少酒、碰多少杯都无济于事。照我看,喝得醉醺醺地互相亲吻——这种做法令人讨厌,叫人恶心。"

在给莫斯科朋友们的信中,别林斯基对这种虚假的和解讲得还要尖锐。

这次讲和的宴会使他十分气愤,从那以后他在《祖国纪事》上撰文抨击斯拉夫派时语气更加辛辣。

格拉诺夫斯基开始时对此感到不快。由于性格软弱,他似乎认为**坏的安宁胜过好的争吵**,有时甚至在自己的朋友面前竭力为他不可调和的敌人舍维廖夫开脱……

可是后来出现了雅泽科夫的一首卑怯下流的诗,题为《不是我们的人》。用伊斯康捷尔十分精当的话来说,这位过去纵酒行乐、自由自在的诗人**靠裙带关系成了斯拉夫派**(霍米亚科夫娶了他的妹妹)。他在这首诗中暗示说,恰达耶夫是个背弃信念的人,格拉诺夫斯基是个毒害青年、挂羊头卖狗肉的教师,伊斯康捷尔是个炫耀西欧仆役制服的奴仆,而所有同意他们思想的人则是祖国的叛徒——这种放肆态度连性情温和、与世无争的格拉诺夫斯基也觉得忍无可忍了。[1]

"不行,先生们,"他说,"我后悔我懵懵懂懂,太愚蠢了。别林斯基的话说得千真万确。这些先生竟用这样的手段对付我们,跟他们讲和真是又愚蠢又荒谬。"

不过,斯拉夫派中最光明正大、最正直的是康·阿克萨科夫,大家知道,他曾经愤怒地反对这个日渐昏聩、已经失去昔日那种表面才华的病态的诗人所写的告密诗。

同斯拉夫派的争吵表现为在刊物(《莫斯科人》和《祖国纪事》)上进行愤怒的论战,而且总是以西欧派的胜利而告终,因为他们明显地得到广大读者的支持——然而这种争吵终究不合乎格拉诺夫斯基的心意。对斯拉夫派的许多人,格拉诺夫斯基都是敬重和珍爱的。他经常谈到康·阿克萨科夫和基列耶夫斯基兄弟品格高尚、为人正直,并且充分肯定霍米亚科夫杰出的才能和机智。

格拉诺夫斯基的心灵有一种息事宁人的温和的特性。他待人处世稳重,令人感到愉快,而且我要说,他善于**婉转取悦**于

---

[1] 这一节是对赫尔岑《往事与随想》(第三十章)中一段话的相当准确的转述。"背弃信念的人"在《往事与随想》中原为"背弃东正教信念的人"。雅泽科夫写的这种攻击俄国社会先进人物并具有告密性质的诗不是一首,而是三首,均写于一八四四年。

人——如果这种说法不包含狡猾的意思的话,因为狡猾同他的性格是不相容的——这一切加在一起,使他逐渐吸引了莫斯科社会的各个阶层,并促使他的声望日益扩大……顺便说说,格拉诺夫斯基同恰达耶夫情谊甚笃,但这一点我在后面还有机会讲到。所有人都千方百计地接近格拉诺夫斯基,争取同他结识并得到他的关注;所有人都珍视他的意见,并在后来通过同他的联系而出了名。人们对他的这种追逐和殷勤态度使他丢下了工作,让他没有时间专心致志做自己的事,但由于性格软弱,格拉诺夫斯基无法拒绝社会上的各种联系,拒绝同日益增多的人结识。他甚至经常一连几天不在自己的小组里露面,当朋友们用嘲弄的口气责备他时,他只是耸耸肩,笑着答道:

"唉,有什么办法呢?一看到我的拒绝会使别人感到不快,我就没有勇气拒绝了。"

卡罗利娜·卡尔洛芙娜·巴甫洛娃有一段时间运用她特有的敏捷泼辣的作风,想把格拉诺夫斯基完全抓在手中,一两个星期之内缠住不放。她把她所有的长诗短诗都读给他听,格拉诺夫斯基本来很善于鉴别真正的诗和空泛的诗句,具有很高的审美能力,却一度被巴甫洛娃华丽的辞藻迷住,过分地称赞起她的诗来。朋友们都嘲笑他,尤其是别林斯基。格拉诺夫斯基自己也感到自己发表的意见不对。

"好吧,就算她的诗没有诗味,"他反驳道,"但至少不能不承认她的诗句读起来特别响亮吧……"

"可是现在谁写的诗句读起来不响亮呢?"有人打断他的话说。

"就拿他来说吧!"博特金指着我补充了一句,随即给他念了我模仿巴甫洛娃写的一首讽刺诗:

> 她一心以为,思想和灵感
> 　　在她都是命中注定;
> 她生来就该吟诗作赋,
> 　　抒发那些高雅之情;
> 她的诗作,她那独创的叶韵
> 　　注定要压倒别人;
> 世上没有比她更好的作品……[1]

这首摹拟讽刺诗令格拉诺夫斯基十分开心,他笑了一阵,自此以后再也不为《四对舞》的作者的诗辩护了。那首叙事长诗其中的几章发表以后,他甚至对自己一时的兴致嘲弄了一番。

格拉诺夫斯基喜欢同年轻、聪明、有教养的妇女交往,并同其中某些人关系极为亲密,但却从不掺杂一丝一毫的爱恋之情。然而较之妇女们温文尔雅的谈话来说,他还是更喜欢和一群朋友在一起开怀畅谈,吃上一顿精美的午餐或晚餐,外加凯切尔作陪(即带上香槟酒)。他对莫斯科社会对他的厚意感到高兴,但他对他在自己的听众及所有有教养的青年心中激起的那股热情则更加珍视。他看得非常清楚,正如有人[2]中肯地指出的那样,青年们欢迎他那种"一心追求自由的西方思想,亦即独立思考和为争取独立思考的权利而斗争的思想"……

随着我每一次去莫斯科和格拉诺夫斯基每一次来彼得堡,我对他的依恋之情逐渐加深。格拉诺夫斯基看出了这一点,不止一次对我表示好感。

---

[1] 这首诗是讽刺卡·卡·巴甫洛娃的,原文末句"作品"一词一语双关,既指诗作,也指人。
[2] 指赫尔岑;引文引自《往事与随想》第三十章。

一八四五年夏天，我在莫斯科和他进一步接近了。我的妻子同格拉诺夫斯基的妻子关系非常亲密，她几乎每天都上格拉诺夫斯基家里去，我也经常在他们家里吃午饭。他们当时住在花园街，在米尔豪森（格拉诺夫斯基的岳父）家里。我们刚刚出国旅行归来，我便向格拉诺夫斯基和所有我们共同的朋友讲述了各种身份的我国同胞和某些同我们十分亲近的人在巴黎的种种奇遇。我讲的这些故事惹得所有的人大笑不止，格拉诺夫斯基听得特别开心的是我讲的一个姓克雷科夫的上尉（这其实是个善良正直的人）的奇闻趣事，这件趣事以在轻罪法庭的一场官司而告终。

一八四五年夏天，伊斯康捷尔迁到了索科洛沃的别墅里。索科洛沃是个古老的贵族庄园，一度属于鲁缅采夫[1]家族，位于彼得堡大路边，离莫斯科二十俄里处。索科洛沃公园所在的那个地方风景如画，这座公园里修了大大小小的几幢房屋。在一幢大房屋里住着地主季沃夫本人，其他房屋都租给别人消夏。

伊斯康捷尔租了公园里位于山上的一幢房屋，山下是一条蜿蜒流过的小河。左边，离房屋半俄里的地方便是公园的尽头，那里有一座凉亭，掩映在茂密的绿荫之中。凉亭名为**美景**[2]，从亭子里放眼望去，景色异常优美。房子的右边伸展着一片草地和种着庄稼的原野……

格拉诺夫斯基、科尔什、博特金、凯切尔等人几乎每逢星期六都乘车上那儿去，在那里一直待到星期一。有一个星期六我也跟他们一起去。

"酒的事儿你们别担心，"凯切尔嚷道，"由我来张罗。至少得

---

[1] 彼·亚·鲁缅采夫（1725—1796），俄国统帅。
[2] 原文是法语。

带一打香槟,还要带些别的酒。照我估计,他们那儿的酒该是快喝完了。不过,该向德普雷打听一下(说到这里他不知怎么冷冷地把眉毛向上一耸),看他们最近一次上他那儿买酒是什么时候,但不管怎么说,带上一箱香槟是必需的……"

格拉诺夫斯基的妻子在此之前几天已经同玛·费·科尔什(叶·费·科尔什的姐姐)一起到索科洛沃做客去了。

我们在傍晚八点钟左右从莫斯科动身。凯切尔把一大堆酒塞在我们脚下,弄得我们不知把脚往哪儿放才好;他自己同车夫一起坐在赶车的座位上,穿着他那件靡菲斯特式的红里子斗篷。他看着我们因无处搁脚而难受的样子,觉得十分开心,一路上呵呵大笑。

当我们来到索科洛沃,下了车准备步行上山时,天已经开始黑了下来……凯切尔挥动手杖在前面引路,他那响亮的嗓音和哈哈的笑声震动了槲树林。

伊斯康捷尔听见话音和笑声,跑出来迎接我们。跟在他身后出来的是几位女士——伊斯康捷尔的妻子和格拉诺夫斯基的妻子。

格拉诺夫斯基同妻子亲吻了一下,跟她一起向前走去,消失在树林中间。凯切尔则对着伊斯康捷尔、他的妻子和住在他们家的姑娘玛·卡·莱谢尔嚷道:

"喂,你们过得怎么样,在家里都干些什么事儿呀?哈——哈——哈!你们能料到会来这样一些贵客吗?哈——哈——哈!……可是你这儿有酒吗?你打算拿什么给我们喝呀?哈——哈——哈!"

说着他双手叉腰,站在伊斯康捷尔面前。

"我这里还有一点小小的储备,但我知道你们都会来,"伊斯康捷尔答道,"我今天已经派人上德普雷那儿去了。"

"那么,你为什么不给我写封信呢?干吗要派个人去,让他白白受罪呢?"

凯切尔有个习惯,对待自己成年的朋友就像家庭教师对待孩子一样。他开始正经八百地埋怨伊斯康捷尔,一边唠叨一边煞有介事地板起面孔。

"别嚷了!真烦人!"伊斯康捷尔说,"酒会有的。你还要什么?"

"问题不在这里,"凯切尔固执地反驳道,"我已经想到这一点,我们自己带酒来了——问题在于你老弟只知游手好闲,什么事情都不会预先做好安排……"

说着他又响亮而温厚地大笑起来……

凯切尔一边笑着一边又跟两位女士说了几句客气话,便亲自跑去查看香槟酒是否已经冰冻了……

我对我在索科洛沃度过的那段时光永远也不会忘怀。那是我最美好的回忆的一部分。美妙的白昼,绚丽温暖的黄昏,日落时分和月夜的公园景色,我们在那里散步,在房前宽阔的草地上吃午餐,饭后坐在上层凉台上**无所事事**[1],清晨迎来朝霞,谈起话来总是兴奋活跃,有时争论十分热烈,但决不会令人生气、使人不快,加上格拉诺夫斯基引人入胜的谈话,伊斯康捷尔杰出的机智,科尔什讥讽的插话,还有凯切尔一边挥舞长烟袋一边发出的粗野而又温厚的呵呵笑声——这一切加在一起是那样美好,那样充满生气和诗意……在这种令人迷醉的诗意的气氛中,大概谁也没有料到,这是青春的最后的欢宴,是对最美好的半生的送别;没有

---

1 原文是法语。

料到我们每个人已经站在一条边界线上，在界线的那一边，等待我们的是失望，是同友人的分歧和不可避免的冷淡，随之而来的是各奔东西，预料之外的长期分离，以及过早逼近的坟墓……

然而一八四五年在索科洛沃度过的夏天确实是以别林斯基、伊斯康捷尔和格拉诺夫斯基为其最优秀代表的这个小组青春的落日时分——但这种落日是壮丽的、辉煌的，它以它最后的光芒鲜明绚丽地照亮了所有的朋友……

早上吃过茶点以后，伊斯康捷尔通常到自己的书房里去工作，其余的人分散在公园里。有的躺在树下看书，有的散步，有的在河岸上同友人低声谈话，有的人则去游泳。凯切尔通常挂一根大拐杖，背上背囊到树林里去采蘑菇。午饭前大家都聚到一起。伊斯康捷尔干完工作之后显得比平时更有生气、更加愉快。午餐时十分热闹，酒不离席，直到深夜。凯切尔欢天喜地，他如鱼得水，大叫大嚷，打开一瓶又一瓶酒。这种啪啪的响声掺杂在连续不断、热情兴奋的谈话声中，往往一直持续到黎明时分。所有人都充满青春的活力，谁也不想睡觉，谁也不愿彼此分离，连女士们也通宵不寐……

有一天在度过了这样一个夜晚以后，已近天亮时分，我觉得有些疲倦，想去睡觉。当时我和凯切尔一起睡在一间单独的小屋里……我想把门打开——门闩插上了；我敲了敲门，没有人答应，只是从屋里传来凯切尔的笑声和妇女说话的声音。我走到窗口，看见了伊丽莎白·波格丹诺夫娜（格拉诺夫斯基的妻子）和玛丽亚·卡斯帕罗芙娜（住在伊斯康捷尔家里的那个姑娘）。她们跟凯切尔商量好了，要跟我开开玩笑，天亮以前不放我进去。我毫无办法，只得返回美景凉亭，凉亭里还在继续进行兴高采烈的谈话，直到旭日东升……酒喝得不计其数，但它仿佛对我们不起作用，只有阳光才暴露出我们喝得漫无节制——它照亮了我们苍白发青的面孔……

第二天十点钟左右，伊斯康捷尔前来叫醒我们……

"喂，巴纳耶夫，"他说，"糟了！我们今天看样子根本吃不成午饭。"

"为什么？"我问道。

"存的酒全喝光了，连一滴伏特加都没有剩下。"

对我和他来说，饭前一杯酒倒不是非要不可……

"怎么办呢？这件事得认真考虑考虑，"伊斯康捷尔继续说道，"我派了个人去莫斯科，可就是不知他吃午饭以前能不能赶回来……噢，我有个好主意！我找娜塔莎[1]要点儿煮咖啡用的酒精，再掺上几滴水。用这个代替伏特加准行。"

他真的这么做了。这种灵机一动做出的伏特加我和伊斯康捷尔都很爱喝，后来我们很长时间都用酒精代替伏特加，遭到科尔什和其他几位朋友的奚落……

那一年夏天，小组的全体成员只差奥加廖夫一人，当时他在国外。对他的缺席感触特别深的是格拉诺夫斯基和伊斯康捷尔，他们深挚地眷恋着他……[2]

一八四六年春天，格拉诺夫斯基第三次，也是最后一次开设了他的公开讲演课程。莫斯科所有人再一次聚集到他的讲坛面前。我没有听过这次讲演，但我们所有的朋友都说，这次讲演不如头两次成功，格拉诺夫斯基显得有些疲倦，仿佛有什么事搅得他心绪不宁，使他显得精神萎靡。

---

[1] 赫尔岑的妻子。
[2] 巴纳耶夫对一八四五年在索科洛沃消夏的情景的回忆有几段取自《往事与随想》第三十二章。

有一天讲完课以后,格拉诺夫斯基得知奥加廖夫和萨京到了莫斯科。

他和伊斯康捷尔一起向雅尔饭店奔去。

分别几年之后会见的场面十分热烈……

这样一来,小组的人就到齐了。

我们当即约定在一起度过夏天,而且一定要再次到索科洛沃去。我不知怎么老是把索科洛沃说成索科洛夫卡,伊斯康捷尔为此经常取笑我。

"真是个贵族老爷,"他笑着揶揄我,"老爱用指小名词:普罗霍尔念成普罗什卡,索科洛沃念成索科洛夫卡。"

伊斯康捷尔租了原来那间房子,格拉诺夫斯基租了这座公园里的一套小厢房,奥加廖夫住在阁楼上,凯切尔则在公园深处找了一间小屋。

大家都想望着日子会过得很惬意,很愉快。然而希望落了空……迁到别墅以后,伊斯康捷尔的父亲去世了。[1] 他忙于奔走张罗各种事务,暂时离开了朋友们……

我来到莫斯科时,伊斯康捷尔已经办完了自己的事情,我便同他一起到索科洛沃去。

有一天傍晚,我们都坐在伊斯康捷尔租用的那间房屋的上层凉台上。伊斯康捷尔和格拉诺夫斯基谈起一些理论问题,这些问题他们过去根本没有触及或只是稍稍提及了一下,仿佛害怕当真触动它们……两个人你一言我一语,争论变得激烈起来。格拉诺夫斯基看样子对这场争论感到很不愉快,他试图停止争论,但伊斯康捷尔却固执地不肯住嘴。最后格拉诺夫斯基变了脸色,冷冷

---

[1] 赫尔岑的父亲死于一八四六年五月六日。

地说：

"行了，不管你怎么说，你永远也说服不了我，也不能强迫我接受你的观点……你我之间有一条我不想超越的界线。我们已经走到这条界线上。"

伊斯康捷尔忧郁而又讥讽地看了奥加廖夫一眼，奥加廖夫伤心地摇了摇头。

接下来是一阵难堪的沉默，后来谈话重新开始，谈的都是些平常的事。

我头一次看见格拉诺夫斯基这样生气，在此之前也没有料到他同伊斯康捷尔之间竟会存在可能导致他们关系冷淡的分歧。

整个晚上，格拉诺夫斯基和伊斯康捷尔两个人都闷闷不乐，感到难堪，就连他们一向予以宽容的凯切尔的叫嚷声和大笑声也似乎搅得他们心绪烦乱。

第二天午餐时，格拉诺夫斯基对伊斯康捷尔发表在《祖国纪事》上的一篇文章着实称赞了一番。

"可是你喜欢它哪一点呢？"伊斯康捷尔讥讽地笑着反驳道，"难道是**文体**不成？你并不同意我的观点呀……"

格拉诺夫斯基面红耳赤。

"你的文章能够唤醒和推动人们，"他反驳道，"这就是它们的长处……你那些观点和理论的片面性自然叫人无法接受……"

"那么，假如我的理论荒诞无稽的话，那干吗又要为一些荒诞无稽的事情去唤醒人们，搅得他们心神不安呢？"

争论又趋于激烈，奥加廖夫也参加进来，他是站在伊斯康捷尔一方的。争到最后，格拉诺夫斯基脸色苍白，用颤抖的声音说道：

"先生们，假如你们跟我谈话时不涉及这类问题，那我将不胜感激。我们可以谈点更令人高兴、更有益的事……"

伊斯康捷尔的妻子赶紧转换了话题。

这件事过去几天以后,科尔什对伊斯康捷尔和奥加廖夫说,到了已经成年和成熟的时候,幻想朋友之间有什么相同的理想是不可能的。

格拉诺夫斯基和伊斯康捷尔照常往来,他们的关系表面上毫无变化,但他们相互之间的态度即使并不冷淡,至少也可以看出某种程度的谨慎。他们就这样分手了。[1]

伊斯康捷尔出国[2]以后,莫斯科小组的代表人物就是格拉诺夫斯基了。其他所有人都聚集在他的身边,他的声望在这一时期达到了顶点。

格拉诺夫斯基逐渐成为小组里受人崇拜的偶像,也许开始时连他自己也没有觉察到这一点。他的影响的增长仿佛违背了他的心愿,因为他根本没有谋求这一点。我们在后面将会看到,他不仅不竭力维护,反而千方百计动摇这种影响。假如格拉诺夫斯基对某个年轻人表示关注,谈到他的才华,对他的学术知识表示称赞,那么这个年轻人只凭格拉诺夫斯基一句话,马上就会出人头地:彼得堡办杂志的人就开始盯住他不放,出高价要他的文章,力图把他从别人那里拉过来,等等。格拉诺夫斯基为人善良宽厚,常常看错人,他的荐举并非总是靠得住。他曾经抬举过奥尔

---

[1] 从"第二天午餐时"开始,这一节是对《往事与随想》第三十二章内容的转述。出于书刊审查方面的原因,巴纳耶夫无法直接点明争论的内容。在哲学观点上,赫尔岑和奥加廖夫此时已转到唯物主义立场上,格拉诺夫斯基仍坚持唯心主义观点;在社会政治观点上,赫尔岑和奥加廖夫已形成社会主义和革命的信仰,而格拉诺夫斯基则未越出温和自由派的界限。

[2] 一八四七年。

登斯基[1],说他是个极有才干的人,是研究古希腊的行家。奥尔登斯基一下子成了几家一流刊物的撰稿人,但他的无能和愚蠢很快暴露出来,于是格拉诺夫斯基马上承认自己错了,还把自己嘲笑一番……

尽管格拉诺夫斯基成了权威,他自己也意识到这一点,但他对这种威望淡然处之,丝毫不露痕迹,以至看不出他和一般人有什么区别。他没有运用他的威望使任何人感到难堪,没有强使任何人承认他是权威。他仍然是以前那个仁慈、温和、富有同情心的格拉诺夫斯基。

他自己倒是更受他所获得的威信以及这种威信加在他身上的种种义务之累。他缺少小组代表人物必须具备的力量和精力,因此伊斯康捷尔出国以后,莫斯科小组渐渐失去光彩,变得浅薄鄙俗,枯燥乏味。小组圈子里开始出现一些新人,自然都是些极好的人,但却眼光狭小,缺少才干。科尔什迁往彼得堡,奥加廖夫住在乡下,一切似乎都在解体……

一八四八年[2]以后,政府对各大学的冷淡态度、对文学界的迫害和书刊审查机关的愚笨达到了无以复加的地步。西方发生的极微小的一次运动都会在我们这里引起新的压制。秘密警察机关在两个月内三次收集有关格拉诺夫斯基的材料。所有优秀的、先进的人物都在痛苦的压抑下变得意志消沉——格拉诺夫斯基也许比别的人更加颓丧……他寻求消遣,力图忘掉各种烦恼,便打起牌来。他对打牌的爱好渐渐发展到嗜赌成癖的地步。他放手大赌,根本不考虑自己有限的资金;他把自己的事搞得混乱不堪;他向别人借钱;同一些跟他毫不相干的人建立联系,根本不

---

1 鲍·伊·奥尔登斯基(1823—1861),古希腊文学史家和翻译家。
2 法国爆发资产阶级民主革命的一年。

担心这样做有损他作为教授和小组代表人物的威望。大学生们开始抱怨他,尽管还爱戴他;朋友们背地里摇头叹气,说打牌将毁了他……

这时尼·格·弗罗洛夫[1]从国外归来,其时他的第一个妻子已经去世,她在娘家姓加拉霍娃,所有认识她的人一致认为,她是个极为出色的女人。格拉诺夫斯基是在国外认识弗罗洛夫夫妇的,他同他们的关系十分亲密。[2]

格拉诺夫斯基对弗罗洛夫的态度、弗罗洛夫回国后他们日益加强的密切关系使得格拉诺夫斯基对他有些偏心,并让他得到了过去不曾有过的地位。死守教条、积习很深的小组成员们或者真心实意,或者另有打算,在一切方面都无条件服从格拉诺夫斯基,自然也用他的眼光来看待弗罗洛夫,不允许任何人对弗罗洛夫持异议,否则就以失去小组的友情相威胁。小个子、圆圆脸的弗罗洛夫作为格拉诺夫斯基的朋友一下子身价倍增……

我在这里顺便讲一讲弗罗洛夫给我留下的印象。这些印象究竟对不对,让那些熟悉他、用公正的眼光看待他、不受他同格拉诺夫斯基关系影响的人去评判吧。只不过这种关系使我对他稍有犹豫。

弗罗洛夫的为人介乎通常被贬称为**庸人**的那些人和才能出类拔萃的那些人之间……

他可不能完全算是庸人,因为庸人的自尊心通常因一些鸡毛蒜皮的小事得到满足,可是使弗罗洛夫经常感到苦恼的自尊心是:要成为一个重要人物,而且一定要在学术上出名。他是在贵胄军官学校受的教育,从那里毕业后分到谢苗诺夫团。四年的时间里

---

[1] 尼·格·弗罗洛夫(1812—1855),地理学家,洪堡《宇宙》一书的译者。
[2] 这一点详见安年科夫先生写的关于斯坦克维奇的那本书。——作者注

他无可指摘地完成了一切职责，但缺少高等教育使他的自尊心感到不安。他结识了彼得堡各种专业的教授，请他们帮他出主意。他特别重视尼基坚科教授的建议，决心退职去德尔普特[1]。他从德尔普特去了德国，并同伊·巴·加拉霍娃结了婚……他对任何科学都没有良好的、真正的天赋，不知道到底研究什么才好，因此在柏林听了五花八门的课程：历史、哲学、法学和各种自然科学，结果被这个庞杂的计划弄得晕头转向。最后，经过长期的闯荡和探索，他决定研究洪堡、里特尔[2]及其追随者们的著作，打算把在我国鲜为人知的地理科学移植到俄国的土壤之上。

一八四七年回到俄国时，他从国外带回了自己论述亚历山大·洪堡的著作的开头部分，即《宇宙》第一卷的译稿、他妻子墓碑的模型，以及她长眠的那块墓地的几幅风景画……

我同弗罗洛夫是一八四四年底在巴黎认识的，当时他十分勤勉地到巴黎大学听课，认真仔细地做笔记，每天晚上写东西、钻文稿，表现出一种做学问的细致耐心的精神，在巴黎热闹的生活环境中过着一种修道士的生活，顽强地压抑内心那些有时违背他的意愿、在眼神和面部表情中冒出来的贪欲。他的身上确实有某种修道士的成分，他和人们交往时总有一种意图，想像天主教的神父那样立即潜入别人的内心世界，并控制他们的良心。但他很难做到这一点，因为他缺少他们那种歹毒的手腕和敏锐性。

他到彼得堡找我时已经像个老熟人一样。他带来了论洪堡的文章手稿，想在《现代人》上发表。我们决定予以发表，尽管文章的结尾部分尚未预见到。格拉诺夫斯基对我们的影响在这种场合下表现得十分强烈，他对这篇文章大加赞扬。在此之前（弗罗

---

[1] 今爱沙尼亚共和国的塔尔图市。
[2] 卡尔·里特尔（1779—1859），德国地理学家，主要著有十九卷的《普通自然地理学》。

洛夫回到俄国之前),《现代人》上已经发表了他研究日内瓦监狱的文章,也是格拉诺夫斯基送交给我们的。

第一篇论洪堡的文章没有给公众留下好的印象。弗罗洛夫没有把握好自己的论题,写得颠三倒四,前后重复,尤其是他运用了不熟练的俄语语句,使得他的叙述晦涩难懂。

我对他说,他的语句需要修改一番。他听了很不高兴,但还是同意了,条件是修改时他要在场。

我和他坐着看那份写得密密麻麻、字迹模糊的手稿,整整坐了三个小时,我才勉强整理出前五页。弗罗洛夫甚至怎么也用不好标点符号,他的文章里根本没有句号,整篇手稿上满是分号。我做的修改使他很不高兴,他固执地为他那些没完没了的长句辩护。我弄得满头大汗。这真是一场无法忍受的苦刑。

这些修改,加上改得似通非通的第二篇文章排印时没有**加铅条**(即比通常排得挤一些,一行挨一行)一事伤了他的自尊心。他对我们板起面孔,生闷气。

格拉诺夫斯基和弗罗洛夫的朋友们认为我们不加这些该死的铅条是极大的犯罪行为,指责我们这样是做投机买卖,是贪财,是想少付点稿费;他们没有考虑到,精打细算也只少了区区十个卢布,不可能让我们发财,而我们为了顾及小组的面子不仅白白扔掉了数百卢布,甚至可能对刊物造成损害,因为论述洪堡文章的那几页夹在杂志里面,而且没有裁开……

弗罗洛夫始终没有写完这一组文章。他埋头翻译《宇宙》一书,其结果只证明了译者对祖国语言一窍不通。就算求知欲最强的读者,也未必有人有足够的耐心读完弗罗洛夫翻译的洪堡那部名著第一卷的一半。

弗罗洛夫定居莫斯科以后,很快就娶了斯坦克维奇有病的妹妹，婚后几个月她就死了。这样一来，弗罗洛夫的财产大大增加，他可以更加独立地埋头从事自己细致耐心的工作，继续过他那种勤奋的生活。他同格拉诺夫斯基的关系也越来越密切。

一八五〇年[1]夏天，他同格拉诺夫斯基一起迁到尤苏波夫公爵[2]的阿尔汉格尔斯克庄园的别墅里。他们租了一套紧靠莫斯科河的大厢房，格拉诺夫斯基夫妇住在楼下，弗罗洛夫住在楼上……

他们刚搬进别墅不久，我就来到莫斯科，像往常一样住在博特金那里。格拉诺夫斯基和弗罗洛夫此时因事回到莫斯科（弗罗洛夫正在为自己建房），他们请我和博特金迁到阿尔汉格尔斯克庄园去，跟他们住在一起，哪怕住一两个星期也好，说他们的住房非常宽敞。弗罗洛夫对我很殷勤，看样子他把那些铅条的事忘了。

"你们在我们那儿会过得很好，真的是很好。"他看着我和博特金说道，并露出一种模棱两可的微笑：一方面是温厚，另一方面是意识到自己地位优越，有一种掩饰不住的自鸣得意的神情。

弗罗洛夫在同我们交往时经常带着这种笑容。把它用言语表达出来，意思似乎是说："你们这些人不错，很善良，但是轻浮空虚；尽管如此，我这个干练的正经人对你们还是抱有好感。我喜欢你们……"

"你们可以过得很安静，"弗罗洛夫把手搭在我的肩上，继续说道，"我们让您和瓦西里·彼得罗维奇住在一起，你们二位单独住一个房间……我们会尽力给你们安排各种消遣，不会让你们感到烦闷……在我们那儿散散步、游游泳该令人多惬意呀！"

我们欣然接受邀请，并约定第二天傍晚乘坐格拉诺夫斯基的四轮马车，跟他一块儿去。

---

1  应是一八五一年。
2  尼·鲍·尤苏波夫（1751—1831），公爵，家境豪富的大官僚，书画收藏家。

那个傍晚是我无法忘怀的。

我们三人一起坐上四轮马车,大约在八点钟左右动身去阿尔汉格尔斯克庄园。

这是六月底的事。

当我们乘车驶上通往阿尔汉格尔斯克庄园的乡间土路,把灰尘弥漫、令人窒闷的城市远远抛在后面,并沉浸在清新芳香的田野空气和广阔的乡村原野景色里时,只觉得心旷神怡,如痴如醉……

这一天格拉诺夫斯基本来就心绪极佳,他似乎显得格外容光焕发、和蔼可亲,他那沉思的、忧郁的眼神也变得愉快了,仿佛身上卸下了什么重负似的。

他需要一吐积愫,于是跟我们谈起了他自己,谈得那样津津有味,热烈而又坦率,神情无限温柔,他是那样诚恳、朴直,只有那些品格高尚杰出、不怕公开承认自己缺点和弱点的人才会这样。

他谈起了自己嗜赌成癖的事。

"你们各位简直无法想象,"他对我们说,"这种疯狂的嗜好使我陷到了什么地步,使我落入了多么可怕的处境!"

于是他告诉我们,他是怎样逐渐赌上了瘾,输了钱就加大赌注,日复一日,越陷越深;怎样费尽气力弄钱还债,最后欠了一大笔债,一个星期以后必须还清,可是在这样短的期限内根本不可能弄到这么多钱;他的名誉怎样系于一发;他度过了一些多么可怕、多么苦恼的不眠之夜;莫斯科一些臭名昭著的赌棍得知他走投无路,便找上门来,主动提出借钱给他,要他参加他们的帮会——他们需要一个无可指摘、诚实正直的名字,用白璧无瑕的名声来掩护他们招摇撞骗、敲诈勒索的行径。直到这时格拉诺夫斯基才清楚地看到,这种疯狂的嗜好使他陷入了多么可怕的堕落的境地,他会掉进一个什么样的深渊……那些赌徒最后当然明白了他们的举动是多么愚蠢冒昧,尴尬地离开了格拉诺夫斯基,而格拉诺夫斯基的一位朋友则为他弄到了所需款项,救了他一命。

"现在呢,当然啰,先生们,"他讲到最后又补充说道,"我得到的教训太深刻了,我向你们担保,我的手今后再也不沾这些该死的牌了……"

随后他兴奋地对我们谈起了他打算撰写的著作,谈起了他此时此刻感兴趣的那些历史问题。他的两眼炯炯发亮,脸上神采奕奕。看见他精神上焕然一新,我们都感到高兴。从这个难忘的傍晚以后,我更加爱戴他了……

快到阿尔汉格尔斯克庄园时,格拉诺夫斯基问博特金为什么不试试,写点叙事体裁的东西,他说,照博特金的智力素质看来,他可以写出像样的心理小说。这个想法使博特金感到很开心。

"真的不妨试一试?"他若有所思地说,然后摇了摇头,"情节很难构思呀,想个什么故事出来呢?情节这玩意儿太难了!"

于是博特金即兴构思起情节来,刚开始还相当认真,但由于这种即兴构思一无所获,他便把故事讲成了一段笑话。我们听了他的编造,开怀大笑,一直笑到马车驶入景色壮丽的阿尔汉格尔斯克庄园,奔驰在浓荫如盖的林荫道上为止。

在台阶前等候我们的有格拉诺夫斯基的妻子和她的妹妹,有弗罗洛夫,还有尼·谢普金夫妇,他们也在阿尔汉格尔斯克庄园租了一幢别墅。

弗罗洛夫对我和博特金讲了一大堆半是刺耳、半是温厚的话,同时还一边微笑一边亲热地拍拍我们的肩膀……

晚饭之前,我们一起在庄园里朝通向一幢大楼房的路上走了一阵……

阿尔汉格尔斯克庄园的景色壮丽优雅，十分广阔，即使在朦胧的夜色里也使我惊叹不已……博特金触景生情，开始记诵普希金描写阿尔汉格尔斯克庄园的诗行，那是他写给尤苏波夫的一首诗[1]。

我和博特金在就寝时想望着在阿尔汉格尔斯克庄园度过的几天将会极为惬意。

博特金的心情异常平静和愉快，但往往会带上一种模模糊糊的感伤的色彩。他坐在床上，有节奏地轻轻摇晃着脑袋，满脸柔情地夸奖弗罗洛夫：

"一个可爱的人，确实可爱！"他一遍又一遍地说，"他有一颗美好的心灵……当然啰，他并不是一个杰出的人才……我们背地里说说，格拉诺夫斯基偏袒他……弗罗洛夫的脑子其实糊里糊涂，一片混乱——不过他为人很可爱，又可爱又善良……"

我们想在阿尔汉格尔斯克庄园过几天惬意的日子，这种愿望并没有完全实现。逗留快要结束时，我们同殷勤好客的主人之间的和谐气氛受到了一点破坏，但这一点留到后面再讲。

我们逗留的最初几天过得很愉快，时间不知不觉就过去了。我们在一起交谈，散步，在莫斯科河上泛舟，参观阿尔汉格尔斯克庄园的名胜。格拉诺夫斯基对参观不大感兴趣，但弗罗洛夫却是我们热心的向导，他领着我们参观府邸，参观为贡扎戈[2]修建的剧院，把他觉得了不起的每一幅画、每一尊塑像都指给我们看。可是博特金有时却生气地说：

---

1 指普希金一八三〇年写的《致大臣》一诗。
2 彼得罗·贡扎戈（1751—1831），意大利画家，一七九二年来到俄国，为俄国各剧院（包括阿尔汉格尔斯克庄园剧院）画了许多舞台布景和壁画。

"您这是怎么啦？您从哪儿知道这是件好作品？这种东西很糟糕，简直糟透了……这全是蹩脚的复制品。这里所有的杰作早就被老尤苏波夫运到彼得堡去了……留在这里的东西糟透了，糟透了！"

连庄园里一些枝繁叶茂的老橡树和老椴树弗罗洛夫都要让我们停下来看一看，他说，这种树只有在皇村的一个公园里才能见到（他到彼得堡以后住在皇村，仔细研究过皇村的几座公园）。

我们一天的生活在九点钟左右开始——喝咖啡，喝茶，还有各种点心小吃，这些东西摆在楼下大餐厅的一张长条桌上；餐厅紧连着温室，温室里摆满丁酸橙、橘子和月桂等树木。格拉诺夫斯基要喝煎药，比我们起得早，喝过煎药后大约散一个小时的步，这条林荫道宽阔壮观，椴树夹道，从厢房一直通向大楼房；格拉诺夫斯基一面来回踱步，一面浏览《论坛报》[1]《比利时独立报》[2] 和《汇报》[3]……等他散完步以后，我们便去吃茶点，这时全体都已到齐，只有弗罗洛夫除外。弗罗洛夫到得稍晚一点，仍是睡眼惺忪的样子，他吻着几位女士的手，亲切地跟大家打招呼，然后坐下来使劲吃喝，待到肚子填满，正所谓酒足饭饱后，又回到楼上去工作……有一次我和博特金忍不住，从门缝里看了看，只见弗罗洛夫安然而卧，睡得极其香甜……从那以后，每当弗罗洛夫说他去**工作**时，我和博特金总要忍俊不禁地互相看上一眼。喝过茶、吃过早点以后，格拉诺夫斯基便上自己的书房去，直到吃午饭时才离开他那张斜面高写字台。假如我没有记错的话，他那时正在撰写历史教程。四点钟时大家坐下来吃饭，午饭后全都沉醉于各

---

1 原文是法语，这是法国出版的报纸。
2 原文是法语，这是布鲁塞尔出版的法文报纸。
3 原文是德语，这是十九世纪最大的一种德国报纸。

种娱乐、散步或谈心。

我们平静的乡村生活几次受到干扰,首先是萨京和凯切尔带了一箱香槟酒乘车前来,随后是小尤苏波夫[1]带着一帮朋友来到阿尔汉格尔斯克庄园,紧接着又大摆酒筵,像过节一样热闹⋯⋯

我和博特金跟尤苏波夫相当熟悉。尤苏波夫得知我们在阿尔汉格尔斯克庄园小住,当即邀我们上他那儿去。同尤苏波夫一起来阿尔汉格尔斯克庄园的还有跟我同样熟悉的Γ.和B.。我们在尤苏波夫家里度过了一个晚上,随后又度过了三天。第二天尤苏波夫举行午宴,尤苏波夫知道格拉诺夫斯基在阿尔汉格尔斯克庄园向他们家租了一幢别墅,他也没有事先拜访格拉诺夫斯基,突然想到请他前来赴宴,而对我和博特金却只字未提此事。格拉诺夫斯基对这种邀请一笑置之。我和博特金一无所知,因此毫无顾虑,心境坦然地到格拉诺夫斯基那儿去吃早茶,几分钟以后,我们开始觉察到,他们不时用很不友好的目光看看我们,对我们的问题回答得也很勉强,总之对我们的态度是冷淡矜持的。态度最冷淡的是尼·谢普金,他几乎不屑于看我们一眼;再就是弗罗洛夫。不过,在格拉诺夫斯基本人身上我们尚未发现任何变化:他对我们依旧像平时那样亲切,对我们微笑时依旧是那样讨人喜欢。

我根本没有料到别人对我们态度变化的原因。我百思莫解,不知这是什么意思,直到我们上床就寝时,打听到来龙去脉的博特金才向我解释是怎么回事。

弗罗洛夫推测尤苏波夫邀请格拉诺夫斯基是我和博特金出的主意,认为我们这样做损害和贬低了格拉诺夫斯基的人格。此外还掺杂了一些流言蜚语。

---

[1] 鲍·尼·尤苏波夫(1794—1849),公爵,尼·鲍·尤苏波夫之子,阿尔汉格尔斯克庄园的领主。

我对这件事感到很不痛快,我对格拉诺夫斯基是那样敬重、那样挚爱,我是那样珍视他对我的友情,因此他和我之间的任何误会都使我感到难受。其他人我倒不放在心上。

第二天早晨碰到格拉诺夫斯基时,我当即向他做了解释。我非常激动,讲起话来也不由得十分激烈,我就这件事讲述了我对他的感情。格拉诺夫斯基拥抱并吻了我。

"我向你起誓,"他对我说,"不论对你还是对博特金我都不会怀疑,我确信你们不会这样不懂分寸。我对你们没什么芥蒂,一心爱着你们。弗罗洛夫出于对我的友情,对待这件事过于急躁,不分青红皂白就怀疑到你的头上。不过你也会承认,这种邀请令人费解:我跟这个人素不相识,干吗要接受他的邀请,上他那儿去吃饭呢?假如他希望我到他家里去,他可以事先来拜访我嘛……不过这件事不值一提,我很感谢你直言不讳。"

但弗罗洛夫和谢普金并没有这么快就安静下来……

我们在格拉诺夫斯基那里又待了两天,不过已经不像原先那样愉快了;随后便去了莫斯科。

从那以后我再没有见到弗罗洛夫。后来弗罗洛夫第三次结婚,娶了格拉诺夫斯基的一个亲戚,并继续过他那种单调、勤奋的生活,在最后一段时间从事《地理学和旅行集刊》的出版工作。他和格拉诺夫斯基死于同一年,比他早几个月。他死在他最后一个妻子的切尔尼戈夫领地……

在我去阿尔汉格尔斯克庄园之前不久,我同格拉诺夫斯基有一天在三一节饭店吃午饭。那一天格拉诺夫斯基心情很好。

我们谈起了弗罗洛夫。我说,他的脑子好像有点糊涂。

格拉诺夫斯基微微一笑。

"不,"他说,"请相信我的话,弗罗洛夫是个很聪明的人,心肠也很好,但他毫无辩才:有时他跟我谈论抽象的问题,在他谈的那一刻我什么也听不懂,可是后来,当我独自一人回味他讲的话时,我才明白了他想对我说些什么。"

格拉诺夫斯基热情关怀俄国文学的各种成就,为我国期刊出版业的发展感到高兴,经常强调支持最优秀的机关刊物的必要性。他对《现代人》比对《祖国纪事》更有好感;他同克拉耶夫斯基先生不可能有任何共同志趣,然而尽管如此,他还是偶尔给他寄一点自己的文章,仿佛认为这是他的一种义务……这两家刊物之间的敌对关系使他感到不安,因此他恳请我们不要同《祖国纪事》进行论战。

"看在上帝分上,请抛弃你们的私人恩怨,"他不止一次对我们说,"问题不在于克拉耶夫斯基,我们根本不要理他!我也不喜欢他,可是他的杂志的存在和兴旺发达跟你们的杂志一样,都是必需的。"

有一次他来到彼得堡,住在科尔什那里,邀请一些人去参加晚间聚会,除熟人以外,还邀请了克拉耶夫斯基先生。

晚餐时他站起身来,特意向克拉耶夫斯基先生和我举杯,祝《祖国纪事》和《现代人》兴旺发达,祝这两个刊物完全恢复团结和睦的关系。

"我衷心希望《祖国纪事》和《现代人》之间不存在任何敌对关系,"他说,"有什么值得敌对的呢?它们的目标相同,方向一致。你们二位(他对着克拉耶夫斯基先生和我说)应该捐弃前嫌,抛开个人恩怨,为了共同的事业联合起来。我们大家由衷地为《祖国纪事》和《现代人》的兴旺发达干杯!"

克拉耶夫斯基先生皱着眉头,声音低沉地嘟囔了一句什么话。

我向他伸出酒杯说,衷心祝愿《祖国纪事》取得成功,我本人对他也并无嫌隙。"正如格拉诺夫斯基说的那样,"我最后补充说道,"共同的事业召唤着我们,让我们忘掉鸡毛蒜皮的个人恩怨,彼此保证不再进行个人之间的论战!"

克拉耶夫斯基先生跟我碰了碰杯,依旧用低沉的声音说了一句:

"好吧,我本人也并不反对,假如您……"

随后他挨着我坐下来,言辞激烈地谈起了当时《现代人》上刊登的《外城订户来信》,他一口咬定就是这些信引起了我们之间的论战。他说他,克拉耶夫斯基先生,无法忍受任何小丑行径、**插科打诨,任何先科夫斯基式的作风**,他维护的是科学和艺术,等等。[1]

第二天卡韦林设午宴招待格拉诺夫斯基。克拉耶夫斯基先生跟所有的人都打了招呼,然后看了我一眼,把头扭向一边……

和解并未成功……

从那以后我们见面时总是照此办理——也就是彼此把头扭向一边。

克拉耶夫斯基先生的粗暴态度使格拉诺夫斯基觉得十分遗憾:他那心地高尚的尝试未能成功,这有点伤了他的自尊心;但当我告诉他,克拉耶夫斯基先生认为德鲁日宁[2]的小品文是插科打诨,而且信誓旦旦地说他是那样尊重艺术和科学,不能容忍文学界的**任何小丑行径**时,格拉诺夫斯基大笑不止。

---

1 这次聚会是在一八五〇年除夕。《外城订户关于俄国报刊的来信》是《现代人》上评论报纸杂志的小品文专栏,当时由亚·瓦·德鲁日宁主持。
2 亚·瓦·德鲁日宁(1824—1864),文学批评家和小说家,十九世纪四十年代为《现代人》撰稿,后任《读书文库》编辑,主张"为艺术而艺术",六十年代极力反对车尔尼雪夫斯基。

格拉诺夫斯基身上没有一点积习很深的学者的学究气，不过，他并不属于严格意义上的那种所谓学者——他是一个最有才华、最为精雅的学术爱好者。他不排斥文学领域那些机智的笑话，不像一些头脑迟钝的哲人那样对它加以鄙弃和非难；相反，机智俏皮的讽刺诗和巧妙有趣的笑话令他十分开心，往往引得他开怀大笑。

库兹玛·普鲁特科夫[1]的作品尚未付梓时他就在我这里读过，这些作品逗得他整个晚上都很开心，他会背诵其中最好的一些警句，并且喜欢反复吟诵……

他在评价各种文学现象时从来都很有分寸。比如说，他很喜欢谢·季·阿克萨科夫的《巴格罗夫札记》[2]，但当阿克萨科夫被推崇为文学界的元老时，格拉诺夫斯基却付之一笑……两年后阿克萨科夫的《回忆录》问世，当巴·瓦·安年科夫（那是在阿拉佩托夫[3]家的晚会上）对阿克萨科夫的作用评价过高时，格拉诺夫斯基尖锐地打断了他的话。

"阿克萨科夫近年来表现了杰出的才华，"他说，"这一点不会有争议，可是您为什么想让他成为受人崇拜的偶像呢？当然啰，阿克萨科夫的《回忆录》要比日哈列夫[4]的《札记》高出一筹。阿克萨科夫对语言的运用很出色——这一点毋庸置辩——可是，先生们，你们把他抬到不可企及的高度，这会害了他，使他显得可笑。"

---

1 诗人阿·康·托尔斯泰和热姆丘日尼科夫兄弟发表幽默讽刺诗作时所用的集体笔名。
2 书名不确，应是《家庭纪事》。
3 伊·巴·阿拉佩托夫（1811—1887），赫尔岑在莫斯科大学时的同学，同十九世纪四十至五十年代的文学界颇多交往。
4 斯·彼·日哈列夫（1788—1860），《札记》一书的作者，同十九世纪头二十五年间许多卓越的文学和戏剧活动家过从密切。

格拉诺夫斯基的谈话总是充满睿智，饱含亲切仁爱之情，充满对现实中一切有生气的现象的好感。他谈起话来毫不显得才气横溢，但平稳安详，有一种诗意的色彩，总是让听众产生愉快的印象，激起他们对他的依恋，加深他们对他的好感……可是有的时候，当格拉诺夫斯基被触动心事时，他也会表现出较为鲜明的另一种性格：他会显示出不寻常的力量，目光炯炯有神，语言像激流一样奔泻而出，甚至带上一种不合乎他禀性的辛辣讽刺的色调。

不过，这种神态我只在彼得堡科尔什的寓所见过一次。那是他最后一次来彼得堡的时候。

应该说明的是，科尔什尽管头脑机灵，善于迅速抓住别人话语中荒唐可笑的地方加以讽刺，但他对莫斯科和莫斯科的一切事物都抱有一种偏私的态度。他根本不同意斯拉夫派的观点，经常对那种观点加以嘲笑，却整天沉浸在对莫斯科的回忆之中。他在彼得堡觉得很不舒服，坐立不安，十分寂寞。他一心向往着莫斯科，成天把莫斯科挂在嘴上。这个弱点连他的朋友们也感到有些厌烦……

科尔什在彼得堡的地位相当不错（他当时参与编辑《内务部杂志》，纳杰日金全身瘫痪以后他又主持杂志工作），纳杰日金死后他的地位又会大大提高，尽管如此，科尔什仍然一心向往莫斯科，情愿抛弃彼得堡去换取对莫斯科的一些希望和幻想。这使格拉诺夫斯基大为生气，他本来很爱科尔什，深切关怀他那人口众多的大家庭。他同科尔什的姐姐玛丽亚·费奥多罗芙娜也是情深谊厚。

有一天我无意中顺路来到科尔什的寓所，发现他那里聚集着一大群人，都是彼得堡各个小圈子的空谈家，每逢格拉诺夫斯基来到彼得堡,他们总是像尾巴一样到处跟着他。当时所有人都坐在一张长形茶桌边,科尔什寓所的茶炊几乎从不离开茶桌。

科尔什又无病呻吟地怀念起莫斯科来。他说,只有在莫斯科才能过得愉快,无拘无束,只有在莫斯科才有智慧、知识、亲切的感情和各种美德——这些话刺激了格拉诺夫斯基。他的情绪激动起来,开始反驳科尔什的看法。他讲话的开头部分我未能听到……

当我走进房间,朝格拉诺夫斯基看一眼时,我仿佛觉得在我面前的是个生人,至少是完全改变了模样。内心的热情鲜明地反映在他那高贵漂亮的面孔上,不时闪现出忧郁而又尖刻的讥讽的神情,甚至话音里也有一种不寻常的刚毅的力量。我从来没有听见他的话说得这样响亮、热情和流畅(格拉诺夫斯基说话时通常声音很小,不论是谈话还是讲课都有些嗫嚅),也从来没有见他像这一刻那样容光焕发、精神振奋。

他连续讲了一两个小时,只有科尔什偶尔有气无力地打断他一下。那天晚上他说的每一句话都能速记下来就好了。他论证说,莫斯科对俄国一度起过的那种伟大而无可争议的作用正在衰退,同莫斯科相反,彼得堡对俄国的作用正在日益表现出来,随着时间的推移,彼得堡注定要在我们祖国的命运中发挥重大的作用;他说,一个成熟的、有头脑的俄国人在整个俄国范围内只有在彼得堡才能生活得更加自由……

"假如我不是留恋莫斯科大学的话,"他说,"我连一分钟也不愿意在莫斯科待下去。而且,除了同我们心心相印、在信仰和思想上休戚相关的人们以外,莫斯科对于你我、对于我们大家又算得了什么呢?莫斯科只有一点对我们十分珍贵,那就是对这些人的回忆……这个地主老爷的、鄙俗愚笨的莫斯科以英吉利俱乐部作为它的代表;这个冷冰冰、懒洋洋的莫斯科只会昏昏沉沉地妄自尊大,像个老婆子似的夸耀自己古老的身世和昔日的功劳,吹嘘自己当年是怎样聪明绝顶,荒谬地炫耀自己似乎赢得了什么独立地位——我不可能、不愿意也不应该同这样一个莫斯科有什么关系……而且莫斯科又有什么独立地位呢?莫斯科也和俄国所有外省城市一样,屈从于当权人物专横恣肆、随心所欲的念头。莫斯科所有人都在扎克列夫斯基[1]的统治下发抖,扎克列夫斯基像土耳其总督一样对我们所有的人发号施令——这样的独立地位真是妙不可言!当然啰,任何专横和压迫都叫人难受,可是直接来自老爷方面的专横比起因过分热心总是撞破自己脑袋的奴才的专横终究要好受一些……奴才的笨脑袋自然毫不在乎,但屈从于这种笨脑袋的其他人又怎么受得了!……现在在莫斯科能够过好日子的只有那些停滞不前、生活富足、思想衰颓的人,而朝气蓬勃、精力旺盛、渴望有所作为的人在莫斯科却无事可做。这样的人不可能仅仅满足于徒劳无益的怀旧,不可能一心沉醉在自己的回忆里;他没有工夫徒然回顾过去,他只是一心奔向前方……他会觉得莫斯科这种无所作为、愚笨的自满自足是不可忍受的。这种自满自足无疑是落后和衰颓的特征……"

格拉诺夫斯基从来没有这样尖锐有力地阐述自己对于莫斯科的信念。科尔什对他的话感到惊讶、难堪,不过这些话并没有说服他,只使他受到刺激:整个晚上他像失魂落魄似的,一句挖苦话或俏皮话都没有说……

我怎能料到再也听不到格拉诺夫斯基的谈话,怎能料到当天的晚餐对我们有些人来说是永别之前同格拉诺夫斯基共进的最后

---

[1] 阿·安·扎克列夫斯基(1783—1865),伯爵,一八四八至一八五九年任莫斯科军事总督,是尼古拉时期典型的暴吏之一。

的、告别的筵宴呢?

酒不知怎么喝不下去。格拉诺夫斯基讲完以后情绪激动,科尔什心中不快,所有人都不由自主地感到一种说不出的忧郁……

格拉诺夫斯基晚餐以后同玛丽亚·费奥多罗芙娜在一旁谈了很久,最后他跟大家拥抱、告别……

第二天格拉诺夫斯基便乘头一班火车去了莫斯科……

这是一八五五年二月底的事(假如我没有记错的话)[1],当年十月四日格拉诺夫斯基便与世长辞……

他那生病的妻子的时日早已屈指可数,她不幸死在他之后,但也未过多久……

十五年来(自一八三九年至一八五五年),格拉诺夫斯基一直在讲坛上同各种障碍进行斗争,极为艰难地灌输使他受到鼓舞的那种独立的思想。他在内心里深深抗议仅仅凭借武力严加维护的旧制度,尽管这种抗议是以他性格特有的那种委婉温和的形式表现在他的讲演和文章里,但他对年轻一代的影响仍然十分强烈……

在走投无路的绝望时刻,格拉诺夫斯基曾经说过:"别林斯基有幸,他死得及时!""一想到我们从前是什么样子,现在又成了什么样子,心里就会感到酸痛!"[2]

他的精神颓丧了,对自己的工作和义务冷淡了,正如我们看到的那样,他想用狂热的赌徒生活去抑制内心的痛苦;但是,他那纯洁高尚的本性挽救了他……因此他虽然受尽痛苦、极端疲惫又消沉,但还是重新回头履行自己的义务,认为"总还有点事情

---

1 应是一八五五年四月底至五月初。
2 格拉诺夫斯基一八五〇年给赫尔岑信中的话,转引自《往事与随想》第二十九章。

可干"[1]……

可是这种斗争、这些把他引向绝望和颓丧的痛苦却毁坏了他本来就不结实的身体，加速了他的死亡。其实，早在三十年代末期，他在柏林时就曾诉说他胸口疼痛。[2]

命运开了一个多么辛酸的玩笑！格拉诺夫斯基正好在对美好未来的希望鼓舞了所有的人，并激发了他的智慧和精力的那一时刻死去。他的朋友们都证实，他从来没有像他生命的最后一年（一八五五年）那样热情奋发地为公共利益，尤其是为教育事业而努力工作。那一年秋天从弗罗洛夫遗孀的乡间回到莫斯科[3]后，他急不可待地开始考虑定期出版《文学与历史文集》，文集除发表历史研究文章外还打算刊登文学和政治性文章……格拉诺夫斯基构思了有关本门学科的一系列文章，定名为《历史通信集》。文集的纲要已经写好，他想去彼得堡申请准予出版，没想到死亡却阻止了他的热情迸发出来。

格拉诺夫斯基留下的著作不多：为取得学位而写的几部历史专著、几本纲要和述评、刊物上发表的一些评论文章和书评。所有这些著述的文学价值都比纯学术价值更高。格拉诺夫斯基对语言的运用自然极为出色，他的文句具有朴实、鲜明、简洁和优美的特点，但仅就著作本身而言，格拉诺夫斯基并无任何特出之处，而且也根本无法解释：为什么他的名字具有如此重大的意义，为什么他在生前会激起人们这样大的热情，死后有些人仍然对他怀有这样虔敬的热爱之忱？

---

1 格拉诺夫斯基一八五三年给赫尔岑信中的话，转引自《往事与随想》第二十九章。
2 这一点可从安年科夫先生所写的斯坦克维奇传记中刊登的斯坦克维奇致格拉诺夫斯基的几封信中看出来。——作者注
3 一八五五年夏天格拉诺夫斯基确曾打算去乡下看望他的表妹，即弗罗洛夫的遗孀，后因病未能去成。

要对不认识格拉诺夫斯基的人解释这一点几乎是不可能的，只有那些听过他演讲、在朋友圈子里见过他、听从他出的主意、同他谈过话的人才能证明他的影响确实很大，他的为人极讨人喜欢和令人神往，而并非像现在许多人猜测的那样，是他的朋友们夸大了他的作用……

格拉诺夫斯基在一篇文章中说，过渡时期总有两种类型的人显得特别突出：

一、充满自豪感并自信有力量的人，这种人勇往直前，不受过去的废墟的阻碍，具有敏感的听觉和敏锐的视觉。他们的心灵对过去的声音不会产生共鸣。胜利的权利最后总是属于他们。

二、体现了正在逝去的时代的全部美德和优点的人。他们是那个时代的优秀代表和英勇的捍卫者。[1]

格拉诺夫斯基仿佛是这两种人中间的调和者，他更同情第一种人，但作为一个历史学家，他对这两种人的态度不偏不倚，一视同仁。由于具有深刻的、天生的美感，他在过去的美好事物面前不能不感到踌躇，不能不对过去的声音作出反响，甚至怀有钟爱之情，但他的整个思想却向往着未来；他虽然自己觉得缺少第一类人那种摧毁力，但他理解这种人是必不可少的，他完全同情这些人，祝愿他们建立伟大的功勋……

---

[1] 摘要节引自格拉诺夫斯基《路易九世》一文的结尾部分。

# 第六章

别林斯基在彼得堡——巴枯宁的到来——他的来访——别林斯基迁往彼得堡市区——卡特科夫到来并住在我家里——我们的工作和娱乐——翻译库珀的《拓荒者》——卡特科夫同巴枯宁在别林斯基寓所的一场争吵——有关决斗的谈判——书商波利亚科夫——巴枯宁和卡特科夫出国——康·阿克萨科夫出国时路过彼得堡——凯切尔在彼得堡过的一年半苦日子

读者已经知道，别林斯基在我的家里住了下来。到达彼得堡后的一小时，我们已经坐在克拉耶夫斯基先生那里。

克拉耶夫斯基先生对我们的到来似乎非常满意。他的满意通常表现为粗声粗气的客套和几句笨拙的笑话。别林斯基跟他谈，他打算为《祖国纪事》写哪几篇主要文章，克拉耶夫斯基先生对别林斯基的计划表示赞同。他不无喜悦地微笑着，对我们所说的一切都连连称是，声音特别温和，有时还就文学问题发表一些见解，目的是向别林斯基显示自己思想深刻……

别林斯基立即着手写他论《波罗金诺周年纪念》的第二篇长文[1]，这篇文章发表在《祖国纪事》一八三九年十二月号上，随后他又开始写《闵采尔》……

巴枯宁于一八四〇年冬天[2]来到彼得堡，这使别林斯基感到非常高兴。巴枯宁几乎每天都上我们这儿来，他像黑格尔那样，被忠君思想迷得神魂颠倒。他给我们讲述了他从沙皇侍从武官格拉泽纳普那里听来的有关皇上的种种逸闻，并对这些故事大加颂扬。怀疑尼古拉·保罗维奇[3]的天才被他看成是无知的表现。这一切令

---

1　指别林斯基论费·尼·格林卡《波罗金诺战役随笔》一文的文章。
2　见第三百三十六页注2。
3　即尼古拉一世。

我觉得有些纳闷，但在别林斯基和巴枯宁威望的影响下，我也努力培养自己的情绪，虔诚地对君主加以赞美……

我们一个劲儿地向朋友们转述巴枯宁告诉我们的皇上的各种言行，心里异常兴奋、异常感动，还热情洋溢地大声朗诵这首诗：

> 你们在叫嚷什么，各国的雄辩家？
> 为什么你们用诅咒威吓俄国？
> 也许我们人少？从彼尔姆直到塔弗利达……

> 从受到震惊的克里姆林
> 到中国屹立的长城脚下，
> 钢矛林立，闪闪发亮，
> 难道俄国不会奋起反抗？[1]

巴枯宁在彼得堡一直逗留到一八四〇年春天[2]，整个期间他的心情一直是这样。别林斯基为了节省开支，初春时从我家里迁到彼得堡市区的大马路[3]上，并兴致勃勃地亲自料理家务，收拾房间。我几乎在同一时间迁到五角街普舍尼岑娜开设的公寓里，卡特科夫后来把这幢公寓称为"普舍尼岑娜号船舰"。

四月份我收到卡特科夫的一封信，他在信中告诉我他打算出国，出国前想在彼得堡住一段时间。我邀请他住在我家里。在此之前卡特科夫曾给我们寄来他翻译的莎士比亚的《罗密欧与朱丽

---

1 引自普希金《致诽谤俄罗斯的人》一诗。
2 与上文矛盾。巴枯宁在彼得堡逗留的时间是一八三九年七月底至十一月中旬，别林斯基迁往彼得堡是在十月下旬，因此他们见面应是十月底至十一月上旬的事。巴枯宁离开彼得堡后，别林斯基同他的关系再度破裂。
3 彼得堡的一条街名。

叶》，我们把译稿卖给了当时出版《丛刊》[1]的书商波利亚科夫。稿费应该在译作发表之后付清。

卡特科夫当时已经是《祖国纪事》积极的撰稿人。他有几篇文章发表在书讯专栏，他还在撰写几篇长篇评论文章，其中有一篇文章是评论当时我们整个圈子都为之倾倒的萨拉·托尔斯泰娅[2]的诗作。

其时卡特科夫处于尚未定型的青年时期，性格中有许多粗野可笑的地方。他的文章和他本人都充满了自命不凡的作风；他把空话和事实混为一谈，把偶然的心念颤动看成严肃的劳动；不论在生活中还是写文章时都爱卖弄自己，自以为是到了傲慢的地步。

迄今为止，当我回忆起卡特科夫时，我的眼前不知怎么总是浮现出这样一副形象：一对小眼微微眯缝，双手交叉放在胸前，朗诵弗莱里格拉特的一首诗，反复地、轻轻地悲呼道：

船长啊，船长！……[3]

再不就是朗诵他自己翻译得十分出色的海涅的《法国掷弹兵》一诗：

这对我又算什么！让他们放火……
　我要扔下妻子儿女，

---

1　全名是《俄国和欧洲各剧院丛刊》，系由费·阿·科尼编辑的戏剧、音乐和美术月刊。卡特科夫翻译的《罗密欧与朱丽叶》全文发表在该刊一八四一年第一期上。
2　萨·费·托尔斯泰娅（1821—1838），俄国女诗人。
3　原文是意大利语。

就让他们忍饥受饿，一命呜呼：
皇上已经当了俘虏！……

卡特科夫当时非常年轻，这种年轻在他身上表现为种种出人意料的古怪念头。有一次他不知怎么心血来潮，一定要到酒窖里去待一个晚上，就像我们当时都为之醉心的著名的霍夫曼在柏林经常干的那样。

卡特科夫要我跟他一起去。

"可是您要知道，米海洛·尼基福雷奇，这儿可没有德国那种地下酒馆，"我反驳道，"这儿上酒窖去只是买酒，可不兴在那儿喝酒呀……您要是想喝，我派个人去买……"

"不，我非要在酒窖里喝酒不可。"

"那么要是这儿不作兴这么干呢？"

"干吗不作兴呀？真是废话！要是不作兴的话，我们可以推行这种习俗嘛……我知道您为什么不愿意去：您是担心这样做降低了您的身份……"卡特科夫越说越激烈，他借题发挥，开始抨击贵族的种种偏见和繁文缛节，照他的说法，我已染上了那些偏见和繁文缛节。

"那么您是绝对不会跟我一块儿去的啰？"最后他大模大样地叉着双手，眯缝着眼睛问道。

"坚决不去。"

"好吧，那我一个人去。"

卡特科夫已经要抓起帽子走路了，但后来还是放弃了自己的打算。

此后两天他一直绷着脸不肯理我……

另有一次，我同他、别林斯基、巴枯宁、雅泽科夫和另一个人（也是我们的朋友，我不记得是谁了）一起到市场上去吃牡蛎，那是别林斯基极爱吃的东西。

大家吃牡蛎时都喝黑啤酒，但卡特科夫却要了一种烈酒，还肯定地说，吃牡蛎通常都喝这种酒的，随后一个人把一瓶酒喝了个精光。

我们吃完早餐出来以后，酒性在卡特科夫身上一下子发作了：他一声不吭地离开我们，撒腿向前跑去。我们劝他停步，想把他拉住，但他挣脱了我们，很快就不见了。

其余几个人从市场出来后全都来到我的家里。大约过了三个小时，我们已经坐下来喝茶了，但卡特科夫还没有回来。这已经使我们感到不安，加上我妻子的侍女又对我们说，她在谢苗诺夫桥上见到过他，说他叉着双手站在桥中央，所有的马车都从他身边绕着走，他的周围还围上了一群人……

那天晚上我们一直没有见到卡特科夫的影子。

第二天，同自己的姐姐住在一起的雅泽科夫前来告诉我们，说卡特科夫上他那儿去过，而且拼命拉铃，把铃都拽了下来，雅泽科夫的姐姐被吓坏了。

"难道是这样吗？"卡特科夫窘得满脸通红，说道，"可我向您起誓，我根本不记得是否上您那儿去过。看在上帝的分上，请您原谅。"

不过，这种痛快淋漓、纵酒狂饮的情形在他身上是很少见的，大部分时间卡特科夫都在不断加紧工作。他必须这样工作，除他内心的需要以外，还因为他不仅要靠这种劳动养活自己，还要养活自己的老母亲和正在准备上大学的弟弟。

这一时期卡特科夫的生活费用仅靠为《祖国纪事》撰稿。如果我没有记错的话，克拉耶夫斯基先生勉为其难，给他的评论文章所付的稿费是每一印张一百卢布纸币。《祖国纪事》出版的头三年，克拉耶夫斯基先生的处境也很为难：刊物入不敷出，债务不断增加。别林斯基在莫斯科的许多朋友为《祖国纪事》撰稿是**出于诚意，出于对事业的热爱**[1]，不要稿酬，竭力支持他参与工作的刊物。别林斯基来到《祖国纪事》编辑部的同时也把莫斯科所有有才华的、热情的青年吸引过来。他鼓舞和激励着大家努力工作……

卡特科夫来到彼得堡之前不久，我读到了库珀的长篇小说《拓荒者》的法文译本。这部小说给我留下了强烈的印象，我把它的内容介绍给别林斯基。

"一定得把它为《祖国纪事》翻译过来，"别林斯基说，"而且要赶快动手，免得别人抢到前头去了。"

卡特科夫也很喜欢《拓荒者》，别林斯基便请我们两人合译这本书。卡特科夫承担了头两部的翻译，我承担后两部；卡特科夫从英文翻译，而我则从法文翻译。克拉耶夫斯基先生对我们说，对译作他不能付稿费，但他将给我们另外印二百份单行本，我们可以拿去卖掉，卖得的钱归我们。我们同意了这个条件，热心地干了起来。我们俩整晚整晚地坐在**普舍尼岑娜号船舰**上的一张桌边，从事这本书的翻译。[2]

这本书在刊物上印出后过了一个月，给我送来了答应给我们的二百本书，然而我们得过半年才能处理这批书。

当时容格梅斯特先生刚刚开办了一家书店，我把我们这批书以七百卢布纸币的价格卖给了他，亦即每本书三卢布五十戈比纸币。容格梅斯特先生后来对我说，这笔钱他白白扔掉了，因为他

---

1 原文是意大利语。
2 参加这本书的翻译的还有巴纳耶夫的同学和密友米·亚·雅泽科夫。

只卖掉**两本**！大约一年前我需要看看我们的译本，然而我在哪一家书铺里都找不到它（容格梅斯特先生的铺子也不例外），甚至在旧货市场上也找不到。这批倒霉的《拓荒者》到哪儿去了呢？要不就是容格梅斯特先生把它们烧掉了？

在此之前，我们小组所有人都曾感到非常焦急，原因是这样的。别林斯基迁到新寓所后两个月，有一天早晨卡特科夫和巴枯宁在他那里相遇了。他们像往常一样开始议论各种哲学问题，卡特科夫和巴枯宁争论起来，他们彼此似乎从来没有特别的好感，因此一开始争论就带有尖酸刻薄、讽刺挖苦的语气。争到最后，双方都要求决斗。

卡特科夫煞有介事地把这件事告诉了我，并请我当他的决斗副手，我忐忑不安地同意了……一连几天，卡特科夫脸色庄重阴沉，一对眼睛比平时眯缝得更紧，像拿破仑那样抄着双手，不止一次谈到死亡，等等。别林斯基开始时对这件事十分担心。最后，经过长时间的考虑和多次谈判，他们决定把决斗推迟，待到了柏林再举行，免得触犯祖国严厉的法律制度，也免得阻碍了双方都已决定的出国之行……

巴枯宁比卡特科夫早走几个月。[1]

卡特科夫不得不推迟行期，因为他期待着书商波利亚科夫应付给他的翻译《罗密欧与朱丽叶》的稿费。他认为靠着这笔钱，加上他手头的一小笔钱（其实还不到一百卢布纸币），他可以抵达柏林并在那里住一段时间，直至他盘算的新的经济来源到手。但书商波利亚科夫在卡特科夫面前总是点头哈腰，满嘴好话，每天

---

[1] 卡特科夫同巴枯宁争吵的原因实际上纯属私人问题——巴枯宁散布流言，说卡特科夫同奥加廖夫的第一个妻子关系暧昧。巴枯宁是六月出国的，卡特科夫则至十月才出国。

都向他发誓,说是明天一定付钱给他,就这样拖了一个多月。卡特科夫再也忍不住,就买了一张轮船票。他向波利亚科夫宣布了这件事,说他再也不想忍耐下去了……

"请放心,米海洛·尼基福雷奇,"波利亚科夫答道,"老天爷在上,我向您发誓:要是明天上午十点我不把钱如数给您弄到,您可以当面骂我是下流坯。一个子儿都不会少,都是新票子,一张接一张,全是一样的票子,千真万确。"

卡特科夫动身的前一天,我们等波利亚科夫,一直等到一点钟他还不来,便到铺子里去找他。卡特科夫简直气疯了……

波利亚科夫一见我们就想溜掉,可是我们抓住了他的后襟。他几乎要向卡特科夫下跪,赌咒发誓地说明天上午十点钟(也就是卡特科夫动身的那一天)他一定一定把钱付清……

"轮船一点钟从彼得堡开往喀琅施塔得,您可要当心,"我们说,"我们要公布这件事,让您当众出丑!"

"千万别这样!"波利亚科夫唉声叹气地说,"怎么会弄到这一步呢!我决不会让自己这么丢脸……行行好吧,谁愿意自己跟自己过不去呀……"

"我该怎么办?"卡特科夫说,"这个骗子准会再一次骗我。"

我天真地以为波利亚科夫这一次好歹会实践自己的诺言了,便安慰了卡特科夫几句。

但波利亚科夫并没有露面。十一点时,我们怒不可遏地奔进了他的铺子,可他却不在铺子里。上他家里去也不可能抓到他,我们把一腔怒火都发泄在他的伙计们身上,其实这件事跟他们没有关系。他们对这种场面早已司空见惯。

卡特科夫只好靠他那一百卢布纸币出国了。

我们把他送到喀琅施塔得……

"看在上帝的分上,你们可得救我一命,"他同我们拥抱告别时说,"尽快给我把钱寄到柏林去……要是你们忘了我,那我会饿死的。"

然而不论卡特科夫怎样因行囊拮据而着急,一想到几天以后就要到达他向往已久的西欧,直接进入科学的圣殿,进入他梦寐以求的柏林大学,他就感到快乐和幸福。他满怀着年轻人的热烈兴致和无忧无虑的情绪,沉浸在种种令人陶醉的幻想之中,忘记了自己手头拮据和他在柏林面临的、他认为不可避免的决斗。

他走后过了几天,波利亚科夫付清了稿费,我们马上把钱给卡特科夫寄到柏林,还加上克拉耶夫斯基先生给的一些钱……

我忘了提到,早在此事之前一年,即一八四〇年春天[1],康斯坦丁·阿克萨科夫出国路过彼得堡时曾在彼得堡逗留过几天。

他到达后的第二天就上我这儿来了。

互相拥抱、紧紧握手之后,我问他:

"您上我们这儿来要住很久吗,康斯坦丁·谢尔盖伊奇?"

"不,不……"他答道,"我留在这儿干吗呀?……您知道我厌恶你们的彼得堡……我后天就出国。我在这儿简直透不过气来。你们彼得堡……活像个直挺挺的大兵营。这些花岗石,这些挂着铁链的桥,还有不绝于耳的鼓声——一切都让人产生一种受压抑的感觉……一张张面孔不太像俄罗斯人……周围一片沼泽,到处都是德国人和芬兰人。不,这里绝不是久留之地!"

当我和阿克萨科夫一起走上街头时,他看见一切,不论是房屋还是迎面碰见的人都觉得碍眼,轻便马车的辘辘声和街上的人流都使他生气……仿佛是为了凝神遐想,把自己的注意力从这些

---

[1] 不确,应是一八三八年六月。

东西上移开,他开始举眼望着天空。

此时天空晴朗,只有一小片乌云在蓝天里飘浮……

阿克萨科夫抓住我的手,停下脚步,热切地朗诵起来:

> 暴风雨残剩的一片乌云!
> 你独自飞驰在晴朗的天宇……[1]

他把这首诗从头至尾念给我听了,对周围的一切却毫不觉察,而我们周围已聚起了一群人,脸上露出讥讽的微笑。

当我提醒阿克萨科夫注意有人围观时,他忧郁地摇了摇头。

"我想得出神了,"他说,"我还以为我是在莫斯科哩。我们那儿要是有人心血来潮,走在大街上想要念一首诗,那么谁也不会见怪。想必你们这儿不兴这样,因此这些先生们才把我们围上了。莫斯科宽广辽阔,一切都是自由自在,可是在这儿……"

他继续谈论这个话题,最后又补了一句:

"对不起,请您原谅,也许我**连累**您了?"

阿克萨科夫本想在国外住上一年,但他在德国似乎最多只待了四个月。他苦苦思念莫斯科,一心想回到故园,他觉得离了它就无法生存。

欧洲没有给他留下愉快的印象,他回到莫斯科以后成了一个比出国前更加偏激的莫斯科人,并很快开始猛烈地反对西欧,成为斯拉夫派最狂热的代表人物之一。

关于阿克萨科夫在国外的生活流传过许多有趣的故事。我记得其中的一个,阿克萨科夫本人曾笑着向我证实那是真的。

---

[1] 普希金的短诗《乌云》的开头两行。

在柏林的一个街角上,阿克萨科夫看见有个年约十七岁的小姑娘在卖东西。他一见就喜欢这个姑娘。她每天都出现在老地方,他一天好几次从她身边走过,但总是踌躇着没有开口跟她讲话。

有一天(那是他头一次见到她以后大约过了九天)他下决心跟她攀谈起来……

他嗓音颤抖,前言不搭后语地跟她讲了几句话,然后问她:"您知道席勒吗?您读过他的作品吗?"

姑娘对这个问题感到十分惊讶。

"不,"她答道,"我不知道您说的是什么。可是您不想在我这儿买点什么吗?"

阿克萨科夫买了一件小玩意,随后开始向她解释,说席勒是德国最杰出的诗人之一,为了证明这一点,还热情地给她念了几首席勒的诗。

姑娘听了他的话与其说是赞许,倒不如说是惊讶。

阿克萨科夫第二天又来找她,并带来一套席勒全集送给她。

"这些书送给您,"他说,"您读一读吧……这对您会有好处。您可以看出,除了天才以外,席勒的人格也是最纯洁、最完美、最崇高的……"

"谢谢您,"姑娘行了个屈膝礼,说道,"请允许我问一问,这些书值多少钱呀?"

"十二马克银币。"

"哎呀,我的上帝,这么多钱呀!"姑娘天真地惊叹了一声,"谢谢您……可是您既然这么好心,倒不如别送这些书,干脆送钱给我得啦……"

阿克萨科夫一下子脸色苍白,吓得从她身边跑开了,而且从那以后甚至走路也避开她做买卖的那个街角[1]。

读者已经看到,憎恨彼得堡的不单是莫斯科的斯拉夫派人士,还有一些西欧派的莫斯科人,比如科尔什和凯切尔。

值得一提的是凯切尔那副可怜的样子,他居然会想到迁居彼得堡,按照他兄弟的建议,到医务司供职![2] 凯切尔需要的是一种敞开胸怀的生活,住在一间小木屋里,有一座小花园,或者至少有一片庭前花圃,他可以随便穿一件长衫在里面刨刨土,种点黄瓜或向日葵;他需要经营一点小小的家业,有一点小小的储备,因此也就需要有各种贮藏室,有一个单独的小地窖,等等。

他在莫斯科轻而易举地拥有这一切方便条件:酸白菜一直保存到秋天,夏天用肥腻腻的酸白菜焖肉款待自己的朋友;每天早晨他不断往返,离开一畦畦黄瓜地去翻译莎士比亚的作品,又放下莎士比亚上黄瓜地里去;他早早吃过午饭后便出城去看望朋友,有时经过一片小树林还顺便采一点蘑菇,到了晚上则在户外新鲜空气里痛饮香槟,一边叫嚷一边开怀大笑……过惯了这种无拘无束、阔绰豪放的生活之后,他突然来到彼得堡,搬进一幢至少居住四千居民的巨大公寓,住在最高层一套狭窄的房间里:肮脏的楼梯,没有一间贮藏室,铺过地面的院子里寸草不生——一切都显得狭窄、拥挤……朋友呢,都是些不宽裕、讲节俭的人,他们家里可不是每天都有香槟酒!他的嗓音、他的动作和他那些豪放的习惯全都无处施展。

---

[1] 康·阿克萨科夫的传记作者们对这个故事的真实性持怀疑态度。实际上阿克萨科夫在柏林只待了四天,成天忙于参观博物馆,晚上则去戏院;在其他城市待的时间更短。但即使这个故事缺乏事实依据,它也鲜明地描绘了阿克萨科夫在其同时代人心目中的形象。

[2] 凯切尔在彼得堡住了将近两年(1843年秋至1845年年中)。

这种生活使凯切尔疲惫不堪，他唉声叹气地思念莫斯科，扯起嗓门咒骂彼得堡……用他的话来说，彼得堡简直弄不到一点像样的东西：牛肉比莫斯科的差劲，酒也七掺八拌，气味难闻，香槟都是冒牌货，雪茄根本没法抽。

别林斯基则相反，适应彼得堡的生活。他常常取笑凯切尔，喜欢用漫画手法描述莫斯科的生活。凯切尔在为莫斯科辩护时发起火来，大叫大嚷，闹得别林斯基经常堵住耳朵，央求凯切尔别叫了。

"反正谁的嗓门也压不过你，好吧，我百分之百地同意……"别林斯基笑着说道。

凯切尔怎么也无法忍受彼得堡的生活，他对莫斯科的思念与日俱增，好歹抓住一个机会，他就迁回了莫斯科。直到现在，他回忆起彼得堡的生活时还会心惊肉跳，并且一本正经地向所有人保证，在彼得堡不论出多少钱都买不到像样的牛肉、真正的哈瓦那雪茄和货真价实的香槟……

# 第七章

我们的彼得堡小组——我家里的星期六聚会——别林斯基对勒鲁和乔治·桑的酷爱——《**独立月刊**》[1]——别林斯基的新倾向给克拉耶夫斯基先生造成的难堪处境——别林斯基结婚——克列切托夫——中风——涅克拉索夫——同涅克拉索夫和格里戈罗维奇结识——屠格涅夫的到来——关于剥削者和被剥削者的几句话

---

1 原文是法语,系法国空想社会主义派别的机关刊物,一八四一至一八四八年间出版。

巴枯宁和卡特科夫出国以后，别林斯基觉得住处离编辑部远了不方便，便从彼得堡市区迁到阿尼奇卡桥附近的洛帕京公寓；我也搬进了这家公寓；克拉耶夫斯基先生丧偶以后也在这里租了一套寓所。

围绕着别林斯基，在彼得堡逐渐形成了一个小组，参加的人都十分看重他这样一个作家，并深深钦佩他的为人。除其他人以外，属于这个小组的有巴·瓦·安年科夫、卡韦林（他已迁到彼得堡）、亚·亚·科马罗夫、米·亚·雅泽科夫、伊·伊·马斯洛夫、尼·尼·丘特切夫[1]等人；不久涅克拉索夫和屠格涅夫也参加进来，后来还有费·米·陀思妥耶夫斯基和冈察洛夫……瓦·彼·博特金、伊斯康捷尔和奥加廖夫也经常从莫斯科来这里，他们每次来，别林斯基和我们所有人都像过节一样。伊斯康捷尔每来一次，同别林斯基的交往就更加密切……

别林斯基以他固有的那种精力开始沿着新的方向迈步了。然而过去的事仍然像噩梦一样压在他的心上。

"我不会活得很久，"他对我说，"我染上了肺结核——这一点我很清楚；然而只要能完全补偿我丧失理智的过错，彻底摆脱对这一时期的回忆，并且销毁我在这一时期写的所有荒谬文章的

---

[1] 尼·尼·丘特切夫（1815—1878），俄国翻译家，《祖国纪事》的撰稿人，巴纳耶夫和别林斯基的朋友。

话，那我情愿付出几年的生命。"

就在别林斯基受到伊斯康捷尔的影响，思想发生转变的时候，巴黎出现了由勒鲁[1]、乔治·桑和维阿尔多[2]编辑的《独立月刊》。我开始如饥似渴地读它。我被勒鲁的文章深深吸引，便给别林斯基翻译了这些文章的片段。在此之前别林斯基读了已翻译过来的乔治·桑所有的小说（我特地为他翻译了《斯皮里迪翁》的结尾部分），过去他在论冈采尔的文章中那样尖锐地表达了他对乔治·桑的愤懑，现在这种愤懑在他身上换成了对她的极为强烈的热情。

他从前心目中的所有文学权威和偶像——歌德、沃尔特·司各特、席勒和霍夫曼——在她面前都黯然失色……他开口只谈乔治·桑和勒鲁。他对他们的作品极为醉心，竟至决心学习法语，以便阅读他们的原著。他对黑格尔哲学总的说来已经有些冷淡；对黑格尔学派右翼他表示愤懑和憎恨，但十分赞许黑格尔学派左翼。

在别林斯基逐渐地、十分吃力地学习法语（他在学习语言方面总的说来没有什么天分）的过程中，我开始根据米涅[3]的著作为他编写法国革命史，并附上我从《法国革命军事谈判始末》[4]一书中摘录的吉伦特派和山岳派最精彩的一些言论。

别林斯基和许多不懂法语或对这一时期的详细情况知之甚少的朋友每逢星期六聚集在我的家里，我给他们读我在一星期里编写和翻译出来的材料。

别林斯基面前逐渐展开了一片新天地，而在此以前他对这片

---

1 皮埃尔·勒鲁（1797—1871），法国政论家，空想社会主义著名的代表人物之一。
2 路易·维阿尔多（1800—1883），法国文学家、评论家和艺术史家，俄国古典文学作品的译者。
3 弗朗索瓦-奥古斯特·米涅（1796—1884），法国历史学家。
4 原文是法语。

天地概念模糊，只是道听途说……他怀着异常急切的好奇心倾听朗读，他的内心深处受到强烈的震动，常常用热烈的欢呼声打断朗读，而且激动得不断从椅子上跳起来，一次又一次地说：

"不错，一切都怪我那该死的无知。假如我早就了解这一切，我决不会写那些不成体统的文章，这是我一生中的不幸，是留在我身上抹不掉的污点！"

这一年（一八四一年）冬天，别林斯基较之以往对我表现出更大的好感；热情洋溢之下，他还对我的才能和品格讲了许多溢美之词……

我看到我的翻译促使别林斯基的思想变得清醒，帮助他扩大了视野，心里感到莫大的幸福。我引以为自豪的是，我激发了他崇高的热情，给他带来一些精神上极为愉快的时刻，唤起了他和其他听众的公民感情……

我所有的听众都像盼望过节一样等待星期六来临，并全神贯注地倾听我的朗读。马斯洛夫在此之前对法国革命一无所知，他对这个波澜壮阔的时代感到不胜惊讶；听到维尼奥、加德等吉伦特派人物的讲演时他喜得浑身颤抖，后来听到他们被处死时又热泪纵横……他和其他几个人成了狂热的"吉伦特派"，我和别林斯基则拥护山岳派。

朗读结束时通常是一场激烈的争论，只有这种时刻才能看到别林斯基的风采！他那高尚的、火热的天性在这里表现得淋漓尽致，再加上他那毫无保留的真诚的感情和极为充沛的精力，这种精力有时会使几个性格柔弱的吉伦特派的拥护者发抖。

每星期六听完朗读以后，马斯洛夫总是对我们发誓，说他一定要学会法语。

别林斯基责备他懒惰而又任性。

"我要是像您一样有那么多空余时间的话,"他说,"我学习语言就是再笨,也早就学会法语了。您怎么不感到羞愧!我的工作累得要命,就这样我还在找时间学习,而且开始懂一点法语了……我向您保证,再过半年我就能流利地阅读和毫不费力地理解一切了,可是您……"

这时别林斯基越说越起劲。他狠狠责骂所有的俄国人,说他们对一切都漠不关心,冷淡无情,饱食终日,无所用心,没有任何一点求知欲。他把这一切都归咎于我们的斯拉夫血统。

"过去我们需要彼得大帝的棍棒,"他说,"为的是使我们多少像个人的样子;现在我们应当经受恐怖的磨难,才能成为名副其实的、高尚的人。我们斯拉夫人不可能很快觉醒。事情明摆着——雷声不响,庄稼汉就不画十字。[1] 不,先生们,不管你们怎么议论,断头机这位圣母可是件好东西!"

别林斯基同伊斯康捷尔接近以后开始的内心的急剧变化(其实,没有伊斯康捷尔的影响这种变化无疑也会发生,伊斯康捷尔不过是加速了这种变化而已),他内心的痛苦,他在观点发生根本转变之前的思想斗争——这一切当然只有同他亲近的人才看得出来。

克拉耶夫斯基先生丝毫也没有料到这一点。当《祖国纪事》上开始出现倾向完全相反的评论时,他还在重弹别林斯基论《波罗金诺周年纪念》和《闵采尔》的文章中的那些老调。当他发现自己刊物的倾向已经改变时,一开始他感到大为惊愕,不过毫无办法。他在思想方面不如钱财盘算方面精明,只好毫无条件地听从别林斯基的。对他来说,把过去的思想方式换成新的思想方式

---

[1] 俄国民谚,大意是"鼓不敲不响""平时不烧香,急时抱佛脚"。

就像喝一杯水那样容易，况且新的倾向说不定还预示着订户增加。这就是克拉耶夫斯基先生自由派观点的主旨。

四十年代初期和中期很少有人留意俄国文学，它的存在几乎很难觉察。政府不仅没有感到需要有一本文学教材，而且只要谁有这种念头，都会被政府看成是极端的放肆。假若它获悉有人竟敢用什么哲学公式来维护它的专制制度，它大概会封住这些毛遂自荐的卫道士之口。它把自己的力量建立在千千万万把刺刀之上，而不是建立在荒诞的哲学思想之上。获得君主制度头号政论家的头衔在这一时期没有任何好处，因此那些怀疑别林斯基阿谀谄媚、受到收买的人只不过表明了自己的幼稚可笑、不明事理。别林斯基论《波罗金诺周年纪念》的文章根本没有引起政府注意，即使引起了注意，那么毫无疑问，别林斯基也只会受到申斥，要他今后不得干涉与文学无关的事务。照政府看来，文学描写的唯一范围是大自然和爱情，当然还不得超越合法的形式；道德则严格限于奖善惩恶。因此允许文学作品讴歌俄国军队的光荣和统帅们的功业……所有的文学家只要逾越这张清单的雷池一步，就被认为是居心不良……普希金经常处于警察的监视之下，尽管他写过《给诽谤俄罗斯的人们》这首诗。纳杰日金为了赎免自己办《望远镜》所犯的罪过，从乌斯季－瑟索尔斯克归来后不得不去当一名勤勉的官员；波列沃伊用《监狱中的西伯利亚清洁女工》来为自己的《莫斯科电讯》赎罪；布尔加林被认为是办报刊的人和文学家中间**思想正统的楷模**，波列沃伊便亦步亦趋地模仿他的腔调……

当时要想使大胆创新、独立不羁的思想在图书审查机关获得通过，就必须对自己的信仰坚信不疑，同时在文学上极有分寸；审查机关虽然头脑迟钝，手上的剪刀却十分锋利。别林斯基深信自己真正的天赋,对自己新的信仰满怀热烈的信心;他有惊人的才干,善于使自己的思想披上一层面纱,不知不觉地躲过了书刊审查机关,尽管审查员的书刊审查是严格的……

但是这一切耗费了别林斯基极大的力气,而且,要抑制自己刚毅热烈的个性,使某种思想能悄悄通过,有时仅限于对这种思想做些暗示,也并非总是能够办到……这对他来说是一种无法忍受的苦刑。他觉得十分难受,感到精疲力竭,经常诉苦。他日甚一日地深信,运用他曾在极短时期内加以维护的那些原则,人类绝不可能得到自由发展。

"我不明白我怎么会落到那样丧失理智的地步。"他一再说道。

当他收到巴枯宁否定并嘲笑自己的过去的第一封信时,当他后来听说巴枯宁成了当时德国政论家中最重要的人物时,别林斯基对这些消息感到异常高兴。

"我们的米舍尔多了不起!"他一再说。"不过,对他怀疑本身就很可笑。"——他通常带着最爽朗的笑容补充道。[1]

当遮住我们视线的迷雾开始消散以后,我们所有人都或多或少开始追求美好的未来,更加看清我们的理想,开始理解旧制度并不稳固,并感觉到它的重压。

当时那些自认为是先进的现代人物的人全都热烈地谈论起这个话题,他们身边的其他人自然也是亦步亦趋。

我在本书第一部分向读者介绍过我的老师瓦西里·伊万内奇·克列切托夫,他耳朵里灌满了别林斯基和我其他朋友的谈话,也谈了很多从我这里借去的《独立月刊》[2],因此他也开始追求理

---

1 这一节不完全准确。巴枯宁(一八四〇年九月)的信中并未彻底否定自己的过去,也没有改变别林斯基对他的态度。"德国政论家中最重要的人物"一语则显然夸大其词。
2 原文是法语。

想，抱怨有头脑的人无法在这个（用他的话来说）**道德败坏、世风日下的社会**里生活下去。尽管如此，他吃起东西来还是像往常一样津津有味，望着一块油汪汪的煎里脊牛肉，心里还是像往常那样喜滋滋的，吃午餐时也还是像往常那样，心满意足地咂着嘴，把一瓶道地的**雪利酒**（这是他对赫勒斯白葡萄酒的称呼）喝得一滴不剩。

他初次在我家里见到别林斯基时，别林斯基觉得身体不适，目光忧郁，很少说话……克列切托夫提到各种问题，别林斯基答得简单而又冷淡。他想在别林斯基面前显示自己博学多才，便引用了贺拉斯的话，说他能够背诵贺拉斯的全部作品；他对浪漫主义发表议论，把俄语的 H 念成法语的 N。别林斯基对他的议论毫无反响，只是付之一笑……

"唉，老弟，"他对我说，"你们这位别林斯基被捧得那么高，看来也没有什么特出之处！"

但当他看见别林斯基精神振奋，又听见他争论问题时，他意味深长地咬紧下唇，说道：

"噢，不错，不错！从他身上可以看出这种——这个这个力量，这种威力……有头脑，很有头脑！"

自此以后他对别林斯基怀有一种敬畏之情。自然，当着他的面还是不露声色，神气十足，但他不喜欢别林斯基，因为别林斯基从来没有郑重其事地看待他……[1]

克列切托夫依旧常来常往我家，一段时间以来我开始注意到，他似乎心绪不佳，吃得少，坐的时候老是垂着头，经常深深地叹气。一开始，我以为这是因为他收入减少了，我问他：授课的情

---

[1] 从别林斯基一八四二至一八四三年间的信件看来，他对克列切托夫是很关怀的。

况怎么样？他在授课方面并无怨言，相反，他还增收了一些新学生；再说有时他需要钱用，往往找我暂借几个卢布，也总是准时归还，分秒不差。他在这方面特别讲信用。有一天我无意中仔细瞧了他一眼。我吃惊地发现他肥胖的脸颊呈紫红色，两眼发红，然而此时他又毫无醉意。

"您怎么啦，瓦西里·伊万内奇，您身体不大好吧？"我问他道，"您最近似乎有些闷闷不乐，您的脸色又那么不正常……"

克列切托夫忧郁而又绝望地摆了摆手。

"我的身体倒是很健康，体格像铁一样结实，可是精神上确实垮了……不知您信不信，两个多星期以来我一直受到这种，这种……无法摆脱的忧愁的折磨……走到哪儿都坐立不安。"

"那是为什么呢？"

"这还用问吗！"克列切托夫答道，"我同任何一个有头脑的人一样，忍受不了这种野蛮鄙俗的社会结构中的生活……我觉得这种窒闷发臭的环境令人无法呼吸……"

接着克列切托夫便大声喘息起来……

此后过了一天，他下课后顺路到干草广场买了一大块牛犊肉，拎起纸袋就想回家，他突然觉得拎纸袋的右手发软，右腿也不听使唤……他吓坏了，刚叫了一声：

"马车！"

随即倒在马路上，失去了知觉。

他被送回家时人事不省。

克列切托夫在此以前两个星期已感到血往头上直涌，觉得十分难受。假如他不是跟我们熟识，大概就不会把自己的苦恼归咎于这种不相干的抽象的原因了；悟出真正的原因以后，只消放放血便可防止中风，安安稳稳地就着油汪汪的牛排喝他的**雪利酒**，继续充分享受生活的乐趣了……

你瞧，同所谓现代人接近有时会造成怎样致命的后果！

不过克列切托夫的体格确实是像铁一样结实。两个月以后他就复原了，此后大约又活了十年，虽然走路一瘸一拐，嘴也歪了，但在自己老熟人举办的午宴上仍然像以前一样，甚至比以前更爱享用肥腻腻的牛犊肉、油汪汪的煎里脊牛肉和牛排，畅饮道地的金色雪利酒，还要一再重复那句记熟了的话：

"在这个道德堕落的社会里，有头脑的人没法活下去！"

四十年代初，涅克拉索夫加入了《祖国纪事》撰稿人的行列；他写的几篇书评引起了别林斯基的注意，别林斯基便同他结识了。在此之前涅克拉索夫直接同克拉耶夫斯基先生打交道。我初次见到涅克拉索夫是在三十年代中期，在我的一个朋友那里。当时涅克拉索夫大约十七岁，刚刚出版了一本薄薄的诗集，名为《幻想和声音》，这本书他后来收购回来销毁了。我过了七年才同他重新结识。[1] 当时他和我们所有人一样，完全迷恋上乔治·桑，但他只是根据俄译本读过她的作品。我请他上我家里去，答应把我翻译的《斯皮里迪翁》的一些片段读给他听。不久以后的一天早上，涅克拉索夫来到我家，我当即履行了我的诺言……

从那以后，我们见面的次数越来越多。他同别林斯基一天天更加接近，他讲述了自己辛酸的文学经历，讲了他怎样被各种杂志的编辑推出门外。有一天他给别林斯基带来了自己的短诗《路上》。

---

[1] 据阿·雅·巴纳耶娃回忆，巴纳耶夫同涅克拉索夫重新结识是在一八四二年冬天（见《巴纳耶娃回忆录》，上海译文出版社一九八一年版第一百○一页）。《幻想和声音》出版于一八四○年，其时涅克拉索夫十九岁。

涅克拉索夫一开始就给别林斯基留下了很好的印象。他爱上了涅克拉索夫那种突出的、近乎冷峻的才智。为了挣得一块糊口的面包，他那么早就经历了那些痛苦；他从自己勤劳而苦难的生活中得出了和年龄不相称的大胆而又实际的观点——这使别林斯基一直感到极为羡慕。

在此之前，涅克拉索夫已经着手出版各种小型文学作品集，这些文集经常带来小小的收益，但他脑子里已经在酝酿较为大型的文学事业，他不止一次对别林斯基谈过他的打算。

别林斯基听了他的谈话，对他的机敏感到惊讶，通常要感叹几句：

"涅克拉索夫很有前途……他跟咱们可不一样……他会挣得一笔小小的资本！"

别林斯基不论在哪个朋友身上都没有发现一点应付实际生活的能力，因此他夸大了涅克拉索夫的这种能力，以一种特别尊重的眼光看待他。

在此之前，涅克拉索夫的文学活动没有任何特出之处。别林斯基以为涅克拉索夫这一辈子充其量也不过是个有用的杂志撰稿人，但当涅克拉索夫给他读了自己的《路上》一诗以后，别林斯基两眼闪亮，扑上去抱住涅克拉索夫，几乎是噙着眼泪说道：

"您可知道您是一位诗人——而且是一位真正的诗人吗？"

从这一刻起，涅克拉索夫在他眼中的地位更高了……他的《祖国》一诗令别林斯基欣喜若狂。他背会了这首诗，并把它寄给莫斯科的朋友们……我已经说过，别林斯基在一定时期内会对自己的某一个朋友格外着迷……这一时期他迷恋于涅克拉索夫，只要一开口总是谈到他……

涅克拉索夫成了我们小组的固定成员。

通过涅克拉索夫，我认识了格里戈罗维奇。格里戈罗维奇是涅克拉索夫出版的小型文集的撰稿人，他为其中的一部文集写了一篇蹩脚的短篇小说，题目是《一匹亚麻布》。

有一天我在涅瓦大街上碰到涅克拉索夫。他同一个身材匀称、个子高大、外貌很讨人喜欢的年轻人走在一起。我也跟他们结伴而行。

不知怎么我们谈起刊登著名的《一匹亚麻布》的那本文集，我对这本书取笑了一番。涅克拉索夫也跟我一起笑了，自己还说了一些笑话。

"可是这本书里最荒唐的，"我说，"要数《一匹亚麻布》了。"

"请让我向您介绍这篇《亚麻布》的作者，"涅克拉索夫指着那个面貌讨人喜欢的年轻人说道，"这位是格里戈罗维奇先生……"

我还来不及发窘，格里戈罗维奇就向我伸出手来，笑着说道：

"请不要难为情，我自己对这篇《亚麻布》的看法也跟您完全一样……当然啰，再没有比它更荒唐、更鄙俗的作品了……很高兴认识您。"[1]

大约就在同一时期，也许还要稍早一点，我同伊·谢·屠格涅夫结成了朋友。[2]

还在认识他以前，我在涅瓦大街上经常碰见一个非常英俊、仪表堂堂的青年，他戴着长柄单眼镜，一派绅士风度，稍有一点浮华的样子。我原以为这是上流社会的一个富家少年，当得知这是屠格涅夫时，我感到非常惊讶。

---

[1] 刊登格里戈罗维奇那篇小说的文集出版于一八四六年。格里戈罗维奇本人在自己的《文学回忆录》里说，这件趣事不是发生在他和巴纳耶夫之间，而是发生在他和屠格涅夫之间，他在巴纳耶夫打算写回忆录之前十五年把这件趣事讲给巴纳耶夫听过。年深日久，巴纳耶夫把人物记错了是不奇怪的。

[2] 巴纳耶夫认识屠格涅夫要早得多，是一八四三年。

关于屠格涅夫的情况，我听格拉诺夫斯基和其他在国外同他结识的人讲过很多。格拉诺夫斯基在柏林弗罗洛夫夫妇家里经常见到他，公正地评价过他的聪明才智，但总的说来对他并不十分赏识。他直至去世，对屠格涅夫都没有很大的好感。我还听许多人说过，屠格涅夫极有教养，热爱文学，诗写得很不错。

屠格涅夫同别林斯基和我们整个小组的人很快亲近起来。从别林斯基算起，所有人都很喜欢他，深信他在具有杰出的教养、出色的智慧和才能的同时，也有一颗极为善良、极为温和的心。

屠格涅夫是以写哀歌和叙事诗开始他的文学生涯的，当时我们大家都非常喜爱那些诗歌，连别林斯基也不例外。

屠格涅夫的到来使《祖国纪事》增添了一个出色的撰稿人，我们小组则增添了一位杰出而有教养的交谈者，他十分熟悉外国文学，对德国哲学的奥秘稍有研究，而且是个讲故事的行家，有时过分沉醉于自己那种奇妙的、诗意的幻想……

此时屠格涅夫身上尚未去掉青年时期固有的上流社会那种浅薄的虚荣和轻浮。别林斯基首先看出这些弱点，有时尖刻地嘲笑一番。应当指出，别林斯基只是对那些他十分赞许和热爱的人的缺点才毫不留情。

屠格涅夫十分敬重别林斯基的声望，无条件地依从于他的精神力量……他甚至有点怕他。

别林斯基讲过许多屠格涅夫在他面前的极为有趣的举动。我记得其中有这样一件事：

别林斯基出国期间，在德国某个地方碰到了屠格涅夫。屠格涅夫见他一脸病态，心绪不佳，神情忧郁，便向他保证一直陪伴他……

"您跟我在一起会感到烦闷，我不想限制您的自由，"别林斯基对他说道,"最好还是别许愿。"

屠格涅夫发誓,说他无论如何也不会扔下他……

他跟别林斯基一起就这样过了五天……苦闷偷偷折磨着他,他很想挣脱樊篱恢复自由,但他怎么也不敢向别林斯基承认这一点。到了第六天,他悄悄拎上手提箱,没跟别林斯基告辞就溜到英国去了。[1]

别林斯基很热爱自己在彼得堡所有的朋友,他们对他十分钦敬,把他看作自己的导师,屏息静气地听他讲话,对他写的每一行字、说的每一句话都深信不疑。他们每个人都甘愿为他赴汤蹈火,但没有一个人能就各种问题同他进行辩论,而别林斯基那种热烈活跃的本性又需要交流思想、进行争论,同势均力敌的对手展开辩论……因此别林斯基在自己的小组里常常感到寂寞,为了多少满足自己的需要,在找不到一个交谈者的情况下,便给自己在莫斯科的朋友们写些很长的信,谈论使他萦怀的各种问题……当他们中间有人,尤其是伊斯康捷尔或格拉诺夫斯基来到彼得堡时,他就像常言说的那样,同他们推心置腹,开怀畅谈。屠格涅夫的到来使他感到振奋。他的需要从屠格涅夫身上可以得到一定程度的满足,因此他对他十分依恋。不过,别林斯基在任何一个彼得堡朋友面前从不因自己的威望而妄自尊大,从来没有让他们任何人感到他地位优越;相反,他总是找出每个人身上的优点,甚至加以夸大。

他高度重视雅泽科夫性格温和,心肠柔软,对朋友无限忠诚,毫无利己之心,甚至对个人利益不屑一顾;他赞赏安年科夫**合乎情理**的利己行为,后者善于在一切方面——在自然界,在艺

---

1 不确。屠格涅夫陪同别林斯基在德国住了将近两个月。

术中，甚至在各种生活琐事中——使自己得到享受和乐趣……"这是我一生中见到的最幸福的人之一，"别林斯基在谈到他时说，"在我们莫斯科小组里，内心反省发展到病态的地步；然而安年科夫健康纯朴的本性却没有受到这种可恶的反省的损害。"他十分喜爱卡韦林，把他看成一个高尚、热情、极易受到诱惑和十分轻信的青年，有时还笑着说："只有一点很糟糕：他到老都会是这个样子！"

卡韦林当时刚刚迁到彼得堡来，和尼·尼·丘特切夫及库尔尼茨基[1]同住一套寓所。

别林斯基结婚之前通常在工作之余到这间寓所来休息。一个月有两个星期他几乎笔不离手，不离开自己的写字台；另外两个星期则消遣娱乐。这种消遣娱乐大都是玩三戈比一局的朴烈费兰斯牌，别林斯基极爱玩这种牌，我们晚上通常聚集在三位朋友的寓所玩牌。库尔尼茨基为人心肠很好（他在别林斯基去世前两年死于肺病），以给杂志写些小文章和一篇谈玩牌的戏谑式的论文而著称。他诚挚地眷恋别林斯基，想方设法投其所好。他往往在我们到来之前半小时准备好牌桌，亲自细心地把绿呢桌面掸得干干净净，不让上面有一丝灰尘，再放上四支精心削好的记分笔和一副纸牌。

我和别林斯基进屋以后，库尔尼茨基得意扬扬地迎着别林斯基，把他领到桌子跟前，大声说道：

"您觉得这一片碧野怎么样？赏心悦目，对不对？"

别林斯基高兴地笑了，于是我们应他的要求，马上开始干了起来……

---

[1] 亚·雅·库尔尼茨基（1815—1845），别林斯基的朋友，写过一些幽默故事和随笔。

别林斯基不仅吸引了那些有头脑、对他充分理解并在理智上赞同他的见解的人,而且也吸引了一些最为单纯、对抽象事物一无所知的人。在此之前不久,有一位姓科兹洛夫斯基的公爵[1]对他十分依恋。此人头脑简单,但在体格上却是个大力士:他能折断火钩,常用一卢布的纸币卷成烟斗,等等。科兹洛夫斯基公爵在彼得堡逗留期间,像保姆照料婴儿一样照顾别林斯基,别林斯基的餐桌上每天都会出现一些意外的礼物:或是一整只火腿,或是某种特制的香肠,或是一瓶勃艮地[2]葡萄酒。

科兹洛夫斯基公爵后来同戈利岑公爵[3]一起去了克里米亚。戈利岑公爵是躺在科兹洛夫斯基手臂上死去的,他遗赠给他一些东西——科兹洛夫斯基回到彼得堡后,把这些东西全部分赠给别林斯基和他的朋友们……

别林斯基结婚[4]以后很少走出家门。他的病情逐渐发展,他开始感到十分不安,他充分意识到自己已经病入膏肓,读者在后文的一封信中将会看到这一点;书刊审查机关的苛刻态度不时变得难以容忍,他同克拉耶夫斯基先生的关系也日趋恶化……克拉耶夫斯基先生在别林斯基结婚后给他的报酬仅做了一点微不足道的增加,仍然借口说自己经济拮据,负债累累,尽管我们都很清楚,此时他的一切债务都已还清……

"天哪,要是能摆脱这个人的话,"别林斯基对我们说,"我觉得我就是最幸福的人了。我得常去他那儿,说些客气话,恨得

---

1 巴·德·科兹洛夫斯基(1802—?),莫斯科土地测量学院学监,别林斯基一度在该院任教。
2 法国地名。
3 亚·尼·戈利岑(1773—1844),俄国东正教事务管理总局局长,亚历山大一世时任国民教育大臣。
4 别林斯基于一八四三年十一月跟马·瓦·奥尔洛娃结婚。

发抖时却要做出笑脸——这种下流的虚伪态度令我无法容忍。当我同他坐在一起时,我鄙视我自己;不过,我有什么办法呢?怎样才能摆脱这种处境呢?你们哪能想象得到,我每次上他那儿去要我自己的、劳动换来的、满头大汗挣来的钱时心里是个什么滋味!"

别林斯基和我们所有人都很少同克拉耶夫斯基先生见面。克拉耶夫斯基先生在我们面前竭力显得亲切殷勤,但他内心对我们大概没有多少好感,而且当我们在场时,他必定觉得很尴尬,因为他意识到我们已经看透了他。他同博特金的关系倒是比同我们所有人都要好,博特金甚至对克拉耶夫斯基先生有时也表现出一些柔情。克拉耶夫斯基先生心里把我们都看成**毛孩子**,据说至少是在他对我们表示愤怒时口里才会冒出这个鄙视的字眼……

我们也确实是一批毛孩子,而**最为幼稚的毛孩子**则是别林斯基。他没有意识到,克拉耶夫斯基先生只是靠了他和他的小组的精神力量才能维持下来,要是没有这种支持、没有这股力量,克拉耶夫斯基先生即使有自己的朋友加拉霍夫[1]和梅尔古诺夫帮忙(何况此时梅热维奇已离开他偷偷投奔布尔加林),也无法使自己的刊物维持两年以上;相反,别林斯基和我们所有人不知怎么以为是我们依赖克拉耶夫斯基先生,以为离了他我们就没有生路,因此为了微不足道的一点报酬,而有的人则完全不取报酬,一个个竞相施展上帝赋予他们的才能——让克拉耶夫斯基先生发财致富。我们没有一点待人处事的常识,自己身上又缺乏足够的独立精神,便给自己制造了一个偶像,用自己的贡献和牺牲来装饰他,向他鞠躬致敬,巴结奉承,甚至在他面前感到胆怯(我在后

---

[1] 本书先后提到三个加拉霍夫,此处指亚·德·加拉霍夫(见第二百七十六页注1)。

文将举出几件相当可笑的事实,说明我们有些人在克拉耶夫斯基先生面前表现出的胆怯[1]),即使敢于对他发牢骚,也不过背后议论而已。

一个偶像善于巧妙地利用别人给他提供的地位,为了牟取私利剥削一些热情而又缺乏经验、自愿缚住自己手脚、把自己交给他全权支配的青年,那又有什么办法去指责他呢?

所有的偶像——包括一些大得多的偶像在内——通常都是这样行事的……

假如别林斯基和他所有把《祖国纪事》背负在自己肩上的朋友有朝一日突然振奋精神,充分意识到自己的力量,以独立自主的身份去见克拉耶夫斯基先生,对他说道:

"阁下!迄今为止,我们由于年轻和没有经验,一直屈服于您粗暴的压力,这种压力是由于我们自愿服从于您、放弃自己的意志而在您身上助长起来的。现在我们已经认识到,您本身一文不值,您没有独立的精神力量,只是靠了别林斯基和他的小组成员才得以在期刊出版界维持下来。对他给您提供的这股力量,迄今为止您只是用来牟取个人私利;您压迫和剥削了我们,却把我们的劳动成果算在自己账上,就像那只有名的鸟[2]一样夸耀自己的孔雀羽毛……现在我们觉得,没有您我们照样过得下去,我们可以开始过独立的生活……把您的《祖国纪事》拿回去吧——随您怎么去处理它,去找些新的牺牲品供自己剥削吧……"

克拉耶夫斯基先生对这种突如其来的壮举将作何回答呢?

他像一切走投无路的人一样,大概会张皇失措,指着上帝赐

---

[1] 巴纳耶夫未能实现这一打算。
[2] 指乌鸦。俄国俗语用"披上孔雀羽毛的乌鸦"讽刺爱出风头、虚有其表的人。参见克雷洛夫的寓言《乌鸦》。

咒发誓,说他从来也没有想压迫任何人,说他一向认为别林斯基是他的救星,并向他表示愿意作出种种让步,要是别林斯基拒不接受的话,他兴许会像今天对杜德什金先生那样,让别林斯基跟他对半分成。

别林斯基呢,自然会深受感动,表示同意,却不料刊物的整个财权仍然控制在克拉耶夫斯基先生手上——他为人工于心计,老于世故,到了年终跟别林斯基怎么算账,自然由他的便。不管怎么说吧,到了那一步别林斯基的处境总会大大改善。

然而不论是别林斯基还是我们中的任何人都没有产生过这种果敢的念头,即或有人想过也不可能实现,因为总的说来,我们俄国人不仅在当时,就是现在也没有丝毫同心同德的精神,没有丝毫团队精神[1];因为我们迄今为止只是言语上的英雄,行动上的懦夫;因为我们生性淡漠消极,易于对任何人表示屈从,而不愿短时间奋发精神去为自己争取一辈子独立自主的地位。

即使别林斯基产生过公开奋起反抗克拉耶夫斯基先生的念头,他大概也会遭到自己朋友们的反对,无法使他们一心一德,去建立自己的功业……

正是由于这个缘故,形形色色的克拉耶夫斯基之流才能在当今世界上得意扬扬、不动声色地侵吞别人的劳动成果,而且有时还要以自由派自居,侈谈什么人道主义!

---

1 原文是法语。

# 第八章

别林斯基在自己的小组以外——军事历史学家——巴舒茨基举行的午宴及他的朗读——亚·谢·科马罗夫的午餐和晚会——拉热奇尼科夫及他谋求莫斯科各剧院经理职位失败——沃耶伊科夫和波列沃伊之死——当时文学家们对《祖国纪事》的态度——关于古别尔的几句话

别林斯基很少而且很不情愿离开自己的小组，有时外出也是由于邀请的人再三请求。他偶尔去奥陀耶夫斯基家，出席米哈伊洛夫斯基－丹尼列夫斯基[1]家的晚会，去巴舒茨基家，有时也上斯特鲁戈夫希科夫家里去，再就是一年通常拜访格列比奥恩卡一次，应他的亲自邀请去品尝小俄罗斯的腌肥膘肉和果子露酒。他在这里见到了一些文学界的名人——库科尔尼克等人，但他不愿意接近他们。库科尔尼克看别林斯基时斜着眼睛，流露出一副好奇的神色，尽管他的声望已经动摇，但仍然十分傲慢。他说："**他们那儿**（库科尔尼克这里是指克拉耶夫斯基先生）**听说来了一个什么别林斯基，他给他们胡诌什么客观性，再加上几条具体性，可他们却以为这就是最高深的哲学，竖起耳朵听他讲话。**"别林斯基在彼得堡跟自己的老朋友纳杰日金和波列沃伊没有恢复关系……总的来说，他很少留意彼得堡的文学家们，他知道他们无法容忍他，而且怕他。不过这倒使他的自尊心感到满足。"这个举止粗鲁的教会中学学生（其实别林斯基根本没在教会中学念过书）可刺激不得，"一位著名的军事历史学家[2]在谈到别林斯基时说，"相反，跟他打交道要委婉一些，要尽量软化他。"

---

[1] 亚·伊·米哈伊洛夫斯基－丹尼列夫斯基（1790—1848），俄国军事历史学家，俄罗斯科学院院士。
[2] 即亚·伊·米哈伊洛夫斯基－丹尼列夫斯基。

他找机会结识了别林斯基,刚认识他,马上就邀请他上自己家里去参加晚会。

别林斯基对此感到苦恼,但他没有勇气拒绝。他应邀去历史学家家里时忐忑不安,勉强笑着对我说:

"您该跟我说点笑话呀!老兄,我现在居然到将军们的府上参加晚会了!"

下面就是别林斯基对我讲的这次晚会的情况。

"不用说,登上通往他们家的楼梯时,我心里感到一阵胆怯,尽管我清楚地意识到,在他面前胆怯是可笑的,我在他本人面前是不会胆怯的,而且我想起了他有一个女儿,好像还是宫中女官,还有形形色色的女眷——都是些上流社会的太太……随后我进了穿堂,里面有一群仆人,一个个使劲盯着我……当一个仆人给我打开通向大厅的门时,我觉得我脸色变得苍白。我还没来得及向前跨进一步,将军阁下已经径直出现在我的面前,热烈地拥抱我……

"'我真不知道该怎样感谢您,维萨里昂·格里戈里耶维奇,'他说,'因为您赏脸光临寒舍。请相信我非常珍视您对我的垂青……'他说了又说,没完没了……

"我窘住了,嘟嘟囔囔答了一句。他抓住我的手,把我拖到客厅里,那里坐着几个我不认识的人:原来都是些什么小品文作家和评论家……他们中间坐着他的女儿,她长得非常漂亮,大约十七岁左右。

"'娜佳!娜佳!'他对她喊道,'你能猜到我带来谁了?'

"娜佳从椅子上跳起来,走到我们跟前,望了我一眼。

"我的心一个劲地怦怦直跳。我满脸通红,浑身觉得极不自在,向她鞠了一躬。

"'介绍一下,这是我的女儿,'将军说道,'她对您所有的文章都崇拜得五体投地(而我确信她是头一次听见我的名字,我的文章她连一行也没有读过,因此我更加发窘了)……'

"'这位就是维萨里昂·格里戈里耶维奇·别林斯基呀,'他转身对着他的女儿,继续说道,'你给他鞠个躬,而且要深深地鞠躬,感谢他光临我们家。要让他看到我们会敬重像他这样的人。维萨里昂·格里戈里耶维奇是我们当代**首屈一指的评论家**。'

"娜佳似乎对我笑了,而且有礼貌地点点头,不过我没有看清。我的眼睛里一片模糊,我完全喘不过气来,血一个劲地朝我头上直涌。

"我好不容易在椅子上坐下来,正想轻松地呼一口气,宅邸的主人又对他的女儿喊了起来:

"'瞧你这是怎么啦……给维萨里昂·格里戈里耶维奇拿个烟管来,你亲自填满,点燃……'

"'不不。您这是干吗呀……行了……别麻烦了。'我嘟囔着从椅子上跳起身来,几乎站都站不稳了……

"但娜佳像只小鸟一样轻快地飞了出来,转瞬间已经站在我的面前,手里拿着长烟袋和点燃的纸。

"我用颤抖的手抓起烟袋,拼命抽了起来;尽管我从来也不抽烟,但她把点燃的纸搁在烟斗上,不抽,我又觉得不礼貌。

"我从来不吃晚餐——您知道,晚餐对我的身体有害,可是当时我不得不吃,因为他和娜佳把我的盘子装满了。酒对我来说是毒药,可我又不得不喝,因为他和娜佳都伸出手来跟我碰杯……"

"而且那酒也糟透了!……唉!"

别林斯基大声喘着气。

"我到现在还不能从这个晚会中恢复过来……"他最后说道。

别林斯基吃过晚餐走后（这是出席那次晚会的一个人后来告诉我的），宅邸的主人当着女儿的面叹着气，对正在继续喝酒的其他客人们说：

"你们瞧，诸位，这就是我的处境（应当说明的是，入夜时将军总是带着醉意）。这个厚脸皮的吹牛家，这个举止粗鲁的教会中学学生在上流社会人家连站一站、坐一坐都不会，可我还得接待他，跟他亲热，这只为了一点，要他别当众骂我……你们都知道，以我的官阶，我是中将，以这样的名声和各种人情关系挨他的骂，那可是无法忍受……要不是这个原因，我连我家的门槛都不会让他跨进来……"

将军有个习惯，每个客人一走他都会立即这样评论一番。别林斯基后来得知这一点，自然再也不上他那儿去了，尽管丹尼列夫斯基一再请求，甚至亲切地威胁说要派娜佳来接他。

别林斯基不仅在这些将军中间，就是在自己的朋友家里见到一般跟他不太熟悉的人也会局促、胆怯，感到不自在，心情烦闷；但假如谈话涉及使他十分激动的问题，而当场又有人不适当地触犯了他的信仰的话，别林斯基就会满脸通红，情绪激动，控制不住自己，他那尖锐激烈的举动会使不熟悉他的人吓一大跳……

他不喜欢各种文学晚会和朗读会。

别林斯基在我家里认识了亚·巴·巴舒茨基。有一天巴舒茨基找他，恳请他听一听他的长篇小说《小市民》的几个片段，一再表明他最珍视他的意见，无条件信任他的审美感。其实这话未必是真的。巴舒茨基属于老一派文学家之列，他同他们所有人关系都很友好，连布尔加林也不例外，因此他对别林斯基的见解不可能怀有好感；但在自己的小说问世之前他必需软化一下这位铁石心肠的评论家,这只文学界的**凶猛的猎犬**。

巴舒茨基请别林斯基、我和雅泽科夫上他那儿去吃午饭。别林斯基借口没有工夫和身体不好,长时间地一再推辞,但巴舒茨基的殷勤态度和我们的请求还是使他松了口。

午餐之前我去邀他,他一边很不情愿地穿衣服,一边对我发牢骚……

"要是他突然异想天开,把整个小说读上一遍,那可怎么办?"当我们在他门口停下脚步准备按铃时,别林斯基对我说,"一想到这一点我就觉得不寒而栗。"

我安慰他说,这是不可能的。

午餐十分精美。饭后我们到主人的书房去,他请我们坐在舒适的安乐椅上。他把别林斯基的椅子摆在自己面前,取出一大卷手稿,讲了几句开场白,然后从第一章开始读起。别林斯基心惊胆战地看了我和雅泽科夫一眼。

饭后,在消化时朗读最出色的作品,这对作者来说特别不适宜。巴舒茨基没有考虑到这一点。第一章才读了一半,我和雅泽科夫便睡着了……当我醒过来看表时,已经九点了。

"请原谅,亚历山大·巴甫洛维奇,"我打断了作者的朗读,"我得走了,我已答应……真遗憾,我不得不放弃这种愉快的享受——"如此等等。

别林斯基狠狠地瞪了我一眼。

可我还是溜了。

第二天我上别林斯基那儿去,见他心情极为郁闷。

"您那样对待我真是太可耻了,"他对我说,"您知道,我在巴舒茨基那儿坐着一动不动,一直坐到四点。他把他长篇小说的第一章从头到尾读给我听。您可以想象到我的感觉怎么样!今天我病了，胸口疼得厉害，脑子里乱糟糟的……您真不够朋友。不过下一次您再也无法跟我开这种玩笑了。我已经发誓，不再接受这种邀请，说什么也不听你们那一套了……"

但别林斯基并未履行自己的誓言。我有一个寄宿学校的同学，叫亚·谢·科马罗夫，他是几乎成了我们小组成员的亚·亚·科马罗夫的亲戚，他通过我们认识了别林斯基以后，不停地邀请他，有时是请吃午饭，有时是请参加晚会，这使别林斯基十分厌烦。

亚·谢·科马罗夫认为自己的专业是自然科学，但他却收到五花八门的外国书刊，包括文学、政治和学术性的。他背熟一些自由派的诗，并在车站月台上、在娱乐饮宴时朗诵这些诗；到处向熟人传播各种政治新闻，夸耀他能头一个了解到欧洲发生的一切；在俄国的刊物上报道各种学术新闻，但又常常把新闻搞错；向所有人喋喋不休地鼓吹自己的自由派观点，不合时宜地参与各种政治、学术和文学性的谈话；用很差劲的饭菜和糟糕透顶的酒招待客人，还赌咒发誓说那是最名贵的酒。这位先生的头脑一塌糊涂，他的空虚和轻率超越了一切界限。

他死乞白赖地缠住别林斯基，巴结和奉承他，给他弄来需要的书籍，只是为了让别林斯基能够容忍他，并宽容地接受他的邀请。这使他后来能够夸耀，说他跟别林斯基是朋友，别林斯基离不开他。

他每逢星期二在自己家里举行午宴。别林斯基尝过一次，就向科马罗夫斩钉截铁地宣布永远也不上他家吃午饭，因为他家里的食物不新鲜，酒也发酸。他说，他是个有病的人，他的胃受不了这种糟糕的食物。

"您知道吗，雅泽科夫的胃能消化世上任何东西，"他说，"可是他在您家里吃过一次午饭以后，却不得不在肚皮上贴几条水蛭[1]。"

科马罗夫每次都发誓说,下个星期二他会准备最精美的饭菜,从劳尔[2]那里买最名贵的酒,然而每一次都证明他是在吹牛。

别林斯基断然拒绝了他家里的午餐,但当他知道我们无法摆脱科马罗夫不厌其烦的邀请和央求,去科马罗夫家里聚会时,他在晚上偶尔还是上他家去一去。

有一个星期二,晚上九点左右,我来到科马罗夫家里,胡子拉碴的老仆睡眼惺忪地帮我脱下皮大衣。

"有谁上你们家来?"我问仆人道。

"谁也没来,就别林斯基一个人。"

我走进主人的书房。堆满书刊的写字台上,灯光十分明亮。别林斯基躺在沙发上,脸朝沙发靠背,正在翻阅《独立月刊》;主人坐在窗口,阴郁地望着他。尽管窗外一片漆黑,房间里死一般地寂静。

"这是怎么回事?"我问道。

科马罗夫来了劲儿,开口说起话来。

别林斯基听见我的声音,便回过头来……

"噢!总算来了!"他说,"你们这些老爷真叫人受不了:老是摆出贵族派头,九点多钟才来聚会,可我却傻瓜似的早就来了……您看见我们两人这种样子觉得奇怪吗?得了吧,他叫我腻烦透了(别林斯基指了指主人),我只好求他让我安静安静。我刚一进屋,还没等我歇一口气,他就发疯似的缠住我,给我念起

---

[1] 一种治疗肠胃病痛的古法。
[2] 彼得堡的一个酒商。
[3] 原文是法语。

《独立月刊》[1]。我对他说,不用你,我会念,我拿起书就躺在沙发上,可他却坐在我的身边,直盯着我的眼睛,真叫我受不了。所以我才请他别打扰我……"

科马罗夫忙不迭地在我们身边转来转去,又开始胡吹;这时我们的朋友已经到齐,于是晚会进行得非常活跃。别林斯基不让屋子的主人插嘴谈话,主人央求他留下来吃点东西他也不理会,晚餐以前就走了。

"再见了,诸位,"别林斯基说,"我非常可怜你们,你们竟然自愿吃那种有毒的东西。"

科马罗夫又献起殷勤,等别林斯基走后,他勉强笑着说:"别林斯基可真是个怪人!"说着开始给我们杯子里斟一种深蓝色的酒,还担保说这是上好的拉菲特酒……

别林斯基越来越激起新一代文学青年和非文学青年对他的尊敬和热爱,而老一辈文学家对他却越来越深恶痛绝,用愤恨而又无可奈何的眼光看待他。所有老一辈文学权威中只有一个人,即伊·伊·拉热奇尼科夫[2]真诚地重视他的意见,每次来彼得堡时都要来看望他。

伊·伊·拉热奇尼科夫属于那种很少见的,精神上从不衰老,总是倾向于年轻一代的充满活力的人。因此他的同龄人以及所有守旧的人都不很赏识他,那些人的理想不是在未来,而是在过去。拉热奇尼科夫总是真心实意,毫无杂念,满怀同情地帮助文学界后辈中所有出色的活动家。除奥陀耶夫斯基以外,拉热奇尼科夫

---

1 原文是法语。
2 伊·伊·拉热奇尼科夫(1792—1869),俄国作家,别林斯基的朋友,曾任特维尔省和维切布省副省长。

在那个时代的文学家中几乎是唯一能做到这一点的人。他性格温顺,态度柔和,待人宽厚,使人第一眼就对他产生好感……他具有真正的诗人气质,易于钟情,无忧无虑,充满幻想,毫无待人处世的谋略,不善于应付现实生活,同现实问题打交道时十分笨拙。他曾经担负颇高的行政管理职务,但这样的人任职从来都不走运。拉热奇尼科夫没有办好事务,反而招来数不清的烦恼和麻烦,于是他退了职。为了增加退休金,他近年来又迫不得已担任书刊审查官,但他的职分和他自己的信仰之间不断发生冲突,因此这个职务使他苦恼不堪。挨到领取退休金的那一天,他马上就辞掉了书刊审查的工作,还说这是他一生中幸福的一天……拉热奇尼科夫的温和宽厚往往达到幼稚地轻信别人的地步和令人感动的天真的程度。

扎戈斯金去世时,拉热奇尼科夫正在谋求职位。他有一个熟人,是个很可敬、很正派的人,但是有时喜欢幽默,他让拉热奇尼科夫确信自己有资格得到莫斯科各剧院经理这一职位的空缺,他说,扎戈斯金被任命为经理正是因为他写了《尤里·米洛斯拉夫斯基》和《罗斯拉夫列夫》。

"您是《最后一个新贵》和《冰屋》的作者,"那位幽默家补充说道,"他的职位自然非您莫属了。"

"那么我该去找谁呢?"拉热奇尼科夫问他道。

"您直接去找宫廷事务部办公厅主任……您不认识他本人,但这没关系:您名扬整个俄国,况且办公厅主任自己也曾是个文学家[1],他热爱文学,因此我相信他会热情接待您,并且欣然为您安排好一切……他只消对宫廷事务大臣说一句话就行了……"

---

[1] 当时的宫廷事务部办公厅主任是巴纳耶夫的叔父弗·伊·巴纳耶夫。

这个故事我是听拉热奇尼科夫亲口对我讲的。

"我很幼稚地对这番话信以为真,"拉热奇尼科夫对我说,"于是我去找办公厅主任。"

"我被带进一个房间,那里已有几个求见的人。人家对我说,要等一等,将军现在有事。我大约等了半个小时。最后,将军阁下走了进来,跟几个求见的人交谈了一番,最后才跟我谈话。

"'您贵姓?'他问我道。

"'拉热奇尼科夫。'

"'您是《冰屋》的作者?'

"'正是,阁下。'

"'请来我的办公室,好吗?'

"我和他进了办公室。

"'请吧,'主任说,'您坐下来好不好?'

"说着他自己也在写字台前坐了下来。

"'您有什么事呢?'他问道。

"干巴巴的语调显得彬彬有礼而又傲慢,这使我有些发窘。'看来我是干了一件愚蠢透顶的事。'我想。然而溜走已经迟了,于是我吞吞吐吐地对他说,我想得到扎戈斯金的职位。

"这句话一出口,我看见将军阁下的脸上露出讥讽的神色,于是我觉得更加难堪了,假如可能的话,我真想不等他做出任何回答,头也不回地溜掉……

"'什么……我没听清楚……怎么回事?什么职位呀?'主任的目光咄咄逼人,盯住我问道。

"我一面暗自诅咒自己过于轻信,一面干巴巴地重复了一遍:'莫斯科各剧院经理职位。'

"将军阁下微微一笑,那副神态真叫我无地自容,我觉得这一刻叫我干什么都行，就是别见到这副笑容。

"'您有什么资格希望得到这个职位呢？'他问道，'您是否知道这是将军的职位，是个非常重要的职位呢？'

"我语无伦次地回答他说，扎戈斯金大概是由于自己的文学名声才得到这个职位的，因此我认为，我既然在文学界也小有名气，那么我也可以指望……

"但主任带着明显的遗憾神情打断了我的话……

"'您以为扎戈斯金获得这个职位是由于他写了几本小说，这是没有根据的。已故的米哈伊洛·尼古拉伊奇本人同皇上认识——这就是他当上经理的原因。担任这个职务最重要的是要**善于盘算**，文学在这里完全用不上，它甚至可能有害，因为文学家先生一般都很不会盘算。这个职位大概会考虑派一个经验丰富、熟悉行政管理的人去担任，而且官阶也要相当……'

"我如坐针毡。一听这话，我从椅子上跳起来，不好意思地表示道歉，说我打扰了将军阁下。

"'没关系，没关系，'他说，'我爱莫能助，为此深表遗憾，但我不得不坦率地告诉您，您根本无法希望得到这样一个职位……'

"我不知道我是怎样从主任那儿出来的……

"'唉，没说的，这个玩笑您跟我开得妙极了。'我对建议我去找办公厅主任的那个熟人说，并且告诉他我是怎样受到接待的。

"'您瞧瞧！'他温厚地说，'可我真的以为，他既然是个文学家，一定会非常热情地接待您这位一流小说家，并且在一切方面欣然为您效劳。没想到有时竟会看错人！可是谁又能事先料到这一点呢？唉，真遗憾，真遗憾！可我根本无法想象，他们会派谁来担任这个职务呢？我仍然坚信，从各方面的资格来看，这个职务非您莫属。'"

拉热奇尼科夫与其说是在抱怨办公厅主任和劝他去找主任的那位先生，倒不如说是抱怨他本人，他嘲笑自己太轻信、太幼稚了[1]……

即使在那些卓越的人物中，也只有少数人能够把年轻时鼓舞他们，并给他们以力量的那种活跃的本质、勇敢的精神和崇高的志向一直保持到老年。

这样的老人给一代又一代青年的是祝福而不是诅咒，看到这些老人令人感到欣慰。他们鼓舞青年们去建功立业，帮助青年们树立信心，没有这种信心事业就不能成功。

然而最令人惋惜和伤心的是见到这样一种人：他们已被生活击垮，筋疲力尽，丧失名望，却要费尽心机，强行维持一度合法地属于他们的那种权力；他们的两腿已经发颤，每走一步都不听他使唤，却要怀着嫉恨之心去否定新的一代表现出来的实实在在的力量……遗憾的是有这样一个人，他过去曾是一个强有力的文学战士，我们这一代人几乎全是在他的影响下培养出来的，然而到了晚年他却出现了上述那种情况。我说的是波列沃伊。

假如他在遭到那种无法避免的压制以后迫不得已驯顺下来，为供养自己一大家子人继续正直而温顺地进行工作，他在俄国文学史上就会留下白璧无瑕的名声。但波列沃伊却被吓慌了，赶紧运用他残剩的一点点才华去巴结逢迎，献媚讨好，尽管谁也没有要求他这样做；他毫无必要地不断贬低自己的文学声誉和人格，向一些落后人物，一些鄙俗地维护那些他一度反对的原则的人，一些彻头彻尾的坏蛋摇尾乞怜，而且——这是最坏的一点——怀

---

[1] 扎戈斯金担任莫斯科各剧院经理不是直到去世（1852年），而是到一八四二年为止，因此巴纳耶夫讲的这件事发生在一八四二年。

着嫉恨的心理同新的一代断绝了交往。我很少上波列沃伊那儿去，他了解我同别林斯基的友谊，因此在我面前十分小心，尽管如此，仍然掩饰不了他对别林斯基仇视的心理。他不能原谅别林斯基的是：别林斯基受到青年们爱戴和尊敬的程度如果不是更甚于他的话，至少也同他过去受到爱戴和尊敬的程度一样……他想向人们表明别林斯基没有资格获得这种地位，他不具备一个评论家必需的教养，而且不知分寸，"尽管他的笔头无疑很快"……

"再说要迎合今天的青年人真的并不那么困难……"他补充说道，"他们的要求不高……不像我们那个时代的青年……"

我没有同波列沃伊争论。那是徒劳无益的。波列沃伊似乎至死都在用这种幼稚的奇谈怪论抚慰他那受刺激的、病态的自尊心。

尽管他在晚年完全丧失了自己的文学地位和名声，但他的死使所有人同他短暂地和解了。波列沃伊吹捧过警察段长施泰文的小说，写过《监狱里的西伯利亚清洁女工》和其他诸如此类的作品，这些都被人忘了。

我们面前的一具漆成黄色的普通的木棺材里（他留有遗言，葬礼尽量从简）躺着昔日的波列沃伊，就是《莫斯科电讯》的那位精力充沛的编辑，他曾对我们的成长影响很大。

波列沃伊的葬礼是在尼古拉·莫尔斯科伊教堂举行的。教堂被挤得水泄不通，几乎所有的文学家都参加了他的葬仪。他的棺材由大学生们一直扛到墓地。

不过，下葬以后，波列沃伊很快被人遗忘，就像那些活着的时候就已成为僵尸的人被人遗忘一样。

在此之前，我在本书第一部里提到的昔日的文学活动家有许多人已经与世长辞……斯温因和沃耶伊科夫都已去世，这使克拉耶夫斯基先生感到高兴。他们的死使他成为《祖国纪事》和《俄

国荣军报文学副刊》的业主。克拉耶夫斯基先生对期刊出版界职务的空缺感到庆幸,就像斯卡洛茹勃一样……[1]

据说沃耶伊科夫直至临死之前一刻钟仍然像他一生那样狡诈和虚伪。临终之前照料他的是一位年轻姑娘,他不停地要水喝,每当她端来饮料,他就使劲拧她,抓住她的头发。为了避开他,姑娘把杯子放在他面前的桌子上,再也不走到床前……沃耶伊科夫开始哼哼唧唧,又是呻吟又是叹气,抱怨自己孤苦无依,赌咒发誓地说他手脚都无法动弹,用微弱的声音哀求姑娘看在基督的面上把杯子送到他嘴边,但姑娘刚把水给他端过去,他就从床上欠起身来,再一次狠狠抓住她的头发,直到筋疲力尽地倒在床上。

一刻钟以后他又呻吟起来,而且哼得更加厉害,要姑娘走到他跟前,说他就要死了……

她没有相信他的话。他用嘶哑的嗓子哼了一阵,再也不动了。这一次已经不是装模作样,而是真的死了,但姑娘好半天都不敢走到死人的床边,仍然以为沃耶伊科夫是在装死……

波列沃伊曾经使《祖国之子》勉强维持下来,他死后,我们的期刊出版界只剩下两种著名的代表性刊物:先科夫斯基的《读书文库》已是奄奄一息,每年都在失去订户;别林斯基《祖国纪事》的声望则逐年增长……莫斯科和彼得堡涌现出来的新一代有才华的青年全都归附于《祖国纪事》。布尔加林在自己的星期六小品文专栏里徒然费尽心机,企图支持《读书文库》,扼杀《祖国纪事》,但他自己却没有发觉他的声望正在逐年下降,因为信仰

---

[1] 巴纳耶夫指的是格里鲍耶多夫《聪明误》中的诗句(斯卡洛茹勃说的话):

我在同行中得天之宠,
正好部队里有位子空:
有的被开除,
有的干脆送了终。

过他的那一代人日渐衰老，正在失去分量，退出舞台。他的庇护和推荐已不起任何作用，卡缅斯基先生经过奔走张罗，获准复办谢·尼·格林卡的《俄罗斯通报》杂志，布尔加林便把卡缅斯基先生和他未来的刊物置于自己的庇护之下，拼命叫嚷："订阅吧，订阅《俄罗斯通报》吧……我担保杂志办得极好。"如此等等。但《俄罗斯通报》才出了一期，这份杂志就因没有订户而不得不停刊。[1]

只有那些一辈子靠陈规陋习和空泛辞藻混日子的浅薄老朽的彼得堡文学家才憨厚地相信：先科夫斯基和布尔加林的王国将永世长存，别林斯基哪里是这些天才的对手！有名望的文学家中只有库科尔尼克一人公开站在先科夫斯基和布尔加林一边；一些渐趋衰颓的贵族文学家完全置身局外：他们既讨厌先科夫斯基，也瞧不起别林斯基，但他们没有自己的刊物，偶尔又想在报刊上见到自己的诗作，便不得不把诗寄给《祖国纪事》，因为克拉耶夫斯基先生在他们中间不无名气，他的名字曾同他们的名字一起赫然并列在《现代人》的封套上，况且克拉耶夫斯基先生本人从未伤过他们的自尊心。有些年轻的彼得堡文学家小有声望（不过这种声望令人十分怀疑），他们动摇于《读书文库》和《祖国纪事》之间，对这两种刊物中的任何一种都不特别倾心。属于这一类人的有爱·伊·古别尔，这是个很善良、很温和的人，有一定程度的作诗的才能，但可惜的是却以从他的老师[2]那儿承袭下来的某种哲学思想而自命不凡。

这种哲学对启迪古别尔的生活观点和艺术观点毫无帮助，相

---

[1] 不确。卡缅斯基于一八四三年底接手《俄罗斯通报》杂志，补齐了上一年缺刊的六期；一八四四年仅出了两期便停刊了。
[2] 指德国作家、唯心主义哲学家兼神学家伊·阿·费斯勒（1756—1839）。

反却使他头脑模糊,性格忧郁,蒙上一层神秘的色彩,不过这倒很讨女士们喜欢。有几位属于上层圈子的女士把古别尔置于自己的庇护之下,在她们的影响下,我们的哲学家不知怎么产生了写小品文的念头。这些小品文发表在当时奥奇金出版的《圣彼得堡新闻》上,文章写得非常含糊,内容都是上流社会的流言蜚语。这些小品文在他们那个小圈子里受到欢迎,使他们十分激动,但完全没有引起公众的注意……

弗·亚·索洛古勃伯爵是四十年代小说家中的佼佼者,他根本不同意别林斯基的信仰,但却在《祖国纪事》上发表自己的小说,这首先是由于跟克拉耶夫斯基先生的老交情,其次则是由于《祖国纪事》在公众中的声望越来越高。众所周知,一般的年轻人,尤其是上流社会的青年,对名望总是心向神往,尽管他们有时并不赞同这种名望。

# 第九章

我同索洛古勃伯爵的结识——他的文学成就——奥加廖夫和康·布尔加科夫——在我的别墅里读《蠢货》——米·尤·维耶尔戈尔斯基——康斯坦丁·布尔加科夫——索洛古勃伯爵的星期三聚会——亚·巴·巴舒茨基和布尔加科夫——费·米·陀思妥耶夫斯基的到来——他的《穷人》受到欢迎——别林斯基的兴趣——陀思妥耶夫斯基在索洛古勃伯爵家的晚会上——在奥陀耶夫斯基公爵家朗读屠格涅夫的《食客》及在索洛古勃伯爵家朗读奥斯特洛夫斯基的《自家人好算账》——这两个剧本给上流社会留下的印象——亚·尼·斯特鲁戈夫希科夫家的联欢会——布留洛夫和库科尔尼克在这些晚会上——库科尔尼克的没落

我是在索洛古勃伯爵还在杰尔普特大学念书、来彼得堡度假时同他结识的。

当时他已经十分爱好文学了，但他似乎耻于显露这种热情。

他说，他一时心血来潮，划拉了一篇小故事，被克拉耶夫斯基要去了；接着又赶紧补充说，其实他根本无意当个文学家，有时写上几篇，也不过是因为无事可做，解解闷而已。

这篇短篇小说题为《谢廖沙》，发表在一八三七年[1]的《俄国荣军报文学副刊》上。它受到许多人的喜爱，但在一般公众中则很少引起注意。

大学毕业之后，索洛古勃的举止异常惹人注目，一方面他具有德国大学生那种落拓不羁的作风，另一方面又具有俄国贵族老爷的派头和自命不凡的态度——这两者是一种奇怪的混合物，使他永远处于自我矛盾的尴尬境地。因此他显得矫揉造作，举止生硬，仿佛总是对自己感到不满似的。这一切随着岁月的流逝而增长，因为这种不满的情绪中又加上了种种苦恼：贪图功名未能得到满足，文学上的自尊心受到伤害，最后还有财产不足，无法去过他从小就学会的、打算过的那种大手大脚、无忧无虑的贵族生活。他既不善于独立思考，也不会从事任何严肃正经的活动，更

---

1　应为一八三八年。

不能坚持不懈地干什么艰苦工作，他甚至像贵族老爷一样，对艰苦工作抱着某种鄙视和傲慢的态度；另一方面，他又以老爷式的漫不经心的态度对待自己的才华，不考虑如何对它加以发展。虽然头几次试笔便在文坛上获得了辉煌的成就，但是到头来一辈子也只是一个略识门径的文学家，尽管这种角色很少能满足他的自尊心。

他没有足够的意志力专心致志于某项工作，为自己选择一项明确的事业，选择一种专业……他想在同一时间里既谋得一项重要的行政职位，又能在宫廷里取得地位；既在上流社会里扮演一个角色，又能在文坛上赢得声望，然而他又不愿为此作出任何努力。他抱着马马虎虎的态度追求一切，因此在任何一个领域都一无所获，其结果是有点儿像文学家，有点儿像内侍官，有点儿像上流社会的人，也有点儿像政府官员。他痛切地意识到自己生活的失败，心里充满了孤寂和空虚，没有任何信念，懒洋洋地沉浸在陈腐的观念里，却又不满足于这些观念，因此他处境尴尬，在上流社会里充当一个文学家，而在文学界又充当一个上流社会的人物。但他能对自己感到不满，能在他敬重的人面前真诚地意识到自己的缺点和弱点，这一切都表明索洛古勃在本性上不属于那种淡漠无情、轻易地放纵自己的凡人……

他的《两只套鞋的故事》在文学界和公众中获得了巨大的成功。这部中篇小说被人们相互传阅，评论界热情地欢迎它，并开始把索洛古勃看成俄国文学的希望之一。别林斯基对这篇小说十分赞赏，他关切而又好奇地向我详细询问了作者的情况。

《两只套鞋的故事》引起巨大的轰动，连一些从来不读任何作品，至少不读俄语作品的人也纷纷阅读。上流社会的人约有一个星期的时间开口只谈这篇《套鞋》，索洛古勃的名字风靡一时。这篇《套鞋》只有一次给他闹了一点小小的不快。Д*家里的舞会散场时，索洛古勃同一群准备各自乘车回家的男女舞伴一起站在大门口的台阶上。这群人中有一位 A*，是个十分机灵、善于随机应变的先生。索洛古勃想跟他开开玩笑，用讥讽的语调故作正经地吆喝了一声："A*的轿式马车！"A*笑着看了他一眼，随即也吆喝道："索洛古勃的套鞋！"所有人都禁不住笑了。索洛古勃的自尊心受了刺激（那一天他确实没有马车），他无法掩饰自己的窘态。

索洛古勃的成就鼓舞他热情地着手写另一部中篇小说，次年《祖国纪事》发表了他的中篇小说《上流社会》。这部《上流社会》在公众中几乎和《两只套鞋的故事》一样受欢迎，文学界的各个圈子的人虽然也很喜爱这篇小说，但对它的欢迎态度已经比对《两只套鞋的故事》要冷静得多了……

别林斯基公正地评价了这部中篇小说叙事的灵活和精巧，批评了它思想薄弱和构思不成功，以及萨菲耶夫的性格（索洛古勃想通过萨菲耶夫的形象描写索博列夫斯基）。作者是把萨菲耶夫看作理想人物，对他怀有某种景仰之情的。只有克拉耶夫斯基一人预先向所有人大肆鼓吹，说这个中篇是我国文学中一个空前的现象，固执地拒绝对它的一切批评，老是重弹那几句话："不，不论你们怎么议论，这是一部极为出色的作品，写得好极了，把上流社会写得绘声绘色，而且那语言又用得多好啊！不，索洛古勃了不起，好样儿的！我没有料到他写得这么好。"

然而过了几天，克拉耶夫斯基已经用别林斯基的话来评论《上流社会》了。

"没有什么构思，"他学着别林斯基的腔调说，"而且萨菲耶夫算个什么人物?难道能把他当成理想人物吗?"如此等等。[1]

《两只套鞋的故事》和《上流社会》,尤其是轰动一时的《药房老板娘》发表之后,索洛古勃成了最受喜爱和最时髦的小说家,甚至还有几个人起而效颦(不过都大为逊色)。他后来的所有作品虽然没有取得头三部中篇小说那样大的成功,但人们读起来仍然津津有味。

一八四二年夏天,我同当年丧偶的克拉耶夫斯基一起住在巴甫洛夫斯克的别墅里。别墅的厢房租给了到彼得堡来的雅泽科夫和博特金。这一年夏天我们过得非常愉快。打算出国的奥加廖夫来做了几天客,住在雅泽科夫的厢房里;还有康斯坦丁·布尔加科夫[2],他以行为浪荡、具有多种艺术天才及在米哈伊尔·保罗维奇亲王[3]面前的种种机智举动而闻名[4];前来做客的还有我们许多其他朋友。雅泽科夫的厢房里客人一直络绎不绝。

我是通过伊斯康捷尔认识奥加廖夫的。奥加廖夫对雅泽科夫十分依恋。

奥加廖夫属于那种柔和、温顺,眼光敏锐深刻而又感情丰富的人,人们通常把这种气质称为诗的气质。这种人完全不善于应付实际生活。当他们不受外界的影响独处一隅时,有些人便怀着淡泊的愉悦之情沉湎于抽象的幻想世界,感到怡然自得,并在幻想中变得萎靡颓丧;另一些人则干脆沉湎于肉体的快感之中而不

---

[1] 从别林斯基一八四〇年三月和四月给博特金的两封信看来,别林斯基开始时热烈赞扬这篇小说,后来的评价则审慎得多,因此克拉耶夫斯基对索洛古勃小说的赞扬和批评不过是重复了别林斯基的话。屠格涅夫在其回忆录中也提到克拉耶夫斯基没有独立见解,缺乏美学趣味。

[2] 康·亚·布尔加科夫(1812—1862),俄国禁卫军军官,格林卡的朋友,擅长音乐和绘画。

[3] 米哈伊尔·保罗维奇(1798—1848),俄国沙皇保罗一世的儿子,尼古拉一世的弟弟。

[4] 见《巴纳耶娃回忆录》,上海译文出版社一九八一年第一版,第九十三至九十六页。

能自拔……奥加廖夫早年就同伊斯康捷尔交上了朋友,是伊斯康捷尔不让他走这两种人的路。在伊斯康捷尔强有力的影响下,奥加廖夫树立了在他动荡的一生中所有转折关头给他以支持、使他了解自己生活意义的那些信仰。

他的整个外形,他那从容不迫的动作,他那经常沉思的眼神,他那轻微的、勉强听得见的、很像病人发出的喃喃声——这一切都含有一种异常讨人喜欢、令人感到亲切的东西。无怪乎伊斯康捷尔、格拉诺夫斯基和我们许多朋友都温情地爱他……奥加廖夫总是郁郁寡欢,甚至在最热闹的饮宴时刻也是如此。日益衰亡的旧世界及其所有荒诞的规则和形式使他感到苦恼,他无法依从这些规则中的任何一条,他隐隐怀着某种怡然自得的心情冲破仍然把他同旧世界连在一起的那些联系。他解放了自己的一部分农奴,依靠还剩下的相当大的一份财产生活,不仅自觉无忧无虑,甚至有一种心满意足的感觉。

"为了做一个名副其实的人,"他一边用他那轻微悦耳的声音对我们说,一边却慢慢地呷着香槟,"我觉得我必须成为一个无产者。"

这并不是一句空泛的言辞。他说得真诚,他那对忧郁的眼睛里颤动着泪水……

奥加廖夫在生活中不断迷路、绊跤,像浪子一样毫无节制地纵酒狂饮,然而他也像《圣经》中说的那个浪子一样,在堕落中也没有丧失灵魂的纯洁,没有背弃自己崇高的信仰。不论在他的生活或诗作里都没有一丝一毫漂亮的空话或虚伪的情感。

真挚和诚恳——这就是他这种人的主要优点。也许可以责备他们单调死板、萎靡不振,有时像老人爱诉苦那样软弱忧愁,但决不能说他们矫揉造作和爱讲空话……

奥加廖夫和雅泽科夫彼此之间不可能不亲近：他们的性格都柔和温顺，两个人都缺乏任何应付实际需要的本领，在这些方面他们之间有某种亲缘关系。奥加廖夫和雅泽科夫有时一连几个晚上彻夜不眠，低声促膝谈心，守着一瓶酒沉入甜蜜的遐想……有一次在度过一个不眠之夜以后，奥加廖夫（这一次雅泽科夫跟他不在一起）突然异想天开，要到涅瓦修道院他父亲[1]的坟上去，而且他一定要带雅泽科夫一起去。于是奥加廖夫在清晨四点半钟去找他，把他叫醒……雅泽科夫对奥加廖夫的提议一点也不觉得惊讶，相反认为这是很自然的事，马上穿好衣服，高高兴兴地随他一起去了墓地。

奥加廖夫在巴甫洛夫斯克住了三个昼夜，他的到来使雅泽科夫感到兴奋，我们也不得不度过三个不眠之夜。有一天住在皇村的索洛古勃也跟我们凑到一起。车站里的音乐结束之后，我们回到雅泽科夫的厢房，喝喝茶，沏一壶热糖酒，不知不觉一直坐到两点。两点钟时我们出来送索洛古勃，索洛古勃又邀我们上他家里去。我们从窗口爬进他的书房，坐了半个小时左右，又到皇村花园去迎接黎明，到卖牛奶的女人雕像[2]那儿去洗脸……我们回家时已近八点，随即吃早餐。这种没有条理的生活令雅泽科夫和奥加廖夫十分开心，但如果我们夜间倾谈或散步时有外人插进来，就会破坏奥加廖夫内心的安适……"索洛古勃也许是个很好的人，"他说，"可是上帝保佑他，他不是我们的人，我和这些先生们在一起觉得不自在，有他们在场我连话也不会说……"

确实，一个直爽而不拘礼节的朋友圈子里有索洛古勃在场，

---

[1] 应是母亲。
[2] 皇村花园里的一尊少女雕像，有泉水从打碎的破罐里不断流出。参见普希金一八三〇年写的短诗《皇村雕像》。

会令人觉得不自在。他会马上破坏它的和谐，不由自主地带进矫揉造作、装腔作势、虚伪浮华的作风，这些作风他怎么都无法摆脱，逐渐成为他的第二天性。他想同我们圈子里的许多人更亲近一些，但这是不可能的，因为他毫无朴直真诚的作风，只有一些可笑的贵族举止和派头。亲近的障碍是在他那一方面，而不在我们方面，但他却憨厚地抱怨我们，责备我们跟他生分，有意疏远他。

这个人缺乏朴直的作风有时到了可笑的地步。他想为我们读读他新创作的中篇小说，却又不干脆把自己的愿望告诉我们。有一次他在巴甫洛夫斯克车站碰到我，用一种漫不经心、无精打采的语调吞吞吐吐地谈起了这件事，还不断用一些不相干的话把话题岔开：

"写小说是一件愚蠢透顶的事，对不对？您说是吗？您对这个问题是怎么看的？"[1]

---

[1] 巴纳耶夫回忆录手稿至此中断。本章小节目录中《库科尔尼克的没落》一节内容见本书附录《文学偶像、浅尝辄止的文学家及其他》一文。

# 回忆别林斯基[1]

---

[1] 本文首次发表于《现代人》一八六〇年第一期《文学、科学和艺术》专栏。

一八三八年，跟我非常熟悉的阿·瓦·柯尔卓夫以别林斯基的名义请我为《莫斯科观察家》撰稿，其时该刊刚刚由他接编。我就此给别林斯基写了一封信，表明愿意为他效劳，于是我们之间便开始通信。

下面就是他给我的几封信。

一

莫斯科，1838 年 4 月 26 日

亲爱的伊万·伊万诺维奇，我无法表达您的亲切来信给我带来的那种愉快之情。我早就知道您，早就爱上了您：在您写的所有作品中都可以看出一颗那样美好、充满人性的心灵。**只有**您向我证明，既可以做一个堂堂正正的人，也可以成为一个彼得堡文学家。我并未想方设法打听您事实上（就像一些饱经世事、把生活分为理想和现实两个部分的人所说的那样）是怎样一个人：我充分相信我的感觉，用不着去调查它是否合乎事实。凭着我的感觉，我相信您是爱我的，正如我相信形形色色的彼得堡诗人、散文家（不管他们认识或不认识我），甚至和我通信的办杂志的人不能容忍我一样——可是您的手——我却像握一个朋友的手一样紧紧握住它！您抛开了空泛的礼节和虚伪的面子，您做得很对。

谢谢您，衷心感谢您的建议——您在杂志方面给了我帮助。

这种帮助对我十分重要。眼下无论如何，哪怕我拼命也不能丢这个脸，要努力让人们看看当代的杂志应该是个什么样子，要向专出精美广告和专出附印广告的大型杂志的出版家们表明这一点。可是空话少说——您不久就会亲自看到，而且我希望您还会遥遥地夸奖几句。你们彼得堡的同行们、所有这些小天才们真是可悲得很，他们在普希金死后的所作所为令人想起哈姆雷特的话："为什么伟人逝世后小人物都变得伟大起来？"总之，请您尽可能惠予协助，否则那些窃取他人劳动成果的文学乌鸦们就会把您撕成碎片[1]。我们的出版物从来没有像现在这样蹩脚：连波列沃伊这个杂志界的勇士也是败事有余，他心甘情愿地把事情弄糟，比先科夫斯基有过之而无不及。

第一期《莫斯科观察家》因种种情况而延期了，这些情况仅在出创刊号时才会碰到；可是当您读到我这封信时，它定能在莫斯科出版；第二期已经付印，第三期明天发排。

就此搁笔，请常给我写信，我不会欠您的信债的。

来信请寄康斯坦丁诺夫测量学院交我收。

善良的阿·瓦·柯尔卓夫向您问好。

您的　维·别林斯基

## 二

莫斯科，1838年8月10日

亲爱的伊万·伊万诺维奇！我等您的信等了很久，可是我的长久期待得到了超额的报偿：您来信向我表明，我在人生的旅途上又得到了一个目标一致的旅伴。我所理解的爱和友谊只能是建

---

1　意为拼命榨取他人的劳动成果，参见第三百六十七页注2。

立在对真理的共同理解和对它的追求的基础之上。我相信一旦同您见面，可能性就会变成现实，对友谊的追求就会变成友谊。无须多费口舌——让一切随时间和环境自然发展吧。种子要有泥土才能成长为树木，友谊也和任何感情一样，需要的是建立友谊的机会。我已经说过我所理解的机会是什么：对我们来说，这种机会是一目了然的——剩下的只是时间问题。

您在信中说，希望我办的杂志能有三千名订户，可我只要有一半也就心满意足了：《莫斯科电讯》的订户从来没有超过这个数目，可是它的影响却很大。《读书文库》的出版者是个聪明能干的人，他把它办得面向大多数人，因此它的成功是很自然的。一份杂志如果具有我所能规定的这种倾向，始终是给读书界的贵族看的，而不是给一般人看的，因此绝不可能取得那样的成功。可是我不知道为什么我就不能得到一千五百份或二千份左右的订户。但您要知道：要做到这一点，就必须在新年之前，不是在三月或五月公布办刊方针，而且是公布一个使用新刊名的新杂志的办刊方针，因为要恢复一个旧杂志，尤其是像《莫斯科观察家》这样的旧杂志的名誉，就像恢复一个女人已经失去的名声一样困难。此外，在莫斯科办杂志跟在彼得堡不一样，我们（莫斯科）的书刊审查机关专横到了极点，他们删掉的大都是 $2\times 2=4$，冬冷夏热，一个星期有七天，一年则有十二个月之类的自由派思想。但这还算不了什么——要删就让他们删吧，只要不延误就好了。第六期本来两个星期以前就可以出版，可是却有五个印张在戈洛赫瓦斯托夫[1]的办公室里压了一个多星期。斯涅吉廖夫[2]本来可以自作

---

1　德·巴·戈洛赫瓦斯托夫（1796—1849），莫斯科教育区督学，莫斯科书刊审查委员会主席，极端反动。
2　伊·米·斯涅吉廖夫（1793—1868），莫斯科大学教授，民族学家兼考古学家，书

主张，随心所欲地删掉一切，但他却想在出版人面前表现自己是认真负责的，在上司面前又表现自己是勤勉的，而我们就只好耐心等下去。我在第六期上刊载了一篇译文：《四世纪时的多神教和基督教文献。奥索尼和圣保林》，连"多神教""基督教""圣"这些字审查官都不予通过。您有何感想？您知道《莫斯科观察家》的老板是尼·斯·斯捷潘诺夫，他拥有一切财力，加之又有一个好的印刷所。假如能让他像斯米尔津那样宣布自己为出版人，从新年开始出刊，并像《读书文库》和《祖国之子》那样一年出十二期，那么事情就顺利了。具有下面三个条件：宣布按其财力能够得到公众信任的出版人的名字，给杂志订出新的计划，定出最合适的创刊时间——办刊方针就有了内容，旧刊物也就可以办成新刊物。当然，如果还能获准换一个刊名，那就更好了，但这一点希望不大。假如除这一切之外再让我列名作为编辑，那就更是锦上添花了，因为瓦·彼·安德罗索夫[1]情愿让出杂志并放弃对杂志的一切权利。可是，不可能的事情又何必去说它呢？至少我们想试一试做出前三项改变——公布斯捷潘诺夫的名字，一年出十二期，从新年开始创刊。首先要去求斯特罗加诺夫伯爵[2]。眼下请您别对任何人提及此事。我相信一旦时机成熟，您又能通过自己的关系和熟人做点什么的话，您定能把一切办好。

您指的那些**口味培养者**[3]完全是一些严谨认真、思想正统的

---

刊审查官。
1 瓦·彼·安德罗索夫（1803—1841），文学家、统计学及经济学家，一八三五至一八三七年为《莫斯科观察家》编辑。
2 谢·格·斯特罗加诺夫（1794—1882），俄国伯爵，国务活动家，一八三五至一八四七年间任莫斯科教育区督学。
3 指斯·彼·舍维廖夫。

人——他们唱起歌来虽然尖锐刺耳,但却滴酒不沾。[1]舍维廖夫是个瓦格纳[2],他在讲演时声称自己喜欢咬文嚼字……我想为德国人写一部俄国文学史——寄到德国去给阿克萨科夫,他会翻译并出版的。我要用这种办法刺激一下我们的人。我要让给柯尼格提示的人[3]知道!

我明白您在给我的信里提到的伟大的戏剧天才是谁:这个天才我早在一八三四年就看出来了。[4]我对文学现象的直觉是很可靠的,我能观其飞而识其鸟,而且很少出错……

我完全同意您关于哲学术语的意见,有什么办法呢——他们太急躁了。请大胆对我讲真话,只有这样才能证明您对我的友情。您第一次对我直言不讳,我感到很高兴,但那些预先声明则是不必要的。请代我问候尼古拉·伊万诺维奇·纳杰日金。我很高兴您喜欢阿克萨科夫。他有一颗纯洁无瑕的心灵,是个才华横溢的人。等您到莫斯科来,您会见到这里还有一些青年人。可惜的是巴枯宁住在乡下!我真想介绍您同他认识。但我可以介绍您认识瓦·博特金,他的音乐短论想必您是喜欢读的。他还翻译了霍夫曼的《堂璜》,编译了《莫扎特》这篇论文。我还要介绍您认识克柳什尼科夫——一个很有意思的人,第四期上的哀歌《往事又一次重现》就是他写的。克拉索夫[5]的诗《不要直视诗人的眼睛》既

---

1 引自克雷洛夫的寓言诗《音乐家们》。
2 瓦格纳是德国诗人歌德的诗剧《浮士德》中的人物,别林斯基认为他是个专门咬文嚼字的浅薄之徒。
3 指尼·亚·梅尔古诺夫。一八三八年,德国人柯尼格主要根据同梅尔古诺夫谈话的内容出版了《俄国文学的创建者》一书,对梅尔古诺夫的朋友舍维廖夫大肆吹捧。
4 "戏剧天才"指库科尔尼克。别林斯基一八三四年在《文学的幻想》一文中讽刺了这位"戏剧天才"。
5 瓦·伊·克拉索夫(1810—1853),俄国诗人,别林斯基的朋友,《群言》《莫斯科观察家》和《祖国纪事》的撰稿人。

不是指普希金,也不是指任何人;他那篇咏怀诗则是指茹科夫斯基。您喜欢第一期上的中篇小说吗?那是《卡坚卡·佩拉耶娃》和《安东宁娜》的作者库德里亚夫采夫写的。这是一个具有真正的诗才和极为美好心灵的人,我也要介绍您认识他。他还给了我一个出色的中篇《横笛》。奇怪的是您只读到两期《观察家》,可它已经出了五期了。我要把斯捷潘诺夫的长篇小说痛骂一顿,因为它下流淫秽,对贪读一切书报的落后青年是一帖毒剂。假如它仅仅是一篇写得不好,而不是道德腐败的文学作品,我倒会尊重那句俗谚:**对死者隐恶扬善**[1]。谢谢您许诺寄给我**各种货物**[2]——我急不可待地等着——是否可以快些寄来?哈尔科夫的克罗涅贝格教授[3]已表示同意为我们撰稿,第六期上将有他的一篇文章《信札》。这篇文章毫无危害,但却把我们的审查官吓坏了。您读过第五期上的《论音乐》那篇文章吗?

这样的文章不仅在俄国杂志上,就是在欧洲的杂志上也不可多得。谢列布良斯基[4]是柯尔卓夫的朋友,文章就是柯尔卓夫给我弄来的。您想想看,这个才气横溢的青年(谢列布良斯基)竟患了疟疾,受尽折磨,行将就木了。我很高兴您喜欢我论《哈姆雷特》的那篇文章,那是第三期上最好的一篇文章。我本人对它感到满意,尽管它被歪曲了:布雷金[5]删掉了**神圣的**和**极乐**这种字眼,结尾的地方整整砍掉了半个印张。请告诉我您是否喜欢我论《乌戈林诺》的那篇文章。波列沃伊令人惋惜,但他老迈昏聩,也

---

1 原文是拉丁语。
2 巴纳耶夫在给别林斯基的信中说,他和其他一些彼得堡青年文学家入秋以前将寄给他"一大堆自制的各种货物"。
3 伊·维·克罗涅贝格(1786—1838),哈尔科夫大学教授兼校长。
4 安·波·谢列布良斯基(1800—1838),俄国诗人,柯尔卓夫的朋友。
5 瓦·伊·布雷金(1808—1871),俄国书刊审查官。

只好听其自便。瞧他出版些什么乱七八糟的东西[1]。《读书文库》比它要好上一百倍：对大多数人来说，这是一个非常出色的刊物。果戈理有什么消息吗？《俄国荣军报文学副刊》上说果戈理是**很不乐意地**描写他那些怪物，我读到这句话时真是忍俊不禁……**我当初也这样**胡说过……请告诉我**斯特鲁戈夫希科夫**是何许人？他有才华，歌德的作品他译得很好，至少比古别尔译的好一百倍；古别尔则简直是在歪曲《浮士德》。这也不奇怪：他把瓦格纳理解为古典主义者，而把浮士德理解为浪漫主义者。我想告诉他他是在胡扯……您要是认识斯特鲁戈夫希科夫，请向他要点什么作品给我：我将怀着感激（自然是**非物质的**）之情予以发表。请告诉我别尔涅特是何许人？他有才华，但如果他不及时聪明起来，这种才华就会枯萎。费·柯尼曾答应给我两篇文章交给科尔萨科夫先生审查，可是不知为什么杳无音信。您对这件事是否知道些什么？就此搁笔。望速回音，并亟盼您亲临莫斯科。我本人也打算去彼得堡，如果有钱的话，我想春天一定去一趟。

**您的　维·别林斯基**

## 三

**莫斯科，1839 年 2 月 18 日**

亲爱的伊万·伊万诺维奇，我在您面前深感歉疚，竟自有口难辩了。不过，我的抽屉里迄今还放着去年十一月十日给您的信，可是——唉！并未写完。我实在顾不上写信。我在那封信里想对您明确地说说我办杂志的情况，但那比预测天气更不可能办到。现在给您的这封信很短，但却十分明确。是这么回事：**我无**

---

[1] 指《祖国之子》，该刊的挂名编辑是格列奇，实际编辑则是波列沃伊。《乌戈林诺》是波列沃伊写的剧本。

法把《莫斯科观察家》办下去。要解释原因，话就太长了，因此我干脆撇开一切解释，再对您重复一遍——**我无法把《观察家》办下去，我觉得我这是出于无奈，现在必须放弃它**。[1]可是同时，我必须设法谋生，免得饿死，而在莫斯科我无法谋生——这里只有爱慕、友谊、善意、贫困这样一类不能糊口的肴馔，此外一无所有。我必须去彼得堡，越快越好。我想求助于您对我的好意和友情——请您费点心，安排一下我的命运。克拉耶夫斯基先生眼下忙得不可开交——他手上有两份刊物——我想，一个撰稿人每月要能为他撰写或划拉上十个印张的文稿，将颇能助他一臂之力。我愿意负责评析一切纯文学的，甚至某些其他门类的书籍——这样，每期《祖国纪事》我都可按时提供二至五个印张的文稿。

评论自可按期进行，杂谈一栏也一样。开门见山地说吧：多少钱一个印张？但主要的一点是：假如没有二千卢布，我就是步行也出不了城门；我亟待还清的债务约当此数。此外我衣衫敝旧，形同乞丐。除克拉耶夫斯基先生外，请您跟别的人也谈一谈，亲自谈或通过旁人都行：我打算把自己卖给任何人，从先科夫斯基直至（呸！下流东西）布尔加林——看谁给的钱多，同时又不限制我的思想方式和表达方式，一句话，**我的文学良心**，这一点对我至为珍贵，整个彼得堡也没有这么多钱勉强可以把它买去。万一事情到了这样一步，竟至有人对我说：要么放弃独立不羁的信仰，要么饿死——那么我会有足够的力量，宁愿像个畜生一样饿死，也不愿可耻地让一群狗把我活活吃掉……有什么办法呢——我天生就是这个样子。

---

[1] 原因在于当时书刊审查十分苛刻，此外也由于别林斯基同他的某些莫斯科友人不和，这一点读者看下去就会知道。——作者原注（译者按：原因不止于此，参见本书第二部第三章开头几节。）

请速作复。亟盼回音。

您的　维·别林斯基

此外，我甚至愿意负责《祖国纪事》的划样、校对等类工作，只要能够对这一切按劳付酬。我需要钱！钱！工作我是能干的，只要能让我干**我的**工作。总之请尽快复信。主要的是，我希望在您的信中获悉（如果有人愿意雇用我工作的话）详细的条件。

再说一遍——请速作复，——就此搁笔。

## 四

莫斯科，1839 年 2 月 25 日

亲爱的伊万·伊万诺维奇，我留在莫斯科了，因此请您不再为我费心，并原谅我让您虚惊一场。种种困境简直把我气疯了，因此我痛下决心要迁往彼得堡，可是情况已稍有转变——因此我还是留在莫斯科。眼下我无法写许多东西给您：我为这些事伤透了脑筋，迄今仍在病中。请代我握斯特鲁戈夫希科夫先生的手，他给我寄来歌德的几首哀歌，我不知如何感谢他才好。有一段时间我捧着这些诗读了又读，我像浮游在生活的海洋里一样，沉浸在这些六音步的诗里。请斯特鲁戈夫希科夫先生原谅我干了一件蠢事：我把两首哀歌刊登在去年第十一期上，要到近几天才能出版，尽管已经过去三个多月了。《普罗米修斯》译得好极了！恳请斯特鲁戈夫希科夫先生今后继续惠赐稿件。

同样请您代我向弗拉季斯拉夫列夫先生致意，非常感谢他送的可爱的礼物[1]。我未能给他复信有两个原因：一是没有工夫，二是不知道弗拉季斯拉夫列夫先生的教名和父名。请他代我问候我

---

1 指弗拉季斯拉夫列夫出版的《一八三九年朝霞丛刊》，斯特鲁戈夫希科夫翻译的歌德《普罗米修斯》即发表在该丛刊上。

从前的老师米·马·波波夫[1]，他曾经给我许多帮助，对他的生动记忆永远不会从我心中消失。

请想想看——多么不幸：测量学院的一个姓 M. 的学生从我这里偷走了一本克拉索夫的诗抄本，现在落到了先科夫斯基手中，而先科夫斯基则把它当自己的东西随意支配。能否在《俄国荣军报文学副刊》上提一提这件事？

克拉耶夫斯基竟给卡缅斯基、格列比奥恩卡这样一些人烧香叩头，他不觉得害臊吗？古别尔论哲学的那篇文章暴露出作者本人目光短浅，头脑空虚。索洛古勃伯爵的中篇小说《两只套鞋的故事》写得多好啊。真是奇迹！妙不可言！多么暖人心田，多么朴实，多么丰富的思想！

衷心地恳求您——请您务必开恩，亲爱的伊万·伊万诺维奇：眼下随便寄点什么来，好的、优秀的作品等您有空再说。真的，您要是不给第四期写个中篇——我可要跟您吵架了。请代我问候萨维里耶夫[2]，请他不必再为我费心了。到明年，一八四〇年，我仍将留在莫斯科，以后的事——那就听天由命了。就此搁笔。

您的　　维·别林斯基

……我于一八三九年四月十三日来到莫斯科——第二天就去拜访别林斯基。

所有有头脑、好读书的青年当时都被他的文章迷住了。

应当说，我在当时已开始意识到我在其中长大的环境和我从小沾染上的种种粗野的习俗和偏见的丑恶了，可是更加美好、更有人性的生活的理想在我的脑子里还十分模糊——因此我怎么也

---

1 米·马·波波夫（？—1872），别林斯基在奔萨古典中学时的老师，后任第三厅官员。
2 即尼·瓦·萨维里耶夫－罗斯季斯拉维奇，见本书第一百〇二页注1。

无法抛掉各种庸俗的贵族习惯,尽管这些习惯有时也叫人觉得有些难堪。

三十年前,莫斯科所有有钱的贵族乘坐的通常是四匹马拉套的轿式马车。我动身去莫斯科之前,有人就一再叮嘱我,没有四匹马拉套的马车休想在任何上流社会人家露面——因此我一到莫斯科就备了一辆套四匹马的轿式马车。

我去拜访别林斯基时就是乘的这辆四套马车,直到现在想起这件事来我还感到羞愧。

他住在一条似乎离尼基塔林荫路不远的狭窄荒僻胡同里的一间木头平房里,平房的墙基深入地下,窗子几乎同砖铺的狭窄人行道一样高。当我的四套马车驶近这间小屋的门口时,整个房屋震得摇晃起来,荒僻幽静的小胡同里响起了马车发出的震耳欲聋的轰隆声。别林斯基后来笑着对我说,他被震得从沙发上跳了起来,懊丧地,甚至气冲冲地奔到窗口。

这条胡同里有史以来从未响起过这样的轰隆声(这也是别林斯基说的话)。

我下了马车,脸一直红到耳根。此时此刻我极为苦恼,觉得我这辆四套马车及马车发出的轰隆声十分失礼,然而已经晚了。

我窘愧万分,提心吊胆地走进杂草丛生的院子,胆怯地敲了敲低矮的门……

门打开了,门里面对着我站着一个人,中等身材,看上去年约三十岁,身形瘦削,脸色苍白,一张不匀称但严峻而聪明的面孔,鼻端粗圆,灰色的大眼睛富于表情,一头黄而不淡的浓发垂到额际——他穿一件很长的常礼服,扣着一排斜扣。

他的面部表情和整个动作给人一种神经质和不安的感觉。

我马上猜出在我面前的正是别林斯基。

"您找谁?"他忐忑不安地看了我一眼,用有点气愤的声调问道。

"维萨里昂·格果戈里耶维奇,我是某某(我说出了自己的姓氏)。"

我的声音有些颤抖。

"请进来吧……我很高兴……"他的语气相当冷淡,而且显得困惑。他把我从昏暗窄小的穿堂里带进一间堆满文稿和书籍的小房间。房间里放着一张小沙发,沙发套已经破旧,一张漆成红木色的高大笨重的斜面写字台,还有两把带栅栏形扶手的椅子。

"请坐吧,"他指着沙发对我说,"您来莫斯科很久了吗?"

"我昨天刚到。"

随后几分钟是难堪的沉默。别林斯基仿佛蜷缩在椅子里。我克服了胆怯情绪,跟他谈起了我们共同熟识的诗人柯尔卓夫。

别林斯基很爱柯尔卓夫。

"你们彼得堡的那些文学家,"他微微笑着,就这个话题对我说,"对柯尔卓夫十分傲慢,以庇护人自居,而他在他们面前故意装得十分驯顺,做出一副对他们的威望五体投地的样子,但他看透了他们,而他们根本没想到他在暗自嘲笑他们。"

我在他那里坐了半个小时左右,这一次关于我们的书信往来只字未提,我担心会打扰他的工作,再说他脸上一直露出神经质的、不安的神色,这也使我觉得困窘,因此我们的话一直谈不起来。

我从沙发上站起来,暗自希望别林斯基挽留我,但他并未挽留。我觉得他巴不得我走掉。

他把我送到门口,说他过两天一定来看我。

我出了大门,徒步向前走去。我再也不好意思坐我那辆套着四匹马的轿式马车了,便吩咐马车跟在我后面。

"请注意别弄出那么大的声音。"我对车夫说,车夫则惊讶地望了我一眼。

两天以后,别林斯基一早就上我这里来,坐了很久。这一次他和我似乎都觉得自在一些了。他详细地向我询问了彼得堡各方面的文学家和办杂志的人的情况。当他听我略带幽默地讲到他们中间的许多人时,看来他有点感兴趣了。

后来他向我承认,我头一次同他见面时给他留下了很不愉快的印象,这当然同我那辆四套马车大有关系;他决定回访我一次,就此断绝往来。

"可是第二次,"他对我说,"您给我的印象好得多,因此我甚至忘掉了您那同套拉车的四匹马和您的马车。我还发现您十分温厚,您讲的有些故事令我十分开心,于是我决心继续同您交往。"

从那以后,我们见面的次数越来越多了。

我迁到阿尔巴特,住在托恩[1]的一幢灰色小木屋里(离阿尔巴特门不远),那幢房子迄今还在。别林斯基在这间房屋斜对面的院子里租了一间寓所。他不拘礼节,常来我家吃午饭,同我的关系越来越随便,越来越推心置腹。我一天也要去他那里好几次。

此时他同自己的几个朋友(具体说就是博特金和卡特科夫)闹翻了,因此当他们从一个门进来看我时,他便从另一个门走了。

这一时期来看他次数最多的是莫斯科大学的一个学生,《莫斯科观察家》上刚刚发表的中篇小说《横笛》的作者,后来这所大学最杰出的教授之一——彼·尼·库德里亚夫采夫。

别林斯基很爱《横笛》的作者,对他的美学趣味十分钦佩。

---

[1] 房产主的名字。

"库德里亚夫采夫具有最精细的美感，"别林斯基说，"他喜欢的东西一定是好的……"

别林斯基的处境很糟糕。《莫斯科观察家》的出版人斯捷潘诺夫的事业很不景气，他付给别林斯基的劳动报酬微乎其微，而且还不是按期支付。一些零星的债务使他非常不安。迁到新居之后，他总共只剩下三十卢布纸币。他在恶劣的环境里苦苦撑持，感到疲惫不堪；他是那样满腔热忱地接手《莫斯科观察家》的工作，然而继续办下去的希望日渐破灭了。

这一时期整个杂志界的活动集中在彼得堡，那里又办起了一个新的大型刊物。

"我情愿迁到彼得堡去，"他重复说着给我的信里说过的话，"负责整个杂志的评论专栏，只要能得到三千卢布纸币就行。难道我不配得到这种报酬不成？我决不能再待在这里了，我在这儿真的会饿死……"

近二十年来，我在文学界没有见过一个人比别林斯基更加诚实，更不计私利。一谈起劳动报酬来他就窘得不知所措，满脸通红；不论别人提出多大数目，哪怕对他极为苛刻，他也会一口答应下来。

"这种条件您都答应，您不感到耻辱吗？"他的朋友们责备他。

"有什么办法呢？"他笑着答道，"一提到钱，该死的胆怯就占了上风。我老是决心很大，勇气十足，暗自定下一个数目，心想：不行，少于此数我绝对不干，可是事到临头又泄了气。我生就了这种孬种的个性！"

他花钱像个孩子一样：节约起来连必需品都不买，有时灵机一动，又大手大脚，那种程度处在他的环境下简直不可想象。着迷是他的天性，连一些鸡毛蒜皮的东西都会使他入迷。

我待在阿尔巴特,住在托恩那幢房子里的时候,有一天早晨我走到窗子跟前。

这时有四个人头顶托盘从窗前走过。托盘上放着几盆极为绚丽的花。

"这大概是送到哪位阔老爷的府上去。"我想。

我自然马上就把这些花忘掉了。过了半个小时我上别林斯基那儿去。

我一走进他的房间就呆住了。这间空空荡荡、四壁抹上灰泥、涂成赭石色的房间变得十分华美:整个房间摆满了五颜六色的杜鹃花、玫瑰和石竹,散发出一股芬芳的香味。

别林斯基弯着腰正在给一盆玫瑰花浇水。他抬起头来看见了我,满脸涨得通红。

"您看,我这间花房怎么样?"他笑着说。

"美极了!"我答道,"我看见这些花搬过我的窗口,说实在的,怎么也没想到是送到您这儿来。"

"老兄,我爱花爱上瘾了。今天早晨我一到花市就着了迷。最后的三十卢布我都花光了……明天我可真的要喝西北风啦……"

尽管如此,别林斯基这天早晨比平时更愉快、更兴奋,说话时不断转身看他的花,不时掐掉几片枯叶,清一清盆里的泥土,等等。

几个星期以后我收到从彼得堡寄来的一封信。完全出乎我们两人的意料之外,那里的一位办刊人[1]突然请别林斯基迁到彼得堡去给他办杂志。我和别林斯基都很清楚,这位办刊人对他并无特殊的好感。我在收到别林斯基给我的第三封信后,曾建议这位办

---

1 指克拉耶夫斯基。

刊人邀请别林斯基参加杂志工作，但办刊人当时已找到梅热维奇先生担任评论工作，坚决拒绝了别林斯基的请求。

然而看样子少了别林斯基还是不行。

别林斯基此时确实面临饿死的危险，毫不犹豫就接受了办刊人提出的种种条件，尽管这些条件毫无诱人之处。

当时我要回乡下去分田产，于是我们商定从乡下回来后一起动身去彼得堡。我在乡下收到别林斯基这样一封信：

**莫斯科，1839 年 8 月 19 日**

好啦，伊万·伊万诺维奇，我总算盼到您的信啦，您没有来信时我一直非常担心您是否安全渡过伏尔加河，以及您和分田产的人的新关系（我想，闹得不好人家也许会把您杀掉）。这样一来，您就不是您自己标榜的那种**积德行善的地主**，也许只不过像伊万·伊万诺维奇[1]骂伊万·尼基福罗维奇[2]那样，是个**阴险毒辣的贵族和强盗**。阿夫多季娅·雅科夫列芙娜[3]可就不同了：她倒很像个积德行善的女地主。您不妨试一试把村子交给她全权支配——您会看到，只消半年，由于她的仁慈善良，您那些**感恩戴德**的农民——那些大胡子的梅纳尔克们、达梅特们，尤其是那些季季尔们——就会变成老爷，而老爷们则会变成他们的农民。

您给我的短简内容太空洞了。然而我还是要谢谢您。我很高兴您答应九月底回来，但我担心——这在这个不稳的世界上是常有的事——您可别拖到十月底才离开。我知道您一心想离开那

---

1　果戈理的中篇小说《伊万·伊万诺维奇和伊万·尼基福罗维奇吵架的故事》中的人物。
2　同注1。
3　巴纳耶夫的妻子。

里，不过我担心您会因事耽搁。**我的好老兄**，请您大驾早发吧：我真的等得急了。说句实话，我不知怎么巴不得尽快离开莫斯科。

您走后我这里发生了一大堆变化，还冒出各种杂事。首先，我病了一场……您给尼古拉·菲利波维奇[1]的**令人信服**的信毫无作用，大概是因为贫困比雄辩更令人信服。但我遗憾的只是他未做任何答复。将近三个星期以来，我满怀希望的同时又感到绝望（这是一种最恶劣的心境），最后我病倒了，只好足不出户了，突然又心血来潮，决定最后出一次门，去见见博特金……走着走着——突然看见尼古拉·菲利波维奇乘着车迎面驶来。"噢，"我想，"怪不得我一心想出门呢！"他跳下马车，在人行道上跟我聊了起来。他东扯西拉，也谈到了您——问我有没有您的消息，最后才谈到正题，说（米·谢·）谢普金欠他一百一十五卢布，建议我客客气气地向他要过来。就我的处境来说，这也算老天爷发慈悲了。尼古拉·菲利波维奇又一再说他身无分文，自己也很缺钱用。我马上到大学的考场上找到巴尔索夫，请他把**这件事**转告给米哈伊尔·谢苗诺维奇[2]。第二天我静候钱来，却等了个空。康·阿克萨科夫给了十卢布，否则连药也买不回来，还要买水蛭及其他乱七八糟的东西，这些都得花钱。我一筹莫展，没想到伊·叶·韦利科波尔斯基来了，问我身体怎么样，叫我跟他别客气，问我要不要钱用。我向他借五十卢布，但他却硬让我拿一百卢布，真是个好心的地主！第二天他回乡，临走时又来看了我。我从谢普金那里拿到钱时，病已经好了。

我同博特金和卡特科夫和好了。我们之间一切如旧，仿佛什么都没有发生过一样。是的，一切如旧，只是去掉了旧日的那种

---

1 指尼·菲·巴甫洛夫。
2 指米·谢·谢普金。

鄙俗。我先是同博特金言归于好，没有任何互相解释，也没有温情脉脉、令人心醉的举动和激情，但审慎、冷静而又暖人心田，因此这种和好是**真实的**。现在我看清了，过去那场争吵是必要的，正像雷雨对清净空气是必要的一样：这场争吵消除了我们关系中一大堆鄙俗的成分。

争吵的原因您知道一些，那只是一种借口，而真正的、内在的原因直到今天才显露出来，变得一目了然。博特金有许多地方对不住我，但在这种场合下我对他也是不肯让步。应该不偏不倚，应该公正一些。不过说来也怪：过去我觉得未能心满意足地报复博特金，现在反倒想不透我当初为什么对他那样恨恨不已。总之，我们的争吵有许多东西有如家事一样，只有我们自己才心里有数。博特金是个极好的人——现在我可以这样说了，因为我现在说话毫不冲动——冲动里面固然热情如火，却有许多烟尘和烟气——只觉得温暖和审慎。卡特科夫有一个缺点——他太不成熟。可是除了这一点外，他是我一生中遇到的最好的人之一。我异常高兴，因为我们之间无谓的争吵已经结束，您终于可以见到**我们**正是您当初从彼得堡动身来莫斯科时想见到的那种样子。

康·阿克萨科夫对我好极了，他对我的关切有时令我感动得流泪。他对我实在是再好不过、再体贴不过了。真是个极好的好人！但他实在太幼稚，在这方面连卡特科夫都够当他的祖辈。他什么都不缺——力量、毅力、精神的深度。但他有一个缺点使我十分苦恼，这倒不是那种随着年龄增长而消失的温情主义，而是某种繁文缛节，它和他的各种美好的精神因素混杂在一起。只要他钻进了哪个牛角尖，那么首先，他会彻头彻尾沉浸在里面；其次，一百年也休想拽住他的耳朵把他从那种鄙俗的感觉或概念中拉出来，然而那种感觉或概念却会乘他无所事事之机钻进他那异常聪明的脑袋。就说现在吧,他成天冥思苦想,认为歌德超过莎士比亚(其实还差得远哩!)。但就在他这样冥思苦想——如果荒诞也可以称思想的话——的时候,出了一件事,这件事**压服**[1]了阿克萨科夫,**因为**,就像没有头脑的波斯人说的那样,这件事喂了他一肚子污泥[2]。同他分享这种污泥的有巴枯宁和博特金。

很早以前,还是在去年秋天,我得知《浮士德》第二部的一点内容,就以我惯常的坦率大声宣称,这第二部不是诗,而是枯燥、僵死、腐朽的象征和讽喻。人们先是把我看成渎神者,后来又把我看成头脑空虚、灵机一动就信口开河的疯子。**新一代**的黑格尔派办了一个杂志,同黑格尔创办的柏林的《**年鉴**》[3]配对,名为《**哈雷年鉴**》[4],这家杂志发表了一位黑格尔主义者费雪[5]论歌德的文章,他在文章中论证说,《浮士德》的第二部是僵死的庸俗的象征,而不是诗;但第一部则是伟大的作品,不过里面也有一些不可理解、因而不能算诗的地方,因为(**我**也说过同样的话)诗是诉诸直接的美学感觉的,理解艺术作品决不要求钻到哲学的奥秘里面去,而第一部里一切不可理解的东西都属于象征和讽喻的范畴。费雪剖析了一切剖析《浮士德》的文章,并无情地嘲笑它们;他把第一代黑格尔派也讥诮了一番,说他们被黑格尔哲学的光辉照得头晕目眩,竟然凭一时的冲动把一切都同这种哲学扯到一起,尤其是企图把《浮士德》第二部看成黑格尔体系在艺术领域的充分体现。最丢人的是马尔巴赫[6],他写了一本确实出色的**十分风行**

---

1 原文为法语。
2 意为诋毁,诽谤。
3 原文是德语。全名是《科学评论年鉴》,系黑格尔于一八二七年创办的杂志。
4 原文是德语。
5 弗·特·费雪(1807—1888),德国美学家,黑格尔的追随者。
6 奥·戈·马尔巴赫(1810—1890),德国评论家、哲学家和诗人,黑格尔的追随者。

的书，但在谈到《浮士德》第二部时却是一派胡言；博特金出色地节译了这本书的很大一节，自己却不知所云，当他想在《莫斯科观察家》上发表这一节时，不得不把有关《浮士德》第二部的那一段大部分删去；马尔巴赫则把《浮士德》第二部称为外行看不懂的"天书"。瞧这些伙计有多丢人？而我又有多棒呀！我是个异常聪明的人，对不对……啊？……您以为如何？……（您也问问阿夫多季娅·雅科列芙娜，看她对此有何看法——我想，她会对我的谦逊感到惊讶。）

就在这本《哈雷年鉴》[1]里有一篇论但丁的文章，它论证说此人根本不是什么诗人，而他的《神曲》[2]不过是一种象征。我也早就这么想和这么说过，那么，这样一来您还不拜倒在我的美学天才面前吗？

您看我对您的短简复了多长的一封信。我收到了寄给您的一封信，随信附上。另外附上安德烈·亚历山大罗维奇[3]给我的一封信——这封信很有意思。请常来信。

我还没有把您的信交给康斯坦丁（·阿克萨科夫），因为尚未见到他。他见了信将会多高兴呀——像个孩子一样！是的，康斯坦丁是个可爱的孩子，只可惜他的头脑有点僵化。我到现在几乎每天都要重新考虑自己以前的某一种信念，对它敲打和检验一番，而在从前则是每天都有一个新的信念。钻进某一项狭隘的定义里怡然自得，这可不是我的本性。顺便说说，读了论《浮士德》第二部和但丁的两篇文章之后，我变得更加固执，现在最好别在我面前谈论席勒的剧本：我早已知道它们不怎么样。普希金令我如

---

1 原文是德语。
2 原文是意大利语。
3 即克拉耶夫斯基。

醉如狂。多么伟大的天才，多么富有诗意的本性！是的，按其本性他不可能写出任何类似《浮士德》第二部的作品。我答应以致友人书信的形式为弗拉季斯拉夫列夫的丛刊写一篇论《石客》的文章。我想**仿照**[1]罗切尔试写一篇类似哲学评论的东西。我现在有三位艺术之神，他们几乎每天都会令我如痴如狂：荷马、莎士比亚和普希金……

请代我向阿夫多季娅·雅科夫列芙娜致谢，感谢她惦记着我，请代我向她深施一礼。

就此搁笔。《俄国荣军报文学副刊》转载了我评论波列沃伊的文章，那篇新文章尚未发表。

您的　维·别林斯基

别林斯基没有改变他的打算。我于十月份回到莫斯科——一八三九年十月底我们便到了彼得堡。他住在我家……

此时他一向虚弱的身体开始恶化。有时他诉说胸口疼痛，呼吸困难。

这一时期我住在谢苗诺夫军营附近的泥泞街，在建筑师迪梅特的两层楼木房里。别林斯基住在楼下一间完全隔开的房间里。

就在这个房间里，在我们到达五个月以后，别林斯基同他的一位朋友言归于好；他在谈及这位朋友的才智、卓越的教养和机智时总是热情洋溢。

他们的争执是在莫斯科发生的。别林斯基当时有一种完全抽象的、思辨性的倾向，赫尔岑则更加注重社会问题。他们激烈地争论了一场，吵了一架。别林斯基未和他见面就离开了莫斯科。

---

1　原文是法语。

有一天傍晚五点多钟（如果我没有记错的话，这是一八四〇年三月的事[1]），仆人向别林斯基报告说，赫尔岑来看望他。

别林斯基一听见这个名字就涨红了脸，从沙发上跳了起来。

"您总算可以见到他了。这是个杰出而又卓越的人。待会儿您上我那儿去，我介绍您同他认识。"

半个小时以后我下楼到别林斯基房间里去。

我刚进去时，别林斯基同赫尔岑的谈话仍然有点不大自然。别林斯基给我们互相做了介绍。

赫尔岑迅速看了我一眼，有礼貌地笑了笑，握了握我的手，又转身向着别林斯基。

我好奇地仔细打量了他几分钟。赫尔岑长得相当丰满，年约二十岁，中等身材，乌黑的头发剪得很短。他的脸形匀称漂亮，脸上显得神采奕奕，一双机灵的深棕色眼睛炯炯有神，嘴角显出一种特别微妙的幽默的神情……他身上穿着燕尾服，纽扣上有纹章。

我不想打扰他们，在房间里没有待多久。

一个小时以后，别林斯基上楼来到我房间里。

"好啦，我们都谈清楚了，看样子又和好了，"别林斯基一边喘气一边倒在沙发上（看来这次会见对他触动很大），对我说道，"我对赫尔岑讲了您知道的在克拉耶夫斯基家里发生的那件事——我讲了那位先生拒绝同我结识，因为我写了……您知道吧……我不能讲出那篇文章的名称——而我反倒为此握了这位先生的手[2]……赫尔岑听完这个故事就向我扑过来。我们彼此拥抱，把过

---

1 见本书第二百九十二页注2。
2 "这位先生"指一个工程兵军官。"那篇文章"指别林斯基论《波罗金诺周年纪念》的文章。赫尔岑对这篇文章很不满意，而别林斯基此时的观点亦已转变。

去的一切全都抛到了脑后。谢天谢地！……我心里的一块石头总算落地了……"

彼得堡一开始就给他留下了很好的印象。[1]

"这才是一座欧洲城市！"他说，"就是说，至少我想象中的欧洲城市就是这个样子！"随后他开始抱怨气候不好，但骂的同时总要添上一句：

"不过无论如何，住在彼得堡总比住在莫斯科好。"

别林斯基来到彼得堡后，彼得堡各个文学圈子的反应十分热烈。

彼得堡所有日益落伍的文学家和办刊人都痛恨他，同时又十分怕他。

有一天我和别林斯基走在涅瓦大街上，突然有个人在背后拽了一下我的外套。我回过头去。

站在我面前的是一家著名报纸的编辑，写过各种描写风土人情的文章和长篇小说，而在他行将结束文学生涯的时候则不择手段地攻击一切生机勃勃、才华横溢的新事物，满口颂赞五光十色的大店小铺，喋喋不休地谈论俄罗斯语言的纯洁……

"对不起，老弟，请原谅，"他对我小声说，"是我拽了您一下……请告诉我，跟您一起走的这个人是谁呀？"

"别林斯基。"我说。

"噢！噢！……"他以一种说不出的好奇心从头到脚仔细打量起别林斯基来，"那么这就是从莫斯科被叫来咬我们的那条恶狗啰？"

---

[1] 此语不确，别林斯基是后来才习惯彼得堡生活的。

我把这番话告诉了别林斯基,他感到十分开心,后来他一再说布尔加林称他疯狗。

这一时期彼得堡的办刊人中有一位是过去《莫斯科电讯》的出版人,别林斯基有一个时期在莫斯科同他关系十分亲近。

别林斯基曾经爱戴他,并高度评价了他以往在莫斯科的办刊活动,这从他给我的信中也可以看出来,然而那一段活动同他在彼得堡的活动已毫无共同之处。

"这个人自己预见到自己会堕落,"别林斯基忧郁地告诉我,"他离开莫斯科时,我把他送到城门。我们在城门口拥抱、告别……'愿您在彼得堡取得成就,过得幸福。'我说。他仿佛心情沮丧地笑了一笑,'谢谢您,'他答道,'不行啰,还有什么成就可言!然而假如我做了什么不该做的事(他用的字眼比较明确尖刻),那么请不要责备我,请可怜可怜我……我是个有家口拖累的人……'"

在彼得堡别林斯基没有同他见面。波列沃伊回避他,是因为他在完全改变信仰之后觉得不好意思坦然面对别林斯基……

"别林斯基是个极为出色、极为高尚的人!"有一次我故意跟他谈起了别林斯基,波列沃伊说道,"性子急躁,热情满腔,可是现在我们不好再交往了。我在这里已经跟过去完全不同了。比如我就不得不称赞什么施泰文的长篇小说,可那些长篇小说全是胡扯。"

"那么是谁非要您称赞这种作品呢?"我惊讶地问道。

"不能不那么干啊,您要知道他是警察段长呀。"

"这怎么回事?这跟您有什么关系呢?"

"怎么没有关系呢!我要是正正经经分析他的作品,他也许会把一件东西偷偷扔到我的茅舍里,然后诬告我是小偷,用绳子把我捆起来游街。可我是一家之主呀！"

听了这篇可怕的供词，我的心都紧缩了。而且这番话居然出自这样一个人之口：他曾经坚决抨击一切可耻行径，宣传精神自由和人的尊严！

彼得堡的文学名流们对别林斯基十分傲慢。他们对他不屑一顾，再不就是把他说成一个厚颜无耻、学业未成而居然企望名垂史册的大学生。似乎只有普希金一人私下承认，这个学业未成的大学生有朝一日定会在俄国文学史上占有一席光荣的地位……他知道谢普金同别林斯基关系亲密，便请他把自己刚刚创办的最初几期《现代人》转送给别林斯基。

"不过这件事情只能我们俩知道。"普希金又补了一句。

他担心的是，这件事可别让他的朋友——那些文学名流们——知道了……

别林斯基在彼得堡的生活范围仅限于一小批青年文学家之中，其中许多人今天已达到文学名流的水平，也许他们对待新一代文学活动家的态度也和当初那些文学名流对别林斯基的态度一样，傲慢而又不可企及……

别林斯基对这一小批青年文学家有不可抗拒的影响。他们爱他，同时又怕他，尽管他性格温顺、柔和，容易动情。他们之所以怕他，是因为别林斯基总是不顾情面，对自己的朋友们直言不讳，并且一针见血地嘲笑他们的各种弱点。他憎恶互相标榜、谄媚和虚伪。

"这都是老朽的征兆，"他说，"但恳我不要活到这种年纪！"

下面是别林斯基写给我的一封短简，字里行间充分表现了他那颗热烈、崇高、饱含仁爱的心灵。

**1842年12月5日**

嗯,巴纳耶夫,我看出您对某些事物是有鉴赏力的——我刚才读完了《梅尔基奥尔》[1],耳边一直回响着您的话:这个女人领略了爱情的秘密。是的,爱情是一种秘密,领略到这种秘密的人是幸福的;即使自己不能把它变成现实,也仍然占有这个秘密。对我来说,巴纳耶夫,生活中欢乐的一刻将是这样一个时刻:我能完全相信您在精神上**终于**占有了这个秘密,而不仅仅是有所预感。巴纳耶夫,我们是幸运儿——我们目睹了我们的灵魂得救,我们受到了上帝的祝福,我们等来了我们的先知——并且认出了他们,我们等来了预兆——并且理解和领悟了它们。您会觉得莫名其妙——没头没脑干吗要给您写这些话,但我现在神魂颠倒,如痴如狂,而乔治·桑认为疯狂就是一个人不以自己莫名其妙的举动使任何人感到惊讶和屈辱的有理智的状态——她这话指的是梅尔基奥尔。我们往往都是些有理智的梅尔基奥尔,我们在稀有的疯狂时刻是幸福的。我有许多话想对您说,可是舌头却不听使唤。我爱您,巴纳耶夫,爱得热烈——我是在对您感到不可遏止的愤恨时体会到这一点的。谁给了我这种权利——我不知道;我甚至不知道是否给过我这种权利。我觉得您错了,您以为一切都会自行到来,不花代价,不用斗争,因此您不在斗争中去清除自己灵魂中的杂草,把它们连根拔掉。巴纳耶夫,有朝一日一觉醒来就成为一个真正的人,而且眼见得毫不勉强、无须废话便可做到这一点,这还不算什么丰功伟绩。唾手而得的东西并不牢靠,而且也不可能,它是骗人的。应当自觉苦修,祈祷斋戒,锁链加身;应当对自己说:我虽然想要这种唾手而得的东西,但这不好,因

---

[1] 法国作家乔治·桑的中篇小说,发表在《祖国纪事》一八四二年第十二期。

此我不应该要它。纵使您一心想要**这种东西**,您还是别去要它;纵使您感到麻木和苦恼,也比满足于自己的浮华和空虚要好一些。

但我觉得我可不是闹着玩的,我是真的如痴如狂了。也许我会上您那儿去吃饭,而不是谈话:谈话应该在兴之所至的时候去谈,而不能指定一个时间。我要赶紧把这篇信手划拉的东西寄给您,免得已经冷却的感情促使我把它撕掉……

围绕别林斯基形成的这个小组紧密地团结在一起,始终保持了纯洁的精神,一直到他去世。小组能够支持住是靠他的精神和信念的力量。

在他去世以后,大家仿佛无法聚合,各奔东西了;然而每一个曾经属于这个小组的人大概迄今都对它保存着珍贵的忆念……

别林斯基很少离开这个小组到文学界去露面。

这个文学界只在一个人[1]家里偶尔展示在他面前,那里每周一次,聚集着各界名流——学者、军人、文学家、宗教人士和上流社会士绅。这个社交界不可能完全和谐一致和充满朝气,宅邸的主人想使文学界和上流社会关系亲近起来,但他的努力并未成功。上流社会从未真正关心过祖国文学,在他们看来,当时的文学界不过是由常在各个沙龙露面的五六个文学权威组成而已。

其他文学家和学者大都不是上流社会的人,显得腼腆局促,这个社交界的人便怀着略带侮辱意味的好奇心,透过单眼镜或长柄眼镜不时对他们看上几眼,就像观看野兽一样,还惊讶地询问宅邸主人:"**这**是哪儿来的?**他**是**什么人**?"文学权威们也不愿同

---

[1] 指弗·费·奥陀耶夫斯基。

其他这些文学家接近，只是偶尔对他们表示一点赏识或赞许。

他们似乎害怕让人看出他们同文学家们有什么共同之处。文学家这个字眼对他们来说仿佛是个侮辱性的字眼：他们首先想获得上流社会人士的名声，对文学活动只不过逢场作戏，偶一为之。

以学术和文学活动驰名的人在这个上流社会文学沙龙里的处境十分难堪，他们通常畏畏缩缩，在女士们的长柄眼镜和士绅们的单眼镜的睽视下，屏息静气地穿过沙龙，走进亲切热情的主人的书房，找个角落坐下来，这才轻松地舒一口气。

是否需要使文学界和上流社会亲近起来——这个问题我不想在这里加以探讨……

但在提到这些聚会时我应当说，最有人情味、心肠最好的还是宅邸的主人，他一视同仁地接待每一位客人——不论是燕尾服上佩有饰物的地位显要的贵族老爷，还是贫穷、谨慎、无人知晓的文学家，他都采取同样亲切、温暖和真诚的态度。这种特点尤其在当时来说是引人注目的。

别林斯基很久都没有决心去这个沙龙，尽管他对沙龙的主人很有好感，其证明是他能在他面前畅抒己见，有时甚至毫无顾忌，使主人感到十分尴尬……

"您干吗不想上我那儿去？我生您的气了。"他对别林斯基说道。

"实话对您说吧——为什么不去？"别林斯基笑着答道，"我是个平民百姓，又笨拙又胆怯，有生以来从没有去过什么沙龙……您家里总有一些贵妇人，可我连跟普通妇女打交道都不会……得了，别让我受那个罪吧！要是我笨手笨脚，闹得不成体统，您也会觉得难堪。"

尽管如此，沙龙的主人还是非要别林斯基去做客不成。

他们家的除夕总是过得格外隆重。他特地邀请别林斯基在这一天晚上（184？年除夕）上他家里去，还要我担保一定说服他，并把他带去。

这个委托我完成得并不容易。我劝了别林斯基一个多小时，最后他开始动摇了。

"好吧，见您的鬼，或许……我去吧！"他心神不定地在房间里踱来踱去，说道，"我穿什么好呢？"他朝着我生气地加了一句。

"就穿常礼服吧，那里没有女客。"

他衣服穿了很久，一边哼哼一边咳嗽，一再说他呼吸比平时更加困难，说他会受不了的——因为去了总得吃点东西，可是吃了东西会更加感到不舒服。

我们上雪橇时，他一边抬腿一边说：

"看来我是在做一件糟糕透顶、不可原谅的蠢事……我在那里一个熟人也没有……我有什么好干的呢？"

我们上楼时，他登了几级阶梯便停下来，说道：

"我是不是回去算了？这样做最明智……"

"不行，我决不能让您走。"我坚决答道。

"真没办法……走吧……可您别上得这么快呀。您身体那么棒，叫人看着就恶心。您随便上多高都不在乎，可是叫我上彼得堡这些该死的阶梯，慢慢儿走还喘不过气来。"

别林斯基经常嘲笑我身体结实。

"您那是什么胃呀！石头都能消化！"他叹道，"这人从来都不生病！"他指着我对我们的一个朋友说，"您对此有何感想？世上偏偏有这么些幸运儿！您等着吧，总有一天会轮到您，一下子咳嗽起来……"

我们来到沙龙时已是十一点多了。别林斯基一跨进沙龙的门就脸色苍白,咬紧嘴唇,但里面没有女客,主人又亲切殷勤,使他心情平静下来。他抱定既来之则安之的态度,但还是感到孤单,跟着我几乎寸步不离。

这天晚上到场的有全部文学名流和权威,有老有少,他有生以来头一次看见他们离得那么近:克雷洛夫、茹科夫斯基、维亚泽姆斯基公爵、莱蒙托夫,等等。

晚餐之后,克雷洛夫和茹科夫斯基躺在沙发上,有几个人围在他们身边,形成了一个单独的小圈子。

我们坐在这一圈人后面。他们中间谁也没有注意别林斯基,有些人甚至还不知道有他这么个人,尽管如我说过的那样,当时俄国整个读书界的青年都如饥似渴地抢着读他写的文章,而他的名字(在杂志上只出现过一次,而且还是署在一篇不很成功的文章下面[1])已经在俄国最遥远的角落被人们欣喜地传诵。

这里我要顺便讲一件事来证明这一点,一八四五年我乘邮车从尼日尼去喀山。邻座是个大胡子中年人,穿一件长长的、罩住高统皮靴的常礼服。这是个西伯利亚商人,聪明好学,热心阅读一切俄国杂志。他根本没有料到我跟文学有点关系,同我谈起了各种刊物……

"你们那儿哪一种杂志比较流行?"我问他道。

他讲出了别林斯基参与办刊的那份杂志的名称。

"为什么呢?"我反问道。

"这还用问吗?非常清楚,因为参加办刊的有别林斯基。他的文章我们所有人都爱极了。"

"那么你们怎么认出他的文章呢?他可从来不署自己的名字呀。"

---

[1] 此语不确:别林斯基发表在《莫斯科电讯》和《莫斯科观察家》上的一系列文章(包括《论俄国中篇小说和果戈理君的中篇小说》等名篇)都署了他的全名。

"先生，俗话说观其飞而识其鸟嘛。他虽然不署自己的名字，可他的名字我们那儿有文化的人都知道。"

回到彼得堡后，我自然把我同这个西伯利亚商人的谈话告诉了别林斯基。

别林斯基听了之后十分得意。

"瞧我多了不起！"他笑着说，"这下子您可别小瞧我啦！"

不过，我们还是讲沙龙的事。

我在上面说过，别林斯基同我并排坐在一群文学名流后面，谁也没有注意他；他倾听着他们的谈话。他身旁有一张独脚的小桌子，上面放着几瓶酒。他漫不经心地把臂肘撑在桌上，小桌子一翻，酒瓶都打破了，酒流到名流们的脚下，别林斯基则失去平衡，摔倒在地板上。

摔倒时的响声和流淌的酒弄得大家手忙脚乱，所有人都从椅子上跳了起来，转身往后看。

别林斯基好不容易才爬起来，血全都涌到头上，一时间仿佛昏了过去。宅邸的主人吓慌了，关切地奔过来，把他领到书房里，给他喝水，递给他各种嗅盐……

别林斯基渐渐恢复过来，笑了一笑，说道：

"您瞧，我早就跟您说过，我会在您这儿闹得不成体统的——果然是这样。您可别怪我，得怪您自己。"

别林斯基摔倒这件事使他的名字渐渐传开了。

许多上流社会的士绅们头一次听见这个名字，不无好奇地问道：

"这位先生有什么特出之处？他写些什么玩意？"

尽管别林斯基在上流社会和文学界初次露面就这么倒霉，但后来他又不止一次到这个沙龙去，不过这只是为了满足殷勤的主人的一番心愿,他相信这样做的确能使主人感到愉快。

一般说来,别林斯基很不喜欢人员混杂而又陌生的大型社交场合。甚至当我们习以为常的小圈子里出现了陌生人时,他也会脸色一变,心里一沉,不再开口。

他一无例外地真诚眷恋这个亲密的小组的每一个成员,但有时不知为什么在一段时间内格外喜欢某一个人,对这个人显得异常温存。不过他后来总是开诚布公地承认自己懵懵懂懂,憨厚地同我们一起嘲笑自己爱走极端和容易入迷。

不过当他听到人家提起他一八三九年底和一八四〇年初发表在《祖国纪事》上的几篇文章时,他从来都无法保持冷静。[1] 有一天早晨他上我这儿来,问我在不在家里吃午饭(如果我没有记错的话,这是这些文章发表三年以后的事)。我书房里的桌子上无意中摆着一本载有他写的《闵采尔》一文的那期杂志,正巧又是打开到那一篇。

别林斯基上我这儿来时心情很好,但当他走到桌子跟前,瞥了一眼杂志时,他的脸色陡然一变,抓起杂志就扔到地上。

"您怎么啦,把这篇文章塞到我眼前,故意要拿我开玩笑吧?您知道我一想起这个时期的文章就不能不生气。我请您行行好,再别跟我来这一套了。"

他气喘吁吁,几乎是倒在沙发上了。

我一再保证,说我绝不是故意把这篇文章塞给他看,说我脑子里根本不可能有这类想法;然而尽管我这样担保,他并没有很快平静下来,这一天也没有上我家吃午饭。

总之,鸡毛蒜皮的小事有时也能使他大发雷霆——这在某种

---

[1] 指反映了别林斯基"同现实调和"思想的几篇文章,如论《波罗金诺战役随笔》的文章、《闵采尔,歌德的批评家》等。

程度上是他那种致命的痼疾的结果，这种病在他身上发展得日益严重了。

有时晚上休息，他喜欢同朋友们一起打赌注最小的胜牌，总是打得入了迷，而且只输不赢。

有一次（那是复活节前夜在我家里）他一连三个小时牌不离手，输的分数多得吓人。他打得疲倦了，分牌时就到另一个房间去散散心。这时屠格涅夫（别林斯基很爱他）故意给他挑了一副红桃八分的牌，但打到后来一定会少四分……别林斯基回来了，抓起牌看了一眼，顿时容光焕发……他宣布打红桃八分，结果当然少了四分。他发疯似的把牌一扔，气喘吁吁地喊道：

"只有我才会这么倒霉！"

屠格涅夫很可怜他，便老老实实向他承认是跟他开玩笑。

别林斯基开始不信，可是当大家都证实是这样时，他以无法形容的责备的神情看了屠格涅夫一眼，脸色白得像纸一样，说道：

"这种事干脆别告诉我反倒好些。请您以后再别开这种玩笑！"

当病情发作后趋于缓和或不使他过分焦急时，他似乎变得格外开朗和愉快，他那温和、直爽、委婉的性格都在他的眼神里反映出来。这种时刻他喜欢取笑他某些朋友的弱点——比如巴结贵族呀，吹几句牛呀，爱慕虚荣呀，等等。

然而（这一点我已经讲过，而且不得不再强调一次）要想对别林斯基有一个完整的概念，要想窥见他的全部丰采，就必须把话题引向那些能够切实触动他的社会课题和问题，并用反驳来刺激他；一受到触动，他会陡然变得高大起来，话语泉涌而出，整个身形显得刚毅有力，声音有时激动得喘不上气来，面部的肌肉绷得紧紧的……他以一种大权在握的姿态抨击自己的论敌，把对方当一根稻草似的戏弄一番，讽嘲一顿，把他置于可笑的境地，同时以一种惊人的力量不断发挥自己的思想。在这种时刻,这个平时腼腆、胆怯和笨拙的人变得难以辨认了。

还应该在他针对使他热切关注的问题进行写作时注视他的神态:此时他脸上容光焕发,两眼炯炯有神,鹅羽笔在纸上飞快划过,他呼吸沉重,不断把写满的稿纸抛到一边。他通常只写稿纸的一面,以免停笔等候墨迹干掉……

我多次在这种时刻见到他并悄悄观察他;假如在我走开之前他回头看见了我,他就会不客气地对我说:

"对不起,巴纳耶夫……您瞧,我正忙着呐……"

有时他会暂时把笔放下,把手搁在头上。他的这种姿势至今仍然如在目前。

有一次,我碰见他焦躁地在房间里来回走动,使劲地挥动右手。

"您这是怎么啦?"我问他道。

"手都写肿啦……我接连写了八个小时没起身。有人说这怪我自己,因为我拖到月底才写。也许这话多少有点道理,可是请您瞧瞧,给我送来了多少书……而且是些什么书呀——您看:识字课本、语法教科书、圆梦的书,还有卦书!而且我每一本都得给它写上几句!"

他停了一会儿,叹了口气,接着又说:"您要是知道我一向受的什么痛苦就好了:总是老调重弹,千篇一律——说来说去都是莱蒙托夫、果戈理和普希金;不敢越出雷池一步——除了艺术还是艺术!可我又算个什么文学批评家!——我天生是写抨击文章的——满腹热情,一腔积郁,却不敢往外吐一个字!"

他是个无法遏止、勇敢无情、铁石心肠的文坛战士,无情而刻毒地刺痛那些极爱面子、金玉其外、败絮其中的上流社会作家和时髦作家的浅薄的自尊心；他总是避免同这些人接触，由于生性腼腆和不善交际，见到他们时往往手足无措。可是有一次，有个上流社会作家当面提出一个极为放肆的问题，他却回答得非常巧妙。

别林斯基的一篇评论文章发表后过了两天，他在我家吃午饭，这篇文章评及的那部作品堂而皇之地问世以后，在公众中引起了热烈的议论。别林斯基的书评写得异常委婉巧妙，因此让人觉得更加刻毒。我们坐下来吃饭比平时早一些。刚开始吃饭，突然响起了急促的门铃声，接着传来这部作品的作者那洪亮的声音："在家吗？"别林斯基脸色一变，在椅子上欠起身子。

"我走吧。"他小声说道。

但我的妻子却劝他别走。

作者大摇大摆，不慌不忙地走了进来。

"你们好哇。"他说着，把手伸给了我的妻子，随后又伸给我，对别林斯基点了点头；别林斯基也略略点头作答，同时紧咬下唇，这种表情总是表示他的不满。

"我不打扰你们，"作者漫不经心地继续说道，"请把最近一期的《祖国纪事》给我。听说那里面把我痛骂了一顿，我想瞧瞧这篇文章……"

我们把《祖国纪事》递给他，他就到另一个房间去了。

我们吃完饭后，作者突然径直来到别林斯基跟前。

"这是谁搞的，是您打了我一耳光吗？"他似笑非笑地问道。

别林斯基的脸唰地变白了。

"如果您把这称作耳光的话，"他盯着对方的眼睛，毫不退缩地答道，"那么至少您得承认，我打耳光时是戴着天鹅绒手套的。"

作者哈哈大笑起来，当他继续跟别林斯基谈话时，已是十分殷勤,彬彬有礼了。[1]

我们共同的朋友中,有一个人的家里我们是经常去的,每逢星期天别林斯基通常在他家里吃午饭,这人就是军事学校的俄国文学教师亚·亚·科马罗夫。亚·亚·科马罗夫十分敬重别林斯基,对别林斯基一片热忱。他还是个食不厌精的人,特别喜欢做凉拌菜,做得非常拿手。别林斯基对他的午餐一向十分满意,在主人面前赞不绝口,同时借机插上一句,说他的堂兄弟也很喜欢请人去吃饭,但饭菜却做得糟透了。

"在亚历山大·亚历山大罗维奇家里不会吃坏肚子,"别林斯基常说,"这可跟他的堂兄弟不同。那一位专会下毒!他们的胃该有多好(他指着我和同他也很亲近的雅泽科夫),石头都能消化,可是在您的兄弟家里吃了饭以后,有时他们也要把水蛭贴在肚皮上。"

亚·亚·科马罗夫同已故的普罗科波维奇情投意合,并通过他同果戈理十分亲近。果戈理成名之初来彼得堡时,总是住在普罗科波维奇的寓所,也常去科马罗夫家。别林斯基就是在这里见到他的。

别林斯基对作为作家的果戈理充满热情——这是众所周知的;但就其为人而言,别林斯基从来都无法同他亲近。果戈理过分孤芳自赏,随着名声的增长,他逐渐开始养成那种高不可攀的权威派头,越来越多地接近文学界和上流社会的其他权威人士。别林斯基生性坦率真诚,对任何人的傲慢和装腔作势都无法忍受,他坦白地说,有果戈理在场,他总觉得心里不舒服。

---

1 这里指的是弗·亚·索洛古勃及别林斯基评论他的小说《四轮马车》的文章(《祖国纪事》一八四五年第六期)。评论发表时没有署名,所以索洛古勃才提出那样的问题。

果戈理的小俄罗斯口头故事和朗读（大家知道，他的朗读令人倾倒，讲起故事来也极为出色）给别林斯基留下了强烈的印象。

当时果戈理还肯经常同非上流社会的老朋友们欢聚一堂，在他们家里下厨煮他极爱吃的意大利通心粉，用自己的故事逗得他们十分开心。

提起果戈理高傲的态度及他对待老朋友的古怪举止，我想顺便在这里插叙一笔，讲一讲亚·亚·科马罗夫家里的一次晚会（这已是别林斯基去世两三年以后的事）。果戈理向亚·亚·科马罗夫表示愿意上他家里去做客，并请他邀请几位他不认识的文坛**新秀**。亚历山大·亚历山大罗维奇请了冈察洛夫、格里戈罗维奇、涅克拉索夫和德鲁日宁等人。我也在被邀请之列，尽管我早已认识果戈理。我是一八三九年夏天在莫斯科，在谢尔盖·季莫费耶维奇·阿克萨科夫家里同他结识的。我认识他的那一天，他在阿克萨科夫家里吃午饭，并首次朗读了他的《死魂灵》的第一章。我们在晚上八点多钟聚集在亚·亚·科马罗夫家里，殷勤的主人为那位大名鼎鼎的贵宾准备了丰盛的晚餐，急不可待地恭候他光临。他十分崇敬他的天才。我们也同他一样不胜翘企。为了等候果戈理，我们直到十点钟连茶都没喝一口，但果戈理仍未露面，我们只好不等他就坐下喝茶了。

果戈理到十点半才来，他谢绝喝茶，说他从来不喝茶。他迅速看了看所有的人，同熟人握了握手，就到另一个房间去，在沙发上躺了下来。他很少说话，而且无精打采，懒得开口，在他周围造成一种难堪的、令人感到压抑的气氛。主人向他介绍了冈察洛夫、格里戈罗维奇、涅克拉索夫和德鲁日宁，果戈理这才有点活跃，同他们每个人谈起他们的作品，不过一眼就看出他并未读过这些作品。然后他谈起自己，让大家感到他的《通信》[1]是在病态中写的，本来不该出版却出版了，他感到很后悔。他仿佛是在我们面前为自己辩解。

晚餐他也谢绝了，这使主人感到极为伤心。他什么酒都不想喝，尽管那里各种酒几乎应有尽有。

"那么用什么来款待您呢，尼古拉·瓦西里伊奇？"主人终于绝望了，说道。

"什么都不用，"果戈理摸着胡子答道，"不过，给我一杯马拉加[2]酒也好。"

正巧他家里没有这种马拉加酒。这时已经将近一点钟了，所有的酒店都关了门，可是主人还是分别差了人去找马拉加酒。

果戈理说了想喝这种酒，可是过了一刻钟又说他不大舒服，要回家了。

"马拉加酒马上送来，"主人说，"请您稍等一下。"

"不，我不想喝，再说已经很晚了……"

然而经主人一再恳求，他总算答应等一等马拉加酒。半小时以后，一瓶酒送了上来。他给自己斟了半杯，尝了尝，不管别人怎样央求，拿起帽子就走了。

不知别人感觉怎么样——他走后，我似乎觉得松了一口气……


然而我们还是来谈别林斯基。

别林斯基有时到少数几个挚友家里走一走，为的是放下工作休息和畅谈一番，讨论和争论他耿耿于怀的一些问题；可是他更

---

1　指《与友人通信选集》。
2　西班牙地名。

喜欢家里的一隅之地,总是按自己的财力把它布置得舒舒服服。他的书房一向很清洁整齐:地板光洁如镜,写字台上的东西都摆得井井有条,窗子上挂着窗帘,窗台上摆着鲜花,墙上挂着各种名人和朋友们的画像,其中包括斯坦克维奇的画像和几幅古代版画。他非常喜爱这些版画,亲自到旧货市场上物色回来,并向我夸耀他的宝物(这些东西现在全部保存在我们的朋友米·亚·雅泽科夫手上)。他的藏书大部分是俄文书籍,每天都要增加一些;最后几年他已能自由阅读法文,又开始添购法文书……要是有人在他的镶木地板上留下脚印、扔了烟头或吐了痰,把地板弄脏了,别林斯基一定会皱起眉头,开始唠叨,他的书房真是一尘不染……

我同别林斯基在莫斯科结识之初,他的房间里空空荡荡,四壁光秃,那时我就觉得他的这种洁癖十分醒目,令人感到惊讶。

我认识别林斯基之前曾一再向尼·伊·纳杰日金询问别林斯基的情况,当时(一八三八年)纳杰日金从乌斯季-瑟索尔斯克归来,身体有病,住在杰穆特旅馆。

纳杰日金通常是很健谈的,不知为什么对别林斯基的事似乎避而不谈。有一次我问起他的生活方式和习性,纳杰日金张口笑了起来,像通常一样露出了牙床,说道:

"这个人有才华,有信念,但在生活方面却极为窝囊。他在我的《望远镜》杂志社工作时,我给他租了一间带家具的寓所,房间虽然不大,却是又精雅又干净,窗台上还摆着花!……他住了不到一个星期就住不下去了,搬到烟囱街一个满地泥泞、无法通行的地方……"

我同别林斯基熟识以后,有一次问他:

"怎么,您一直像现在一样爱清洁吗?"

"这是什么话?"别林斯基反问道。

我把纳杰日金说的话对他讲了,别林斯基哈哈大笑起来。

"难道他是这么说的吗?"他满脸通红,大声说道,"我向您发誓,我压根儿就没听说过这样的寓所——还有什么花哩!说得倒好听!您现在见到我,了解我了:怎么样,我像个窝囊的人吗?"

后来别林斯基手头宽裕一点了,便一点一点添置东西装饰他的寓所,每次买了东西回来总要让我看看,并跟我商量哪件东西往哪儿搁,怎么摆法……这个**窝囊人**每次坐下来工作之前,都要把书房里的东西掸得一尘不染。

他的朋友们晚上常到他家里聚会,只要他心情愉快,又不像通常发病时那样痛苦,他总是说着笑话,亲切地接待他们。在这种情况下他往往在书房里点上好几支蜡烛。光亮和温暖总是使他更加愉快……

他在阿尼奇卡桥附近洛帕京公寓里的一间小小寓所里似乎是从一八四二年住到一八四五年[1],比起他住过的其他寓所,这间寓所具有愉快而舒适的特点。它比先前的寓所更合他的心意。文坛上的许多往事跟它联系在一起。在这里,冈察洛夫接连几个晚上给别林斯基朗读了自己的《平凡的故事》。别林斯基十分赞赏这个一出现就光芒四射的新天才,而且为此老是取笑我们善良的朋友米·亚·雅泽科夫。原来冈察洛夫知道雅泽科夫同别林斯基过从密切,便把《平凡的故事》的手稿交给雅泽科夫,请他转交给别林斯基,不过他请雅泽科夫先读一遍,看看是否值得转交。雅泽科夫把手稿放了一年左右,有一次把它翻开(据他自己说),读了几页,不知怎么觉得不中意,就把手稿撂下了。后来他对涅克拉

---

[1] 应是一八四二年至一八四六年四月;朗读《平凡的故事》是一八四六年初的事。

索夫谈起此事,补充一句说:"看样子不怎么样,不值得发表。"可是涅克拉索夫从雅泽科夫手上把稿子要过来,才读了几页就发现这是一部出类拔萃的作品,便把它交给别林斯基,别林斯基这才请作者亲自朗读。

别林斯基听着冈察洛夫朗读,兴致越来越浓,听到特别满意的地方不时从椅子上跳了起来,两眼闪闪发亮。每次中间休息时他都笑着对雅泽科夫说:

"怎么样,雅泽科夫,这是一部坏作品——不值得发表吗?"

《穷人》的作者前来见他也是在这间寓所,那是在这部作品发表之前。

应当说明的是,最先得知《穷人》这部作品的是格里戈罗维奇。陀思妥耶夫斯基跟他是工程学校的同学。

他把手稿交给了格里戈罗维奇,格里戈罗维奇则转给涅克拉索夫。他们一起把稿子读完,然后交给别林斯基,说这是一部异常出色的作品。

别林斯基将信将疑地接过稿子。他似乎好几天没去动它。

有一天睡觉时他想读点东西,这才第一次拿起稿子,但手稿的第一页就吸引了他……他越看越入迷,通宵未眠,一口气把稿子看完了。

第二天早晨涅克拉索夫见到别林斯基时,他已经处于狂热的兴奋状态。

处在这种状态中,他通常显得急不可待,在房间里走来走去,露出满腔激动的神色。这种时刻一定要有一个亲近的人,听他把充塞在心头的感想倾吐出来……

不用说,别林斯基见到涅克拉索夫时该是多么高兴。

"把陀思妥耶夫斯基给我请来!"他劈头就是这句话。

然后他气喘吁吁地向涅克拉索夫谈了自己的种种印象，他说，《穷人》显示了巨大的天才，它的作者将超过果戈理，等等。《穷人》自然是一部杰作，它受到那样的欢迎完全是当之无愧的，不过别林斯基对它也是过于迷恋，走到极端了。

当别人把陀思妥耶夫斯基带来见他时，他以一种温存的态度，几乎像父爱般的感情会见了他，并马上向他和盘托出了自己的看法，充分表达了对他的热忱。

比别林斯基更坦率、更真诚、更直爽的人我再也没有见过。

他自己不止一次承认：

"有什么办法呢？我说话不会吞吞吐吐，不会卖关子——这不符合我的本性……"

发现任何新的天才对他来说总是一件大喜事。

别林斯基的热情十分专一，全都倾注在文学上。每一期新杂志出来，他都贪婪地抓到手中，用颤抖的手裁开自己的文章，赶紧浏览一遍，看看付印后文章的意思还保留了多少。这时他的脸忽而变红，忽而发白；一会儿绝望地扔下杂志，一会儿——如果没有碰到重大的删改或歪曲的话——又感到欣慰，变得心情愉快。

这时他的身体已经很差了。朋友们早就劝他放弃杂志工作，因为这种工作对他的身体状况极为有害。但他一直举棋不定，反问道："那我靠什么来养家活口呢？"最后出现了一种情况，真正激怒了别林斯基，促使他下了决心。一八四六年春天，他放弃了《祖国纪事》的例行工作，动身去了莫斯科，六月初又同米·谢·谢普金一起出发去俄国南方。

给别林斯基送行的场面异常愉快热闹。开始时是早上在谢普金家里吃了一顿便餐，我当时也在莫斯科，别林斯基在莫斯科的朋友们全都到齐了,其中有格拉诺夫斯基、叶·费·科尔什、凯切尔和赫尔岑,他同别林斯基是一八四〇年在我家里和好的。[1] 别林斯基同赫尔岑这时已是情投意合、亲密无间了。他们的信仰已经完全一致,别林斯基矢志不渝地眷恋着他。他们都成为对方不可缺少的人。

赫尔岑尽管屡遭变故、历经忧患,依旧异常乐观和生气勃勃。这一次他在早餐时一直讲个不停,讲得绘声绘色,妙趣横生(这是他讲话时的特点)——他那洪亮悦耳的声音盖过了所有人的声音……

谢普金的四轮马车已做好准备,送行者的轻便马车也都已套好。出发的时间到了。

赫尔岑还在滔滔不绝,妙语无穷,讲得引人入胜。

"走吧,米哈伊洛·谢苗内奇,到时间啦!"别林斯基说道,他在这种场合总是急不可待的。

"对不起,各位,"科尔什插进来说,"我们怎么能带着赫尔岑在城里通行呢?带着他在城里不能走。"

"为什么呢?"大家感到莫名其妙。

"因为带小铃铛的车在城里禁止通行呀。"[2]

大家哈哈大笑,向马车走去。

我们带上了食品和酒。

那一天天气晴朗而温暖。我们的旅途异常愉快,一向妙语无穷的赫尔岑在这一天比平时更加口若悬河,谈笑风生。

我们没有进驿站,就在开阔的小丘上一间农舍旁边歇息。那

---

[1] 见本书第二百九十二页注2。
[2] 参见本书第二百九十三页:"用科尔什的话来说,伊斯康捷尔说起话来声音总是像铃铛一样响亮。"

块地方并不漂亮,但我们对这一点并不在意。我们解开食品,拿出了酒,把这些东西都摆在地上。因为没有桌子,赫尔岑弄来一块木板,毫不在乎地在上面切起火腿来,这使一向有洁癖的科尔什心里很不舒服。后来他无论如何也不肯吃这火腿。

大家随意找了一块地面,或一段圆木,坐下和躺下……有的人拿一块火腿,有的人切一块馅饼,还有的人解开纸包的烤肉。凯切尔嚷得比谁都响,毫无情由地哈哈大笑,还按自己的习惯,老是忙着开香槟……

"祝出发的人健康!"凯切尔给所有的人斟满香槟,然后举起自己的酒杯叫道。

说着他不知为什么又大笑起来。

一声令下,酒宴开始了。凯切尔嚷个不停,同时往酒杯里斟酒。赫尔岑已经肚皮朝上躺了下来,有人还从他身上跳过去。

别林斯基滴酒不沾,也不喜欢别人醉酒,对这种场面开始感到厌倦。他渐渐变得闷闷不乐,显得十分焦躁……

"该走啦,该走啦,米哈伊洛·谢苗内奇。"他一再说道。

四轮马车终于赶过来了。大家挨个儿同出发的人拥抱、接吻……

"上帝保佑你健康归来!"大家从四面八方对别林斯基喊道。

他笑了一笑……"再见了!再见!"他挥了挥手,急匆匆地说。

四轮马车开动了,铃铛响了起来。我们目送着他,别林斯基最后一次从马车里向外观望,对我们点了点头……几分钟以后,路上只剩下一片尘雾。

"诸位,我们还剩下好几瓶哩!"凯切尔得意地晃着酒瓶喊道……

不过，别林斯基走后我们也没有待多久。在归途上，凯切尔跟住在谢普金家里、前来为他送行的一个年轻人狠狠吵了一架。

俄国的南方之行对别林斯基的身体并未产生什么好的效果。

他于一八四六年秋天回到彼得堡，其时我们已开始准备出版《现代人》，这意想不到的消息使他喜出望外。

他看到我们做了种种准备工作，听到关于新刊物的议论，想到他已摆脱令他不快的那种依附地位，现在要同他怀有充分好感、对他也深深敬重的人们一起自由行动，再加上当时我们同《祖国纪事》之间产生的一场相当有趣的论战——所有这一切都支持了他的神经，使他感到兴奋，感到有事可做了！

他满腔热情地提笔为《现代人》撰写论俄国文学的文章（见《现代人》一八四七年第一期）[1]，又写了另一篇义愤填膺的文章（见《现代人》一八四七年第二期）[2]，评论果戈理著名的书信，这些书信的出版使他深感耻辱。

然而体力开始不支了——他痛苦地感觉到这一点；医生劝他到国外去，他自己也有这个心愿，所有的朋友都极力劝他实现这个心愿，希望这一次旅行对他有所裨益，至少让他再支持一些时日。钱筹措好了，于是他在一八四七年春天乘船起程。

这一时期住在国外的有别林斯基十分眷念的巴·瓦·安年科夫，还有屠格涅夫；他们大概可以讲述他在国外时的许多趣事，以及欧洲给他留下的印象。

别林斯基于八月底从国外归来，在旗帜街一套小寓所里住了一阵儿……开始时他显得精神爽快，比先前健旺得多，使所有的

---

1 指《一八四六年俄国文学一瞥》。
2 指评论《与友人通信选集》的文章。由于书刊审查方面的原因，别林斯基在这篇文章中未能充分表达他对果戈理的观点；其后他又写了著名的《给果戈理的信》。

朋友充满希望，认为他一定会康复。他自己有一段时间也怀着这种希望，不过信心似乎不大。一个月以后，他在里戈夫卡街加尔琴科夫公寓给自己找了一套寓所。

这套寓所相当宽敞舒适，坐落在这家公寓宽阔的院子里，在木头修建的厢房的二层楼上，厢房前面有几棵树，给人一种阴郁的印象。紧靠窗口的几棵树遮住了光线，因此房间里显得阴暗……

萧瑟的秋天来了，带来了永远幽暗的彼得堡的白天，一片片落在污泥里的潮湿的雪花，还有透肌刺骨的湿气。

与此同时，别林斯基的气喘病又复发了，而且比以前更加厉害；咳嗽又开始折磨他，日夜不停，使他异常痛苦；血也因此不断涌向头部。晚上日益频繁地发冷发热，经常高烧……他的精力一天天明显地衰竭了。

一八四七年的秋天和冬天似乎无休无止，使他感到异常痛苦。体力耗尽的同时，他的精神力量也衰颓了。他很少出门；朋友们聚集在他家里时，他也很少提起精神，经常说他活不久了，死期已近了。据说患肺病的人几乎从不意识到自己的病情，意识到自己境况危险，还经常指望能活下去。别林斯基很清楚他患的是肺病，他从未指望活下去，从不用对未来的种种幻想来聊以自慰。

到了晚期，由于彼得堡的气候，由于各种忧愁和烦恼，由于沉重而模糊的不祥的预感，他遭受的疾病的痛苦变得无以复加。开始传出一些对他不利的流言，周围的一切仿佛变得日益窒闷和阴暗，对他文章的审查也越来越严。他收到两封令人很不愉快的信，不过语言十分委婉，是过去一位他十分爱戴和敬重的老师写来的。[1] 按这两封信的要求,他必须出面说明一些情况,然而此时他已无法出门了……

有些先生,别林斯基过去很重视他们的意见,现在他们也开始说他的文思枯竭了,说他老调重弹,文章写得有气无力,冗长乏味……[2]

这些话也传到他的耳朵里,为此他深感痛心。

开春时他的病情迅速恶化,摧毁了他的身体。他双颊深陷,两眼失神,只是寒热发作时偶尔闪现一点光芒;胸脯塌陷下去,两腿几乎无法挪步,喘气十分可怕。就连朋友们来看他,也成了他的一种累赘。

有一天早晨我上他家里去,这是四月底或五月初的事。一张沙发搬到院子里的树下——别林斯基被人搀扶出来吸一吸新鲜空气。

我是在院子里见到他的。

他坐在沙发上,低垂着头,呼吸十分艰难。

他看见了我,忧郁地摇摇头,把手伸给我,手上渗满了冷汗。

过了一会儿他微微抬起头,看了我一眼,说道:

"我不行了,不行了,巴纳耶夫!"

我开口说了几句话安慰他,但他打断了我的话:

"别说废话了。"

他再不说话了,低垂着头沉重地喘气。

我无法表达我此刻的心情有多沉重……

---

[1] 指别林斯基在奔萨中学的老师米·马·波波夫,他后来在第三厅任职,写信给别林斯基,要他去见第三厅的长官。
[2] 这里首先是指别林斯基的朋友和熟人中一些依附于自由派的人,例如博特金,他在一八四七年四月写信给克拉耶夫斯基说:"我悄悄告诉您,我认为别林斯基的文学生涯已经完了。"

我跟他天南地北地扯起来，可是心里不知怎么总不自在，而别林斯基则似乎对一切都毫无兴趣……"一切都完了！"我想，"再过几天，也许再过几个小时，这个人就不在人世了！"

可是阳光却是那样灿烂；那是一个明媚艳丽的春日，树上的嫩叶开始抽芽，一群麻雀吱吱叫着，在这个生命垂危的人身边自由飞翔……

几天以后别林斯基死了。（米·亚·）雅泽科夫家里保存着一幅铅笔画像，描绘了他临死前几天的形象：面孔瘦削，眼睛里闪着发寒热的病态，头发蓬乱，满脸胡子拉碴。

这幅画像是雅泽科夫的妻子画的……这个垂死的人的面孔使她感到骇然，并深深刻印在她的脑海，她一回到家就把这副面容勾画在纸上……

他死的那一刻我不在他身边，可是据在场的人告诉我，别林斯基本来发着高烧躺在床上，已经毫无气力，失去知觉，然而使大家大吃一惊的是，他突然从床上跳了起来，两眼闪光，走了几步，口齿含糊，但语气坚定地说了几句话，然后倒了下去。大家扶住他，让他躺到床上，过了一刻钟他就与世长辞了……

彼得堡为数不多的几个朋友伴送他的遗体到沃尔科沃墓地。参加他们行列的还有三四个**不明身份的人**，天知道他们是从哪儿突然冒出来的。[1] 他们在墓地上一直待到这场凄凉的仪式结束，极为好奇地注视着一切，尽管根本没有什么东西值得他们注意。大家为别林斯基做了祈祷，把他的遗体放进墓穴，就像对待其他任何人一样，随后满心悲伤的朋友们按照基督教的习俗默默地将一把泥土抛入他的坟墓，这时墓穴里已开始浸出水来……

---

1 指第三厅派来监视的特务。

我丝毫不奢望把别林斯基的整个为人描绘出来。这样的工作要花费巨大的力量，况且这样做的时间也尚未到来。我只想用这篇小小的文章抛砖引玉，让那些同我一样跟他接近的人写出更有意思的回忆。假如我这片段的回忆能够让他的朋友们多少记起一点他的形象，而那些虽不认识他、但真诚怀念他的人读起来也不无兴趣的话，那我就不胜欣慰之至了。

**1860 年 1 月 15 日**

# 杜勃罗留波夫葬礼随想 [1]

---

[1] 本文首次发表于《现代人》一八六一年第十一期《现代评论》专栏,子栏题为《彼得堡生涯——新诗人札记》。

十三年前，一八四八年五月二十九日，一支寒碜而又伤心的行列沿着里戈夫卡街缓缓走向沃尔科沃墓地，没有引起过路人的特别注意。灵柩后面跟着二十来个人，都是死者的朋友；在他们身后，按照一切葬仪的惯例，跟着两辆又大又笨、套着驽马的四座出租马车……这是文学界的一次葬仪，却没有受到任何一个文学和学术名流的尊重，甚至没有一家杂志编辑部（除《祖国纪事》和刚刚问世的《现代人》编辑部以外）认为有必要向自己的同行，这个终生正直地捍卫言论和思想的独立，终生同愚昧和谎言坚决斗争的人做最后的告别……在护送灵柩的二十来个人当中，真正的文学家大概不过五六个人——其余的都是普通的人，没有什么名气，只不过同死者关系亲密……没有一个外人自愿参加送葬，只有两三个来历不明的人在灵柩被送往墓地时，在教堂举行安魂祈祷时，在墓地上灵柩下葬时露面。他们要干什么呢？这寒碜的葬仪哪一点能引起他们的好奇呢？……

做完安魂祈祷以后，朋友们把死者的灵柩扛在肩上，一直抬到墓地，这时墓穴已有一半浸满了水；朋友们把灵柩放入水中，按照习俗往里面掷了一把泥土，然后默默无言，各自回家，没有对他们十分珍惜的灵柩讲一句话。

从墓地回来以后，大家就议论开了：要竖个墓碑，要保障死者家小的生活，等等，开始签名募捐……大家都说得那样热情洋溢,大家的声音都发抖了,大家都热泪盈眶!所有人在这一时刻都甘愿牺牲自己的一半家产,或者献出自己劳动的一半血汗……而且这一切又表现得那样真诚!

可是我们的热情通常是那样轻易、那样迅速地激发起来,就像轻易而又迅速地冷却一样(我在这里指的不单是死者的朋友,而是所有的俄国人)。

是他使我们保持了一种合乎理智的关系,是他使我们的生命变得有意义,然而我们,他的朋友们,还没有来得及把为他送葬时所穿的鞋子穿破(我也是二十来个人中的一个),我们悼念他的热情就已经完全冷却,甚至再也找不到他的坟墓的踪迹……

岁月不断流逝,我们迷失了方向,在优雅而又空虚的生活里越陷越深,被私人琐事纠缠得晕头转向;我们不敢大声说出别林斯基的名字,却靠了同他的友谊悄悄地维持自己一点小小的威信——我们没有注意到,文坛上的一代新人已经出现在我们身边,他们怀着我们早已失去的对未来的热烈的信心,他们信念坚定,言辞果敢。七年多的时间里文坛上没有人提到别林斯基的名字,他们却大声疾呼地讲出了他的名字。

在这种情况下,由于外人赶到我们前面去了,我们才觉得有点难堪,甚至感到有些屈辱,于是跟着喊了起来:"对呀,别林斯基!别林斯基!"并且开始说明我们同死者的友谊,暗示我们同他关系亲密,觉得只有通过这种暗示我们才能在社会舆论中保住一点面子。

随后又有许多可敬的教授和科学院院士先生——他们在别林斯基生前几乎不曾想到有他这么个人,即或知道了也避免同他见面,对他的文章感到胆战心惊,为了讨好当时的文坛名流而对他嗤之以鼻——现在却对死者格外垂青,开始甜言蜜语地夸奖他,甚至好像动了一点感情。这些先生们企图利用别林斯基的名字(可怜的别林斯基!)和他的威望作为武器,迫害他们痛恨的年轻的一代……"你们走的哪条路?"他们喊道,"你们这是干什么呀?别林斯基可从来不许这么干。"再不就是:"别林斯基要是从棺材里站起来,也会对你们这种举动义愤填膺。"——如此等等。

别林斯基又风靡一时了。他生前那些对他畏而远之、恨而避之的人在他去世十年之后竟然成了他的朋友和崇拜者……他的著作开始在莫斯科印行并大量销售,也许很快就需要再版了;他的名字不断出现在报刊上;《北方蜜蜂》的新编辑部认为必须声明,它根本不同意原先的编辑部对别林斯基的看法,它对这位批评家满怀钦敬之情……我们有一位才气横溢的作家向上流社会的一些出类拔萃之辈做过几次极为精彩的有关文学的讲演,他当着许多老一辈文坛名流的面完成了一件惊世骇俗的功绩:把别林斯基的名字同普希金和果戈理的名字相提并论!![1] 这件事曾使得满城舆论一片哗然……

连别林斯基的坟冢也被找到了,而且令他的朋友们感到惊讶的是,坟上还盖了一块墓石,立了一个石碑,碑铭是:"维萨里昂·格里戈里耶维奇·别林斯基,殁于1848年5月26日。"两年前别林斯基的妻子和女儿路过彼得堡,在他的坟头发现了新鲜的花束和花环……是谁立了这块墓碑?又是谁用鲜花装饰了这座荒冢?

至少我们,别林斯基的朋友们无法回答这个问题……

十三年以后,杜勃罗留波夫把我们引到了他的坟头。从别林斯基去世到杜勃罗留波夫去世——这十三年里发生了多少变化

---

[1] 指屠格涅夫关于普希金的两次讲演,时间约在一八五九至一八六〇年。

啊！而在别林斯基那一代和与杜勃罗留波夫同时代的新的一代人之间又有多大的差别啊！

别林斯基登上文坛时与其说是一个对事业胸有成竹的战士，不如说是一个勇敢而热烈的战士。他性格刚毅，才华横溢，热情奔放，却又易于入迷；他被朋友们向他转述的哲学理论迷得晕头转向，长时间进行自我斗争：时而把一些权威批驳得体无完肤，时而又郑重其事地把他们捧上天去，恨不得向他们大唱赞歌。他苦苦寻求真理，受着内心矛盾的熬煎；他不断入迷，不断迷失方向，陷入绝望……直到去世前四年左右他才摆脱一切外来的影响，立足于更为坚实的基础上。从三十年代初期至四十年代末期，别林斯基一直在各种刊物上从事文学活动：《群言》《莫斯科电讯》《莫斯科观察家》《祖国纪事》，还有《现代人》……

他一开始登上文坛，周围就有一批朋友，他们使他得到发展，支持他的活动，扩大他的声誉；他自己很快就成为这个圈子的代表人物……别林斯基讲出了一切应分由他来讲的话，他当然死得太早了，但他几乎已经完成了自己的使命。他充分表达了他那一代人的心声——他们开始认真意识到自己周围环境的粗野和庸俗，感到确实需要过一种更好、更高尚的生活；他们怀着青年人的急躁情绪，热情地、忐忑不安地追求这种生活，但那只是一种摸索——他们时而沉湎于浪漫主义，时而在德国哲学中寻找支点，时而又醉心于勒鲁和乔治·桑的社会思想；他们中间产生出一批"多余人"——拉甫列茨基们，帕森科夫们，罗亭们，等等；他们心里充满了高尚的、但尚未完全定型的冲动、追求和迷恋——**无穷无尽的迷恋**和激情；他们有时陷入虚假做作的多愁善感的心境之中，往往把言词和行动混为一谈……

杜勃罗留波夫的文学活动出现于别林斯基去世十年以后——

这一活动几乎只是开了个头,然而它却异常醒目地表明新的一代是怎样遥遥地走到了别林斯基那一代人的前面……

杜勃罗留波夫于一八五七年毕业于先前的师范学院。早在大学读书时他就开始为几家杂志的批评专栏撰稿,当时发表在《现代人》上的一篇书评以其清醒的见解和辛辣的讽刺招致了普遍注意。这篇文章引起一场轰动,所有人都竞相阅读。"多么聪慧、多么巧妙的一篇文章啊!"——一些对文学从不关心的人感叹道……"您说说看,这篇文章是谁写的?"——不断听到有人提出这种问题。

杜勃罗留波夫的智慧和光辉的才能不可能不引起他的教授们中一些优秀之辈的格外注意;我还记得,当时彼得堡教育区督学谢尔巴托夫公爵[1]家里举行过一次晚会,整个晚上人们都在谈论杜勃罗留波夫,谈论他是怎样大有前途。

"唯一遗憾的是,"有人说道,"他大概不会去做官……办杂志的人马上就会张网把他罩住,他会全力以赴去干文学那一行……"

许多学者都赞同这种说法,也同样表示惋惜。

后来的情况果真是这样。杜勃罗留波夫大学毕业后全力以赴投身文学事业。然而,难道还能有别的选择吗?他的内心里有一种深刻的、真诚的、无法遏止的欲望,要通过文学来表达自己的心声;他深深感觉并意识到自己的使命。办杂志的人根本无须张网罩住他或引诱他:他自己胸有成竹,坚定而又自觉地跨入了文坛,而且一下子就在文坛上占据了显要的位置。

杜勃罗留波夫不仅在文学才能上与别林斯基相比毫不逊色,

---

[1] 格·阿·谢尔巴托夫(1819—1881),公爵,一八五六至一八五八年间任圣彼得堡教育区督学和圣彼得堡书刊审查委员会主席。

而且有一点比别林斯基更加优越,即他赖以立足的基础要牢固和坚实得多;他一开始就迈上了正路,并充分意识到这条路通向何方;他迈着平稳而坚定的步伐沿着这条路向前走去,既不躲向一边,也不忘情着迷,既不耽于青年人的激情,也不低头屈从于文学权威,甚至对他们毫不让步。谁都不曾像他那样深刻而正确、朴直而清醒地看待俄国生活的种种现象和俄国文学的最新作品;谁都不曾像他那样热烈支持我们社会的种种要求……他的文章显示出一种威力,一种内在的凝聚力,表明他将成为一个具有推动力的伟人;他的文章充满了对人的深深的爱,对我们那些地位低下的同胞的最热烈的同情和对祖国最真切、最清醒的热爱……尽管杂志工作急如星火,这些文章却写得结构严整,首尾逻辑异常严密,表面看来似乎显得平静,但可以听出平静下面跳动着一颗热烈仁爱之心,可以看出一个受到种种谎言、伪善和鄙俗作风凌辱的人的辛酸的幽默……他的文章里丝毫没有那种通常表现为所谓**标新立异、离题万里的抒情之笔**的外在热情,这种抒情之笔曾受到我们这一代人的极力推崇,可是现在已经丧失了任何意义,不仅不能动人心弦,反而变得滑稽可笑。我想,《黑暗的王国》和《逆来顺受的人》这样一些文章足以证实上述论断。一篇悼念杜勃罗留波夫的文章十分公正地指出,他的座右铭和临死前给密切共事的伙伴们的遗言是:"少说多做。"[1]

杜勃罗留波夫的活动是短暂的(总共只有四年半),却硕果累累,令人惊叹……他的名字将永垂俄国文学的史册!

杜勃罗留波夫初登文坛时孑然一身,没有得到任何人的引导和庇护(他那高傲而坚强的心灵厌恶别人的庇护),还不过二十二

---

[1] 这句话引自涅克拉索夫在为杜勃罗留波夫举行葬仪时所致的悼词,见《俄罗斯言论》杂志一八六一年第十一期。

岁[1],他的个性已经很内向,尽管他举止温顺,但他的外表即或不算冰冷,至少也是十分谨慎和矜持……他刚刚给自己扫清道路,开出一条独立的行动之路,死神就骤然打断了他——没有让他把话说完……然而尽管如此,他在俄国评论界留下的痕迹几乎同别林斯基经过十四年的不倦的活动后所留下的痕迹一样深刻……这种巨大的精神力量又有什么做不到的呢!

是的!他的力量确实巨大。他是近二十五年来所有文学活动家中性格刚毅坚定、品德高尚的最杰出的人物之一……他的言行从不自相矛盾,他的所作所为从未一丝一毫、哪怕纯属无意地偏离自己的信念。在他这种年纪很难见到第二个比他更加严以律己的人……

杜勃罗留波夫性格审慎、内向,外表平静,人们往往把这种性格同冷酷混为一谈,它给许多属于我们这一代的人——其实都是十分杰出、很有才华的人——留下了很不愉快的印象。众所周知,我们这一代人大都热情奋发、多愁善感和易于入迷,老是把言语和辞藻视为行动。比如说,要是哪位我们不熟悉的先生当着我们的面目光炯炯,捶胸顿足地说他把人的尊严看得高于一切,说他甘愿为人的独立牺牲生命,如此等等,我们就会当即奔上前去拥抱他,热泪盈眶地把他紧贴在我们剧烈跳动的心口,拖长声调兴奋地喊道:"您是我们的人!啊,您是我们的人!"并且举行盛筵,**觥筹交错**地加强这种友情。只要出现了一个略有才气而又举止优雅的青年(这两点很少有人兼而有之),我们会毫不迟疑地把他拉到自己身边,逢人就喊道:"多么出色的天才呀!了不起!了不起!多大的艺术力量,多有分寸的艺术感啊!"如此等

---

1 杜勃罗留波夫开始为《现代人》撰稿时未满二十一岁。

等,并飨以精美的筵席,为他频频举杯,整晚整晚地跟他躺在沙发上——

> 谈论席勒,谈论荣誉,谈论爱情……[1]

而那位略有才气的青年(通常写到第二部作品就会栽筋斗)则会这样议论我们:"多好的人啊!他们对艺术多么在行!他们的心里沸腾着多么高贵的热情!"

任何琐事都会使我们欣喜若狂,令我们情不自禁,如醉如痴。我们惯于信口雌黄,对一切都加以夸张,到了垂暮之年居然变得浪漫起来,长吁短叹,柔情满怀,不亚那些《苦命的丽莎》[2]时代感伤主义的老祖宗;我们像贵族女子中学的学生一样,只喜欢那些同我们气味相投的人,这种人用溢于言表的兴奋情绪来表露自己内心的热情,或者毋宁说是暴露自己内心毫无热情。

这一切假如不是那么令人伤心的话,自然是相当可笑的;而一想到我们曾经属于别林斯基那个圈子,一度自称为他的学生,因而一度持有那些健全而清新的信念时,就更加不堪回首了!

与此同时,看到新的一代开始辛辣地嘲笑我们的娇嫩软弱,嘲笑我们越出常轨的浪漫举止和故作多情的感叹,看到他们过分崭露头角,不利于我们,而且正在给自己开辟一条更加严峻、更加坚实的新的道路时,我们,或者至少是我们中的某些人,就恶狠狠地反对整个新的一代,尤其是他们最光辉的代表人物。我们的愤恨当然首先就会落到杜勃罗留波夫身上。我们所有人,或者说我们中的某些人吧,靠了老资格或当初**我们在朝气蓬勃的岁月**

---

[1] 引自普希金的短诗《十月十九日》。
[2] 俄国作家卡拉姆津的中篇小说,是俄国感伤主义的代表作。

里显示的实际业绩，树立了或大或小的权威。假若新的一代中某个代表人物也像我们年轻时面对当时的权威那样，在我们面前同样表示虔敬，跟我们商量商量，听听我们的意见，等等，哪怕只是做个样子，我们无疑都会感到十分高兴。可是杜勃罗留波夫非但对我们毫不在意，甚至根本就不想见到我们，不想同我们结识，把我们的作品说成是最一般的、没有威望的作品。请问，这不是奇耻大辱吗？即令我们的导师别林斯基也抨击过权威，可是当时的权威们盛气凌人，使年轻一代根本无法接近……那些知道别林斯基其人的权威看待他就像老鹰看待小鸡一样——可是我们——难道**我们**对新的一代是这种态度吗？……我的上帝！难道不是我们**首先**向他们张开怀抱，首先迎上前去，情不自禁、欣喜若狂地欢迎他们吗？可是——结果如何呢？……

然而我们——或者说我们有些人，反正是一回事——却因此断言说，新的一代诚然具有真正的才智和知识，却落落寡寡，冷酷无情，他们否定一切，陷入了一种可怕的教条——**虚无主义**！……虚无主义者！如果说我们未敢把这个可怕的名字烙在整个新的一代身上的话，那么至少我们已经确信，杜勃罗留波夫是属于最最虚无的虚无主义者之列。

"先生们！（我要对那些哪怕一瞬间不知怎么居然陷入了这种莫名其妙的糊涂想法的人说上几句）请你们仔细读一读杜勃罗留波夫所写的全部文章，从一八五七年[1]发表在《现代人》上的第一篇书评直至《逆来顺受的人》（读他的文章决不会使你们感到厌倦），那么你们就会承认，写这些文章的人有一颗热烈的、仁爱的、高尚的、充满了对人类的真诚的爱、对人类将日臻完美坚

---

[1] 应是一八五六年八月。

信不疑的心——一颗对各种虚伪、谎言和压迫感到痛心疾首的心……请你们坦白承认,你们迄今为止根本没有认真读过他的文章,只不过漫不经心地随手翻过几篇,就根据道听途说、片言只语形成了对杜勃罗留波夫这个人的一些印象。我相信,认真读过他的全部文章,你们一定会由衷地后悔对他有过那种轻率的看法(你们心地善良,天生的正义感在你们心中尚未泯灭),你们内心里会对他刮目相待,甚至会深情地缅怀他,去凭吊他的遗骨……这真是一举两得:他身旁躺着你们的朋友和导师——别林斯基,他的墓地你们已经好久没有去过!……"

我初次见到杜勃罗留波夫是在一八五五年,但直到后来,当他在结业前成为《现代人》编辑部的固定成员时[1]才同他结识。我总觉得他的精神力量超过了肉体的力量,他那强有力的灵魂寄寓在过分衰弱的身体里。他总是一副病态,显得有些疲倦,毁掉他身体的那种周期性的不治之症当时似乎已在他身上萌芽。在校时加紧学习,毕业后又加紧工作(这对一切渴求知识、力臻完美的人来说通常会成为一种需要),还要同令人压抑的环境进行苦斗——这一切加在一起,促使他病情恶化,迅速导致他早逝……

经过了四年不知疲倦、废寝忘食的杂志工作以后,他感到筋疲力尽,便遵照医生的嘱咐动身出国。他在国外待了一年多,于今年九月中旬回到彼得堡。

"怎么样,您觉得我气色如何?我恢复健康了吗?"他一见面就问我。

"是的,好多了。"我答道。

其实他的脸苍白瘦削,长满胡茬,精力显得极度衰竭,预示

---

[1] 一八五七年底,车尔尼雪夫斯基请杜勃罗留波夫接手主持《现代人》评论专栏的工作。

着死期即将临近。

他从国外带回很多书,可以看出,他准备更加埋头苦干,从事更为重大的工作。

临死前一个月,他对一个读中学的弟弟说:"眼下我得拼命工作,才能还清债务。"应当指出,杜勃罗留波夫近年来对家庭资助很大,安排了两个弟弟到彼得堡第三中学读书。他的父亲去世前在下诺夫哥罗德盖了一幢三层楼房(有一家报纸在撰文悼念杜勃罗留波夫时提到过这件事),正是因为这件事他弄得十分拮据,身后留下了一些债务。

杜勃罗留波夫回国以后,健康状况日益恶化。他承受着种种积郁的重压,同生理和精神的痛苦搏斗,然而依旧担负起同往常一样的杂志工作,直至病入膏肓,还用虚弱的双手写完评论陀思妥耶夫斯基的文章《逆来顺受的人》的最后几行。此时医生对他身边的人说,任何工作,哪怕最轻微的工作他都不能做,他在生理和精神上都需要绝对安静(后面这一点能否做到,他那撕裂人心的日记可资证明),他的日子已经屈指可数了。

有一天早晨,杜勃罗留波夫好不容易走到了涅克拉索夫的寓所,就再也无法走回家了。他在涅克拉索夫家里住了两个星期左右,临死前一个星期,他请求把他抬回家去。

从那以后他就卧床不起,一小时一小时地衰弱下去;他越来越感到痛苦:整夜辗转,无法入睡,不断地要人帮他翻身,给他移位——最后几天他一动也不能动了,说的话也很难听清;这是临死前极为痛苦而长久的挣扎。他逐渐意识到死期已近,无法避免了。

十月十七日,杜勃罗留波夫与世长辞。

死者的朋友们在报纸上宣布了他去世和出殡的消息,同时张罗把杜勃罗留波夫同别林斯基葬在一起。

十一月二十日，前来送葬的人数达二百人，其中有大学教授、期刊界人士和著名的文学家，只有少数人没有到场。灵柩被人们用手抬着，从死者的寓所（在铸造街上）一直抬到沃尔科沃墓地。

在杜勃罗留波夫的灵柩前和墓地上，几个朋友和素无往来的人讲了一些沉痛而又感人肺腑的话，还读了他的日记的几个片段……

别林斯基的葬礼和杜勃罗留波夫的葬礼之间有多大的差别啊！

杜勃罗留波夫的日记片段比一切言辞都更清楚、更雄辩地说明，像杜勃罗留波夫那样锲而不舍地追求善良和真理的人，一定会倍加强烈地感受到一切有头脑的人注定要遭受的那些可怕的痛苦和磨难。因此，不论是别林斯基还是杜勃罗留波夫都活不长。别林斯基死时三十五岁[1]，杜勃罗留波夫死时才二十六岁！

而且总的说来，大家都知道，一切有才能的俄国人不知怎么都活不长……

教堂的仪式结束了，致辞的人都讲完了，最后一把泥土掷进了墓穴，大家怀着忧伤和沉重的心情各自散去……

死亡把杜勃罗留波夫和别林斯基连在一起。在我们这一代最高尚的文学活动家身旁躺着新的一代中最高尚、最有才华的文学活动家。别林斯基等来了当之无愧的新伙伴……

新的一代自然比我们这一代人更加知恩图报，记忆力也更好——通向这两座坟墓的小径再不会杂草丛生。

安息吧，我们志同道合的兄弟！……

---

[1] 笔误。别林斯基死时是三十七岁。

# 附 录

# 文学偶像、浅尝辄止的文学家及其他 [1]
## （我的回忆片段）

---

[1] 本文首次发表于《现代人》杂志一八五五年第十二期的《现代人评论》专栏，系《新诗人关于彼得堡生涯的札记》中的一篇。收入本书时据《新诗人彼得堡生涯随笔》单行本（一八六〇年），其中做了若干删改。

我从小时候起就十分爱好文学。当时的情景至今历历在目：我是在什么时候、什么环境下读了沃尔特·司各特的某一部新长篇小说，或是《奥涅金》的新的一章。我最大的乐趣莫过于对我的同伴、亲戚和一大帮寄居在我们家的太太们朗读沃尔特·司各特的小说了。我永远也不会忘记，有一位从小就受到戈登[1]和让丽丝[2]小说熏陶的太太，她身材很胖，胃口很好而又多愁善感。有一天她对我说："唉，您那位沃尔特·司各特太没意思了。写来写去尽讲些吃的！"我一听就火了，说道："那又怎么样？这一点应该很合您的口味，因为您从早吃到晚，成天就想着吃。"那位多愁善感、胃口很好的太太向我的母亲告了我的状，善良的妈妈轻轻拧了一下我的耳朵，莞尔一笑，说道："好孩子，你瞎说一气，委屈了这样一位可敬的太太，不感到害臊吗？"然而实际上妈妈对我委屈了这位可敬的太太似乎感到十分满意，因为妈妈憎恶她，担心我的外祖父受到她的摆布，影响到妈妈预计从外祖父手上得到的一大笔遗产。

后来我甚至开始每周出一份小报，对那位多愁善感、胃口很好的太太展开笔战。妈妈读了小报的第一期（那是我有一天偶然发现的），感到异常满意，便故意把它放在显眼的地方。那位多愁

---

1 玛丽·戈登（1770—1807），法国女作家。
2 斯特凡尼·菲利西特·让丽丝（1746—1830），法国女作家。

善感、胃口很好的太太一眼就看到了，她极为愤慨，大发雷霆，而我却因此头一次尝到了作者的自尊心得到满足时那种甜美的滋味。尽管我受了不准吃午饭的处罚，我细心抄写、画了各种花纹图案的那份小报也被当面撕得粉碎，但那位多愁善感的太太的暴怒却鼓舞了我从事文学活动。

当我有生以来头一次见到一位文学家[1]，而且蒙他青眼相加，握了握我畏畏缩缩伸给他的那只颤抖的手时，我内心的那种狂喜、那种青年人的战栗之情真是难以形容。在我看来，这位文学家身上的一切都是不平凡的，了不起的。我贪婪地谛听着他说的每一句话，注视着他的每一个动作，不过说句实话，这种动作十分单调，因为那位文学家只干了一件事，就是伸手拿摆在他面前的酒瓶，把自己的杯子斟得满满的，然后把杯子举到嘴边。当一瓶酒快要喝完时，他的一双眼睛红得有点古怪，这时我觉得他的眼神里闪烁着神圣的灵感的光芒。他的话越来越大胆，越讲越兴奋，令我感到十分悦耳，为它的思想深刻和富于诗意而倾倒……他说："不，我不想用俄语写作！俄国还没有做好充分的准备，还不足以理解和评价我的作品……以后我要用法语或意大利语写作！"后来我才知道，这位文学家的法语只达到阅读的水平，而且还离不开词典。可是在当时，我和另外几个跟我一样热心而不通世事的青年却吓坏了，生怕意大利或法国文学界夺走了这样一位天才，给祖国文学事业造成损失。我们感情冲动地奔到文学家跟前，几乎异口同声地喊道："啊，看在上帝的分上！请您别让俄国文学失去您字字珠玑的作品！请您相信，您在我国也能找到知音——他们对您的作品会热烈赞赏……"我们的声音激动得发抖，眼里也

---

1 指库科尔尼克，参见本书第一部第二章。

颤动着泪水。文学家似乎被感动了,睁开刚才闭上的眼睛。当时我们以为他那诗意的心灵里产生了什么美妙的幻影,为了看清这些幻影,他才闭上眼睛,陷入沉思。可是后来回想起当时的情景,我们下面的解释倒是更加合理、更接近真实情况:文学家只不过是多喝了一点,打起盹来……不管怎么说吧,我们的叫声、我们的恳求和热情迸发的举动把他从幻想的世界拉了回来,或者说使他从昏然入睡的状态中惊醒过来。文学家恢复了神志,用浑浊的眼睛把我们扫视一番,然后庄重地说:"唉,那么好吧!"说着他意味深长地挥了挥手,"好吧,我就用俄语写作吧!"随后他转身向我们伸出双手,我们满怀虔敬之情抓住他的手。"感谢诸位,谢谢! 今天晚上是我一生中最美好的一个夜晚,"他继续说,"我对它将永志不忘。我找到了一些温暖热诚、充满诗意的心灵,从现在起,咱们之间就建立了牢不可破的永恒的盟约,因为我们彼此息息相通……好吧,咱们去干上一杯!"于是我们一起去参加晚宴,不用说,祝酒时首先为这位文学家干杯。晚宴快要结束时他又开腔了,声调像预言家一样,讲得好极了,可就是叫人有些费解……"莎士比亚是个天才,但同时又是个废物,"他鼓吹道,"我能把这两种看起来水火不相容的观点结合在一起。我对莎士比亚自有我的看法。是的!……普希金是个天才,很有才华,他永远写不出博大精深的巨著。他的剧本是本韦努托·切利尼[1]式的艺术玩具:用作装饰品倒是挺精雅,但却缺乏这个,"讲到这里文学家不知怎么攥紧了拳头,他那饱含诗情的舌头几乎不听他使唤了。"米开朗琪罗和本韦努托、歌手贝朗瑞[2]和《伊利亚特》的作者是不一样的……"接着文学家停了一会儿,喝下一杯酒,仿佛自言自

---

[1] 本韦努托·切利尼(1500—1571),意大利文艺复兴时期的雕刻家、金饰匠和作家。
[2] 皮埃尔-让·贝朗瑞(1780—1857),法国歌谣诗人。

语地继续说,"假如上帝能延续我的生命,我想我能创作出一些大作品来,留名于后世,让后人有所纪念。这个脑子里,"他指了指自己的脑袋,"丛生着许多诗稿和形象!"

那位略带醉意的先生信口开河,语无伦次,而我们由于年轻无知,竟把他的这番话看成是一位必将在俄国文坛上实现转折、开创新时代的诗人充满灵感的语言——青年时代的迷恋一至于此……而当他的剧本在舞台上演出时,我们如痴如狂,对那些看不出剧本的天才的人表示蔑视,自己则大嚷大叫,要求作者亮相谢幕达十次之多,同时敲着手杖,捣毁座椅,直至维护公共秩序的人出面干涉。而现在我们对此又做何感想呢?我们当初为什么要喊得声嘶力竭,闹得汗流浃背,敲打得震坏了双手呢?——为什么要那样做呢?……不久前我们有一个人碰到了我们从前的那位偶像,这时的他已是满脸臃肿……"喂,怎么样,你写了什么新作品?"他问他道。"什——么?"那位退伍的偶像拖着重浊的嗓音问道,同时竭力在他那浮肿的脸上显出一副讥讽的神情。"我呀,老弟,眼下再不干这种鸡毛蒜皮的事儿啦:我现在在捞钱!此一时彼一时嘛!"他做出一副意味深长的脸神,然后大模大样,继续走自己的路。

然而那位脑满肠肥的捞钱的文学家并未使我对文学的追求和热爱冷却下来。文学界的每一个新的现象、每一个新的天才都会令我感到说不出的喜悦:

我对文学上的每一项成就都感到高兴;我从未产生过一丝一毫的嫉妒之情;恰恰相反,我的本性需要有权威,需要卡莱尔[1]所说的英雄,需要崇拜——由于没有真正的英雄,我就崇拜那些由

---

[1] 托马斯·卡莱尔(1795—1881),英国政论家、历史学家、哲学家,其所著《论英雄与英雄崇拜》一书宣扬"英雄是历史的唯一创造者"的观点。

我亲近的人们创造出来、受到我的信任和敬重的小偶像。我把这些小偶像捧到台座上，满腔热情地加以崇拜。其中有一位这样捧成的偶像[1]，几乎被缭绕的香烟和我们的顶礼膜拜弄得神经错乱。这位小偶像比另外那一位更走运：我们把他举在手上穿过闹市，一边指给公众看，一边喊道："这是刚刚出现的小天才，有朝一日他的作品将荡涤古往今来的整个文坛。大家向他鞠躬致敬！都来致敬啊！……"在广场上，在沙龙里，我们到处为他吹嘘。一位长着轻柔鬈曲金发、身材匀称优美、大名鼎鼎的小姐一再听人称道他，便很想见他一见，于是我们的小偶像被领到她的面前。领他来的人兴高采烈地对她说："就是他！请看吧！就是他！"

　　长着轻柔鬈曲金发的小姐轻启她那娇小的朱唇（她不断用她那娇小的舌头舔嘴唇，让它保持鲜美），打算对我们的小偶像说一句非常优雅的恭维话——对这种恭维话，我的一位毕业于中等师范学校、在贵族府邸任家庭教师的熟人[2]通常称之为"香气四溢的上流社会的小饰物"，他（这已经是题外的话了，只不过顺便说说而已）还把自己的夫人尊称为荒唐的宝贝儿。"今天，"他说，"我带着我那荒唐的宝贝儿上涅瓦大街散步去了……"正当那位长着轻柔鬈曲金发的小姐打算给我们的小天才献上一件香气四溢的上流社会的小饰物时，他突然脸色苍白，身子摇晃起来，人们把他送到后房，往他脸上浇了些花露水。他清醒过来，但再也没有回到坐着那位金发轻柔鬈曲的小姐、被卡索灯[3]和蜡烛照得通明的沙龙……自此以后，我们的小天才变得令人无法忍受：他说

---

1　指陀思妥耶夫斯基。他的《穷人》问世后曾受到别林斯基及他那个圈子的作家的热烈欢迎，但他后来的一些作品却暴露出他和别林斯基等人之间存在着重大的思想分歧，其结果导致他们完全决裂。
2　指巴纳耶夫的俄国文学教师瓦·伊·克列切托夫。
3　法国人卡索发明的一种油灯。

什么都不愿意自己迈步在地面或人行道上走路,非要我们把他抬在手上,尽量举得高一些,让所有人都能看见他;他一再对我们发脾气,不住地叫嚷:"举高一些!高一些!"我们的手已经举得无法再高,完全麻木了,可他却一个劲地发脾气,不住地嚷道:"高一些!"我们断然对他说,我们既没有力气,也没有办法把他举得更高了,于是他开始指责我们嫉妒他、仇视他;他发狂似的从我们手中挣脱出去,跳到地上,鼻孔朝天、大模大样地在人群中走来走去,却不料人们并没有注意他,见了他的面也不低头叩拜……他感到极为委屈,便奔回自己的小顶间,这时那位长着轻柔鬈曲金发的贵族小姐前来见他,对他说道:"你是天才!你是我的人!我爱你!我来找你。我们上荣誉的圣殿去——上我们金碧辉煌的沙龙去,你在那里再也听不见一句俄国话;你应当同我们的人结识,因为只有**我们的人**才能赐予真正的荣誉……世界上的人分为两类:**名人**[1]和**无名之辈**[2],你要是不同前者结识,你就无足轻重了……"说着她用散发着香气的手搂住他,她那轻柔的鬈发贴到了他的脸上……开始他不愿意承认对人的这种区分:他的整个禀性不由自主地反对这种怪诞的分类;但当她的手一触及他的手,他的心里就激起了最渺小、最卑微的虚荣心,而且用现实的形态表现出来……他想象着自己全身披金,置身于金碧辉煌、灯光明亮的大厅里,跻身于被秀发轻柔鬈曲的小姐称为名人的那些老爷中间,这些名人走到他的跟前和他握手,而她则一个劲地招引他去一个地方……那是一种豪华而又隐秘的女客厅,里面灯光昏暗,设有四脚形如兽腿的高级卧榻,就像俄国古代小说里描写的那样……而他则一直跟着她,一个劲地往那儿走去!突然间幻

---

[1] 原文是法语。
[2] 原文是法语。

象消失——他发现自己依旧待在他那寒碜的小顶间,坐在旧货市场买来的硬邦邦的土耳其沙发上。他擦了擦眼睛,举目四顾,禁不住号啕痛哭;他满心恐惧,用手捂住面孔:由幻象跌回到现实生活中,他觉得这种转变太痛苦了。有一天他经历了这种幻觉之后,激动得久久地在他那小房间里踱来踱去,随后突然跑去找一家杂志的出版人——几天以前他交给这位出版人一篇小小的文章。当时他在这位出版人眼中还是一个小偶像,就像在我们所有人眼中一样。我们的小偶像要求务必把他的文章排在书的开头或末尾,让大家一眼就能看见,而且还要用金色的花饰或边框把它围起来,以显得与众不同。出版人满口答应,还拍了拍小天才的肩膀,唱道:

> 你会对我心满意足:
> 我将对你唯唯诺诺,
> 我会给你围上边框,
> 然后把你排在书末。[1]

从那以后,我们的小偶像开始满口胡言,很快就被我们从台座上推下来,完全被人遗忘了。可怜的家伙!是我们害了他,让他落了个可笑的下场。他没有过错。他承受不了我们把他捧上的那种高度。可是我们对他的迷恋却是真诚无私的,是出于一片好心。我们也没有过错:难道可以把人们的幼稚、热情、迷恋和失误看成是犯罪吗?……

我年轻时有过许多大大小小的文学偶像(我并不耻于承认这

---

[1] 这四行诗引自涅克拉索夫和屠格涅夫合写的讽刺诗《致陀思妥耶夫斯基》。末句一语双关,亦可理解为"然后叫你了账"。

一点），因为那时我对生活的看法还很模糊，我的种种信仰也尚未定型……直到现在我仍然会看错许多事情和许多人，而且往往错得十分可笑，不论在文学上还是在生活中都是如此；然而只要有人不容置疑地向我证明我错了，我随时都愿意郑重承认自己的失误。一贯正确、对任何事情都不感到惊讶、从来不犯错误、十全十美的人我可受不了，因为这种人冷冷冰冰，既无迷恋也无热情，尽管他们也许**最有教养**[1]。不管怎么说吧，我还是更喜欢有失误的人。有些失误甚至算得上**可爱**，因为它们源于宽厚善良的天性，出自温暖慈爱的心灵。我有一位朋友，很有教养，很有智慧，具有崇高的信仰，是个才华横溢、诗情满怀、令人极为钦佩、具有最精细的美感的作家，而且是个极为亲切、令人愉快的谈伴，叫人不知道更爱他哪一点——是他的为人呢，还是他的作品。[2]他对初学写作者和浅尝辄止的文学家所表现的宽厚态度和自我牺牲精神简直没有止境，因此，所有的作家，不论是初试文笔、行将搁笔还是继续写作的人，以及浅尝辄止的上流社会文学家，都十分信任他，带着手稿跑去找他，而他对所有人都是热情相迎，亲切握手。他那里从早到晚都有人朗读手稿，他的住宅里从早到晚都能听见翻动纸页的沙沙声，他被淹没在手稿堆中。我知道他一见这些手稿就感到全身战栗，胸口窒闷，觉得很不舒服；但只要有朗读者一登门，他依旧默默无言地做出牺牲，坐在椅子上，无可奈何地用手摸一摸他那浓密的长发，把它掀到脑后，然后请无情的来访者开始朗读；他的声音是温和的，但仍然可以听出一种小心压抑着的绝望的语调……

在这种场合下，一位浅尝辄止的上流社会文学家认为他必须

---

1 原文是法语。
2 指屠格涅夫。

事先声明一番，说他压根就不是，也不想当一个文学家（请注意，他是当着一位文学家的面讲这番话的：他可真够客气，真有上流社会风度！）；说他从事文学活动只不过是闲来无事，随便写上一篇；说文学对他来说充其量不过是一种消遣，一种散心的方式；说他还不会完全正确地用俄语写作，他不习惯于俄语的结构；说他更为拿手的是法语，他能得心应手地用法语写作。与此同时，这位写作爱好者通常还要说几句恭维我的朋友的才华的话，我那可怜的朋友一听见这种话不由得心头发紧，苦笑一番，还得含含糊糊地敷衍一两句来答谢他的好意；这一套进行完毕之后，写作爱好者有时还要补充几句：

"我之所以来找您，不仅因为您是我们首屈一指的著名作家，同时也因为您具有精雅的美感，十分熟悉**我们的**社会，因此完全能够对我的作品进行评价，做出自己的判断——作品当然很不成熟，但它至少忠实地描写了**我们**上流社会的生活。您经常出入**我们的**社会，我的小说里会有许多您熟悉的东西……您知道这里面写的全是**我们的**风尚和习俗，并非所有的文学家都能知道、都能理解；可是您……"如此等等。

然后这位写作爱好者要了一杯糖水，在安乐椅里自由自在地坐下来，这才开始朗读。他读得十分兴奋，自己感到十分得意，不时中断朗读，评论几句："这一节不坏吧？对不对？这一节我写得很成功，我自己感觉到这一点。您觉得怎么样，这一页写得很有热情，是吗？"等等。[1]

文学新手则没有上流社会的写作爱好者那种胆量。他们没有什么开场白，畏畏缩缩地在椅子上坐下来，哆嗦着翻开手稿，用

---

[1] "浅尝辄止的上流社会文学家"很可能是指索洛古勃，参见本书第一百九十至一百九十一页及第三百八十九至三百九十五页。

颤抖、吞吞吐吐、时断时续的声音开始朗读。

一些知名的文学家（连出了名的文学家也要对我的朋友朗读自己的作品）通常是开门见山地开始朗读，不讲什么客套。

"那么好吧，老兄，请听我读，不过请你叫人先给我一杯伏特加（或是一杯水，视各人的口味而定）……"

知名的文学家朗读作品时，我那善良的朋友完全听任他们摆布，自己则成了一个稚子，在他们面前畏畏缩缩；这时他会忘掉自己的天才和威望，每当听到写得成功的场面或真实的描写，他总是激动得一跃而起，把头向后一仰，然后用手抚一抚自己的头发。事后他跟熟人——上流社会人士、文学家和办杂志的人——谈起这次朗读，谈到哪一位知名的文学家读给他听的那篇文章、那个剧本或小说时，总要温厚而又兴奋地感叹一番："哎，这篇作品可不同凡响！真是一部出色的作品！"这样赞叹一番以后，再津津有味、令人信服地开始论证这部作品的优点。办杂志的人一听说有这样一部出色的作品读给我的朋友听过，令我的朋友赞不绝口，便急忙跑去找那位知名的文学家要这部惊人之作，免得被别的刊物捷足先登……这时那位知名的文学家就可以放心大胆地为自己的作品漫天要价，心想即使非得杀点价不可，自己的作品卖价之高也仍然是空前的。

我的朋友和一切真正的天才一样，不仅对同行的艺术家，甚至对一些**平庸的作者**也是心肠极软、态度极为宽容。因此，尽管他具有很高的美感和文学分寸感，而且博览群书、学识渊博，但在评价文学作品时却常常失误，过后又温厚地自嘲一番。但这些失误本身在他身上却显得异常可爱；哪怕他那些不近情理的话都显得他那样聪明，他那生动活泼、充满诗意的谈话较之语言枯燥、面孔死板、从来不犯错误、对一切都漠然置之的正人君子的言论要令人愉快千百倍，甚至更有教育意义。

噢！不管怎么说吧，置身于朋友圈子之中的文学家——那些真正的文学家们总的说来是世上最令人愉快、最亲切可爱、心肠最好的人。尽管如此，我一生中曾不止一次试图离开我的文坛朋友，去找一些同文学毫无关系的新朋友一起消遣散心，然而到头来总是回到老朋友身边，而且感到他们更加热烈亲爱。我觉得我所关切和珍视的一切都存在于他们中间，都在这个圈子里面，而圈子以外的一切东西都同我格格不入，正像我同其他所有人格格不入一样……文学活动使我得以结识一些最优秀的人物和我最知心的朋友，要是我竟然说我对文学及文学家们本来就已感到厌倦，那就完全忘恩负义了。

直到现在，每当新的一期杂志出版，我都会急不可待地奔上去把它抓到手上，而当我的文坛朋友旅行归来时，我总要扑上去同他拥抱……

呜呼！岁月流逝，我对文学的爱好却并未冷却。看来这是人类一切爱好中最顽固的一种……

# 彼得堡的文学企业家 [1]

---

[1] 本文首次作为系列小品文《彼得堡生涯——新诗人札记》中的一篇,发表于《现代人》一八五七年第十二期,其后收入单行本《新诗人彼得堡生涯随笔》(1860年),做过某些删改。"彼得堡的文学企业家"指安·亚·克拉耶夫斯基。

"唉！得了吧，哪来的什么文学企业家呀，"我打断我的一个熟人的话，说道（我同他谈话的前一部分读者不会感兴趣，这里就从略了），"您说的文学企业家指的是什么人呢？照您看来，所有的报刊出版人都是文学企业家，因为他们都希望订户越多越好，征订之前都用各种诱人的广告吸引订户，那当然是希望赚大钱啰。每一项文学事业，哪怕是最完美无缺的事业单位都有物质的一面，要像办工业那样，要讲生意经……"

"这一点我很清楚，"我的熟人拦住了我的话头说，"我完全理解，也许就连最为正派、有崇高的信仰、有头脑、有知识的报刊出版人都想让自己的劳动获得最高的报酬——这是不言而喻的；可是这种人不能称为文学企业家，因为他并不一味侵吞别人的劳动成果，并不对那些有才华的撰稿人进行克扣和欺骗，并不剥削他们。"

"请您相信，"我也打断了他的话，"现在拿别人的脑力劳动做买卖是不可能的，眼下谁也不会白白干活，那种理想的时代已经一去不返了——现在给文学劳动的报酬不低了……不，现在不仅是对有才华的撰稿人，就是对平庸的作者都很难剥削……"

"那更好嘛，"我的熟人说道，"不过话说回来，文学企业家和剥削者过去有，现在也有，只不过由于失去了对杂志的垄断权，他们现在已经被解除了武装。往年可不是这样；往年那种不讲良心的杂志垄断者对自己的撰稿人为所欲为,因为他们离不了他……不过我最好还是把有关这样一个垄断者生平的某些材料讲给您听听——我对他十分熟悉。从这里您就可以看出,我说的文学企业家是什么意思了。

"我姑隐其名,就称他为彼得·瓦西里伊奇吧,因为你总得给人家一个称呼呀。我是在彼得·瓦西里伊奇来彼得堡一年以后认识他的。彼得·瓦西里伊奇正在供职,他受到一些头脑糊涂的先生的敬重,这些先生不找个什么人作为敬重对象就没法活下去……他们谈到他时说:'啊!瞧他多聪明,多有学问呀!……他写了一篇多了不起的文章呀!'彼得·瓦西里伊奇确实从法文翻译了一篇介绍一个蹩脚的法国哲学家的小小文章,并且久久抓住它不放,说这篇文章意义重大,把它读给自己的熟人们听,这些人在文学界有些声望,正是因为这篇文章才认识他的。那个时候人们在文学、诗歌和学术方面很容易出名,因此彼得·瓦西里伊奇翻译了这篇文章后几乎被奉为哲人。[1]应当指出,彼得·瓦西里伊奇的外貌在这一方面起了不小的作用。他的面部常常现出一副深思的表情,浓密的眉毛微微贴近眼睛,而那一对大眼睛仿佛总是闪耀着智慧的光芒。他的外貌极易使人产生错觉,说句实话,我刚刚结识彼得·瓦西里伊奇时也相信他是个思想深沉、很有学问的人……使我产生错觉的正是他那对灼灼有神的眼睛和紧锁在两眼之上的浓眉……况且就其个性来说,彼得·瓦西里伊奇属于那种所谓'**尖脑袋**',有了这种削尖的脑袋,他们就能轻而易举地为自己开辟道路。他说起话来时断时续,尖锐清晰,时而若有所思,时而严峻地摇摇头,还经常意味深长地哼上两声。一句话,

---

[1] 指克拉耶夫斯基的《法国哲学的现状及博唐创立的这一科学的新体系》一文,参见本书第八十页。

他身上有一些引人注目的东西，而且很起作用，尤其是对那些朴直坦率但性格软弱的人。甚至到了后来，当彼得·瓦西里伊奇的面目完全暴露以后，他仍令一些非常聪明、很有教养，但生性胆小的人产生一种近乎恐惧的感觉。

"翻译了那篇文章，同一些著名文学家多少有些接近以后，彼得·瓦西里伊奇胆子越来越大，便试着杜撰了一篇小小文章，名为《对俄国的一点看法》[1]。他在自己的这篇新作中论证说，俄国是世界的第六部分，它同其他五个部分毫无共同之处，因此应该用同全人类法则迥然不同的法则来加以治理。这种标新立异的见解虽然荒诞，却合乎某些人的口味。其中有一位是个很受人敬重的人，当时在文学界颇有影响，他对一切标新立异、哪怕是不合情理的东西都十分喜爱——就是这一位把彼得·瓦西里伊奇置于自己的庇护之下。这位受人敬重、对人又异常宽厚的先生[2]充当了彼得·瓦西里伊奇向上爬的第一个台阶。通过这个台阶，彼得·瓦西里伊奇跨上了一步，再也不需要那位待人宽厚的先生了，便傲慢地瞥了自己的恩人一眼，鄙夷地转过身去不再理他。众所周知，文学企业家都是些心冷如冰的人。然而彼得·瓦西里伊奇凭借他恩人的声望，开始出版一份文学小报[3]。

"当时人们很少关心出版一份刊物的目的、意图和倾向，而且说实在的，想关心也徒劳无益。彼得·瓦西里伊奇本人也不知道他为什么要从事期刊出版活动，因为除了俄国是世界的第六部分之类的高见以外，他的脑子里没有任何别的见解；就连这种见解也根本不是他的信念，而是不知怎么通过别人偶然传到他的耳朵

---

1 指克拉耶夫斯基的文章《对俄国的一些见解》，参见本书第八十九至九十页。
2 指弗·费·奥陀耶夫斯基公爵。
3 指《俄国荣军报文学副刊》。

里,于是他赶紧加以利用,其目的就是为了引起人们的注意。

"头一次看到一大堆预订刊物的钱和整捆整捆、层层加封的汇款包裹摆在自己面前时,彼得·瓦西里伊奇心里高兴得突突直跳。当他拆开包裹,用富于表情的贪婪的眼睛望着越堆越高的钞票时,靠文学**发财致富**的念头不禁油然而生。彼得·瓦西里伊奇是个办事认真、很有作为的人,他精心设立了一个财务处,亲自掌管收支账簿,连一个戈比都不放过。他亲自尝到了收进之甜和付出之苦,便逐渐开始对撰稿人进行克扣,以充实自己的腰包;开始是几戈比,随后是几卢布,到后来一克扣就是几十个卢布。他看自己的撰稿人时既有些恶狠狠,又有几分羡妒:之所以恶狠狠,是因为他得给他们钱;之所以羡妒,是因为他的心声有时悄悄告诉他:他的脑子又钝又笨,什么脑力劳动都干不了。一些铁石心肠的人在从事某种生涯初期,这种生硬的心声往往搅得他们心神不安;彼得·瓦西里伊奇为了压住这种心声并聊以自慰,便把自己的撰稿人鄙夷地称为**粗制滥造的家伙**,不过这并不妨碍他把他们那些引起公众特别注意的一些文章据为己有,克扣别人劳动应得的报酬的某些部分。这种事当然是不正当、不值得赞扬的,但是,攫取别人的见解和劳动,把他人的智慧和知识据为己有,像寓言里的乌鸦那样披上别人漂亮的羽毛——这种做法更不正当,而我之所以提到这种对人类可悲的事实,只是为了替其人辩解几句,说明一个人一旦走上了一条他感到陌生的路,他在这条路上又必须把自己置于一种虚假的地位,那么这条路和这种地位有时会导致什么结果。彼得·瓦西里伊奇生来就是个算账和管理账簿的人,只能干酒类专卖之类的事。他的全部生活目的,全部信念就在一个'钱'上。

"有个出言机智的英国人曾经肯定地说,美国人的基本道德信念可以表述如下：

生活是什么？——用于赚钱的一定的时间。

钱是什么？——生活的目的。

人是什么？——赚钱的机器。

"这也是彼得·瓦西里伊奇的基本道德信念。他和许多人一样，认为只有那种不择手段地为自己赚取或捞取资本的人才是天才，才是聪明人。他钦佩这种人，并在内心把他们作为权威来加以崇拜。要不是偶然落到了文学这条路上，什么才华、智慧、教养和见解，只要没有赚钱的能耐，他都会嗤之以鼻；然而在文学这条路上，哪怕你资本雄厚，没有才华、智慧、教养和见解也无法生存。他理解这一点；他觉得他需要采取某些手段来装腔作势，维持他主编的地位，而为了保持均势，仅有一篇有关法国哲学家的小小译文和一篇别出心裁、认为俄国是世界第六部分的文章是不够的……于是他采取了把别人的非物质财富据为己有的手段——这种手段可悲而不可靠，因为真相迟早是会被揭露的……

"可是，请读者不要指责他。他在精神上已经受到了严厉的惩罚。您不知道那种内心的折磨有多么可怕：不学无术，甚至连一般的书都读得不多，毫无审美感，只会管一管账房，却要扮演文学法官的角色，不断跟那些有一定才华、学识渊博、有头脑的人打交道，在文学家中间装成一个无所不知的文学家，在学者中间装成一个万事皆通的学者，时刻提心吊胆，生怕暴露了自己缺乏美感和无知；无法进行任何时间较长、内容严肃的谈话，只能皱着眉头，一本正经地装出一副行家的样子，时而重复一句：'不错，自然是这样。'甚至干脆若有所思地哼上一声！……时刻受到刺激的自尊心使可怜的文学企业家痛苦不堪，激起了他的恼恨，加之他拙于运笔，这种恼恨无法通过笔头发泄，便只好红一块白一块地在脸上表现出来。而且为了掩盖自己的渺小,彼得·瓦西里伊奇采用了一些多么卑微的手段啊!他给自己定做了一个巨大的写字台,整幢楼房构造奇特,又是暗室又是塔楼,屋子里摆满了书架和箱子,上层书架上还摆着一个德国哲学家的半身塑像。可是,唉!就连这种巧妙的陈设也不是他的发明——他曾在某个文学家或学者[1]的书房里见过这种写字台;他还模仿这位学者或文学家,为自己定做了一套不同寻常、类似中世纪的学问家和炼丹术士穿的那种家常衣服;他的房间里四周堆满了各种学术书籍,他从来不去翻阅,只是在这样一个环境里坐下来,一本正经地动手……改正校样上面的语法错误!……形状奇特的写字台、炼丹术士的衣服、学术性的书籍、主编的头衔,加上造物主仿佛开玩笑似的赋予他的那副严峻深奥、思想深沉的面孔,这一切开始时会使文学界的一些新手感到悚然,彼得·瓦西里伊奇看出了这一点,他的自尊心也就得到了暂时的满足。有时他也敢于同一些著名的文学家就某些文学现象稍稍争论几句,却总是争不赢。

"'这篇东西挺不错,不管怎么说,作品写得很有分量,'他说,'又有才华,又善于观察,又富于诗意……不错,很不错!'

"'根本不是那回事儿,'文学家冷冷地反驳他,'这篇作品再平庸不过了。'随即有根有据地向他证明那里面一无才华,二无观察力,也没有什么诗意……

"'不,不对,哪能这么说呢,'彼得·瓦西里伊奇重复说,'得了吧——这篇东西好极了……'

"可是往往过上一个月,有时还不到一个月,他对同一位文学家[2]谈起同一部作品时却一字不差地重复对方的意见,把它作为自

---

[1] 指弗·费·奥陀耶夫斯基。
[2] 指别林斯基。

己的见解,而且毫不感到脸红。

"这种可笑的场面一再重演。

"彼得·瓦西里伊奇靠了别人的脑力劳动和自己的认真精神赚了一笔小小的资金,取得了某些办刊物的表面经验,同文学界建立了一些联系,获得了印刷、造纸等厂商的信任,赚钱的渴望越来越强烈,便打定主意办一个大型出版物,打算把自己的小报办成一份杂志[1]。他跟我谈了他的种种计划。

"'这些想法好极了,'我听了他的话以后说,'但要实现这些想法,您首先得找一个办事认真干练,有才华、有信念的人,使您的杂志办得有声有色、生气勃勃。要办这样一项事业,单靠大声宣传、空口许诺和一大串人名是不够的……'

"'对,对,对,这话不错,'彼得·瓦西里伊奇皱着眉头,一边点头一边说道,'可是说实在的,我也不知道,请谁来担当此任呢?'

"我给他提了一个人的名字,这个人当时以他充满智慧、胆识过人的批评文章,独立不羁的观点和热烈的信任引起公众的注意,短时间内就赢得了一批热烈的拥护者,也招致了一些凶狂的敌人。[2]

"彼得·瓦西里伊奇不满地摇摆头,大声说道:'得了吧,您怎么不害羞。一个轻浮无知的黄口小儿,夸夸其谈的吹牛家,干吗跟他打交道。'

"我们的谈话到此结束。劝说彼得·瓦西里伊奇改变主意,那是徒劳的……

"他开始出版新的刊物。当时评论专栏被认为是杂志上重要的

---

1 指《祖国纪事》。
2 指别林斯基。

专栏,他把自己的一个老朋友[1]请来主持这个专栏;此人写过一些轻松喜剧、讽刺歌曲、小说和短诗,还有几篇有关文学理论的老调文章,却被彼得·瓦西里伊奇看成是有分量的学术著作。

"彼得·瓦西里伊奇深情地、几乎是热泪盈眶地迎接了他,把他看成自己刊物未来的支柱,看成增加订户的一副灵丹,因而柔情蜜意地把他紧紧拥入自己的怀抱。

"几个月过去了,我离开了彼得堡……没想到有一天,完全出乎我的意料之外,我收到了彼得·瓦西里伊奇寄来的一封信……"

讲到这里,我那位熟人停了一下,从皮包里取出一封信,把它递给了我。

"要是愿意的话,您就读读,"他说,"这是俄国期刊史的一份资料。我曾经打算把它寄给米·尼·隆吉诺夫[2]。您通过这封信可以了解文学企业家们的笔法。"

"……求您行行好,"彼得·瓦西里伊奇在信中写道,"亲自出马向H.和П.游说一番,让他们逼着Г某(当时享有盛名的一位作家)给我的杂志写一篇文章。C某某曾经对我说过,Г某一个月以后来彼得堡。他的文章我非要不可,要采取一切手段把它弄到手。我不亲自给他写信,因为这种事通过书信是办不了的,尤其是对他。务请**竭尽全力**向他说明**支持我的杂志的必要性**。假若他对'俄罗斯文学'的命运已经变得漠不关心(我料想会是这样[3])的话,**请预先告诉他稿酬丰厚**,想必他很需要钱用。要是一

---

1 指瓦·斯·梅热维奇。
2 米·尼·隆吉诺夫(1823—1875),俄国图书学家兼文学史家。十九世纪五十年代曾为《现代人》撰稿,后成为极端反动分子;一八七一至一八七五年任出版总署署长。
3 这一句同回忆录正文所引的文字意思正好相反,参见本书第二百七十四页。——译者注

切方法都不奏效,那就得等他到了这里以后,**联合各方力量对他展开攻势……**

"我现在已经看清,我的 Л 某干不了我请他来干的事,请跟 Б 某(也就是彼得·瓦西里伊奇在此之前半年所说的夸夸其谈的黄口小子和吹牛家)谈一谈,我很愿意把整个评论专栏交给他:**他会使杂志变得生气勃勃,这一点我深信不疑。**眼下我资金不足,我每年付给他的钱不能超过三千五百卢布纸币,这是**最高限额**[1];请劝他应允此事。我对他的合作将感到由衷的高兴,因为我敬重他。请代我向他表示深切致意……"[2]

"Б 某当时处境十分窘迫,"我读完信并把它还给我的熟人以后,他笑着继续说道,"不得不同意彼得·瓦西里伊奇提出的条件,应当指出,彼得·瓦西里伊奇的面目这时还没有完全暴露,不过已经可以看出,同他打交道要小心。我对 Б 某谈到了这一点。

"'我有什么办法呢?'他答道,'我别无出路:要么同意他的条件,要么饿死;我不仅打算为他,甚至打算为 Ф[3] 撰稿,只是有一个条件:他得让我保留我的信仰,因为我宁肯饿死也不会改变自己的信仰。'

"事情定下来以后,我和 Б 某一起来到彼得堡,当天我就带他去见彼得·瓦西里伊奇。

"彼得·瓦西里伊奇在此之前早已辞去公职,以便放手做他

---

1  原文是拉丁语。
2  Н.指尼·菲·巴甫洛夫,П.指米·波·博戈金,Г 某指果戈理,С 某指茹科夫斯基,Л 某指瓦·斯·梅热维奇,Б 某指别林斯基,"我的杂志"指《祖国纪事》。按:这里看来是把克拉耶夫斯基一八三九年六月二十日和十月十日给巴纳耶夫的两封信合在一起了,参见本书第二百七十三至二百七十六页。
3  指法·韦·布尔加林。

的文学生意。他亲自跟 Б 某进行了商谈；尽管他性格粗俗，但他尽可能亲切有礼地接待了 Б 某，像接待一切对他有用的人一样，从那时起 Б 某就以他特有的那种热情干了起来。报酬虽然微不足道，他却全力以赴，把他那颗高尚热烈的心灵全部放在工作上，夜以继日地干活；而彼得·瓦西里伊奇见他这样苦干，只是得意地一边微笑一边搓手，反复说道：'好样的，真不赖！一天竟能干出一个多印张！'于是彼得·瓦西里伊奇乘机利用这一点，除重要书籍以外又给他送来一些五花八门的小册子，诸如识字课本、儿童文法和圆梦录之类，统统要他评论，免得为这些书另外付钱给别人。Б 某虽然才智深湛，具有远见卓识和坚毅的精神力量，但却完全不谙世事：他没有足够的勇气对彼得·瓦西里伊奇讲明，他和他商定的条件中并不包括评析那些五花八门、鸡毛蒜皮的小册子，他的工作本来就已经堆得很满了。至于请求增加全年报酬，他连想都没想过，因为彼得·瓦西里伊奇一再诉苦，说他简直到了入不敷出的地步，尽管人们日益哄传他的杂志订户越来越多……彼得·瓦西里伊奇很快看出，他招来的这个新的撰稿人是个聚宝盆，他可以随心所欲地剥削他。他在思想上完全听命于 Б 某，甚至忘了俄国是世界的第六部分，应该按独特的法规加以治理；他不知不觉开始跟在 Б 某后面重复他的想法，把 Б 某的想法冒充为他自己的见解，仿佛这些见解一向就属于他。

"他甚至恶狠狠地攻击起那些思想方式有点倾向于认为俄国是世界第六部分的人，而且不知为什么开始仇视整个斯拉夫种族，一再说道：'斯拉夫人啊，老弟，斯拉夫人哪！对这种人能有什么指望！'

"看着他那副样子真叫人觉得又可笑又可怜：他在思想上听命于自己的撰稿人，却又不愿意在别人面前暴露出来，以为谁也猜想不到这种显而易见的真实情况。比如说，Б某曾经建议他让人给杂志翻译某一篇文章，彼得·瓦西里伊奇却一口回绝，皱着眉、摇着头说：'这根本不必要，徒劳无益，干吗要这样做？'可是过了一个星期，他自己又对Б某谈到这篇文章的必要性，仿佛这个主意是他头一个想出来似的。

"年复一年，彼得·瓦西里伊奇的杂志取得的成就越来越大，这都亏了那位撰稿人，是他赋予刊物以生命和力量，是他决定了刊物的方向，然而大多数公众却依然不知其人，因为他的名字从未在刊物上出现。取得成就的全部荣誉都被归到彼得·瓦西里伊奇名下，就连了解编辑部秘密的少数人也动不动就说：'应当为彼得·瓦西里伊奇说句公正话：他是办杂志的行家！'这些先生忘了，他所干的事不过是管管账，并且强迫另一个人忍受贫困的重压，而他所得到的一切全靠那个人——不论是成就、荣誉还是金钱；是那个人用自己的威望和坚毅高尚的性格的力量把当时所有年轻的作家团结在自己周围。现在谈起来会令人难以置信，然而他们当时全都为彼得·瓦西里伊奇的杂志无偿出力，分文不取，满怀着青春的友爱和热情，因为他们受到了他们敬仰和钦佩的那个人的鼓励——彼得·瓦西里伊奇只不过暗自得意，一边微笑一边收钱，还要不住地诉苦叫穷。彼得·瓦西里伊奇总是避免跟自己的撰稿人待在一起，因为当着他们，尤其是Б某的面他觉得很不自在，精神上感到卑微渺小。为了聊以自慰，他把这些无可非难的思想家看成不折不扣的黄口小儿，只配为他的杂志无偿撰稿，为他赚钱，让他发财；他把一些世故练达、靠包揽生意和提取股息之类的手段而发财致富的人揽在一起，组成了他自己的、情投意合的圈子；他在这个圈子里贵为一方之尊；那一伙人惊叹他的才智、教养和学识；他在那一伙人中讲起话来敏捷、大胆而又尖锐，所有的人都怀着虔敬之情洗耳恭听；他在那儿是权威，是先知；那儿的所有人都以为整个刊物，或者至少是发表时没有署名的文章都是他一个人写的；他甚至喜欢亲自暗示这一点，喋喋不休地重复：'**我的**杂志，我写了（尽管他什么都没有写），我编纂了（尽管他什么都没有编纂）……'只要碰到机会，也不管合不合时宜，他总是一个劲地突出自己这个'我'字——碰上有人向他问起Б某来，他几乎无动于衷，鄙夷地答道：'他不过偶尔给我写一两篇小文章。'

"然而，这个**偶尔写一两篇**小文章的人却推动着整个工作，他的精神使整个刊物充满生气，他呕心沥血、夜以继日地工作着，直至把自己的体力消耗殆尽！

"有一天我去看他。他在房间里走来走去，使劲地甩动着右手。

"'您这是怎么啦？'我问他道。

"'手都写肿了，'他说，'我接连写了十六个小时，没有歇一口气，再也没有气力写了。为了这点报酬这样苦干是不行的。我已经负债累累，这些债搅得我心神不安……总有一天我会忍无可忍，断然对彼得·瓦西里伊奇宣布，他应该给我增加一点酬金，否则我什么都不干了。'

"他怀着这个意图一次又一次去找彼得·瓦西里伊奇，结果总是空手而归，因为他觉得难以启齿。他咒骂自己愚蠢，脸皮太薄，胆子太小，随后苦笑一阵，自嘲一番。

"消息终于在城里传开了，说是彼得·瓦西里伊奇的事业极为兴旺，已经积累起不小的资本；但当那些不计私利的撰稿人下定决心向彼得·瓦西里伊奇宣布，说他们不愿意继续为他的杂志无偿工作，希望他给Б某增加一点报酬时，彼得·瓦西里伊奇脸色一变,白一阵红一阵,用他那粗鲁的嗓音断断续续地嘟囔道:'简直是胡说!这话是谁讲的?……你们干吗要相信那些无稽之谈呀。'随即开始赌咒发誓,说他的债务尚未全部还清,他的境况仍然窘迫,等等,不过他也承认是得给 Б 某稍稍加那么几块钱。

"对那些不计私利的撰稿人,他直至形势迫不得已时才开始支付稿酬:当时莫斯科正在酝酿办个新刊物,人们传说,这个刊物非同一般,一定能够获准出版[1]……筹办刊物的人已经写信向彼得·瓦西里伊奇的那些不计私利的撰稿人约稿,并许以丰厚的稿酬……

"撰稿人把这封信拿给自己杂志的老板看,这一次彼得·瓦西里伊奇的脸色更加明显地变得蜡黄——他显得十分恼恨,脑子也当真寻思起来。

"'咳,真是无稽之谈,'他像他惯常那样沉着脸嘟囔道,'从一个刊物跑到另一个刊物去,这不可耻吗?……得了,他们自会有人撰稿……你们应该抱定一个刊物不放嘛……这算怎么回事儿……这可是不讲良心!'

"良心是彼得·瓦西里伊奇喜爱的一个字眼,几乎老是挂在口边。他认为自己是个有良心的出版人,跟别的出版人不同,那些人才不讲良心……

"'您对我们的劳动根本不付报酬,可是到了那儿我们能得到酬谢,'撰稿人反驳道,'那么只好对不起……'

"'唉,得了,得了,'彼得·瓦西里伊奇打断他们的话,'那么好吧……我也给你们付稿酬……'

---

1 大概是指格拉诺夫斯基于一八四四年夏天提出申请筹办的《莫斯科评论》。该刊拟由叶·费·科尔什主编,已开始组稿,并已邀请别林斯基、巴纳耶夫、凯切尔等人撰稿。后遭尼古拉一世否决。

"'可是您不会付这封信中答应给我们的那么多钱呀。'撰稿人说道;他们已经学到一点处世的经验了。

"彼得·瓦西里伊奇像被火烤弯了的树叶一样,完全蔫了,他那感到窒闷的胸腔里干巴巴地挤出了两句话:

"'行了!行了!我也付那么多钱给你们不就得了。'

"这是一个扬眉吐气的时刻。才华和劳动战胜了坐收渔利,拿别人的智慧、知识和才华来做买卖的行径……从那以后,利欲熏心的文学企业家再也不敢妄想要别人分文不取,白白为他卖命了……

"当彼得·瓦西里伊奇脸上的伪装被扯了下来,他的面目彻底暴露,而Б某则下定决心离开他的刊物以后,彼得·瓦西里伊奇居然有勇气在刊物上信誓旦旦地对公众说,Б某不过是他的刊物的一名普通的撰稿人,Б某的离去对他的刊物毫无影响,如此等等。[1]而且彼得·瓦西里伊奇走得更远:他毫不客气地把赋予他的杂志以思想和意义的那个人的信仰据为己有,并以自己诚实地为公众事业服务而感到自豪。请看,这就是所谓侵吞别人的劳动成果,这也就是我所说的文学企业家这个名称的含义!"

---

[1] 巴纳耶夫指的是《祖国纪事》和《现代人》一八四六年底的一场论战。克拉耶夫斯基想减缓别林斯基、涅克拉索夫和巴纳耶夫脱离《祖国纪事》所带来的打击,力图说明他们在文学上的分量微不足道,过去没有、将来也不会对杂志的方向和性质造成任何影响。

## 译后记

　　本书作者巴纳耶夫的名字现在已经鲜为一般读者所知了。他生活在俄国文学史上一个人才辈出的时期——十九世纪初期和中期。他虽然不属于杰出的俄国古典作家之列，但他的文学活动却和十九世纪四十至六十年代俄国社会的进步思潮不可分割地联系在一起。

　　伊万·伊万诺维奇·巴纳耶夫（1812—1862）出身于彼得堡一个世袭贵族家庭。一八三〇年从圣彼得堡大学附属贵族寄宿学校毕业以后，曾先后在国库司和国民教育司短期供职。由于自幼受到家庭和周围环境的熏陶，巴纳耶夫从年轻时起便醉心于文学创作，对官场升迁毫无兴趣。自一八三四年起，他先后在《读书文库》《祖国之子》《俄国荣军报文学副刊》等报刊上发表《一个上流社会妇女的卧室》《她将会幸福》等中短篇小说，还创作和翻译了一些诗歌作品。这些早期作品都具有浪漫主义的倾向。就在他发表处女作的那一年，即一八三四年，他在《群言》杂志上读到了别林斯基的《文学的幻想》一文，这篇文章大胆的思想和清新的风格使巴纳耶夫耳目一新，给他留下了强烈的印象。自此以后，巴纳耶夫如饥似渴地阅读别林斯基的每一篇文章。别林斯基在他所写的文章和书评中不止一次对巴纳耶夫的最初一批作品作了肯定的评价，也使他深受鼓舞。一八三八年初，别林斯基通过柯尔卓夫向巴纳耶夫转交了一封信，邀请他为《莫斯科观察家》杂志撰稿，两人之间开始通信。一八三九年春天，巴纳耶夫因事来到莫斯科，正式结识了别林斯基；自此以后直至别林斯基去世，巴纳耶夫一直是他最亲密的友人之一。

一八三九年安·亚·克拉耶夫斯基开始出版《祖国纪事》杂志，巴纳耶夫力荐别林斯基主持该刊的评论专栏。同年十月，别林斯基在巴纳耶夫偕同下迁居彼得堡。由于别林斯基的努力，《祖国纪事》团结了一批优秀作家、学者和政治家，很快成为俄国社会进步思想界的机关刊物。在别林斯基文学和美学观点的影响下，巴纳耶夫的创作也由浪漫主义转向现实主义，成为十九世纪四十年代俄国批判现实主义派——"自然派"——的重要作家之一。在为《祖国纪事》撰稿期间（一八三九至一八四六年），巴纳耶夫发表了《官员的女儿》《酒狂》《出色的人》《彼得堡小品文作家》《野驴》《太太》《阿克特翁》《文学蛀虫》《小姐》《妈妈的宠儿》等中短篇小说、特写和长篇小说，这些作品的基本题材是对统治阶级代表人物的寄生生活进行讽刺性描写。别林斯基密切注视巴纳耶夫的创作，对他的作品一再作了充分的肯定。赫尔岑称赞中篇小说《阿克特翁》"简直是一部杰作"，写得"好极了"。巴纳耶夫的作品赢得了当时广大读者的喜爱。车尔尼雪夫斯基在巴纳耶夫逝世后撰文悼念他时说："一八四六年，当一些撰稿人打算创办自己的杂志，因而脱离《祖国纪事》时，当时的公众和文学界人士都说，《祖国纪事》遭到的最大损失除失去别林斯基以外便是失去巴纳耶夫。"

一八四七年初，巴纳耶夫和涅克拉索夫共同接办《现代人》杂志。从这时起直至逝世（一八六二年），在长达十五年的时间里，巴纳耶夫始终和涅克拉索夫志同道合，为编辑出版《现代人》做了大量的工作。在别林斯基文艺思想的指导下，《现代人》很快团结了赫尔岑、屠格涅夫、冈察洛夫、格里戈罗维奇等一批优秀作家，取代《祖国纪事》成为俄国进步文学的中心。十九世纪五十年代中期，车尔尼雪夫斯基和杜勃罗留波夫相继参加编辑工作，使《现代人》成为革命民主派反对专制农奴制度的一面大旗；六十年代初，《现代人》内部的革命民主派和自由派发生分裂，巴纳耶夫同涅克拉索夫一起始终站在车尔尼雪夫斯基和杜勃罗留波夫一边，为发展俄国进步的社会思潮和文学事业做出了重大贡献。在从事编辑出版工作的同时，巴纳耶夫在一八五一至一八六一年间还用"新诗人"的笔名，每月一次在《现代人》上发表对俄国报刊和彼得堡生活的述评，此外还发表了《亲属》《外省精英》等中篇、长篇小说。

巴纳耶夫的作品在十九世纪四十年代曾经驰誉一时。《读书文库》的一个编辑在四十年代初就曾说过，莱蒙托夫的诗和巴纳耶夫的散文是《祖国纪事》发表的最出色的作品。然而，当屠格涅夫、涅克拉索夫、冈察洛夫、赫尔岑、萨尔蒂科夫－谢德林、陀思妥耶夫斯基等优秀作家相继登上文坛以后，巴纳耶夫的小说和特写就显得逊色了。他的作品中在文学史上具有重大价值的主要是我们译介给读者的这部《文学回忆录》[1]。

巴纳耶夫的《文学回忆录》写于他逝世前两年（一八六〇至一八六一年），这是俄国历史上一个阶级斗争尖锐、阶级力量急剧分化的时期。其时俄国社会中的自由派人物，包括巴纳耶夫相知多年的一些文学界朋友被风起云涌的农民运动所吓倒，日益站到沙皇政府一边。巴纳耶夫的《文学回忆录》便是这种尖锐的文学和社会斗争的纪实性文献。

他在回忆录中忠实地记述了十九世纪三十至四十年代俄国文学和社会中互相对立的两种思潮之间的斗争；他本人公开站在进

---

1　本书原题《文学回忆录》。

步思潮一边,旗帜鲜明地表达了自己的爱憎。

巴纳耶夫回忆录中的中心人物是别林斯基。作者不仅撰有专文回忆别林斯基,而且把他作为《文学回忆录》全书的主角,从而完全正确地反映了当时俄国社会生活和思想发展的真实情况。巴纳耶夫把别林斯基看作他自己和他那一代文学青年的导师,满怀深情地讲述了别林斯基艰难的奋斗和痛苦的探索,他的革命民主观点的形成,他同敌对思想进行斗争时坚持原则、毫不调和的精神,以及他为组织进步文学运动所进行的活动。

与此同时,巴纳耶夫在回忆录中记述了十九世纪三十至四十年代(间或也涉及二十年代和五十年代)俄国文学和社会运动的大量事实,提及这些年代的许多作品和刊物,描述了文坛生活和斗争中的众多事件。巴纳耶夫同文学界有广泛的联系,熟悉许多文学家,因此他的回忆录有如一座肖像画廊,向读者展示了当时各个派别、大大小小的作家、报刊编辑、批评家、艺术家和学者的形象。《回忆录》第一部主要涉及消极浪漫主义风靡一时的四十年代,作者以生动的笔触描述了库科尔尼克的骄狂、波列沃伊的堕落和纳杰日金的颓丧,记述了维护封建专制制度和农奴制度的反动文人布尔加林、格列奇、先科夫斯基、沃耶伊科夫等人的种种言行,也记述了新文学倾向的代表人物普希金、果戈理、莱蒙托夫、别林斯基的一些文学活动。第二部主要涉及《祖国纪事》时期及《现代人》接办初年,其中贯穿着一条鲜明的主线,即别林斯基、赫尔岑等人为确立进步的革命民主主义观点、倡导批判现实主义文学而进行的斗争。

巴纳耶夫长期同别林斯基、涅克拉索夫、车尔尼雪夫斯基、杜勃罗留波夫等人密切合作,加上他本人具有民主主义观点,因而在回忆录中能够对十九世纪三十至四十年代社会和文学生活中的种种基本现象做出正确的评价。然而他的民主观点缺乏应有的深度和一贯性，致使他对个别问题的评价产生失误。例如，他在论及普希金和莱蒙托夫的贵族阶级偏见时显然夸大其词。他同五十年代那些反对"果戈理倾向"（即批判现实主义）、反对革命民主派文学批评的"文学士绅"们进行过不倦的斗争，但在回忆录中却又重复他们的老调，断言普希金在三十年代也是"为艺术而艺术"论的捍卫者，说普希金这种观点最为鲜明地体现在《诗人和群氓》一诗中；其实，普希金所说的"群氓"和"黔首"指的并不是人民群众，而是统治集团和上流社会。巴纳耶夫对别林斯基思想发展过程中被称之为"同现实调和"的那一时期的论述也是片面的；他用色彩鲜明的笔调记述了别林斯基内心的矛盾和痛苦的探索，却又夸大了巴枯宁和黑格尔哲学对他的影响，错误地断言别林斯基在这一时期对种种社会问题感到格格不入。

不过，巴纳耶夫在论断上的这些失误并未改变这部《文学回忆录》总的思想倾向。《回忆录》讲述的是俄国文学和社会思想史上最引人注目的时期之一，它为人们了解这一时期提供了丰富而珍贵的资料。因此，俄国文学史家在研究这一时期及其个别代表人物时常常引用本书所提供的史实、论述和评价。例如，记述别林斯基在禁闭室会见莱蒙托夫的一节十分出色的文字就不止一次为莱蒙托夫和别林斯基的研究者和传记作者引用。正是通过巴纳耶夫的回忆录，人们才得以了解革命民主派和斯拉夫派斗争的一些生动具体的情节。仔细核对一下巴纳耶夫讲述的所有事实，我们可以断言，他的回忆录较许多同时代人的回忆录要准确得多，它所包含的史实错误较少，因而是一份可靠的史料。诚然，巴纳耶夫对许多复杂问题的理解有时不够深刻，往往停留在表面现象上，有时过分留意生活琐事，然而另一方面，《回忆录》却鲜明地显露出作者作为小说家的才华。巴纳耶夫的回忆录不是单调枯燥的事实的堆积，它写得生动有趣，引人入胜。众多的人物一一展现在读者面前，而且铭刻在读者的记忆里。作为回忆录作者的巴纳耶夫具有肖像画家的才能，善于用三两道线条（尽管有时略带漫画笔法）再现出人物形象，对人物的评价也往往一语破的。他在谈到阿克萨科夫的家庭时指出，在他们的莫斯科府邸里感觉不到城市生活的节拍，这是一种移居城市的阔绰的宗法式地主生活——这番描述不仅给读者勾画出这个家庭的外貌，而且展示了斯拉夫派营垒的社会面貌。巴甫洛娃一味自诩才高，追求贵族地位；凯切尔动辄呵呵大笑，声震屋宇；米·亚·雅泽科夫快活善良，妙语连珠；索洛古勃热爱文学，却又羞于承认自己是个文学家，等等——所有这些人物都写得栩栩如生，给人留下难忘的印象。因此，这部《文学回忆录》不仅给文学史家提供了不可多得的翔实的史料，而且对每一个留心俄国文学史和俄国社会思想史的读者来说都是一本饶有兴味的读物。

本书正文和附录根据苏联国家文学艺术出版社一九五〇年版本译出；注释主要参考了原编者и·扬波尔斯基的注文，并根据其他近版资料做了一些补充和订正。

本书一九九五年七月由上海译文出版社首次出版，受到我国外国文学界和广大读者的重视和欢迎。此次由北京后浪出版公司联合江苏凤凰文艺出版社推出新版，译者对书稿全面进行了审读和校改，订正了一些疏误，修改了若干译名，并增印了十九世纪初期和中期俄罗斯文坛一些著名人物的画像和图片。译者谨在此向北京后浪出版公司和江苏凤凰文艺出版社表示衷心的感谢！

最后，我要特别感谢我的老伴陈冬梅。多年来老伴全力支持我的工作，她在完成自己的教学任务的同时承担了大部分家务，免除了我的后顾之忧；我着手修订本书时老伴也已迈耄耋之年。包括本书在内，我的十余部译作得以问世，其中包含了老伴一半的辛劳，这样说应该是不过分的。

译　者<br>二〇一九年十一月<br>武昌南湖

致谢为本书出版贡献建议的先锋书店钱小华先生

图书在版编目（CIP）数据

群星灿烂的年代 /（俄罗斯）伊·伊·巴纳耶夫著；刘敦健译 . -- 南京：江苏凤凰文艺出版社，2021.6
ISBN 978-7-5594-5627-4

Ⅰ.①群… Ⅱ.①伊… ②刘… Ⅲ.①伊·伊·巴纳耶夫 - 回忆录 Ⅳ.① K835.125.6

中国版本图书馆 CIP 数据核字 (2021) 第 019782 号

# 群星灿烂的年代

［俄］伊·伊·巴纳耶夫 著　刘敦健 译

| | |
|---|---|
| 责任编辑 | 李龙姣 |
| 特约编辑 | 刘苗苗 |
| 装帧设计 | 陈威伸 |
| 出版发行 | 江苏凤凰文艺出版社 |
| | 南京市中央路 165 号，邮编：210009 |
| 网　　址 | http://www.jswenyi.com |
| 印　　刷 | 北京盛通印刷股份有限公司 |
| 开　　本 | 880 毫米 ×1194 毫米 1/32 |
| 印　　张 | 16.75 |
| 字　　数 | 391 千字 |
| 版　　次 | 2021 年 6 月第 1 版 |
| 印　　次 | 2021 年 6 月第 1 次印刷 |
| 书　　号 | ISBN 978-7-5594-5627-4 |
| 定　　价 | 99.00 元 |

江苏凤凰文艺版图书凡印刷、装订错误，可向出版社调换，联系电话 025 - 83280257